普通高等学校"十四五"规划公共必修课程数字化精品教材

现代礼仪实训教程

Xian Dai Li Yi Shi Xun Jiao Cheng

主　编 ◎ 李巧玲　李巧义　陈　瑾
副主编 ◎ 李　媛　梁金蓉　袁小春
　　　　 田梦轩　李　萍
参　编 ◎ 柳颖超　罗斯琪　刘南希
　　　　 文　兰　蒋　娟　周　睿
主　审 ◎ 陈　英

华中科技大学出版社
http://press.hust.edu.cn
中国·武汉

内 容 简 介

《现代礼仪实训教程》根据当代大学生实际情况以及市场经济发展的需要而编写,主要内容包括现代礼仪概述、职业形象礼仪、现代交际礼仪、现代商务礼仪、大学生实用礼仪、现代政务礼仪和涉外礼仪七部分,内容上力求深入浅出、形象生动、具体翔实,集理论性、实践性、知识性、操作性、趣味性于一体,以达到传播知识、陶冶情操、培养审美能力的教学目的。

本书具有以下特色:其一,教材紧贴职业教育要求,任务驱动,技能导向;其二,将礼仪通识知识和专业特色相结合,职业技能和实践要求相联系;其三,以创新教学模式为出发点,将素质教育理念融入教学中。

本书可作为职业院校、社会培训机构的礼仪教学用书和现代职场人士的自学用书,也适合对现代职业礼仪文化和规范感兴趣的读者阅读参考。

图书在版编目(CIP)数据

现代礼仪实训教程/李巧玲,李巧义,陈瑾主编. —武汉:华中科技大学出版社,2023.8(2025.3重印)
ISBN 978-7-5680-9822-9

Ⅰ. ①现… Ⅱ. ①李… ②李… ③陈… Ⅲ. ①礼仪-教材 Ⅳ. ①K891.26

中国国家版本馆 CIP 数据核字(2023)第 162243 号

现代礼仪实训教程
Xiandai Liyi Shixun Jiaocheng

李巧玲 李巧义 陈 瑾 主编

策划编辑:李承诚 袁文娣	
责任编辑:黄 军	
封面设计:廖亚萍	
版式设计:赵慧萍	
责任监印:周治超	
出版发行:华中科技大学出版社(中国·武汉)	电话:(027)81321913
武汉市东湖新技术开发区华工科技园	邮编:430223
录 排:华中科技大学出版社美编室	
印 刷:武汉市洪林印务有限公司	
开 本:787mm×1092mm 1/16	
印 张:21.5	
字 数:507千字	
版 次:2025年3月第1版第3次印刷	
定 价:59.80元	

本书若有印装质量问题,请向出版社营销中心调换
全国免费服务热线:400-6679-118 竭诚为您服务
版权所有 侵权必究

作者简介 | AUTHORS

李巧玲 南充职业技术学院旅游管理专业教研室主任、教授。现主要担任导游业务、旅游政策法规、社交礼仪、旅游服务礼仪等课程的教学工作,主要研究方向为旅游管理与服务。先后主持科研项目 20 项,其中省部级课题 8 项,市级和校级课题 12 项。主编和参编著作 10 部,取得国家专利 8 项。获得教育部教学能力比赛三等奖,四川省教育厅教学能力比赛一等奖,其他省级教学成果一等奖、二等奖各 1 项。

李巧义 四川职业技术学院文化旅游学院副院长、副教授。2008 年至今,从事旅游管理等课程的教学工作;2015 年至今,担任遂宁市导游协会秘书长,从事导游人员管理工作。主持省级科研课题及教改项目 3 项,参与科研课题 5 项。主编教材 2 部,参编教材 3 部,发表论文 20 多篇。

陈 瑾 四川信息职业技术学院旅游管理专业教研室主任、副教授、注册高级礼仪师、高级导游。从事社交礼仪、旅游服务礼仪、导游基础、旅行社计调业务等课程教学 10 余年,担任《社交礼仪》《现代礼仪》等教材副主编。主持建设省级精品课程"社交礼仪",主持省、市级课题 4 项,发表论文 10 余篇。

前言 | PREFACE

在现代职场中掌握一定的职业技能，恰当地与人沟通和交流，是保证一个人能在职场中站稳脚跟并最终取得事业成功的关键因素。熟练运用职场礼仪是迈向职场成功道路的基础和指南。对于现代职场人士来说，如何获得他人的好感与信任，如何拥有良好的人际关系，是提升自身竞争力、取得成功的关键因素。

所谓职场礼仪，是指在职业场合应该遵循的用于律己敬人的各种行为准则和惯例，学会这些准则和惯例，将使一个人的职业形象大大提升。职业形象包括内外两种因素，每一位职场人士都要具备树立并维护自己职业形象的意识。人在职场中，怎样才能拥有黄金第一印象？如何根据自身职业特点安排着装？如何进行有效沟通？与不同类型的同事交往时应注意怎样的分寸？参加各种会议和仪式应注意什么？各种场合如何致辞？与外宾打交道要注意哪些事项？这些都是现代职场礼仪的必修课。

为了满足我国当前高职高专教学改革的需要，本教材在编写过程中遵循"以够用为度，以适用为则，以实用为标"的方针，突出实用性、技能性、职业性的特点，融趣味性和可读性于一体，凸显高职高专院校的教学特色。目的是通过对本教材的学习，使高职学生能够表现出良好的精神风貌和礼仪行为，体现较高的综合素质，提高学生的礼仪修养和现代职业礼仪的运用能力，同时，增强其适应社会和职业变化的能力。

从另外一个角度看，《现代礼仪实训教程》也是一部实用的现代职场礼仪小型百科全书，内容全面、道理实用、分类系统、文字优美，书中展示了大量的具有说服力的经典案例和图片，详细介绍了职场人士必须掌握的职业形象礼仪、交际礼仪、商务礼仪、求职礼仪、政务礼仪、涉外礼仪等诸多内容，以帮助职场人士礼行天下，取得事业的成功。

本书由李巧玲（南充职业技术学院教师）、李巧义（四川职业技术学院教师）、陈瑾（四川信息职业技术学院教师）任主编，李媛（周口师范学院教师）、梁金蓉（四川省梓潼县七一高级职业中学副校长）、袁小春（四川职业技术学院教师）、田梦轩（马来西亚世纪大学在读博士）、李萍（广元市旅游专委会主任）任副主编，陈英（南充职业技术学院教师）任主审。南充职业技术学院的柳颖超、罗斯琪、刘南希、文兰、蒋娟以及周睿（马来西亚城市大学在读博士）参与了编写。

  在编写过程中，我们参考了国内外众多专家、学者的著作及相关文献资料，在此对他们表示由衷的感谢！由于编写人员水平所限，加之时间仓促，书中缺点、错误在所难免，敬请广大专家、学者、读者批评指正。

编　者
2023 年 6 月

目录 | CONTENTS

专题一　现代礼仪概述　　　　　　　　　　　　　　　　_001
　　项目一　现代礼仪的起源　　　　　　　　　　　　　　_002
　　项目二　现代礼仪的含义和类别　　　　　　　　　　　_011
　　项目三　现代礼仪的特征与原则　　　　　　　　　　　_014

专题二　职业形象礼仪　　　　　　　　　　　　　　　　_023
　　项目一　仪态礼仪　　　　　　　　　　　　　　　　　_025
　　项目二　仪容礼仪　　　　　　　　　　　　　　　　　_048
　　项目三　服饰礼仪　　　　　　　　　　　　　　　　　_062

专题三　现代交际礼仪　　　　　　　　　　　　　　　　_085
　　项目一　称呼礼仪　　　　　　　　　　　　　　　　　_086
　　项目二　介绍礼仪　　　　　　　　　　　　　　　　　_091
　　项目三　名片礼仪　　　　　　　　　　　　　　　　　_098
　　项目四　见面礼仪　　　　　　　　　　　　　　　　　_105
　　项目五　交谈礼仪　　　　　　　　　　　　　　　　　_112
　　项目六　电话礼仪　　　　　　　　　　　　　　　　　_121
　　项目七　宴会礼仪　　　　　　　　　　　　　　　　　_127

专题四　现代商务礼仪　　　　　　　　　　　　　　　　_157
　　项目一　商务接待礼仪　　　　　　　　　　　　　　　_158
　　项目二　商务拜访礼仪　　　　　　　　　　　　　　　_164

项目三　礼品馈赠礼仪　　_167
  项目四　商务位次礼仪　　_170
  项目五　商务信函礼仪　　_178
  项目六　商务仪式礼仪　　_194

专题五　大学生实用礼仪　　**_215**
  项目一　校园礼仪　　_216
  项目二　求职礼仪　　_235

专题六　现代政务礼仪　　**_269**
  项目一　政务礼仪概述　　_270
  项目二　政务礼仪规范　　_277

专题七　涉外礼仪　　**_289**
  项目一　外交礼仪　　_290
  项目二　涉外习俗与禁忌　　_299
  项目三　主要国家交往习俗与交往禁忌　　_311

参考文献　　_332

专题一 现代礼仪概述

学习目标

1. 了解中国传统礼仪的起源和发展历程。

2. 掌握现代礼仪的含义、类别、特征、原则和功能。

3. 理解现代礼仪产生的社会基础和发展特点,初步养成现代礼仪意识。

曾子避席

曾子是孔子的弟子，有一次他在孔子身边侍坐，孔子就问他："以前的圣贤之王有至高无上的德行、精微奥妙的理论，用来教导天下之人，人们就能和睦相处，君王和臣下之间也没有不满，你知道它们是什么吗？"曾子听了，明白老师是要指点他最深刻的道理，于是立刻从坐着的席子上站起来，走到席子外面，恭恭敬敬地回答道："我不够聪明，哪里能知道，还请老师把这些道理教给我。"在这里，"避席"是一种非常礼貌的行为，当曾子听到老师要向他传授道理时，他站起身来，走到席子外向老师请教，是为了表示他对老师的尊重。"曾子避席"的故事被后人传颂，很多人都向他学习。

避席，在古代表示一种尊敬的行为。在孔子的年代，尚没有椅子，人们席地而坐，在需要的时刻离开席子站立一边，也就是避席。《孝经》中记载了曾子在听孔子讲课的时候接到提问即避席而立的故事，被后世引为美谈。避席最初只是个别行为，后来则为人效仿，成为社会上通行的一种礼节。魏晋时期，椅子由少数民族传入中原，人们逐渐不再习惯于坐在席子上，避席之礼也就无从谈起，但并没有消失，而是转化为新的"避席"方式，当今通常的离座起立以表敬意的礼节就是古代避席之礼的转化。

【问题】

1. 这是一个源自中国传统礼仪规范的小故事，结合今天的师生之礼，请你谈谈如何做到古为今用？
2. 列举中国古代礼仪规范，分析中国古今礼仪规范的传承和差异。

项目一　现代礼仪的起源

文化作为一个国家、一个民族的灵魂、信仰、信念，具有强大的传承性和不可复制性。中国有着悠悠五千年文明史，孕育了内涵极其丰富的传统礼仪文化。早在二万七千年前，我们的祖先就有了礼的仪式。二千五百多年前的春秋战国时期，孔子提倡"知书达理"、循礼处世的礼仪制度，而且以身作则践行和推广礼仪制度。

礼仪是人类文明的产物，是整个社会文明的基础，是文明最直接、最全面的表现方式。古人有言："中国有礼仪之大，故称夏；有服章之美，谓之华。"古代华夏民族之所以得到周边其他民族的赞誉，丰富、深厚的礼仪文化是重要的影响因素之一。

同时，礼仪在中国社会的政治文化生活中占有极其重要的地位。古代所谓礼仪，包括的范围非常广泛，诸如政治体制、朝廷法典、天地鬼神祭祀、水旱灾害祈禳、学校科举、军队征战、行政区划、房舍陵墓建造，乃至衣食住行、婚丧嫁娶、言谈举止等，无不与礼仪有关，几乎囊括了国家政治、经济、军事、文化等各方面的典章制度以及个人的伦理道德修养和行为准则规范，大致涉及国家政治礼制和家庭伦理这两方面。直到近代以后，礼仪的范畴才逐渐缩小，现在则一般只有礼节和仪式的意思。

一 礼仪的起源

关于礼的起源，说法不一，归纳起来有五种：一是天神生礼仪；二是礼为天、地、人的统一体；三是礼产生于人的自然本性，即人性；四是礼为人性和环境矛盾的产物；五是礼生于理，起于俗。

（一）天神生礼仪

这是人们还没有认识到礼仪的真正起源时的一种信仰说教，是神崇拜的反映，代表了人类图腾崇拜时期对原始礼仪的一种认识。春秋战国之时，天神虽大大降阶，但依然为众多人所信奉。《左传·文公十五年》有言："礼以顺天，天之道也。"意思是说，礼是用来顺乎天意的，而顺乎天意的礼就合乎"天道"。"天神生礼说"虽然不科学，但反映了某些有关礼仪起源的历史现象。

（二）天、地、人的统一体

春秋以后，在思想界兴起一股强大思潮，即从天、地、人的统一性论述人事。天地观念包含着事物的本原、规律或必然性，又常常兼有神秘性，是一个模糊概念，容量极大。天、地、人的关系是一种由宏而微的层次结构，其间存在着制约关系和统一性，礼仪便是这种制约关系和统一性的体现和反映。子产说："夫礼，天之经也，地之义也，民之行也。"（《左传·昭公二十五年》）礼是天、地、人的统一规律和秩序，人只能恪守实行。

《礼记·乐记》说："礼与天地同节"，"礼者，天地之序也……序，故群物皆别"。又说："天尊地卑，君臣定矣。卑高以陈，贵贱位矣。动静有常，小大殊矣。方以类聚，物以群分则性命不同矣。在天成象，在地成形，如此则礼者天地之别也。"《易传》也有类似的论述。《礼记·礼运》说："夫礼必本于天，动而之地，列而之事，变而从时……"《礼记·丧服四制》说："凡礼之大体，体天地，法四时，则阴阳，顺人情，故谓之礼。"在这种天、地、人对应论中，既有规律和必然性，又有模拟和比附，还有人造的结构，其中又不乏神秘性。礼便是这一切的集中体现和反映。

与礼生于天地说相近的，还有礼生于阴阳说。《大戴礼记·曾子天圆》说："阳之精气曰神，阴之精气曰灵。神灵者，品物之本也，而礼乐仁义之祖也，而善否治乱所由兴作也。"

从天、地、人的制约关系和统一性考察问题是古代思想家的一大贡献和一大优点。

就礼的内容而论，的确有一部分反映了这种制约关系和统一性，如顺天地之规律，行四时之政。但也有许多规定与天、地、人之间的制约关系与统一性并无联系，如贵贱等级之分绝不是根源于天地之别，强行把两者对应起来，完全是人为的比附。于是形成真理与谬误的交融，谬误被真理包裹起来，真理之中掺杂着谬误，难分又难解。接受真理就不可避免地要吸收胶着在一起的谬误。

用天、地、人的统一性与相互间的制约关系证明礼的必然性与合理性，在当时有很大的说服力。这是春秋以后兴起的一股思潮，它认为，天地与人既有制约关系和统一性，又具有高于人事的主宰性。把礼引进人际关系中来讨论，和单纯的"天神生礼说"相比，有了很大进步，但仍没有摆脱原始信仰的影响，所以仍是不科学的。

（三）起源于人性

人性问题是战国诸子讨论的一个热门话题。儒家中的两大巨擘都认为礼与人性紧密相关。

孟子倡导性善说，认为人天生具有恻隐之心、羞恶之心、辞让之心、是非之心。其中辞让之心便是"礼之端"，又说："仁义礼智，非由外铄我也，我固有之也。"（《孟子·告子上》）依孟子之见，礼根源于人的本性。无须多辩，这是一种先验论。

荀子主张性恶论，认为人天生好利厌贫，追求耳目声色，图荣恶辱。当人们带着这些本性走上社会时，欲望的无限性与社会名利的有限性发生了矛盾，"欲多而物寡，寡则必争矣"（《荀子·富国》）。人的欲望是平等的，同时又具有排他性。这种平等性与排他性使人类不能组成社会，因为"两贵之不能相事，两贱之不能相使，是天数也"（《荀子·王制》）。于是造成争，因争而乱。如果任人性自由遨游，人类会陷入永劫不复的深渊。不过天无绝人之路，有圣人起，制定了礼，用以驯服和钳制人性之恶，使欲不穷于物，使人各安其位。在荀子看来，礼是为了解决和调和人性与社会财富、权力分配之间的矛盾而产生的。

儒家学派把礼和人性结合起来，认为礼起源于人的天性。在孟子、荀子之前，孔子以仁释礼，一方面把礼作为处理人际关系的总则，另一方面把仁当作礼的心理依据。克己以爱人，就是"仁"；用仁爱之心正确而恰当地处理好人际关系，就是"礼"。这是儒家的创见。

（四）人性和环境矛盾的产物

这一学说认为，礼的目的在于解决人和环境的矛盾。孔子提出"克己复礼"的观点，就是因为他看到了人和环境的矛盾，在他看来，解决这种矛盾的方法是"克己"。人的好恶欲望如不加以节制，什么坏事都干得出来，于是圣人制礼，节制贪欲。

在《礼记》中有一些篇章侧重从节制人的情感来论述礼的产生。"礼运"篇提到，人有喜、怒、哀、惧、爱、恶、欲之情，有饮食男女之欲，死亡贫苦之恶，人的欲望有时表现于外，有时深藏于心，不可测度。如果没有一定规矩外控内抑，势必酿出祸乱。于是圣人制定了礼，以公开的方式裁抑人的欲恶，以教育的方式疏导其心，使人们躬亲自省、自我控制。

（五）生于理，起于俗

这是对礼仪起源的更深入的探讨。理，是关于事物的必然性的道理。人们为了正常生存和发展，根据面临的生存条件，制定出合乎人类生存发展必然性和道理的行为规范，就是礼。礼是理性认识的结果。把"礼"视为"理"，显然是一种更高的抽象。《管子·心术上》说："礼者，谓有理也。"《礼记·仲尼燕居》说："礼也者，理也。"《礼记·乐记》说："礼也者，理之不可易者也。"

事物的礼落到实处，不免与世故习俗相关，所以又有了礼起源于俗的说法。《管子·枢言》说："法出于礼，礼出于治。"《慎子·佚文》说："礼从俗。"荀子说："礼以顺人心为本……顺人心者皆礼也。"（《荀子·大略》）这些都是从理和俗上说明礼的起源。

在以上种种说法中，比较趋同的一种说法是"礼立于敬而源于祭"，即礼起源于宗教。东汉许慎的《说文解字》对"礼"字的解释是："禮（礼），履也，所以事神致福也。"意思是实践约定的事情，用来给神灵看，以求得赐福。"禮"字是会意字，其中"示"是远古祭台的形象，"豊"为"禮"之本字，象征盛玉器祭神。由此可知，礼最早起源于祭祀，与古代祭祀鬼神、求赐福的宗教仪式有关。学术界认为，盛玉以奉神人的器物谓之"曳"，推之而奉神人之酒醴亦谓之"醴"，进而又推之，奉神人之事通谓之"礼"。可见，人类社会最初可能仅有祭礼，随着社会的发展，其他的礼才渐次出现。古代文献中关于祭祀礼仪的记载较多，留存至今的文化遗迹中祭祀的遗存和痕迹也很多，其中 2001 年在成都西郊苏坡乡金沙村发掘的"金沙遗址"，不仅反映出成都是当时古蜀文明的权力中心，而且也是青铜器文化时代的著名祭祀坑。因此，礼仪起源于祭祀的说法，不是没有根据的。

可见，礼的出现在当时主要是作为一种沟通人神的媒介而存在，很多礼仪规范中的禁忌都与人对神灵的认知关系密切，直接决定了信徒的行为规范。随着生产力的发展和社会等级制度的诞生，为了适应和调节人际关系的需要，礼的内涵和形式都发生了极大变化，从事神致福的宗教之礼向维护秩序纲常的社会礼仪嬗变，进而在漫长的两千多年封建社会里与儒家文化相结合，形成了富有特色的中国古代传统礼仪。

二 中国礼仪的发展

从历史发展的脉络看，中国礼仪从形成到发展，经历了一个从无到有、从低级到高级、从萌芽到完善的渐进过程。传统礼仪始于夏商周，发展于秦汉，盛于唐宋，清代逐步衰落，大致经历了起源时期、形成时期、变革时期、发展时期和衰落时期。近代以后，传统礼仪向现代礼仪转变，发展至今。

（一）传统礼仪的起源和发展

1. 传统礼仪的起源时期（夏朝以前—公元前 21 世纪）

礼仪起源于原始社会。受生产力和生产关系发展水平的制约，人们对自身及自然界的了解和认知非常有限，对一切无法理解的现象都归结于"天神"的旨意，为表达对天神的敬意，人们进行一些祭祀活动，准备相应的祭祀贡品，其间伴随着一定的礼节仪式。在原始社会中晚期（约旧石器时代）出现了早期礼仪的萌芽，这时的礼仪较为简单和虔诚，还不具有阶级性。其主要内容包括：明确血缘关系的婚嫁礼仪；区别部族内部尊卑等级的礼制；为祭天敬神而确定的一些祭奠仪式；一些在人们的相互交往中表示礼节的规定动作。比如，半坡村人生活于距今约五千年，其公共墓地中的坟位排列有序，按死者的身份有所区别，分仰身葬和俯身葬等。

2. 传统礼仪的形成时期（公元前 21 世纪—公元前 771 年）

中国进入奴隶社会后，统治阶级为了巩固自己的统治地位，把原始的宗教礼仪发展成符合奴隶社会政治需要的礼制，礼被打上了阶级的烙印。在这个阶段，中国第一次形成了比较完整的国家礼仪与制度。

周代的礼制是周代制度文化、行为文化和观念文化的集中体现，它既是典章制度的总汇，又是政治生活、经济生活、社会生活、家庭生活各种行为规范的准则。"道德仁义，非礼不成；教训正俗，非礼不备；分争辨讼，非礼不决；君臣上下，父子兄弟，非礼不定；宦学事师，非礼不亲；班朝治军，莅官行法，非礼威严不行；祷祠祭祀，供给鬼神，非礼不诚不庄。"（《礼记·曲礼》）周人之礼，包括形式和内容两个方面，其形式为"仪"，即各种礼节和仪式。周制规定，各级贵族祭祀、用兵、朝聘、婚丧，都要遵循严格的合乎其等级身份的礼节仪式，以体现君臣、父子、兄弟、夫妻的上下尊卑之别。战国时人编纂的《仪礼》（又称《礼经》）一书，便是对西周仪礼的追记和理想化描述。礼的内容，一是"亲亲"，贯彻血缘宗族原则；二是"尊尊"，执行政治关系的等级原则。周代礼制的内容与形式统一在其主旨上，就是"别贵贱，序尊卑"。周礼为后世儒家继承、发展，以强劲的力量规范着中国人的生活行为、心理情操与是非善恶观念。中国传统的"礼文化"或"礼制文化"创制于西周，古代的礼制典籍也多基于这一时期而修撰，如我国最早的三部礼仪学专著《周礼》《仪礼》和《礼记》。在汉朝以后两千多年的历史中，它们一直是国家制定礼仪制度的经典著作。

3. 传统礼仪的变革时期（公元前 771 年—公元前 221 年）

春秋战国时期，政治统治出现"礼坏乐崩"的局面，学术上的百家争鸣出现，以孔子、孟子、荀子为代表的儒家学派和以管仲为代表的法家学派对礼教进行了研究，对礼仪的起源、本质和功能进行了系统阐述，首次论述了社会等级秩序的划分及其意义。

在孔子之前，管仲把礼看作人生的指导思想和维持国家的第一支柱，认为礼关系到国家的生死存亡。

孔子对礼仪非常重视，把礼看成是治国、安邦、平天下的基础。《论语》里有 74 处谈到礼仪，他认为人"不学礼，无以立"（《论语·季氏》），要求人们用礼的规范来约束自己的行为，倡导"仁者爱人"（《论语·微子》），强调人与人之间要有同情心，要相互关心、彼此尊重。他是注重"以礼治国"的最具代表性的人物。

孟子把礼解释为对尊长和宾客严肃而有礼貌，即"恭敬之心，礼也"（《孟子·告子上》），把仁、义、礼、智作为基本道德规范。他还认为"辞让之心"和"恭敬之心"是礼的发端和核心。

荀子把礼作为人生哲学思想的核心，把礼看作做人的根本目的和最高理想。他认为"礼者，人道之极也"（《荀子·礼论》），礼既是目标、理想，又是行为过程，"人无礼则不生，事无礼则不成，国家无礼则不宁"（《荀子·修身》）。

4. 传统礼仪的发展时期（公元前221年—1840年）

公元前221年，秦始皇统一中国，建立了中国历史上第一个中央集权的封建王朝，秦朝制定的集权制度，成为后来延续两千余年的封建体制的基础。西汉初期，叔孙通协助汉高祖刘邦制定了朝礼之仪，突出发展了礼的仪式和礼节。到了汉武帝时期，思想家董仲舒把封建专制制度的理论系统化，提出"唯天子受命于天，天下受命于天子"（《春秋繁露》）的"天人感应"之说。他把儒家礼仪具体概括为"三纲五常"。"三纲"即"君为臣纲，父为子纲，夫为妻纲"，"五常"即"仁、义、礼、智、信"。汉武帝刘彻采纳董仲舒"罢黜百家，独尊儒术"的建议，使儒家礼教成为定制。

汉代时，孔门后学编撰的《礼记》问世。《礼记》共计49篇，其中，有讲述古代风俗的"曲礼"；有谈论古代饮食居住进化概况的"礼运"；有记录家庭礼仪的"内则"；有记载服饰制度的"玉藻"；有论述师生关系的"学记"；还有教导人们提高道德修养的途径和方法，即"修身、齐家、治国、平天下"的"大学"等。总之，《礼记》堪称集上古礼仪之大成，上承奴隶社会、下启封建社会的礼仪汇集，是封建时代礼仪的主要源泉。《礼记》和《仪礼》《周礼》一道，并称古代三大礼仪典籍，其问世标志着中国古代礼仪的发展走向成熟阶段。

盛唐时期，《礼记》由"记"上升为"经"，成为"礼经"三书之一。

宋代时，出现了以儒家思想为基础，兼容道学、佛学思想的理学，程颐兄弟和朱熹为其主要代表。二程认为："父子君臣，天下之定理，无所逃于天地之间"（《儒宗理要》），"礼即是理也"（《二程遗书》）。朱熹进一步指出："仁莫大于父子，义莫大于君臣，是谓三纲之要，五常之本，人伦天理之至。"（《朱子学的》）朱熹的论述使二程"天理说"更加严密、精致。家庭礼仪研究硕果累累，是宋代礼仪发展的另一个特点。在大量家庭礼仪著作中，以撰《资治通鉴》而名垂青史的北宋史学家司马光的《涑水家仪》和以《四书集注》名扬天下的南宋理学家朱熹的《朱子家礼》最为著名。在宋代，礼仪与封建伦理道德说教相融合，即礼仪与礼教结合，行礼为劝德服务，繁文缛节极尽其能。

明代时，交友之礼更加完善，而忠、孝、节、义等礼仪日趋繁多。

在我国长达两千多年的封建社会里，尽管在不同朝代，礼仪文化具有不同的政治、经济、文化特征，但都有一个共同点，就是一直为统治阶级所利用，礼仪成为维护封建社会等级秩序的工具。这一时期的礼仪的重要特点是尊君抑臣、尊夫抑妇、尊父抑子、尊神抑人。在漫长的历史演变过程中，它逐渐成为妨碍人们个性自由发展、阻挠人们平等交往、窒息思想自由的精神枷锁。另外，纵观封建社会的礼仪，其内容大致涉及国家政治和家庭伦理两类，这一时期的礼仪构成了中华传统礼仪的主体，也是传统文化的重要内容之一。

5. 传统礼仪的衰落时期（1840—1949年）

清朝末年，政治腐败，国势衰微。随着鸦片战争爆发，列强入侵，传统礼仪盛极而衰。伴随着西学的传入，特别是辛亥革命以后，受西方资产阶级"自由、平等、民主、博爱"等思想的影响，中国的传统礼仪规范、制度受到强烈冲击，符合时代要求的礼仪被继承、完善和流传，那些繁文缛节逐渐被抛弃。同时，中国也接受了一些国际上通用的礼仪形式，新的礼仪标准、价值观念得到推广和传播。

（二）现代礼仪的确立和发展

新中国成立后，逐渐确立了以"平等相处、友好往来、相互帮助、团结友爱"为主要原则的新型社会关系和人际关系。这一时期礼仪的发展大致可以分为三个阶段。

1. 礼仪革新阶段（1949—1966年）

1949—1966年，是中国当代礼仪发展史上的革新阶段。其间，新中国摒弃了昔日束缚人们的"神权天命""愚忠愚孝"以及严重束缚妇女的"三从四德"等封建礼教，确立了同志式的合作互助关系和男女平等的新型社会关系。而尊老爱幼、讲究信义、以诚待人、先人后己、礼尚往来等中国传统礼仪中的精华，则得到继承和发扬。

2. 礼仪退化阶段（1966—1976年）

1966—1976年，中国发生了"文化大革命"。十年动乱使国家遭受了难以弥补的严重损失，也给礼仪带来一场浩劫。许多优良的传统礼仪，被贴上"四旧"的标签而被扫进垃圾堆。礼仪受到摧残，社会风气逆转。

3. 现代礼仪发展阶段（1976年至今）

改革开放以来，随着中国与世界的交往日趋频繁，西方一些先进的礼仪、礼节陆续传入我国，同我国的传统礼仪一道融入社会生活的各个方面，构成了当今我国礼仪的基本框架。现在，由于中国传统礼仪在社会发展过程中出现了衰落和割裂，重构中国现代礼仪成为当务之急。许多礼仪从内容到形式都在不断变革，现代礼仪进入了全新的发展时期。大量的礼仪书籍相继出版，各行各业的礼仪规范纷纷形成，礼仪讲座、礼仪培训日趋火红。今后，随着社会的进步、科技的发展和国际交往的增多，现代礼仪必将得到新的发展和完善。

三 中国传统礼仪文明的成果

无论何种礼仪类别，中国传统礼仪在古代中国文化中都起着"准法律"的作用，对于维护漫长的封建统治意义重大，其中包含的礼仪成果对于当下构建和谐社会、提升国家文化软实力仍然有着很好的指导意义。

（一）尊老敬贤

我国自原始社会到封建社会，人与人之间的政治伦理关系均以家庭、氏族的血缘关系为纽带，在家庭里面尊崇祖上，在社会上尊敬长辈，血缘和亲缘至今仍是绝大多数中国人社交活动的人际基础。中华民族历尽沧桑而生生不息,尊老、敬老、爱老是传统礼仪文化中的一大特色。古代的敬老,从君主、士族到整个官绅阶层,都在身体力行,并且形成了一套敬老的规矩和养老的礼制。《礼记·祭义》记载:"古之道,五十不为甸徒,颁禽隆诸长者。"就是说,五十岁以上的老人不必亲往打猎,但在分配猎物时要得到优厚的一份。

同时,中国古代社会推崇"礼治"和"仁政",重视礼仪教化,这对维护国家统治、维持稳定和谐的家庭关系等有着重要的作用。孟子说:"养老尊贤,俊杰在位,则有庆。"(《孟子·告子下》)"庆"就是赏赐的意思。比如,敬贤重礼逐渐成为重要风尚,其中的美谈比比皆是。著名的"三顾茅庐""程门立雪"都是求贤礼贤的典故。纵观中国古代历史,历来有作为的君主,大多非常重视尊贤用贤,将其视为国家安危的决定因素。

(二) 仪式适宜

中华民族素来注重通过适当的礼仪形式,表达人们内心丰富的情感。中国人遇到重大节日和发生重要事件,多有约定俗成的仪规。如获得丰收,要欢歌庆贺;遭到灾祸,要祈求神灵保佑。久而久之,就形成了许多节庆及礼仪形式,如春节、元宵、中秋、重阳等,几乎每个节日都有特定的礼俗。在古代,节庆和婚丧嫁娶活动都是作为社会生活中的大事来对待的,仪规详尽而周密,从服饰、器皿到规格、程序以及举止方位,都有具体要求。

古代仪式中的最高规格莫过于皇帝的祭天活动,天坛是世界上现存最大的祭天建筑群。清代的祭天仪仗由导象、宝象、车驾、乐队、禁军、八旗军、皇帝御前侍卫、内廷侍从、文武百官等组成。皇帝需在祭天的前三日斋宫斋戒,不沾荤腥葱蒜,不饮酒,不娱乐,不理刑事,不吊祭,不近女色,多洗澡,名为"斋戒",又称"致斋"。祭天大礼分为迎神、奠玉帛、进俎、行初献礼等九项程序。民间普通老百姓也有丰富的礼节仪式,中国古代有五礼之说:祭祀之事为吉礼,冠婚之事为喜礼,宾客之事为宾礼,军旅之事为军礼,丧葬之事为凶礼。民俗界认为,礼仪包括生、冠、婚、丧四种人生礼仪。实际上礼仪可分为政治与生活两大类,政治类包括祭天、祭地、宗庙之祭、祭先师先圣、尊师乡饮酒礼、相见礼、军礼等;生活类包括五祀、高禖之祀、傩仪、诞生礼、冠礼、饮食礼仪、馈赠礼仪等。图1-1和图1-2分别体现了中国人"天坛祭祀"和"拜年送名片"的场景。

图 1-1 天坛祭祀

图 1-2 拜年送名片

（三）礼貌待人

礼貌是人类社会据以促进人际交往友好和谐的道德规范之一，是人与人之间和睦相处的桥梁，标志着一个社会的公共文明程度，反映了一个民族的精神面貌。中华民族历来就非常重视遵循礼规、礼貌待人，具体表现为如下三个方面。

1. 与人为善

与人相处，为善当先。而这个"善"，应是出自内心的诚意，是诚于中而形于外，而不是巧言令色和徒具形式的繁文缛节。礼貌待人就要表里一致，从根本上消除人与人之间的隔阂、摩擦，进而互敬互爱，友好相处。尊重他人，就要平等待人，不分贵贱等级，一视同仁。古人敬人的方法，就是要尊重他人的意愿，体谅别人的需要和禁忌，不能强人所难。不苛求别人做不能做的事，不强求别人接受不喜欢的东西。"己所不欲，勿施于人"（《论语·颜渊》）就是这个意思。

2. 礼尚往来

礼尚往来是礼貌待人的一条重要准则。接受别人的好意，必须报以同样的礼敬，这样，人际交往才能在平等友好的良性循环中持续下去。因此《礼记·曲礼上》中说："礼尚往来，往而不来，非礼也；来而不往，亦非礼也。"对于受恩者来说，应该滴水之恩、涌泉相报。在古人眼中，没有什么比忘恩负义更伤仁德的了。当然，往来之礼也该适度，并非越多越好，所谓礼轻情意重，即"君子之交淡若水，小人之交甘若醴"（《庄子·山木》）。

3. 仪容整洁

一个人的仪表、仪态是其自身修养、文明程度的外在表现。古人认为，举止庄重、进退有礼、执事谨敬、文质彬彬，不仅能够保持个人的尊严，还有助于进德修业。古人对仪表的要求主要表现在以下两个方面。

（1）衣着容貌。《弟子规》要求："冠必正，纽必结，袜与履，俱紧切。"这些规范，对现代人来说仍是必要的。帽正纽结、鞋袜紧切，是仪表美的基本要求。

（2）行为举止。孔子说："君子不重则不威，学则不固。"（《论语·学而》）意思是说，只有庄重才有威严，否则，即使学习了，也不能巩固。具体说来，要求做到"站如松，坐如钟，行如风，卧如弓"。在公众场合，举止应该庄重、谨慎、从容，做到"非礼勿视，非礼勿听，非礼勿言，非礼勿动"（《论语·颜渊》）。

中国古代传统礼仪文明成果在社会历史发展中产生过积极影响。在当下社会主义精神文明建设中，我们应立足于吸收民族传统文化中的精华，使传统文明礼仪古为今用，构建一套现代文明礼仪规范。

项目二 现代礼仪的含义和类别

一 现代礼仪的含义

礼仪是随着社会的产生、发展而发展的。在漫长的人类历史演变过程中，礼仪的含义和内容也在发生着变化。

（一）中国古代礼仪的含义

在我国古代，礼仪是礼和仪的合称。

1. 礼指祭

礼的本意为敬神，后引申为表示敬意的通称。从繁体字"禮"的造字结构可以看出来，其左边为"示"字旁，为祭祀盛物的容器；右边是"祭物"，表示把盛满祭物的祭具摆放在祭台上，献给神灵以求保佑。这是因为在原始社会，生产力低下，人类处于愚昧、无知的状态，对日月星辰、电闪雷鸣等自然现象无法解释，从而产生神秘感和敬畏感，形成了最初的对天地的崇拜。同时，由于原始人对自身的梦幻现象无法解释，产生了"灵魂不死"的观念，进而催生了对自己民族祖先的崇拜。因此，自然崇拜和祖先崇拜一直是原始社会乃至后来的奴隶社会、封建社会最主要的崇拜。这两种崇拜必须采取一定的方式表现出来，比如通过祭祀，人类表达了对祖先和神灵的敬意，希望能够得到祖先和神灵的庇佑，祈求多赐福、少降灾，在这样的过程中，原始的礼仪就产生了。"礼月与四渎于北门外，礼山川丘陵于西门外"（《仪礼·觐礼》），"集乎礼神之囿，登乎颂祇之堂"（扬雄《甘泉赋》）。

2. 礼指人类的行为规范

"夫礼者，所以定亲疏，决嫌疑，别同异，明是非也。"（《礼记·曲礼上》）也就是说，礼仪特指奴隶社会、封建社会等级森严的社会规范和道德规范。人类在其生存和发展过程中，不仅要与大自然做斗争，还要处理好人类内部的关系，如人与人、部落与部落、国家与国家的关系等。在当时，礼仪更多的是作为保障和维护群体秩序的一种工具，维持群体生活的自然人伦秩序是礼仪产生的最原始动力，在此基础上，礼仪扩大到人际关系的其他方面。

除了前述"事神致福"之意外，人类学家还考证，"礼"的繁体字"禮"在古代与"履"字相通，意思是鞋子，穿了鞋子才好走路。但是鞋子既不能太大，也不能太小，要刚刚合适，正所谓"礼贵从宜，事难论古"。当然，随着社会的不断进步，礼仪的内涵也在不断延伸和扩展。

另外，礼还可以指尊敬、厚待、恭敬的态度或行为，如"礼贤下士"（《新唐书·李勉传》）；表示仪式的意思，如"典礼""婚礼""丧礼""成年礼"；表示敬意的赠品，如"千里送鹅毛，礼轻情意重"，"及受礼，唯酒一斗，鹿肉一柈"（《晋书·陆晔传》）。

由此可知，礼最早源于祭祀，是一种以祭祀鬼神求得赐福的宗教仪式，与原始人类的神灵崇拜有关。由于原始人类的生活状态只有基本的生存繁衍活动，礼在当时主要作为沟通人神的媒介而存在。

（二）西方礼仪的含义

在西方，礼仪一词最早见于法语的"etiquette"，原意为"法庭上的通行证"。但它一进入英文语境后，就有了礼仪的含义，意即"人际交往的通行证"。西方的文明史，同样在很大程度上表现出人类对礼仪的追求及其演进。在古代西方，人类为了维持与发展血缘亲情以外的各种人际关系，避免"格斗"或"战争"，逐步形成了各种与"格斗"或"战争"有关的动态礼仪。如为了表示自己手里没有武器，让对方感觉到自己没有恶意而创造了举手礼，后来演进为握手；为了表示自己的友好与尊重，愿在对方面前"丢盔卸甲"，于是创造了脱帽礼等。

在古希腊的文献典籍中，如苏格拉底、柏拉图、亚里士多德等先哲的著述中，都有很多关于礼仪的论述。中世纪更是西方礼仪发展的鼎盛时代。文艺复兴以后，欧美的礼仪有了新的发展，从上层社会对遵循礼节的烦琐要求到20世纪中期对优美举止的赞赏，一直到适应社会平等关系的比较简单的礼仪规则。

（三）现代礼仪的含义

随着生产力的发展和社会等级制度的诞生，礼的内涵和形式都发生了极大的变化，主要表现在由事神致福的宗教之礼向维护秩序纲常的社会礼仪演变。礼变成了恭敬、尊敬的态度和行为，产生了各种复杂的典礼仪式，内容日趋丰富。礼仪不仅是治理国家的典章制度，也是社会生活的行为规范和交往之道，成为人们追求道德修养和文雅仪态的重要途径。

"礼"和"仪"，实际是两个不同的概念。礼是抽象的，由一系列的制度、规则及社会共识构成，是一种约束人们言谈举止的社会观念和人际交往必须遵循的伦理道德标准；仪是礼的具体表现形式，它是严格依据礼的规定和内容形成的一套系统完备的程序与形式。

可见，礼是仪的本质，仪是礼的现象。仪生于礼而合乎礼，所以"礼"和"仪"合称"礼仪"。礼和仪密不可分，只有二者完美结合，才是完整的礼仪。

（四）常用的礼仪概念

1. 敬意

礼本意为"敬神"，引申为表示敬意的通称，是指由一定的道德观念、风俗习惯形成的礼节以及表示尊敬的态度或动作。

2. 礼貌

礼貌是指人们在交往过程中相互表示敬意和友好的行为准则和精神风貌，是一个人在待人接物时的外在表现，包括礼貌的行动和言语。它通过仪表及言谈举止来表示对交往对象的尊重，反映了时代的风尚与道德水准，体现了人们的文化层次和文明程度。

3. 礼节

礼节是人们在日常生活中，特别是在交际场合中，相互问候、致意、祝愿、慰问以及给予必要的协助与照料的惯用形式。礼节是礼貌的具体表现，它具有一定的强制性，是礼貌在言语、仪态、行为等方面的形式体现，没有礼节就无所谓礼貌。礼节往往是向对方表示尊重、友善的方式，如迎来送往、敬意问候、祝颂哀悼、握手行礼等。

4. 仪式

仪式是一种较为正式的礼节形式。它表示对所包含内容的重视程度。在举行仪式时，要遵循严格的规程、程式。仪式根据目的的不同可以分为迎送仪式、签字仪式、开幕式、闭幕式、颁奖仪式等。

5. 仪态

仪态是指人的日常行为中的体姿、手势、表情等，即"体态语言"。

6. 仪容仪表

仪容仪表主要指人的容貌和发型，也指不被衣饰覆盖的身体部分，包括头面、颈、手臂、腿脚等处。

礼仪的含义，从不同的角度还可以这样理解：

（1）从道德角度看，礼仪是为人处世的行为规范；

（2）从修养角度看，礼仪是人的内在素质和修养的外在表现；

（3）从审美角度看，礼仪是一种形式美，是心灵美的外化；

（4）从传播角度看，礼仪是一种信息，通过媒介表达出尊重、友善的情意；

（5）从交际角度看，礼仪是一种技巧，是交际中有效的沟通方式；

（6）从民俗角度看，礼仪是待人接物中约定俗成的示人以尊重、友善的习惯做法；

(7) 从法治角度看，礼仪是维护社会秩序、治国安邦的途径之一。

综上所述，礼仪是指人们在社会生活中仪容仪表、仪态举止、言语谈吐及相应仪式等方面约定俗成的规范方式，表现为敬人律己的过程。或简述为：约定俗成的敬人律己的行为规范即礼仪。

现代礼仪是指人们在现代社会交往中由于受历史传统、风俗习惯、宗教信仰、时代潮流等因素的影响而形成的，既为人们所认同，又为人们所遵守，以建立和谐关系为目的的各种符合礼的精神及要求的行为准则、规范或仪式的总和。

二 礼仪的类别

随着礼仪知识专业化程度的提高，内容越来越贴近实际需求，礼仪体系不断得到丰富和发展。我们可以从不同角度，对中国古代礼仪和现代礼仪进行不同分类。

（一）中国古代礼仪分类

中国古代礼仪通常可分为政治与生活两大类。其中政治类包括祭天、祭地、宗庙之祭、祭先师先圣、军礼等。生活类在中国古代有"五礼"之说，具体如下：祭祀之事为吉礼，冠婚之事为喜礼，宾客之事为宾礼，军旅之事为军礼，丧葬之事为凶礼。民俗界认为，礼仪包括生、冠、婚、丧四种人生礼仪。

（二）现代礼仪分类

改革开放之后，融合西方礼仪和国际惯例，中国传统礼仪得到真正的改革，并发展成为现代礼仪。按照不同的分类方法，现代礼仪可以进行如下划分：

(1) 按内容可以分为政务礼仪、商务礼仪、外事礼仪、宗教礼仪等；
(2) 按地点可以分为家庭礼仪、学校礼仪、办公礼仪、酒店礼仪等；
(3) 按身份可以分为教师礼仪、学生礼仪、门童礼仪、导游礼仪等；
(4) 按表现形式可以分为交谈礼仪、书信礼仪、电话礼仪、名片礼仪等。

项目三 现代礼仪的特征与原则

一 现代礼仪的特征

礼仪根植于社会生活中，以一定的经济基础和社会文化为土壤，与人们之间的交往密切相关，因此在发展过程中呈现出以下特点。

（一）规范性

礼仪是人们在各种交际场合待人接物时必须遵守的行为规范，是约定俗成的一种自尊、敬人的惯用形式。礼仪的这种规范性，不仅约束着人们在交际场合的言谈话语、行为举止，使之合乎礼仪，而且也是人们在交际场合必须采用的一种"通用语言"，是衡量他人、判断自己是否自律、敬人的一种尺度。因此，任何人要想在交际场合表现得合乎礼仪、彬彬有礼，都必须遵守社会认可的礼仪。如果另起炉灶，自搞一套所谓"礼仪"，或是只遵守个人适应的部分，而不遵守自己不适应的部分，都难以被交往对象所理解和接受。

清代学者李子潜在他编写的《弟子规》中，要求他的学生从早到晚在饮食起居、言谈举止、待人接物方面必须遵守礼仪程序。"晨必盥，兼漱口，便溺回，辄净手。冠必正，纽必结，袜与履，俱紧切。置冠服，有空位，勿乱顿，致污秽。衣贵洁，不贵华，上循分，下称家……步从容，立端正……缓揭帘，勿有声……凡出言，信为先，诈与妄，奚可焉……刻薄语，秽污词，市井气，切戒之……"这一古训对当代大学生提高自身礼仪修养仍有一定的指导意义。

（二）普遍性

礼仪的普遍性是指礼仪在任何国家、任何民族、任何时代都存在。古今中外，从个人、家庭到集体、国家，礼仪无时不在，无处不在。凡是有人类生活的地方，就存在着各种各样的礼仪规范。礼仪这种文化形态，贯穿于整个人类社会的始终，与人类社会共存亡，只要有人类社会，就会有礼仪；礼仪遍及人类社会的各个领域，不仅表现在政治领域、经济领域、文化领域，也表现在军事领域、宗教领域等等；礼仪渗透于各种社会关系之中，只要有人和人的关系存在，就会有作为人的行为准则和规范的礼仪的存在。同时，礼仪的内容大都以约定俗成的民俗习惯、特定文化为依据，集中地反映了一定范围内人们共同的文化心理和生活习惯，从而带有明显的地域性特点。随着人类的交往范围不断扩大，因地域和文化交流限制所造成的礼仪规范的差异逐渐被打破，许多礼仪形式被越来越多的人接受和认可，礼仪的普遍性特点将会日趋明显。比如，随着国际交往的开展，握手礼逐渐为世界范围内的人们共同遵守；同样，极富西方礼仪文化色彩的拥抱贴面礼现已被东方人所理解和接受。

可以说，现代社交礼仪的范围已扩展到社会的方方面面，从政治、经济、文化领域，到人们的日常生活，礼仪活动普遍存在。大到一个国家的国庆庆典，小到一个企业的开张，再到人们日常生活中的接待、见面谈话等，均需要讲究礼仪规范，遵守一定的礼仪行为准则。

礼仪和人类社会历史始终是如影随形的。没有哪个民族、哪个国家、哪个时期，在社会生活中没有礼仪规范。礼仪在人们相互交往中起着广泛、普遍而微妙的作用，它不单单调节着人际关系，而且还有着净化人类心灵、美化社会环境的作用，推动着人类社会文明的发展。

(三)差异性

"十里不同风,百里不同俗",不同的文化背景,造就不同的礼仪文化,也决定着礼仪的内容和形式。礼仪的差异性首先表现为民族差异性,不同民族的礼仪形式多姿多彩,各具特色。各民族的习俗礼仪都凝结着本民族、本地区人民的文化情结,人们严格遵循,苦心维护,难以改变。我国是一个多民族的大家庭,不同民族的风俗习惯、礼仪文化各有千秋。以见面问候致意为例,不同地域和民族有着不同的表现形式,比如,在信仰伊斯兰教的人群中,传统的见面礼是用右手按住胸口,频频点头,并说"安技嘎利贡"(意为"愿真主保佑您")。在其他地域和民族的人群中,有脱帽点头致意的,有拥抱问候的,有双手合十的,有手抚胸口的,有碰脸颊的,更多的还是握手致意。

在世界范围内,还有很多奇特的见面礼,比如突尼斯国家待客,用河水猛泼客人脸;北非的撒哈密瓜拉的图亚勒克人,每当招待客人时,主人总是先给客人煮三小碗茶,然后再给自己煮,如果客人喝不完主人的三碗茶,最好第一碗时就谢绝,否则只喝一碗,是对主人的大不敬。主人欢迎客人时一壶只煮三碗茶,如果一壶煮出四五碗,客人就得知趣告辞了。可见,不同地方的风俗文化演化成为约定俗成的礼仪规范。

在礼仪的等级差别上,不同身份、地位的对象,施礼的方式也不同。同样是宴会,通常来说,身份、地位高的可能会受到更高级的款待,身份低的相对就差一些,招待规格因招待对象的身份、地位高低的差别而有所不同。在古代,这种等级差异性表现得更为明显。比如在清代,"内外王公相见,宾主三跪六叩行礼,饮菜叙语毕,宾离席跪叩,主人答叩,送宾下阶",而"朝廷官员相见,宾主再拜行礼,饮菜叙语毕,相揖告辞。主人送来宾于大门之外,至来宾登舆上马乃退"。可见,尽管同在一个朝代,因为人与人之间身份、地位的不同,相见告辞礼仪也各有差异,并且这种差异性是极为森严和不可逾越的。

礼仪的差异性还表现为个性差异,每个人因其地位、性格、资质等因素的不同,在使用同样的礼仪时会表现出不同的形式和特点。比如,同一个人在不同场合主客身份不同,所遵守的礼仪不同。在握手礼中,客人到达时,主人先伸手;客人告辞时,客人先伸手。在轿车座次礼仪中,也要以司机的身份来确定座次的尊卑,主人驾车,副驾座是尊位;司机是专职司机,副驾座成为最次的座位。礼仪的差别性体现在很多方面,同样是出席正式宴会,中餐和西餐礼仪对男士和女士也有不同的要求。

(四)限定性

礼仪主要适用于交际场合,适用于普通情况之下一般的人际交往与应酬。在这个特定范围之内,礼仪通常行之有效。离开了这个特定的范围,礼仪则未必适用,这就是礼仪的限定性特点。理解了这一特点,就不会把礼仪当成放之四海而皆准的教条,就不会在非交际场合拿礼仪去生搬硬套。必须明确,当所处场合不同、个体所具有的身份不同时,所要应用的礼仪往往会因此而各有不同,有时甚至差异很大,这一点是不容忽略的。一般而论,适合应用礼仪的,主要是初次交往、因公交往、对外交往等三种交际场合。

（五）传承性

礼仪是一个国家、一个民族传统文化的组成部分。在我国，现代礼仪是以传统文化为核心，并不断吸收其他民族的优秀文化，在长期的社会生活实践中逐渐发展和完善起来的。它根植于传统文化这片沃土，有着深刻的传承性。礼仪一旦形成，就会以非物质的形式长期传播、继承、沿袭、积淀下来，代代相传，甚至无须采用文字记载或者刻意传授，比如我国从古代流传至今的礼尚往来、迎来送往等。

中国文化源远流长，在历史的长河中之所以生生不息，根源在于对外来文化兼收并蓄，善于吸收精华"为我所用"。如人际交往中，行一个规范的见面礼，会给对方留下深刻而又美好的印象，直接体现出施礼者良好的修养。在我国古代，是没有握手这种礼节的。人们相互见面时，有着区别于握手礼的许多见面礼节，如"揖礼"，带有叉手和唱喏（又叫出声回答，主要是古人见尊长，双手作揖，口念颂辞，叫作唱喏或声喏），还有"拜首礼"和"稽拜礼"等。自从马扎类的凳子传入中原，到椅子的出现，汉人改变了席地而坐的习俗，从而引起礼节上的变化。曾经跪地的揖礼发展成站立姿势的拱手礼、鞠躬礼，而磕头作揖等见面礼节与古人的唱喏、拜首和稽拜一脉相承，如今还在不同场合保留并使用着。

（六）时代性

礼仪作为一种文化范畴，具有浓厚的时代特色。任何时代的礼仪从本质上讲，可以说是一种社会历史发展的产物，具有鲜明的时代特点。一方面，它是在人类长期的交际活动实践中形成、发展、完善起来的，绝不可能凭空杜撰、一蹴而就，完全脱离特定的历史背景；另一方面，社会的发展，历史的进步，由此而引起的众多社交活动的新特点、新问题，又要求礼仪有所变化，有所进步，推陈出新，与时代同步，以适应新形势下新的要求。

时代是多元、丰富、多变的，礼仪也随着时代的发展而发展，一些不符合时代发展要求的陈腐礼仪、繁文缛节会被逐渐淘汰。如今，见面礼在各种场合被握手礼所取代，磕头礼被鞠躬礼所取代。每个时代的文化正是时代变迁的缩影，礼仪文化同样如此。比如，人类最初的礼仪是从祭神开始的，于是，古代某些人群把裸体怀孕的妇女陶塑像作为生育女神来祭拜，这正是基于人类在蒙昧时期无法更好地保护自己而产生的一种强烈的对生命崇拜的礼仪表现。再比如，20世纪初叶，辛亥革命的爆发，猛烈地撞击了封建社会的意识形态等上层建筑，影响到人们日常生活的方方面面，于是在当时造就了一股新风尚。1912年3月5日的《时报》记载道："共和政体成，专制政体灭；中华民国成，清朝灭；总统成，皇帝灭；新内阁成，旧内阁灭；新官制成，旧官制灭；新教育兴，旧教育灭；枪炮兴，弓矢灭；新礼服兴，翎顶补服灭；剪发兴，辫子灭；盘云髻兴，堕马髻灭；爱国帽兴，瓜皮帽灭；爱华兜兴，女兜灭；天足兴，纤足灭；放足鞋兴，菱鞋灭；阳历兴，阴历灭；鞠躬礼兴，拜跪礼灭；卡片兴，大名刺灭；马路兴，城垣卷栅灭；律师兴，讼师灭；枪毙兴，斩绞灭；舞台名词兴，茶园名词灭；旅馆名词兴，客栈名词灭。"可见，礼仪文化总是一个时代的写照。

时代在不断前进，礼仪文化也随之而发展变化。一方面，礼仪文化随着时代的进步而改变。现代世界是一个开放的世界，科技、交通发展日新月异，天涯变咫尺，无线通信、电子技术、网络技术的发展，使人们可以在短短几秒内与几万公里之外的亲朋好友互致问候、互通信息。时代的进步催生着新事物的发展，也拓宽了社交礼仪的方式。另一方面，礼仪随着时代和地域的变化而变化。在过去，跪拜礼经常使用；而今，它已经淡出了人们的日常生活。在中国，用手抚摸小孩的头是对小孩表示喜爱的方式，孩子的父母会欣然接受；而在东南亚地区，位于身体最高部位的头被认为是神明停留的地方，神圣无比，尤其是小孩的头，绝对不要去触摸，以免惹恼其父母。

随着对外交往的不断扩大，世界各国之间在政治、经济、文化等方面的交流日益密切，我国的传统礼仪也被赋予了许多新鲜的内容。礼仪规范更趋于国际化，礼仪变革逐渐向国际惯例靠拢。如何形成一整套既富有我国传统特色、又符合国际惯例的礼仪规范已势在必行。

所以，现代礼仪不仅要符合现代观念、现代审美标准和现代生活特点，还要在实践中不断发展完善。随着世界经济全球化深入发展，各个国家、地区、民族的礼仪也随之不断地相互影响、相互渗透，不断增添新的内容。比如，家庭礼仪中长辈与晚辈注重民主平等交流；社交礼仪中反对男尊女卑，提倡尊重女士。凡是违背现代人性理念、淡化人与人之间情感交流的繁文缛节，都将逐步被时代所淘汰。

二 现代礼仪的原则

在社交场合，如何正确运用社交礼仪，充分发挥礼仪应有的效应，创造最佳的人际关系状态，这同遵守现代礼仪原则密切相关。

（一）尊重原则

在与人交往时，尊重是礼仪的首要原则。尊重原则包含尊重自己和尊重他人两个方面。尊重自己是指一个人应注意自身的修养，保持自己的人格尊严。因为只有先尊重自己，才能赢得他人的尊重。尊重他人是指在社交活动中，人们必须尊重交往对象的人格、职业、习惯、情感、爱好、社会价值等。孔子曾经高度概括礼仪的核心思想："礼者，敬人也"，"夫礼者，自卑而尊人"（《礼记》）。敬人的原则，是指在交际活动中，要求承认和重视每个人的人格、感情、爱好、职业、习惯、社会价值、权利和正当利益。敬人，从社会角度来说，它是一条重要的道德规范；对个人来说，则是一种良好的道德品质。尊敬他人的诸多做法中最重要的一条是要常存敬人之心，处处不可失敬于人。尊重他人是与他人建立和谐关系的基础。基于此，即使在礼仪规范中偶尔失误，也很容易得到对方的理解。

（二）平等原则

古人云："勿以身贵而贱人。"平等原则是指在社交活动中，交往者不能因交往对象的年龄、性别、种族、文化、职业、身份、地位、财富及其与自己的亲疏远近关系而厚此薄彼、区别对待,而应对所有交往对象一视同仁,给予同等的礼遇。这一原则是人与人交往时建立情感的基础,也是保持良好人际关系的诀窍。

在现代礼仪中,人际交往的平等性尤其重要。平等原则要求人们在交往中,不骄狂,不我行我素,不自以为是,更不能以貌取人,或以职业、地位、权势压人,而应该时时处处平等、谦虚待人。唯有如此,才能提高个人礼仪素养,结交更多的朋友。

(三)宽容原则

古人云:"水至清则无鱼,人至察则无徒。"意思是说,水太清,鱼就无法生存;人如果太精明,就没有同伴。后人多用此告诫人们待人不要苛刻、看问题不要过于严厉,否则,就容易使大家因害怕而不愿意与之打交道。宽容的原则即与人为善的原则,宽即宽待,容即相容。在社交场合,所谓宽容是指以宽大的胸怀容忍别人不同于自己的见解、个性甚至缺点错误,它包含着心胸坦荡、宽宏大度、不计较个人得失等因素。在人际交往过程中,要允许他人有独立进行自我判断和个人行动的自由,充分尊重别人的观念、信仰、行为、习惯等;对别人的微小过失和错误能给予谅解,不予计较,不多加追究;对待不同的思想和观点,不采取压制等极端手段,要以说服和教育的方法进行疏导,以协调人与人之间的矛盾。中国传统文化历来重视并提倡宽容的道德原则,并把宽以待人视为一种为人处世的基本美德。

(四)自律原则

"己所不欲,勿施于人",意指自己不想要的东西,切勿强加给别人,这是孔子的经典妙句。在人际交往中,从事交往活动的人都必须自觉、自愿地遵守礼仪规范。讲究礼仪,最重要的就是自我要求、自我控制、自我约束、自我对照和自我反省。"吾日三省吾身"说的就是曾子"每天多次反省自己,替人家谋虑是否不够尽心?和朋友交往是否不够诚信?老师传授的学业是否反复练习实践?"任何一个人,无论身份高低、职位大小、财富多少,自律的原则要求交往个体树立起强烈的内心信念和行为修养准则,来获得一种自觉的内在力量,并以此约束自己的行为,实现自我教育和自我管理。比如,控制好自己的言行和情绪,以免因言语过失而伤害交往对象,这样在离开他律的环境中也能做到遵循礼仪规范。

(五)从俗原则

从俗就是指来自不同国家和地区、不同民族、具有不同文化背景的人们在人际交往中,都应相互尊重彼此之间的风俗、习惯,了解并尊重各自的禁忌事项,即"入乡随俗、入乡问禁",如果不注意禁忌,就会在交际中引起障碍和麻烦。比如,傣族人民的禁忌大多与他们信奉的佛教密切相关,在他们看来,佛寺是神圣的地方,平时俗人不可进入,若必须进去,要将鞋脱在外面;在佛寺里不许触摸佛像、法器和仪仗。再比如,许多少数民族的火塘不能跨越,不能用利器捅,不能用脏水泼。

三 现代礼仪的功能

清代思想家颜元曾经说过:"国尚礼则国昌,家尚礼则家大,身尚礼则身正,心尚礼则心泰。"由此可见,礼仪在社会生活各个方面都发挥着功能和作用。现代礼仪在人际交往中主要有教育、沟通、协调、塑造和维护的功能。在人际交往中,自觉地执行礼仪规范,可以使交往双方的感情得到沟通,在向对方表示尊重、敬意的过程中,获得对方的理解和尊重。人们在交往时以礼相待,有助于加强人们之间的互相尊重,建立友好合作的关系,缓和或者避免不必要的矛盾和冲突。同时,礼仪以一种道德习俗的方式对全社会的每一个人发挥着维护社会正常秩序的教育作用。人们通过对礼仪的学习和应用,建立新型的人际关系,从而在交往中严以律己,宽以待人,互尊互敬,互谦互让,讲文明,懂礼貌,和睦相处,形成良好的社会风尚。

(一)教育功能

礼仪是人类社会进步的产物,是传统文化的重要组成部分。礼仪蕴涵着丰富的文化内涵,体现着社会的要求与时代精神。礼仪通过评价、劝阻、示范等教育形式纠正人们不正确的行为习惯,指导人们按礼仪规范的要求去协调人际关系,维护社会正常生活。让国民都来接受礼仪教育,可以从整体上提高国民的综合素质。

(二)沟通功能

礼仪行为是一种信息性很强的行为,每一种礼仪行为都表达一种甚至多种信息。在人际交往中,交往双方只有按照礼仪的要求说话办事,才能更有效地向交往对象表达自己的尊敬、敬佩、善意和友好,人际交往才可以顺利进行和延续。热情的问候、友善的目光、亲切的微笑、文雅的谈吐、得体的举止等,不仅能唤起人们的沟通欲望,彼此建立起好感和信任,而且可以促进交流的成功和交流范围的扩大,进而有助于事业的发展。

根据礼仪的表现方式,礼仪可分为言语礼仪、行为表情礼仪和饰物礼仪。言语礼仪通过口头或书面语言的方式表达某种礼节,行为表情礼仪通过人的肢体语言来传情达意,饰物礼仪则是通过服饰、物品等传达信息。在社交活动中,人们要学会观察他人的言语、行为、表情、穿着等等,准确猜度他人传递给自己的信息。只有这样,才能顺利步入社交圈。

(三)协调功能

在人际交往中,不论交往各方体现的是何种关系,维系人与人之间沟通与交往的礼仪,都发挥着十分重要的"润滑剂"作用。礼仪的原则和规范约束着人们的动机,指导着人们立身处世的行为方式。如果交往的双方都能够按照礼仪的规范约束自己的言行,不仅可以避免某些不必要的感情对立与矛盾冲突,还有助于建立和加强人与人之间相互尊重、友好合作的新型关系,使人际关系更加和谐,社会秩序更加良好。

（四）塑造功能

塑造形象是社交礼仪的第一功能，包括塑造个人形象和塑造组织形象两方面。人生活在社会之中，要处理与自己息息相关的各种人际关系。在社会生活中，个人以其特定的身份、角色去与人相处，有时以个人身份待人接物，有时代表组织与人相处。

礼仪讲究和谐，重视内在美和外在美的统一。礼仪在行为美学方面指导着人们不断地充实和完善自我并潜移默化地熏陶着人们的心灵，使得人们的谈吐变得越来越文明，人们的装饰打扮变得越来越富有个性，举止仪态越来越优雅，并符合大众的审美原则，体现出时代的特色和精神风貌。

（五）维护功能

礼仪作为社会行为规范，对人们的行为有很强的约束力。在维护社会秩序方面，礼仪起着法律所起不到的作用。家庭的安宁，邻里的和谐，同事之间的信任与合作，社会的发展与稳定，都依赖于人们共同遵守礼仪的规范与要求。

礼仪是人们在社会活动中形成的共同的行为规范和准则，可以为个人或组织营造一个和睦的人际环境和顺畅的社会氛围。社会上讲礼仪的人越多，社会便会更加和谐稳定。一般来说，人们受到尊重、礼遇、赞同和帮助，就容易产生吸引心理，形成友谊关系，反之会产生抵触、反感、憎恶甚至敌对的心理。可见，礼仪具有很强的凝聚情感的作用，对于建立友谊、构建良好的社会心理支持系统意义重大。

如今，航空、银行、酒店、公务员等各行各业都热衷于礼仪培训，他们懂得通过熟练掌握礼仪规范，展示自身在职业生活中的良好形象，来赢得公众对组织和行业的好评，以达到塑造和维护良好组织形象的目标。因此，在一定的社会环境中，如果每个人都能够做到待人接物知书达理，着装得体，举止文明，彬彬有礼，谈吐高雅，建立起相互尊重、彼此信任、友好合作的关系，彰显社会精神文明建设的成果，社会的文明程度就会大幅提高，构建起和谐的社会环境，进而有利于各项社会事业的发展；反之，如果大家言语粗鲁，衣冠不整，举止失度，待人接物冷若冰霜或傲慢无礼，就会有损个人形象，降低社会文明程度，甚至影响到国家形象构建和国家软实力的提升。

复习思考题

一、判断是非题

1. 礼的本意是敬神。（   ）
2. 孔子非常注重礼仪教育，"人无礼则不生，事无礼则不成，国无礼则不宁"，就是他的经典名言。（   ）
3. 现代礼仪有规范性、可操作性、限定性的特征。（   ）
4. 我国最早的三部礼仪学专著《周礼》《仪礼》和《礼记》，在汉以后两千多年的历史中，它们一直是国家制定礼仪制度的经典著作，其中，《礼记》被称为《礼经》。（   ）
5. 中国古代礼仪的变革时期始于1840年鸦片战争。（   ）

二、问答题

1. 简述礼仪的原则和功能。
2. 我国礼仪的产生与发展经历了哪几个阶段？
3. 中外礼仪文化差异有哪些？试举例说明。

三、综合应用题

中国游客海外游四大乱象

统计数据显示，2012年我国出境旅游人数超过8 300万人次，成为全球出境旅游人数增长最快的国家之一。在这一年中，中国游客境外消费总额达1 020亿美元，其中65%的消费用于购物，中国的出境游市场也因此成为各国竞相争取的"蛋糕"。

但是，少数中国游客的一些不文明行为影响着外国人对中国人的看法。一直以来，以高端优雅自居的法国人甚至用"新富"这样的词汇描述中国人，以表现其对暴发户的嘲讽：你们有钱但是缺乏品位。对部分外国人来说，吵闹、不守规矩、随意拍照和不尊重当地风土人情已经成为中国游客的"四宗罪"。

早在2006年10月，中央文明办和国家旅游局就联合发布了《中国公民国内旅游文明行为公约》与《中国公民出境旅游文明行为指南》，旨在倡导游客遵守公约，争做文明游客。而上述事件中的当事人在当时恐怕早已将这些公约与指南抛在脑后。其实，我们每个外出旅游的游客都是大自然中的一道风景，正所谓"你站在桥上看风景，看风景的人在楼上看你"，每个游客的言谈举止，决定着自己在别人眼里是怎样一道风景。

【问题讨论】

1. 上述材料反映了什么现象？你从中受到了哪些启发？
2. 交际礼仪规范对维护国家形象、维系人际关系有何重要意义？

专题二 职业形象礼仪

学习目标

1. 掌握职业仪态的基本动作规范，学会坐、站、走、蹲、手势等标准姿态的训练与养成方法。
2. 重点掌握眼神与面部表情的训练方法，能恰当地运用目光、自然地微笑。
3. 熟悉标准脸型的判断标准，了解自己的脸型，准确找到不足之处进行修饰。
4. 掌握仪容礼仪的基本要求，学会正确地修饰仪容。
5. 掌握服饰礼仪规范，能按照服饰礼仪的要求规范地安排着装。

📖 案例导入

难道微笑也会有错？

华灯初上，一家饭店的餐厅里客人满堂，一派忙碌景象。这时，一位服务员跑去向餐厅经理汇报，说客人投诉有一盘海鲜菜中的蛤蜊不新鲜，吃起来有异味。餐厅经理非常自信，自认为颇有处理问题的经验，于是不慌不忙地向投诉客人的那个餐桌走去。一看，他心中就有了底，原来是老顾客张先生，于是迎上前去一阵寒暄，却被张先生打断。客人告诉他不是不对胃口，而是来宾中的香港客人尝了蛤蜊以后，马上告诉大家这道菜不能吃，是变了质的海鲜，吃了非出毛病不可。餐厅经理接着面带微笑，向张先生进行解释，蛤蜊不是活鲜货，虽然味道有些不纯正，但吃了不要紧的，希望他和其余的客人谅解包涵。

不料此时，在座的那位香港客人突然站起来，用手指着餐厅经理的鼻子大骂起来，意思是，你还笑得出，我们拉肚子怎么办？你应该负责任，不光是为我们配药、支付治疗费而已。这突如其来的兴师问罪，使餐厅经理一下子怔住了，他脸上的微笑变成了哭笑不得。事情到了这步田地，他揣测，总不能让客人误会刚才他面带微笑的用意吧，何况微笑服务是饭店员工的基本要求，于是他仍旧微笑着准备再做一些解释。不料，这次的微笑进一步激怒了那位香港客人，幸亏张先生及时拉了拉餐厅经理的衣角，示意他赶快离开现场，否则简直难以收场了。

【问题】
1. 该餐厅经理是否错了？如果有错，到底错在哪里？
2. 面对客人的指责，餐厅经理应该怎么做？

个人礼仪是社会对个体在仪态仪容、表情举止、衣着打扮等方面的具体规范。它是交际礼仪的基础。个人礼仪也被称为"仪表礼仪"。仪表，是指人的外表，包括人的容貌、仪态、服饰和个人卫生等方面，它是人精神面貌的外观表现。人们常说的"第一印象"，多半来自一个人的仪表。讲究仪表，不仅能塑造和维护个人的社交形象，而且能通过良好的个人形象塑造组织形象，对整个社会风貌的净化与美化也能起到积极的作用。

项目一 仪态礼仪

仪态，是指人的身体姿态，包括站姿、坐姿、走姿等各种动作。中国古代讲究"站如松，坐如钟，行如风"，是力求从优雅的仪态上表达一种洒脱的气质和翩翩的风度。体态语言专家的研究成果表明，在人与人的沟通中，情感信息的表达和交流在很大程度上是通过体态语言来进行的。良好的仪态不是一日之功，需要长时间刻苦练习。同时，仪态也是身体向外释放的一种无声的语言信息，它对有声语言起到了强化、补充和修饰的作用，直接反映了人的内心世界。注重体姿信息，利用优雅的形体语言来传情达意、交流沟通，是现代职场人士必须重视的重要礼仪规范。

一 站姿

站姿是人身体静态美的展现，是个体仪态塑造的基础和起点。它的基本动作规范深深地影响着其他仪态礼仪的养成。站姿是最容易表现人的特征的姿势，不同站姿有时会传递出不同的信息。

站立姿态有标准式、礼仪式、休闲式几大类别。

（一）站姿的基本规范

站立的要点是"头正、颈直、肩平、胸挺、腰立、腹收、臀提、腿靠、手垂"。一般来说，男士要求"站如松"，潇洒挺拔；女士则应优雅舒展，亭亭玉立。

（1）头正：双目平视，颈部挺直，下颚微收，面容平和自然。

（2）肩展：双肩舒展、放平，自然放松，稍向后下方下沉。

（3）臂垂：双臂放松，自然垂于身体两侧，手指并拢、自然弯曲，放在身体两侧，中指压裤缝。

（4）挺胸：后背挺直，胸部舒展、自然上挺。

（5）收腹：腰部挺直，腹部微微紧收，保持自然呼吸。

（6）提臀：臀部肌肉向内、向上收紧。

（7）腿直：双腿挺直，双膝紧贴，腿部肌肉向内收紧，身体重心置于双腿之间。

（二）男士的站姿

男士的站姿要稳健挺拔，以体现男性刚健、强壮和潇洒的风采。一般而言，男士在社交场合可采用分腿式站姿。分腿式站姿即双腿稍微分开而立的姿势，其又可分为前腹式和后背式。

1. 前腹式分腿式站姿

前腹式分腿式站姿的要领为：双手交叉握于腹前，右手握住左手，两腿自然分开，两脚距离约半步（20厘米左右），身体重心落于两脚之间，脚部疲惫时可让重心在两脚上轮换，如图2-1（a）所示。这种站姿显得郑重而略显自由，常适用于一般社交场合。

2. 后背式分腿式站姿

后背式分腿式站姿的要领为：双手交叉置于背后，右手自然贴于背部并握住左手腕，两腿自然分开，两脚距离不超过肩宽，两脚尖呈60°，如图2-1（b）所示。这种站姿略带威严，常适用于较为正式、严肃的迎送场合。

（a）前腹式　　　　　　　（b）后背式

图 2-1　男士分腿式站姿

（三）女士的站姿

女士的站姿要柔美，以体现女性娴静、优雅的韵味。一般而言，女士的站姿主要为"丁"字步站姿和扇形站姿。

1. "丁"字步站姿

女士的"丁"字步站姿主要为前腹式，按照手部姿势的不同可分为交流式和礼节式。

1）交流式

交流式站姿的要领为：双手交叉轻握于腰际，手指自然弯曲，双腿并拢，膝盖紧贴，双脚站成小"丁"字步，即一脚的脚跟紧靠于另一脚的脚弓，脚尖分开约60°，并保持两脚的脚跟在同一直线上，如图2-2（a）所示。这种站姿常适用于与他人交流的场合。

2）礼节式

礼节式站姿的要领为：双手虎口交叠于腹前，贴于肚脐处，手指伸直但不外翘，双腿并拢，膝盖紧贴，双脚站成小"丁"字步，如图2-2（b）所示。这种站姿礼仪性较强，适用于较正式的迎送场合。

(a)交流式　　　　　　　(b)礼节式

图 2-2　女士"丁"字步站姿

2. 扇形站姿

扇形站姿即小八字步站姿，其要领如下：双手交叉置于背后或握于腹前，双腿和脚跟并拢，脚尖分开约 60°，站成小八字步。这种站姿较为自由，可适用于不太正式的社交场合。

(四) 常见站姿类别

1. 标准站姿

标准站姿适用于男士和女士。这种站姿要求身体直立，抬头挺胸、下颚微收、双目平视、嘴微闭、面带微笑，两膝并严，脚跟靠紧，脚掌分开呈"V"字形，提髋立腰，吸腹收臀，两手臂自然下垂于体侧，中指接触裤缝，其余手指自然弯曲，如图 2-3（a）所示。这种站姿通常适用于升旗仪式等庄重、严肃的场合。

2. 男士站姿

1）男士前腹式站姿

男士前腹式站姿的要领为：双脚跨立步，左手在腹前握住右手手腕，或右手握住左手手腕，如图 2-3（b）所示。这种站姿适用于在工作中与客户或同事交流的场合。

2）男士后背式站姿

男士后背式站姿的要领为：双脚跨立步，双手在背后腰际相握，左手握住右手手腕或右手握住左手手腕，如图 2-3（c）所示。这种站姿适用于迎宾场合。

3. 女士站姿

1）女士前腹式站姿

女士前腹式站姿的要领为：双脚呈"V"字形或"丁"字步，双手虎口相交叠放于脐下三指处，手指伸直但不要外翘，上身正直，头正目平，腰直肩平，双臂自然下垂，挺胸收腹，两腿站直、肌肉略有收缩感，微收下颚、面带微笑，如图2-3（d）所示。这种站姿适用于工作及社交场合。

2）女士交流式站姿

女士交流式站姿的要领为：双手轻握放在腰际，手指可自然弯曲。这种站姿适用于与朋友聚会等比较轻松的场合。

（a）男女标准式站姿

（b）男士前腹式站姿

（c）男士后背式站姿

（d）女士前腹式站姿

图2-3　常见站姿类别

（五）站姿的禁忌事项

站姿的禁忌事项主要包括如下几个方面：

（1）垂头含胸，弯腰驼背，给人萎靡不振、自由散漫的感觉；

（2）手位不当，将手插在衣服或裤袋内、双手抱于胸前或脑后，双手叉腰或托下巴；

（3）身体倚靠在物体上站立，非常不雅观；

（4）屈腿而站，双腿呈圆规形状交叉而站，显得疲惫倦怠；

（5）双腿分开超过肩膀；

（6）全身抖动，身躯扭曲，无关动作多。

知识链接 2-1

仪态——真实心理的符号

仪态是表达人真实心理的符号，通过一个人的仪态，我们可以大致推知他的性格特征和精神状态。

（1）背脊挺直、胸部挺起、双目平视的站立：说明有充分的自信，给人以"气宇轩昂""心情乐观愉快"的印象，属开放型。

（2）弯腰曲背、略现佝偻状的站立：属封闭型，表现出自我防卫、闭锁、消沉的倾向；同时，也表明精神上处于劣势，有惶惑不安或自我抑制的心情。

（3）别腿交叉而站立：表示一种保留态度或轻微拒绝的意思，也是感到拘束和缺乏自信心的表现。

（4）将双手插入口袋而站立：具有不坦露心思，暗中策划、盘算的倾向；若同时配合有弯腰曲背的姿势，则是心情沮丧或苦恼的反映。

（5）靠墙壁而站立：有这种习惯者多是失意者，通常比较坦白，容易接纳别人。

（6）背手站立：多半是自信力很强的人，喜欢把握局势，控制一切。一个人若采用这种姿势出现于人面前，说明他可能怀有居高临下的心理。

（六）站姿的常用训练方法

站姿的常用训练方法可归纳为表 2-1。

表 2-1 站姿的常用训练方法

训练类型	训练标准
基本训练要求	1. 面部表情调整到最佳
	2. 锻炼长时间站立的持久性、忍耐性
	3. 学会长久站立时姿势的自然调整
	4. 掌握在职业岗位工作中站立时双手所放位置
	5. 掌握如何挺胸、立腰、收腹及身体各部位的要领
	6. 站立训练一般一次为 20~30 分钟，分段进行，配以轻松愉快的轻音乐
基本训练方法	1. 靠墙练习：身体靠墙，后脑勺、双肩、臀部、小腿肚、脚后跟靠墙并坚持 10~20 分钟
	2. 背靠背训练：两人一组，要求背靠背，双方的臀部、肩背、后脑勺为接触点，练习站立动作的稳定性；可以在两人的腋下、小腿部相靠的地方夹一张纸片，训练时不让其滑落或掉下
	3. 顶书训练：保持正确站姿，然后将一本书放在头顶正中，训练时不能让书掉下来，必须保持头部平稳，双目平视前方，下颚微收，颈部挺直

续表

训练类型	训练标准
基本手位训练	1. 面对训练镜练习：要求在正确站姿的基础上，结合面部微笑进行训练，通过训练镜完善整体站姿的形象
	2. 标准式：两手臂自然下垂，虎口向前，中指接触裤缝，其余手指自然弯曲
	3. 前腹式：两手虎口交叉，右手搭在左手上，置放于小腹部前
	4. 后背式：双手背于身后，两手交叉，右手在外，左手在里，贴于臀部
基本脚位训练	1. 并立步：两脚平行并放
	2. "V"形步：脚跟相靠，脚尖分开成合适角度，女士30°～45°，男士45°～60°
	3. "丁"字步：右腿（左脚）在前，将右脚跟（左脚跟）靠于左脚（右脚）内侧（脚弓处）形成左（右）"丁"步，双手在腹前交叉，身体重心在两脚间
	4. "∥"形步：双脚平行，两脚间距等于或小于肩宽，一般为男士采用

二 坐姿

坐姿是人入座、在座、离座时的姿态。在社交场合，无论男士还是女士，其坐姿都应给人以端正、大方、自然、稳重之感。

（一）坐姿的基本规范

坐姿的基本规范包括如下几点：

（1）平缓入座：步至座前，转身缓坐，切忌沉重落座；

（2）椅面不满：入座时，宜坐椅面的1/2～2/3，不宜将椅面坐满；

（3）头部端正：双目平视，下颚向内微收，颈部挺直，保持端正；

（4）躯干平直：双肩放平、下沉，腰背挺直，胸部上挺，腹部微收，臀部略向后翘，上身略向前倾；

（5）四肢摆好：双臂自然弯曲，双手放于腿上，女士应双膝并拢，男士可双膝微开，双腿自然弯曲，双脚平落地面；

（6）平稳离座：右脚后收半步，找支撑点，平稳起立离开座位，切忌猛起、哈腰或左右摇摆。

（二）男士的坐姿

在社交场合，男士的坐姿主要可分为标准式、开膝式、交叉式和重叠式。

1. 标准式坐姿

标准式坐姿的要领为：上身端正，与大腿垂直，双膝、双脚完全并拢，双手掌心向下分别放在两大腿上，如图2-4（a）所示。

2. 开膝式坐姿

开膝式坐姿的要领为：上身与大腿、大腿与小腿、小腿与地面均成直角，双膝、双脚自然分开（不超过肩宽），脚尖朝前，双手互握置于任何一条腿上，如图2-4（b）所示。

3. 交叉式坐姿

交叉式坐姿的要领为：上身端正，与大腿垂直，双脚在踝关节处交叉，略向前伸或略向后屈回，双手互握置于腹前，如图2-4（c）和2-4（d）所示。

4. 重叠式坐姿

重叠式坐姿即通常所说的"跷二郎腿"，其正确做法如下：上身保持端正，双腿上鞋交叠，左小腿垂直于地面，右腿叠于左腿上，右小腿向里收，右脚尖向下倾，双手互握置于右腿上，如图2-4（e）所示。采用这种坐姿时，交叠的双腿可以互换位置。

（a）标准式坐姿　　　　　　（b）开膝式坐姿

（c）交叉式坐姿（前伸）　　（d）交叉式坐姿（后屈）　　（e）重叠式坐姿

图 2-4　男士坐姿

（三）女士的坐姿

女士入座后，应头正、面带微笑，挺直脖子，下颚微收，上身挺胸收腹立腰，双手虎口交叉，置于小腹前、大腿一侧或大腿中部。女士坐姿类别的区分主要体现在脚位上，区别在于双脚的摆放位置关系。

在社交场合，女士的坐姿主要可分为标准式、侧点式、交叉式、重叠式和前后式。

1. 标准式坐姿

标准式坐姿的要领为：上身与大腿、大腿与小腿、小腿与地面均成直角，双腿并拢，双膝紧贴，双脚并排靠拢，双手虎口相交置于左腿上，如图2-5（a）所示。

2. 侧点式坐姿

侧点式坐姿的要领为：上身端正，双膝紧贴，两小腿并拢平移至身体一侧，与地面约呈45°，双脚平放或点地，双手互握于腹前一侧，如图2-5（b）所示。

3. 交叉式坐姿

交叉式坐姿的要领为：上身端正，双膝紧贴，双脚在踝关节处交叉后略向身体一侧斜放，一脚着地，另一脚点地，双手互握置于腹前一侧，如图2-5（c）所示。采用这种坐姿时，也可将双脚交叉略向后屈。

4. 重叠式坐姿

重叠式坐姿的要领为：上身端正，两小腿平移至身体右侧，与地面约呈45°，左腿重叠于右腿之上，左脚挂于右脚踝关节处，脚尖向下，右脚掌着地；也可以交换两腿的上下位置，将右腿重叠于左腿之上，将两小腿移至身体左侧，如图2-5（d）所示。

5. 前后式坐姿

前后式坐姿的要领为：上身端正，双膝紧贴，左小腿与地面垂直，右小腿屈回，左脚掌着地，右脚尖点地，两脚前后位于同一直线上，如图2-5（e）所示。采用这种坐姿时，可双腿互换。

除了上述五种主要式样之外，女士坐姿式样还包括：

（1）"丁"字步：双膝并拢，右脚（左脚）在前，将右脚跟（左脚跟）靠于左脚（右脚）内侧，如图2-6（a）所示；

（2）后点步：双膝并拢，两小腿后曲，脚尖着地，如图2-6（b）所示；

（3）侧挂步：在重叠步的基础上，将叠放好的两小腿伸至身体外侧，主要适用于坐在较高的座椅上。

（四）坐姿的注意事项

坐姿的注意事项包括如下几个方面：

（1）女士入座前应轻拢裙摆，保持裙边平整、不起皱；

（2）不可将头倚靠在椅背上，或者低头注视地面；

（3）不可双臂交叉抱胸，或双手做出多余的动作，切忌将双手夹放在双腿之间；

（4）女士应始终靠紧双腿，不可大腿并拢而小腿分开；

（5）男士不可将双腿叉得过开，或将双腿过分伸张，或一腿弯曲、一腿伸直呈现"4"字形，或将小腿搁在大腿上，用脚打拍子，甚至不停地抖腿；

（6）跷腿时，切忌将悬空的脚尖朝上或指向他人；

（7）与邻座交谈时，可以侧坐，并将上身和腿同时转向交谈对象。

专题二　职业形象礼仪

（a）标准式坐姿　　　　　　　　　（b）侧点式坐姿

（c）交叉式坐姿　　　　　（d）重叠式坐姿　　　　　（e）前后式坐姿

图 2-5　女士坐姿

（a）"丁"字步坐姿　　　　　　　　（b）后点步坐姿

图 2-6　女士其他坐姿

· 033 ·

（五）坐姿的常用训练方法

坐姿的常用训练方法可以归纳为表 2-2。

表 2-2 坐姿的常用训练方法

训练方法	训练标准
基本训练要求	1. 面部表情调整到最佳
	2. 长时间坐姿的持久性、忍耐性及姿势的自然调整
	3. 掌握在职业岗位工作中坐下时双手所放位置
	4. 掌握如何平肩、挺胸、立腰、收腹及身体各部位的要领
	5. 坐姿训练一般为 20～30 分钟，可以配有轻松愉快的轻音乐，以减轻疲劳
基本训练方法	1. 入座时走到座位前面再转身，转身后轻稳地入座，动作要求轻盈舒缓、从容自如
	2. 先站在椅子的左侧，右腿跟上并向右侧移步到座位前，左腿并右腿，接着右腿后退半步，轻稳落座；女性着裙装时，在入座时，宜以手抚裙，从上往下将裙子向前拢一下
	3. 练习入座后手的动作：端坐后，双手虎口交叉，右手在上，轻放在一侧的大腿上或两手放在膝上；亦可两手臂微屈放在桌上，掌心向下，这时胸口要与桌面平齐
	4. 练习入座后的端坐姿势：女士的双膝必须靠紧，两脚平行，臀部坐在椅子的三分之一处。动作要求以正确坐姿规范为基础，上体与大腿、大腿与小腿呈两个自然的 90°，配合面部表情，练习坐姿的直立感、稳定性等综合表现
	5. 常见的腿、脚造型训练：男士练习两腿开合训练。女士练习平行步、"丁"字步、前后步的动作，训练优雅、端庄的坐姿，展示职业人员的姿态美和行为美
	6. 端坐后，可将一本书放在头顶正中，训练时不能让书掉下来。注意上体正直、颈部挺直，身体和头部要保持平稳，双目平视前方、下颚微收、面带笑容
	7. 离座动作训练：离座起立时，右腿先后退半步，然后上体直立站起，收右腿，左腿向左侧一步，右腿跟上，还原到入座前的位置

三 走姿

走姿是人在行走过程中所形成的姿态。正确、优美的走姿能够反映出充满活力的精神状态，给人以美的享受。

（一）走姿的基本规范

走姿的基本规范包括如下几个方面。

(1) 步态端正：昂首挺胸，收腹提臀，双肩放平、下沉，双目平视，重心稍向前倾。

(2) 手臂放松：双臂自然地前后摆动，摆幅为30~40厘米，前摆幅大于后摆幅。掌心朝内，手指自然弯曲，脚尖伸向正前方，脚跟先于脚掌着地，脚尖推动不断前行。

(3) 步位平直：男士的步位路线应为两条平行线，女士的步位路线应尽可能为一条直线。

(4) 步幅适中：即步行时双脚中心间的距离应适中，步幅一般是指前脚跟与后脚尖之间的距离，即一个脚长。

(5) 步速适中：行走速度，男士一般为110步/分钟，女士一般为120步/分钟。

(6) 风格有别：男士应步伐矫健、稳重，展现阳刚之美；女士应步伐轻盈、娴雅，展现阴柔之美。如图2-7所示。

（a）男士走姿　　　　　　　　　　　　（b）女士走姿

图 2-7 走姿

（二）不同场合的走姿

1. 后退步

与他人告别时，应该是先用后退步，再转身离去。一般以退二至三步为宜。退步时，脚轻擦地面，步幅小，协调地往后退；转身时要身先转，头稍后一些转。

2. 侧行步

侧行步一般用于引导来宾或在较窄的走廊与人相遇时。引导来宾时要尽量走在宾客的左侧前方，左髋部朝着前行的方向，上身稍向右体转，左肩稍前，右肩稍后，侧身向着来宾，保持往前两三步的距离。在较窄的走廊与人相遇时，要将身体正面转向对方，以示礼貌。

3. 前行左右转身步

在行进中，当要向左（右）转身时，要在右（左）脚迈步落地时，以右（左）脚掌为轴心，向左（右）转体90°，同时迈左（右）脚。

4. 后退左右转身步

当后退向左（右）转体走时，以左脚先退为例，要在退两步或四步时，赶在右（左）脚掌为轴心时，向左（右）方向转身90°，再迈出左（右）脚，继续往前方走。

5. 后退向后转身步

当后退向后转身时，以左脚先退为例，要在退一步或三步时，赶在左脚后退时，以左脚为轴，向右转体180°，同时右脚后侧移重心，再迈出左脚。

（三）走姿的禁忌事项

走姿应避免以下不良姿态。

(1) 方向不定。行走时不可忽左忽右，方向要明确。
(2) 瞻前顾后。行走时不可左顾右盼，尤其不要反复回头看。
(3) 速度多变。行走时不可突然快步奔跑，又突然止步不前。
(4) 横冲直撞。行走时不要在人群中乱冲乱闯，甚至碰到他人的身体。
(5) 悍然抢行。行走时要注重"先来后到，礼让三分"。
(6) 阻拦道路。行走时不要在道路狭窄处走走停停或多人并排而行。
(7) 不守秩序。行走时要遵循交通规则。
(8) 蹦蹦跳跳。行走时要保持自己的风度，不可出现连蹦带跳的失态行为。
(9) 步态不雅。行走时不要出现"八字步"或"鸭子步"。
(10) 声响过大。行走时应轻手轻脚，落地不能过猛，避免响声过大。

（四）走姿的常用训练方法

走姿的常用训练方法可以归纳为表2-3。

表2-3 走姿的常用训练方法

训练方法	训练标准
走直线	在地上画一直线，沿直线行走，检查自己的步位和步幅是否符合要求。纠正"外八字""内八字"及脚步过大或小的情况
稳定训练	在标准走姿的基础上，可以头顶着一本书或者两手各端一碗水行走，保持行走时头正、颈直、目不斜视
步态综合训练	训练各种动作的协调统一，行走时，身体平衡，双臂摆动对称，各种动作协调一致
协调性训练	配有节奏感较强的音乐，行走时注意掌握好走路的速度、节拍，保持身体平衡，双臂自然摆动，动作协调
摆臂训练	身体直立，以两肩为支点，双臂前后自然摆动，摆幅以30°～35°为宜

以上的走姿训练，不论朝哪个方向行走，都应注意形体的变化，做到先转身后转头，再配合一些体态语及礼貌用语，以达到整体动作的完美。

🌸 **知识链接 2-2**

走姿可显示人的性格特点

一个人的走姿往往可以显示他的性格特点,现举例说明如下。

(1) 双脚双手放平,走起路来异常斯文之直线型。这种人可能性格胆小、保守,缺乏远大理想,但遇事沉静、不易发怒。

(2) 双脚向内或向外勾之八字形状的人,走起路来用力而急躁,但上半身不会左右摇摆。这种人的性格或许有守旧和虚伪的倾向,不喜交际,但可能有着聪明的头脑,做起事来总是不动声色。

(3) 步伐随时变更之摇荡型,没有什么固定的规律,有时双手摆在裤袋里,双肩紧缩;有时又双手伸开,挺起胸膛。这种人的性格往往达观、大方、不拘小节,慷慨有义气,有建立事业的雄心,理想远大,但有时稍嫌自夸,喜欢争执,不肯让人。

(4) 双脚落地有声,挺胸、举步快捷之踏地型。这种人可能胸怀大志、富于进取心、通情达理。

四 蹲姿

蹲姿是人在捡拾物品、集体拍照、帮助他人、提供服务等情况下所呈现的腿部弯曲、身体高度下降的一种姿态。正确、恰当的蹲姿能够体现一个人良好的修养和风度,反之则会有损个人形象。

(一) 蹲姿的基本规范

蹲姿的基本规范可概括为:

(1) 直腰下蹲:上身端正,一只脚后撤半步,身体重心落在位于后侧的腿上,平缓屈腿,臀部下移,双膝一高一低;

(2) 直腰起立:下蹲取物或工作完毕后,挺直腰部,平稳起立、收步。

(二) 蹲姿的类别

1. 高低式蹲姿

高低式蹲姿的要求为:下蹲时,左脚在前,脚掌完全着地,右脚在后,脚掌着地、脚跟提起;屈腿下蹲后,左小腿基本垂直于地面或与地面呈 60°,右腿居后,右膝低于左膝,形成左高右低的姿态。采用这种蹲姿时,左、右脚可以互换。男士采用这种蹲姿时,可将两腿适当分开,如图 2-8 (a) 所示;女士采用这种蹲姿时,应将两腿靠紧,并可略微侧转,如图 2-8 (b) 所示。

2. 半蹲式蹲姿

半蹲式蹲姿多于行进之中临时采用。它的基本特征是身体半立半蹲，其要求是：在下蹲时，上身稍微弯下，但不宜与下肢构成直角或锐角；臀部向下而不是撅起；双膝略微弯曲，其角度根据需要可大可小，但一般应为钝角；身体的重心应放在一条腿上。如图2-8（c）所示。

3. 交叉式蹲姿

交叉式蹲姿通常适用于女性，尤其是穿短裙的人员，它的特点是造型优美典雅。其特征是蹲下后以腿交叉在一起，要求是：下蹲时，右脚在前，左脚在后，右小腿垂直于地面，全脚着地，右腿在上，左腿在下，二者交叉重叠；左膝由后下方伸向右侧，左脚跟抬起，并且脚掌着地；两脚前后靠近，合力支撑身体；上身略向前倾，臀部朝下。如图2-8（d）所示。

4. 半跪式蹲姿

半跪式蹲姿又叫单跪式蹲姿。它是一种非正式蹲姿，多用于下蹲时间较长的情形。它的特征是双腿一蹲一跪，其要求是：下蹲之后，改为一腿单膝着地，臀部坐在脚跟之上，而以其脚尖着地；另外一条腿应当全脚着地，小腿垂直于地面；双膝应同时向外，双腿应尽力靠拢。

（a）男士高低式蹲姿

（b）女士高低式蹲姿

（c）女士半蹲式蹲姿

（d）女士交叉式蹲姿

图 2-8　蹲姿

(三) 蹲姿的禁忌事项

蹲姿的禁忌事项主要有如下几点。

(1) 弯腰、撅臀。下蹲时不要有臀部向后撅起的动作，以免给人不雅之感。

(2) 毫无遮掩。在大庭广众下，不要两腿叉开平衡下蹲，否则个人隐私部分会暴露在外。

(3) 突然下蹲。下蹲时，速度切勿过快。

(4) 方位失当。在他人面前下蹲，最好是与之侧身相向，正面或背面面对他人都是不礼貌的。

(5) 随意滥用。在给他人提供服务时，若在毫无必要的情况下采用蹲姿，只会给人弄虚作假之感。另外，不可蹲在椅子上，不可蹲着休息。

五 手势

手势是一种非常重要的体势语，在职业形象塑造中起着重要作用，成为体态语言中最重要的传播媒介，可以传达语言所不能表达的微妙感情。所以，奥地利作家茨威格说："在泄露感情的隐秘上，手的表现是最无顾忌的。"

由于手是人体上最灵活的器官，所以手势的种类也是多种多样，目前可以分为情感性手势、象征性手势、形象手势、递接性手势和指示性手势。如"V"字形手势是"胜利、成功"之意，成为世界上通用的象征手势；握手是情感性手势。此处主要讨论的是指示性手势。

(一) 手势的基本规范

手势的基本规范主要有如下几点：

(1) 五指自然伸直并拢，腕关节和手臂在一个平面上；

(2) 注意肘关节不要成90°直角，也不要完全伸直，弯曲以130°~140°为宜；

(3) 掌心斜向上方，手掌与地面成45°角；

(4) 运用手势时，一定要目视来宾，面带微笑，体现出对宾客的尊重。

总之，在运用手势时应遵循以下原则：

(1) 手势应简约明快，不可复杂、繁多，以免喧宾夺主；

(2) 手势应文雅自然，其力度大小、速度快慢和时间长短都应恰到好处；

(3) 手势应与身体、语言、情感协调一致。

(二) 手势的类别

1. 直臂式

直臂式又称高手位手势，交往中，用于引领较远方向。其具体做法为：手臂从身侧举至与眉同高，身体侧向客人，眼睛看着手指引的方向或客人脚前十公分左右，并说"楼上请""您请走好"等礼貌用语。如图2-9（a）所示。

2. 横摆式

横摆式又称中手位手势，指引较近的方向时一般用这种手势。其具体做法为：大臂自然垂直，以臂肘为轴，小臂轻缓地一旁摆出时微微弯曲，与腰间呈45°左右，另一只手下垂或背在身后，面带微笑，并说"请进"等礼貌用语。如图2-9（b）所示。

3. 斜摆式

斜摆式又称低手位手势，引领客人入座时常用这种方式。其具体做法为：用一只手屈臂向前抬起，以肘关节为轴，前臂由上而下摆动，使手臂向下呈一斜线，向椅子方向摆出，双轴微弯曲，左肘弯曲度小于右肘弯曲度，上身微微前倾，面带微笑，并说"请坐"等礼貌用语。如图2-9（c）所示。

4. 双臂横摆式

当业务繁忙或客人较多时，一般使用双臂横摆式。其具体做法为：两手从身体两侧经过腹前抬起，双手掌向上，双手重叠，两肘微曲，向两侧摆出，上身稍前倾，微笑施礼，加上礼貌用语"朋友们，这边请"等。如图2-9（d）所示。

（a）高手位手势

（b）中手位手势

（c）低手位手势

（d）双臂横摆式手势

图 2-9　手势的类别

5. 双臂竖摆式

双臂竖摆式一般用于较隆重的场合,同时向广大来宾表示"请入座""请开始"。其具体做法为:将双手指由腹前抬至头的高度,或再向上超过头的高度,然后向两侧分开下划至腰腹部,环视全场,并微笑讲祝词,然后上身前倾,退到一侧。

(三) 使用手势的禁忌事项

使用手势的禁忌事项包括如下几点。

(1) 随意指点。在社交场合尤其是与人交谈的过程中,不能随意用手指对着别人指指点点。

(2) 随意摆手。与人交往时,既不要掌心向外,指尖向上,在胸前左右摆动;也不要掌心向内,由内而外向对方摆手。

(3) 端起双臂。在交往中慎用抱起双臂这一姿势。这会给人以孤芳自赏、自我放松、置身事外、看其笑话之意。

(4) 双手抱头。双手或单手抱头体现的是自我放松的状态。在别人面前特别是给人服务的时候这么做的话,就给人一种目中无人的感觉。

(5) 摆弄手指。交往中,要么活动手指关节,要么将其捻响,要么手指动来动去,这些手势会给人无聊、慌乱之感。

(6) 手插口袋。交往中将一只手或双手放在自己的口袋里,无论姿势是否看起来优雅,都是不得体的。

(7) 搔首弄姿。工作中如果当众整理服饰或梳妆打扮,会给人以矫揉造作、工作不专心之感。

(8) 抚摸身体。在工作场合摸脸、擦脸、搔头、剔牙、抓痒,会给人以缺乏公德意识、不讲卫生、不注意维护个人形象、自身素质低下等印象。

(四) 手势的常用训练方法

手势的常用训练方法可归纳为表2-4。

表2-4 手势的常用训练方法

训练类型		训练方法及标准
手位训练	手的位置	低手位:手位在腰线,所示意义为距离在1米左右,如"请坐手势"
		中手位:手位在腰与肩之间,一般在胸位,所示意义为距离在2~5米,如"请进手势""引导手势"
		高手位:手位在头与肩之间,一般在眼部位,所示意义为距离在5米以外的较远或较高处

续表

训练类型		训练方法及标准
职业手势训练	请进	1. 站在来宾的右侧，施颔首礼
		2. 左手下垂，右手手指伸直并拢，从腹前抬起，向右横摆到身体的右前方
		3. 微笑友好地目视来宾，直到宾客走过去，再放下手臂
	请坐	1. 接待来宾入座时，要用双手扶椅背将椅子拉出
		2. 一只手由前抬起，从上向下摆动到距离身体45°处，使手臂向下形成一斜线，表示请来宾入座
		3. 当来宾在椅前站好时，用双手将椅子往前放到合适的位置
	里边请	1. 当一只手拿着物品，或推扶房门、电梯门，并需引领来宾时，可用左手拿托盘或用左手将门扶住，两脚站成左"丁"字步
		2. 右手从身体的右斜前方抬起45°，然后以肘关节为轴，前臂向左摆动成曲臂状，请来宾进去
	请往前走	1. 给来宾指引方向，用语言回答来宾询问的内容，并用手势指出方向或电梯的位置
		2. 可将来宾带到适当地段，将手抬到与肩同高的位置，前臂伸直，用掌指向来宾要去的地方
		3. 眼睛要兼顾所指的方向和来宾，直到来宾领会清楚了，再把手臂放下，向后退一步，施鞠躬礼并说"请您走好"
	拿递物品	拿、递物品与他人时，应用双手或右手，手掌向上，轻而稳地拿、递，并使用礼貌言辞
		递交有图案的物品时，图案的正面应朝向对方
		递交有文字的物品时，文字的正面应朝向对方
		递交带尖的物品时，带尖的一方应朝向自己

六 表情礼仪

表情是人的面部神态，能够传递人的思想、情感和心理活动，在人际交往中起着重要作用。目光和笑容是最具有表现力和礼仪功能的表情活动。

（一）眼神

"眼睛是心灵的窗户"，人们相互间的信息交流，通常以目光交流为起点。眼神的接触和面部表情提供了重要的社交和情感信息。炯炯有神的目光，往往给人以感情充沛、生机勃发的感觉；目光呆滞麻木，则给人以疲惫厌倦的印象；目光凶相毕露，交往必然难以持续。与人见面时，不论是陌生的还是熟悉的，不论是偶然相遇还是如期约会，都要首先睁大眼睛，目视对方，面带微笑，表现出喜悦和热情。如果你希望给对方留下很深的印象，就要凝视对方，进行长久的目光交流。

1. 目光的组成

目光是面部表情的核心，主要由注视的角度、注视的部位和注视的时间组成。

1) 注视的角度

注视的角度主要可分为平视、仰视和俯视。平视主要适用于在普通场合与身份、地位或辈分平等者之间的交往，表示平等或坦率；仰视主要适用于与身份、地位、名望或辈分较高者之间的交往，表示尊重或敬畏；俯视主要适用于与身份、地位或辈分较低者之间的交往，表示宽容或怜爱。在社交活动中，不可俯视身份、地位、辈分较高或与自己平等的人，不可俯视他人以表轻视或蔑视，更不可斜视、扫视或无视他人，否则是极其失礼的。

2) 注视的部位

在社会交往中，在不同场合或针对不同对象时，目光注视的部位是有所差别的。通常，目光注视可分为以下几种：

（1）公务注视：在办公场合或公务活动中，目光一般应注视交际对象额头至双眼之间的区域，以表示严肃、认真或有诚意；

（2）社交注视：在茶话会、朋友聚会等一般社交场合，目光一般应注视交际对象双眼至嘴唇之间的区域，以表示尊重或重视对方；

（3）亲密注视：在与关系密切的人（如亲人、恋人等）交往时，目光可注视对方双眼至胸部之间的区域，以表示亲近、友善。

3) 注视的时间

在社交活动中，目光注视交际对象的时间宜占全部相处时间的1/3，以表示友好和尊重。若注视时间不到全部相处时间的1/3，则表示轻视，或者对交际对象本人或其谈话内容不感兴趣；若常常把目光投向对方，注视对方的时间约占全部相处时间的2/3，则表示重视，或者对其感兴趣；若目光始终盯在对方身上，注视时间占全部相处时间超过2/3以上，则有寻衅滋事的嫌疑或表示有敌意，是非常失礼的行为。

2. 眼神的类别

与人交往中，凝视别人的角度，是关系到与交往对象亲疏远近的大问题。常规的注视角度主要有如下几种。

（1）正视。这种注视角度指视线呈水平状态，一般适用于在普通场合，与身份、地位和自己平等的人交往。

（2）仰视。当面对尊长时，为了表示尊重和敬畏，一般应主动居于低位，抬眼向上注视。

（3）侧视。当处于交往对象一侧时，使用侧视。侧视的关键是面向对方。

（4）俯视。当面对晚辈时，为了表示宽容、怜爱，或身居高处时，一般俯视。当出于义愤或其他合理原因对他人表示轻慢、歧视时，也可采用俯视。

3. 眼神的不良姿态

眼神应避免以下不良姿态：

（1）长时间注视别人，死盯、斜视别人；

（2）目光躲躲闪闪、飘忽不定，或眉来眼去，伴有瞪眼、逼视、白眼、窃视等不礼貌的眼神；

（3）扫描式地反复打量别人，尤其是对异性；

（4）盯住别人的某一部位使劲地看，暗含一种挑衅之意；

（5）窥视别人，不敢直视他人，这是心中有鬼和不道德的表现；

（6）挤眉弄眼，显得不稳重且给人轻浮的感觉；

（7）左顾右盼，东张西望，或者目光游离不定，让人觉得用心不专、不耐烦。

4. 眼神的常用训练方法

眼神的常用训练方法可归纳为表 2-5。

表 2-5　眼神的常用训练方法

训练类型		训练标准
基本训练	眼睛扩大训练（起眉绷眼皮）	通过尽力将额肌上提，带动两眼尾部向上，眼皮紧绷，使眼皮最大限度地打开，同时也为亮眼练习打下基础
	眼睛光亮练习（眼力集中）	睁大两眼，平视镜中自己的一只眼，初练时，可能会出现流眼泪、眨眼睛等现象，但通过训练，待眼睛逐渐适应后，就不会再出现这种现象了
	眼睛灵活度训练	可先做目标练习，然后再做无目标练习，即在两眼的左、右、上、下用红布或其他醒目的东西固定在一个点上（目标不要超过视线范围），眼球做左右横线转动、上下竖线移动或圆圈转动
		练习时头部不动，只用眼睛随目标转动。眼睛转动时，仍要紧绷眼皮。初练时，速度可慢一点，随着眼功的增长，可逐渐加快。当眼睛练得有一定活动能力时，就可以进行无目标练习，让眼睛自然转动
	微笑和身姿	在训练眼神的过程中，必须配合微笑和仪态进行综合练习，这样才能将眼神的技巧与表达思想感情结合起来，真正体现出眼神的表现力与适应力

续表

训练类型			训练标准
职业眼神训练	视线接触时间训练		彼此陌生的人视线接触时,连续注视对方的时间最好控制在3秒钟以内
			展示炯炯有神的、自信的、精明强干的眼神
			展示朴实无华、含蓄深沉、天真、活泼、幽默、慈祥温柔的眼神
	视线接触区域训练	上三角区	是指以双眼为底线、额中为顶点所构成的三角区,表示公事公办、郑重严肃,不含任何个人情感色彩,能深刻地影响交流对方的情绪
			主要适用于公务活动,如洽谈业务、磋商交易和贸易谈判
		中三角区	是指以两眼为上线、唇心为下点所形成的倒三角区。它表示尊重、坦诚、亲切、温和且自信,给人一种平等、轻松感
			主要适用于各种社交活动,如上下级之间的友好交谈,朋友或同事之间的交谈,鸡尾酒会、茶会、舞会和各种类型的友谊聚会
		下三角区	是指唇心到胸部之间的亲密注视区。注视下三角区带有亲昵、爱恋的感情色彩
			主要适用于亲人之间、恋人之间。非亲密关系的人应避免注视下三角区
	多人、多角色目光交流训练		多人交流,设置不同角色,有尊有次,有男有女,有老有少,从见面、交流、告辞依次进行

(二)微笑

微笑是一种特殊的情绪语言,其传播功能具有跨越国籍、民族、宗教、文化的性质,几乎在所有的社交场合下,都可以和有声的语言及行动相配合,起到"互补"作用,充分表达尊重、亲切、友善、快乐的情绪,拨动对方的心弦,沟通人们的心灵,缓解紧张的气氛,架起友谊的桥梁,给人以美好的享受。微笑服务更是优质服务中不可缺少的内容。微笑服务能提供高层次的精神愉悦和心理享受,它是一种"黏合剂"和"增效剂"。正所谓:"诚招天下客,客从笑中来;笑脸增友谊,微笑出效益。"

著名的美国希尔顿集团的创始人康纳·希尔顿,把一家名不见经传的旅馆迅速发展成遍及世界五大洲、拥有70多家豪华宾馆的跨国公司。当人们问及他的成功秘诀时,他自豪地说:"靠微笑的力量。如果缺少服务员的美好微笑,好比花园里失去了春日的太阳和风。假若我是顾客,我宁愿住进那虽然只有残旧地毯、却处处见到微笑的旅馆,而不愿走进拥有第一流的设备而见不到微笑的地方。"

1. 微笑的基本规范

微笑的基本规范包括如下几点：

(1) 表现和谐：面部表情和蔼可亲，伴随微笑自然地露出6~8颗牙齿，嘴角微微上翘；微笑注重"微"字，笑的幅度不宜过大；

(2) 声情并茂：笑的时候，应注意将笑容与美好的举止、谈吐相结合，使其相得益彰；

(3) 发自内心：笑的时候，必须真诚自然、表里如一。

2. 微笑的类别

1) 含笑

含笑是一种最浅的笑，它不出声，不露齿，仅是面含笑意，意在表示接受对方，待人友善，适用范围广。如图2-10（a）和2-10（b）所示。

2) 微笑

微笑是一种含笑较深的笑，它的特点是面部有所变化：唇部向上移动，略呈弧形，牙齿外露6~8颗。微笑是一种典型的自得其乐、充实满足、知心会意、表示友好的笑。在人际交往中，其适用范围最广。如图2-10（c）和2-10（d）所示。

(a) 男士含笑

(b) 女士含笑

(c) 男士微笑

(d) 女士微笑

图 2-10　微笑的类别

3）轻笑

轻笑在笑的程度上比微笑更深。它的主要特点是面容进一步有所变化：嘴巴微微张开一些，上齿显露在外，不过仍然不发出声响。它表示欣喜、愉快，多用于会见亲友、向熟人打招呼的时候。

3. 微笑的禁忌事项

在大多数场合，应避免如下几种微笑。

（1）虚假的微笑：不实在、无诚心、假意、做作，带有令人不可信任的笑眯眯的表情；有些时候，虚假的笑也带有良善的意味，以对亲人掩饰真实的失望和痛苦。

（2）美媚的微笑：优美雅静又带有逗趣的轻笑，或既妩媚漫柔、讨人喜欢又带有挑逗性的谄笑。

（3）苦涩的微笑：由于内心的莫大酸楚或伤痛不愿意渲染外泄，只有挂在嘴边的一丝苦笑才能真正表达自己的心境。

（4）无奈的微笑：失意和失败时无所求助、无所寄托、无可奈何，表达窘迫、尴尬、困惑、忍受、忍耐的勉强低笑。

（5）轻蔑的微笑：带有轻视、蔑视、鄙视的神态，这是一种根本看不起人的表情的自然流露。

（6）嘲讽的微笑：带有嘲弄、讽刺挖苦的意味，但又不动声色的假笑。

（7）阴沉的微笑：脸色阴沉、冷漠无情、不该有笑却流露出一半牙齿的笑。

4. 微笑的常用训练方法

微笑的常用训练方法可归纳为表2-6。

表2-6 微笑的常用训练方法

训练类型		训练方法及标准
基本训练	诱导训练法	面对镜子，配放愉快的背景音乐，发挥想象，仿佛自己在风景独好的环境中翩翩起舞、放声高歌或沉浸在美好的回忆之中，此时，喜悦之情油然而生
	发声训练法	面对镜子，深呼吸，然后慢慢地吐气，并将嘴角两侧对称往耳根部提拉，发出"一、七""桃子、李子、茄子、田七""波斯、威士忌"等声音
	结对训练法	两人一组，结对训练；讲笑话、纠正对方笑姿，反复训练，养成微笑的职业风范
	携带卡片法	经常在自己的皮夹中放一张写有"微笑"的卡片，一直携带似一面镜子，随时随地提醒自己保持微笑

续表

训练类型		训练方法及标准
职业微笑训练	一度微笑	即只动嘴角肌，嘴角肌微上提，有淡淡的笑意。适用于客人刚到时
	二度微笑	即嘴角肌和颧骨肌同时运动，微笑着说话，会让人感觉到尊重、友好与热情。适用于与客人交谈中
	三度微笑	即嘴角肌和颧骨肌与眼睛周围的括纹肌同时运动，这是一种会心的微笑，一般可露出6～8颗牙。在职场中交流成功时、送客时，宜用三度微笑
	注意：一度微笑、二度微笑、三度微笑要注重职业场合和职业氛围	

项目二　仪容礼仪

仪容，是指一个人的容貌，包括发式、面容以及未被服饰遮掩的肌肤（如颈部、手、腿、脚）等身体部位。它反映了一个人的精神面貌和内在气质，是传达给交流对象感官的最直接、最生动的第一信息。在社会交往中，仪容往往影响着别人对你的"第一印象"，个人形象已成为参与社交活动的"通行证"，并直接影响着社交活动的成败。因此，维护良好的自我形象就非常重要，应时刻注意对自己的仪容进行必要的修饰和整理，做到"内正其心，外正其容"。

头发是人们脸面之中的"脸面"，所以应当自觉地做好日常护理。不论有无交际应酬活动，平日都要对自己的头发勤于梳洗，加强对头发的"管理"，做足"顶上功夫"。

一　头发的修饰

头发的修饰是仪容礼仪的重要组成部分，主要包括头发的养护、修剪及发型的选择。

（一）头发的养护

为了保持头发整洁、健康、无异味，社交者应做好头发的护养工作，具体包括头发的清洗、护理和梳理。

1. 头发的清洗

保持头发卫生、健康最主要的方法就是清洗头发。一般来说，中性头皮的人，冬天可隔4～5天、夏天可隔3～4天洗一次，油性头皮和干性头皮的人，要分别缩短或延长

1～2天。夏季每天洗头发基本没什么问题，需要注意的是必须选用性质温和的洗发水，例如含有氨基酸、蛋白质等活性剂的洗发水。

清洗头发时，应注意以下事项。

（1）水温和水质：宜选用40℃左右的温水，切勿用过冷或过热的水冲洗头发，否则会洗不净油脂或损害发丝；还要注意水质，各种矿泉水，包括含碱或含酸过多的矿泉水，均不宜用来洗头。

（2）洗发剂：宜选用适合自己发质的洗发剂。人的发质大致可分为中性、干性和油性三种。一般情况下，应按照洗发水外包装上的说明选择与自己发质相符的产品。除了要使之适合自己的发质外，选择的洗发剂还应具有去污性强、滋养头发、刺激性小、易于漂洗等优点。

（3）清洗手法：应用双手的指腹打圈按摩头皮，而不要用指甲抓挠头皮。

（4）冲洗：应当用清水将头发上的洗发剂冲洗干净。

（5）干燥方法：湿发最好自然晾干。若使用电吹风吹干头发，则应使吹风机与头皮保持一定的距离，使头发温度不会过高，并且应尽量缩短使用时间，以免损伤头发。

2. 头发的护理

头发的护理可以从以下几个方面进行。

（1）按摩头部：每次洗发前后，可按摩头皮数分钟，以促进头发生长，防止或减少脱发。

（2）使用护发剂：洗头后，应注意使用发乳、发油等护发剂为头发补充营养，使头发保持柔软、亮泽并富有弹性。

（3）注意饮食：如欲减少头皮屑，应少吃油性大的食物，多吃含碘丰富的食物；欲使头发乌黑亮丽，应多吃富含蛋白质和维生素的食物，尤其要多吃坚果（如核桃）和"黑色食品"（如黑芝麻、黑豆等）。

3. 头发的梳理

梳理头发可以促进头部的血液循环，并使头发整齐美观。梳头时应注意以下事项。

（1）梳理工具：应选用专用的头梳等工具梳理头发，而不宜用尼龙梳子梳头。用尼龙梳子梳头容易起静电反应，导致毛发脱落。

（2）梳理方法：梳头时，将梳子与头发形成一定角度，然后用适度的力量朝某一个方向做重复运动，以促进头部血液循环和皮脂分泌。每次梳头25～50下，动作不要太快，用力要均匀适度，以免拉伤头发。

（3）梳理场合：梳头应在私密场合进行，切勿在公共场合进行，否则有失礼仪，影响个人形象。

（二）头发的修剪

修剪头发是保持头发整洁、美观的重要途径。修剪头发时，应注意以下事项。

（1）修剪频率：头发应当定期修剪，尤其是短发。一般情况下，应每半个月左右修剪一次，最长不宜超过一个月。若需要参加重要典礼或宴会，则可临时修剪一次。

（2）修剪方式：修剪头发的方式具体可分为剪、染、焗、吹、烫等，所选择的修剪方式应当与自己的身份和活动场合相称，否则将有损个人形象。

（3）修剪长度：一般情况下，修剪头发时，男士应做到前发不遮眉、侧发不掩耳、后发不及领；女士应做到刘海勿遮脸、短发不过肩，若留长发，则应注意在重要场合将头发束起来或盘起来。

（三）发型的选择

发型对于美化仪容起着非常重要的作用。选择发型时应综合考虑发质、头型、脸型、脖子的形状、身材、年龄、性别、职业、性格、气质、爱好等多种因素，尽量做到和谐自然、美观大方。

1. 发质

发型应与发质相称。硬发质的人宜选择修剪整齐的发型，避免花样复杂的发型；绵发质（头发软而细，且弹性不大）的人宜选择波浪式发型；沙发质（头发干涩、蓬松）的人宜选择简短式发型；卷发质（即"自来卷"）的人宜遵从头发原有的特性塑造与脸型相称的发型。

2. 头型

发型设计的目的之一是要利用巧妙的头发整型与安排，克服头型的缺陷，产生椭圆形头型的效果。理发师设计发型时应仔细研究顾客的头型，然后用一张椭圆形图加在上面，哪边有扁平现象，就应该调整哪边头发的厚度，以补足该区域。当然，这并不意味着所有的发型设计都应是椭圆形，也可根据不同的头型设计出多种时髦的发型。

3. 脸型

与脸型相辅相成的发型能够对脸型起到扬长避短的作用。人的脸型一般可分为八种，其中卵圆形脸型属标准型，不挑发型。设计发型时，只有对发型设计及化妆的原则有深刻的认识，针对脸型处理发式，进行平衡、调和，才能弥补脸型的不足，创造美丽和满意的效果。根据不同脸型，正确处理发型的方法如下。

（1）圆形脸：将头发安排在头顶，用前刘海盖住双耳及一部分脸颊，即可减少脸的圆度。

（2）倒三角形脸：发型设计应当着重于缩小额宽，并增加脸下部的宽度。头发长度以中长或垂肩长发（通常仅限于女士）为宜，发型适合中分刘海或稍侧分刘海。发梢蓬松柔软的大波浪可以达到增宽下巴的视觉效果。

（3）正三角形脸：在发型设计上应体现额部见宽，把太阳穴附近的头发弄得宽和高一点，造成宽额头的效果，并且要避免下巴附近头发太多。

（4）长方形脸：可适当用刘海掩盖前额，一定不可将发帘上梳，头缝不可中分，尽量加重脸型横向感，使脸型看上去圆一些。

（5）方形脸：类似于圆形脸，其发式应遮住额头，并将头发梳向两边及下方，并可以烫一下，采用波形来弥补有棱角的感觉，增加脸的圆度。

（6）杏仁形脸：适合留短发。上面的发量蓬松，下面轻盈一点、层次感大一些，修剪出刘海可以显得活泼可爱。

4. 脖子的形状

对于胖而短的脖子，可以在额头使用倾向刘海，发顶梳高，造成长度的效果，两边梳成波浪显得修长，平滑贴头的颈线强调了背视及侧视修长的效果；对于长脖子，可以用柔和的发波和卷花盖住脖子，头发应留到颈部，避免发型高过颈背。

5. 身材

不同身材要求匹配不同式样的发型，具体如下。

（1）短小身材：发型应以秀气、精致为主，避免粗犷、蓬松，否则会使头部与整个形体的比例失调，给人产生头大身小的感觉。从整体比例上，应注意高度印象的建立，不宜留长发。对于女性来说，可利用盘发增加身体高度，而且要在如何使头发秀气、精致上下功夫。烫发时应将花式、块面做得小巧、精致一些。

（2）高瘦身材：发型要求生动饱满，避免将头发梳得紧贴头皮，或将头发搞得过分蓬松，造成头重脚轻。一般来说，高瘦身材的人比较适宜于留长发、直发。应避免将头发削剪得太短薄，或盘高发髻。头发长至下巴与锁骨之间较理想，且要使头发显得厚实、有分量。

（3）矮胖身材：整体发式适宜向上，譬如选择运动式发型。此外应考虑弥补缺陷，可选用有层次的短发、前额翻翘式等发型，不宜留长波浪、长直发。矮胖者一般脖子显短，因此不要留披肩长发，应尽可能让头发向高处发展，显露脖颈以增加身体高度感。头发应避免过于蓬松或过宽。矮胖的人要尽可能通过发型设计来弥补自身的缺点。

（4）高大身材：该体型给人一种力量美，但对女性来说，缺少苗条、纤细的美感。为适当减弱这种高大感，应努力追求大方、健康、洒脱的美，减少大而粗的印象。一般以留简单的直短发为好，或者是大波浪卷发；对直长发、长波浪、束发、盘发、中短发式也可酌情运用，切忌发型花样繁复、造作。头发不要太蓬松，要做到简洁、明快、线条流畅。

6. 年龄

年长者要求简朴、端庄、成熟、稳重，因此，比较适宜大花型的短发或盘发，给人以温和可亲的感觉；年轻人则要注重整洁健康、美丽大方、新颖别致，比较适宜盘发、扎辫子、短发、长发等。

7. 性别

商务男士应尽可能避免留长发或者采用某些时髦新潮的奇特发型，最好也不要留光头，不要把头发染成过分鲜艳扎眼的颜色。女士的发型虽然不拘泥于短发和直发，但也应注意要相对保守一些，不能过分张扬和花哨。

8. 职业

不同职业对发型的要求是具有明显差别的，试举例如下。

（1）运动员和体育爱好者的发型：头发宜短，线条简单流畅，波纹平淡自然，发型持久,易于梳理。这种发型对露天操作工人、农民也较为适宜。

(2) 戴工作帽职业者的发型:既要简洁,又要美观,一般以中长发和短发为宜,戴帽时头发不外露,脱帽后又能保持优美的发型。如医务工作者、商业服务人员的发型。

(3) 文艺工作者的发型:要求新颖多样,突出个性,富有艺术气息。

(4) 接待服务人员的发型:大饭店、大公司的服务营业人员、导游、外贸接待人员接触面广,发型应以整洁美观为主,既具有民族特点,又富有时代气息,给人以健康明朗、文明礼貌的良好印象。

(5) 教师、机关人员的发型:要求线条简单、波纹平淡自然,发型优美大方、朴实端庄。

此外,发型还要与场合相适合。

9. 性格和气质

粗略地说,性格内向、羞于言谈的人,宜选用自然翻式的发型;性格开朗、潇洒的人,则要选择长发波流式的发型;性格活泼、天真的人,宜选用长发童花式的发型;性格温柔、文静的人,宜选择曲直长发式的发型;性格豪爽、具有男子气概的女性,适宜选择短发型。

二 面部的修饰

面部可以向他人传递出人的健康、情绪、精神面貌等多种信息,是构成仪容的主要要素。因而,修饰面部是讲究礼仪的重要前提,主要包括保持清爽和适当化妆两个方面。

(一) 对脸型的基本认知

脸型,顾名思义,就是指面部轮廓的形状。脸的上半部是由上颌骨、颧骨、颞骨、额骨和顶骨构成的圆弧形结构,下半部则取决于下颌骨的形态。这些都是影响脸型的重要因素,而颌骨在整个脸型中起着尤其重要的作用,是决定脸型的基础结构。

1. 常见的标准脸型

所谓标准脸型,也就是我们常说的"三庭五眼",这是对人的面部长宽比例进行测量的一种简单方法。五官端正就是指符合这个比例要求。

1) 脸部的长度"三庭"

从额头发际线到下颚,脸的长度可分为三等份:由发际线到眉毛,眉毛到鼻尖,鼻尖到下颚。此即为"三庭",如图 2-11 (a) 所示。

2) 脸的宽度"五眼"

理想脸型的宽度为五个眼睛的长度,就是以一个眼睛的长度为标准,从脸的一个侧面发际线到眼尾(外眼角)为一眼,从外眼角到内眼角为二眼,两个内眼角的距离为三眼,从内眼角到外眼角又一个眼睛的长度为四眼,从外眼角再到脸的另一侧面发际线称为五眼。如图 2-11 (b) 所示。

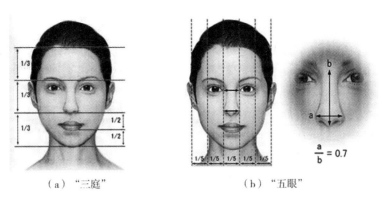

(a)"三庭"　　　　　　　　　(b)"五眼"

图 2-11　标准脸型

2. 脸型的分类

脸型的分类方法很多。在我国古代的绘画理论和面相书中就有各种各样的分类法，并对脸型赋予了人格的内容。下面是几种常见的脸型分类法。

1）根据脸型形态分类

波契（Boych）通过对脸型的观察将人类的脸型分为十种类型：椭圆形脸型；卵圆形脸型；倒卵圆形脸型；圆形脸型；方形脸型；长方形脸型；菱形脸型；梯形脸型；倒梯形脸型；五角形脸型。

这种分类法比较简单，你可以把脸全部露出来拍张正面照，用笔在脸照片的上下左右两侧对应地画些记号并连接起来，便得到了一张自己的脸型图。

2）根据亚洲人脸型特点分类

根据亚洲人脸型的特点，可以将亚洲人的脸型大致分为七种类型：卵圆形脸型（又称椭圆形脸型）；圆形脸型；倒三角形脸型；正三角形脸型；长方形脸型；方形脸型；杏仁形脸型（又称菱形脸型）。如图 2-12 所示。

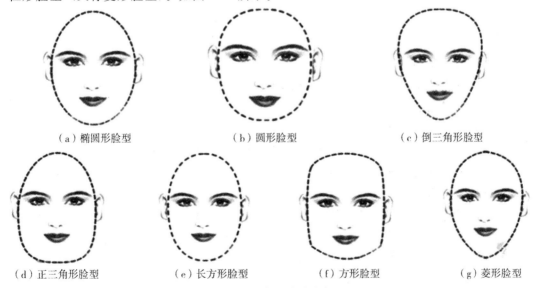

(a)椭圆形脸型　　　　　(b)圆形脸型　　　　　(c)倒三角形脸型

(d)正三角形脸型　　(e)长方形脸型　　(f)方形脸型　　(g)菱形脸型

图 2-12　常见脸型分类

3）根据脸型和汉字的相似之处分类

中国人根据脸型和汉字的相似之处，在传统上将脸型分为八种类别：田字形脸型；国字形脸型；由字形脸型；用字形脸型；目字形脸型；甲字形脸型（又称倒三角形脸型）；风字形脸型；申字形脸型（又称菱形脸型）。

此外，还有人提出，人的脸型是一个立体的三维图像，因此也应该从侧面来进行观察，这是以前所忽略的。从侧面对脸型进行考察确实有助于对容貌进行全面的评价。根据人的正侧面轮廓线，可以将人的脸型分为六种：下凸形脸型；中凸形脸型；上凸形脸型；直线形脸型；中凹形脸型；和谐形脸型。

（二）保持清爽

保持面容清爽最基本的方法是清洁、护理和保养。

1. 清洁

清洁面部应做到早晚各一次。洗脸水的温度以40℃左右为宜。洗脸时，应选用符合自身肤质的洁面产品，涂在掌心用水揉开，然后均匀地抹在脸部、耳朵、脖颈处，从下往上、从内向外打圈揉搓并反复多次，再用清水洗去泡沫。

清洁面部时，还应注意清理鼻腔并保持鼻部无"黑头"，清理口腔并保持口气清新。

2. 护理

洗完脸后，可以取适量眼霜涂抹在眼部，取适量爽肤水轻拍面部，然后涂抹适当的润肤产品，以补充皮肤所需养分，保持面部润泽、光洁、清爽。一般而言，润肤油和润肤霜较适合秋冬季使用，润肤乳和润肤露较适合春夏季使用。

3. 保养

除了日常清洁与护理之外，面部保养也非常重要。一般而言，最基础的保养方法如下：

（1）定期敷面膜，以彻底清除面部污垢并为其补充营养；
（2）坚持面部按摩，以活动面部经络，减缓皮肤老化；
（3）保证充足的睡眠，以使面部红润、容光焕发；
（4）养成多喝水的习惯，以保持皮肤水分，使面部光滑润泽；
（5）多吃水果蔬菜，以摄取皮肤所需的各种营养成分，使面部看起来健康自然；
（6）保持良好的情绪，以使面部看起来精神饱满。

皮肤被称为人的"第一名片"。很多人都希望自己的皮肤滋润、细腻、柔嫩、富有弹性。然而，有些人的皮肤显得黯黑粗糙，不尽如人意。分析原因，除一部分是遗传因素及疾病影响外，在许多情况下，还与后天不善于保养有密切关系。

人的皮肤按皮脂腺的分泌状况，一般可分为五种类型，即中性皮肤、干性皮肤、油性皮肤、混合性皮肤和敏感性皮肤。大家可以对照表2-7，了解自己的皮肤类型，有针对性地进行皮肤护理和保养。

表 2-7　皮肤类型及其特征

皮肤类型	皮肤特征
中性皮肤	健康理想的皮肤，多见于青春期少女，皮脂分泌量适中，皮肤既不干也不油，红润、细腻、光滑、富有弹性，不易起皱，毛孔较小，对外界刺激不敏感，但受季节影响，夏季趋于油性，冬季趋于干性
干性皮肤	肤色白皙，毛孔细小而不明显。皮脂分泌量少，比较干燥，容易产生细小皱纹。角质层含水量低于10%，毛细血管表浅、易破裂，对外界刺激比较敏感。分为缺水性和缺油性两种
油性皮肤	肤色较深，毛孔粗大，皮脂分泌量多，油腻光亮，不容易起皱纹，对外界刺激不敏感。由于皮脂分泌过多，容易生粉刺、痤疮。常见于青春期的年轻人
混合性皮肤	兼有油性皮肤和干性皮肤的特征，在面部"T"形区（前额、鼻、口周围）呈油性状态，眼部及两颊呈干性。80%的女性都是混合性皮肤
敏感性皮肤	可见于上述各种皮肤。皮肤较薄，对外界刺激很敏感。当受到外界刺激时，会出现局部微红、红肿，出现疮、块及刺痒等症状

面部保养指根据不同的肌肤类型选择不同的护肤品。一般使用基础护肤品，包括洗面奶、爽肤水（柔肤水、紧肤水）、眼霜、精华和乳液。

（三）化妆修饰

俗话说："三分长相，七分打扮。"对面容的精心修饰可以展现本人自信的精神状态，也是尊重别人的一种表现。

1. 化妆的原则

化妆的总原则是少而精，具体应把握个性、自然、协调三个原则。

1）个性

化妆应因人而异，根据脸型与五官的特点确定修饰方法，扬长避短，从外形上充分展现自身的风格或气质。例如，可以通过化妆来表现聪慧型、现代型、古典型等某种风格，也可以通过化妆来表现理智成熟型、娟秀文静型等某种气质。

2）自然

除特殊场合外，化妆应力求自然、真实，使妆容看不出明显的修饰痕迹，切忌矫揉造作、过分修饰，否则，将无法给交际对象留下美好印象。

3）协调

化妆应使整个妆容与年龄、衣着、身份、场合相协调，给人留下整洁、雅致、恰到好处的印象。例如，唇膏的颜色应与服装的主色调相近或一致，以便与服装形成整体风格；白天在工作场合的妆容宜为淡妆，夜晚在宴会或舞会等场合的妆容宜为浓妆，以避免皮肤在灯光照耀下暗淡无光。

2. 化妆的技巧

化妆对现代女性来说，可以看作一门"必修课"。对部分男性来讲，他们也需要掌握基本的化妆知识和技巧。

1）女性的化妆

女性妆容有日常妆和宴会妆之分。日常妆注重淡雅，主要适合于日常工作与生活场合；宴会妆则较为浓艳，主要适合于晚会、宴会、舞会等场合。无论是日常妆还是宴会妆，女士们都需要选择合适的彩妆产品并按照正确的步骤进行化妆。女性的化妆步骤与技巧可归纳为表 2-8。

表 2-8　女性的化妆步骤与技巧

类别	步骤	技巧	图片
妆前准备	清洁润肤	清洁皮肤后，拍上化妆水，以收缩毛孔、滋润肌肤。擦上润肤霜，润肤霜可在皮肤表层形成保护膜，将皮肤与化妆品隔开，从而保护皮肤，并使化妆品容易上妆，防止脱妆	
化妆步骤	涂抹粉底	粉底具有遮盖性，可掩盖皮肤的瑕疵、调节肤色、改善皮肤质地，使皮肤显得光滑细腻，通过粉底的深浅变化还可以增强面部的立体感 粉底包括湿粉、干湿两用粉饼以及粉底液等不同类别，可根据不同的皮肤、年龄和场合来选择。在涂抹粉底时，本着由上到下、由大到小的原则涂抹	
	定妆	涂抹粉底后用蜜粉定妆，使妆面贴合更牢固，还可以调和皮肤的光亮度，吸收皮肤表面的汗液和油脂，使皮肤爽滑，减少皮肤油腻感	

续表

类别	步骤	技巧	图片
化妆步骤	眼线	眼线体现眼睛的轮廓。眼线一定要画在睫毛的根处，上下眼线均可从眼部的内眼角到外眼角由细到粗变化，上眼线和下眼线的比例是1∶2，但下眼线一般只画三分之一（遵守黄金法则规律）	
	睫毛	先用夹子夹睫毛，一定要夹到睫毛的根部，顺着睫毛的弧度连夹三次以上。涂上睫毛时，先涂表面，再用刷子拖住睫毛根部往上连刷两三次，使睫毛变得浓密。下睫毛将刷头竖起来一根根地刷	
	眼影	眼影的修饰是运用不同颜色的眼影粉在眼睑部位进行涂抹，通过晕染的手法和不同颜色眼影协调变化，达到增加眼部神采和丰富面部色彩的目的，同时还可以矫正不理想的眼型和脸型	
	画眉毛	眉毛要有一根根的质感，眉头的颜色最淡而眉峰的颜色最浓，眉尾自然拉出，从眉头到眉峰之间的宽度大体一致，眉头略宽些；眉峰大概是眉头的二分之一	
	腮红	标准的腮红位置在颧骨上笑时面颊隆起的部位，一般腮红向上不可高于外眼角水平线，向下不得低于嘴角的水平线，向内不超过眼睛的二分之一垂直线	
	唇部	唇部修饰主要由描画唇型和涂抹唇色两部分组成	

续表

类别	步骤	技巧	图片
化妆结束	补妆、检查妆容	眉弓骨、内眼角下方、眼裂及颧骨之间、"T"型区以及鼻梁用带珠光的眼影粉作提亮处理，突出立体感 检查妆容有没有花妆的地方需要弥补	

2）男性的化妆

男性妆容的修饰主要是剃须修面。剃须修面的操作顺序一般为：先鬓角、脸颊，再到脖子、嘴唇周围及下巴。若留有胡须，则应将其修理成型；若鼻毛过长，则应定期修剪，切忌让其露出鼻腔。

总之，男性化妆应以反映男性自然具有的肤色、五官轮廓和气度为佳，体现整洁。特别应注意：第一，发型要显得自然、美观，做好日常清洁和保养；第二，定期修剪胡须并注意清除面部多余的毛发；第三，滋润干燥的嘴唇。随着时代的发展和观念的转变，不少男士为了使面容更为精致，或更显阳刚之气，也会尝试选用一些化妆品，如隔离霜、遮瑕膏、睫毛膏、眉粉、润唇膏等。

三 手部的修饰

手部可以体现出一个人的修养和卫生习惯，能够影响一个人的整体形象。所以，我们一定要注意手部的修饰。手部的修饰具体包括以下两个方面。

（一）手的清洁与护理

手是人的第二张脸。在人际交往中，手不仅暴露在外而且动作较多，手势语是一种国际语言，可以用来交流思想、传递信息，所以手部也成为别人注视的重点，手臂修饰非常重要。手臂可以分为手部、肩臂与汗毛三个部分，在进行修饰时需注意以下几点。

1. 手部

手部是手臂的中心部位，也是手语的关键部位。对它的修饰必须做到以下几点。

（1）干净。在日常生活中，手是接触他人和物体最多的地方。手应当勤洗，做到清洁、卫生、健康。洗手后，可以适当涂抹护手霜，以使手部肌肤保持润泽。

（2）健康。手部皮肤粗糙、红肿、皲裂，要及时护理、治疗。若长癣，导致生疮、发炎、破损、变形，不仅要治疗，还要避免接触他人。

（3）美观。手部死皮应及时修剪，且不宜在公众场合进行操作。

2. 肩臂

在正式的商务场合中,手臂尤其是肩部,不应当裸露在衣服之外。

3. 汗毛

由于个人生理条件不同,个别女性手臂上汗毛生长得过浓或过长。针对这种情况,最好是采用适当的方法进行脱毛。在他人面前,尤其是外人或异性面前,腋毛不应为对方所见,否则,即为失礼。女士要特别注意这一点。

(二) 指甲的修剪与修饰

为了表示对社交对象的尊重,应勤剪指甲,使其长度不超过指尖。修剪指甲时,可根据手型剪出不同的甲形,如方形指甲、方圆形指甲(指甲前端和侧面是直的,而棱角处呈圆弧形)、椭圆形指甲等,以弥补手型的不足。需要注意的是,修剪指甲应避免在公共场合进行,否则是有失礼仪的。

对于女士而言,还可以根据场合、服装、个性等因素适当地染指甲。染指甲时,应选择与口红或唇彩颜色相匹配的指甲油,顺着指甲纹理均匀地涂抹。同样,染指甲不能在公共场合进行。对指甲的修剪与修饰应注意如下几个方面:

(1) 干净:避免指甲藏有污垢;
(2) 光泽:暗淡粗糙的指甲会大煞风景;
(3) 味道:尽量选择气味不大的护甲油、润甲油;
(4) 长度:根据各行业的不同要求进行修理,一般服务行业要求指甲不能超出指肚;
(5) 颜色:看上去健康、红润、自然;
(6) 形状:修剪得均匀、圆润。

四 身体其他部位的修饰

(一) 颈部修饰

颈部紧邻面部,是仪容修饰中比较重要的部位。人们往往过于重视面部,而忽视对颈部的修饰。颈部修饰要注意保持颈部的洁净、健康和美观。

1. 洁净

在日常生活中,应注重脖子的清洁,特别是紧接下巴和双颊以及靠后部的"灰色"区域。女士化妆时要注意保持面部与颈部颜色的一致性。

2. 健康

颈部是连接大脑与身体的纽带,为大脑传递血、氧,保证大脑正常运转。保持颈部的健康,预防颈部疾病,就要多做颈部运动,保持正确的睡眠姿势。

3. 美观

加强颈部运动和营养按摩,会使颈部皮肤紧绷、有弹性、光洁动人。

（二）腿部修饰

在正式场所，不允许男士暴露腿部，即不允许男士穿短裤。女士可以穿长裤、裙子，但不得穿短裤，或是暴露大腿大部分的超短裙；着裙装时，不允许光着大腿不穿袜子，尤其不允许袜子以外的部分暴露于裙子之外。

男子成年后，一般腿部的汗毛都很重，所以在正式场合不允许穿短裤或卷起裤管。女士的腿部汗毛如果过于浓密，应脱去或剃掉，或选择穿深色丝袜加以遮掩。

（三）腿脚修饰

"远看头，近看脚"是人际交往中的习惯做法。腿部在近距离之内为他人所注目，因此腿部的修饰必不可少。腿部的修饰，主要应注意脚部、腿部和汗毛三部分。对腿部的修饰应注意以下几点。

1. 裸露

在正式的社交场合，不允许光着脚穿鞋子，使脚部过于暴露的鞋子（如拖鞋、凉鞋）也不能穿。着职业装时，鞋子的选择应做到"前不露趾，后不露跟"。

2. 清洁

要注意保持脚部的卫生，保证脚无味。在非正式场合光脚穿鞋子时，要确保脚的干净、清洁，做到"三勤"：勤洗脚，勤换袜，勤擦鞋。在商务场合中，"鞋"是男士的第二张脸，应保持整洁、干净。

3. 脚趾

脚趾甲要勤于修剪，最好每周修剪一次。趾部通常不应露出鞋外。

（四）控制体味

在人际交往中，近距离的接触很有可能会由于体味影响到个人形象。要想保持清新的体味，让交往对象感觉到舒适，就要注意定期清洁，养成良好的卫生习惯，如有腋臭、脚臭等患者，要及时就医。使用香水，应遵循 TPOR 原则，即时间（time）、地点（place）、场合（occasion）、角色（role）。

1. 香水的分类

根据酒精与香料的比例不同，香水在香味的表现上也会有所差异，这个比例就是所谓的赋香率，赋香率越高，代表酒精浓度越低、香精的比例越高，香水味也会比较持久。一般可以将香水分为五个等级，如表 2-9 所示。

表 2-9 香水的等级分类

香水等级	缩写	浓度	持续时间	特征
香精、香水（Parfum）	P	15%～30%	5～7 小时	香料的纯度最高，持续时间长，通常都是以沾式的设计为主，少量使用在手腕及颈部，就能够有很久的表现

续表

香水等级	缩写	浓度	持续时间	特征
淡香精、香水 (Eau de Parfum)	EDP	10%~15%	5小时左右	淡香精的持久度表现会比淡香水来得理想，若工作场合或活动的环境不太允许常常补香，淡香精会是较好的选择
淡香水 (Eau de Toilette)	EDT	5%~10%	3~4小时	淡香水的酒精比例较高，较容易挥发，通常清晨使用后，在午休时可以补香，微微的气息可以持续到下午，适合喜欢清爽的人
古龙水 (Eau de Cologne)	EDC	3%~5%	1~2小时	以香柠檬油和甜橙油、迷迭香油为主，香气不如普通香水浓郁，一年四季使用皆宜。男性选择较多
清香水 (Eau Fraiche)	EF	1%~2%	很短	很多时候不被划归在香水的范围内。上市的体香剂、须后水都属于这个等级

2. 香水的使用部位

如何使用香水才能既自我放松，又展现个人的品位与修养呢？香精以"点"、香水以"线"、古龙水以"面"的方式使用，香水擦得越广，味道越淡，是使用香水的秘诀。若要发挥擦香水的最佳效果，让你举手投足都能散发迷人的香气，就必须了解正确的使用部位。一般常在以下几个部位进行涂抹。

（1）耳后：擦香水通常最普遍的地方就是这个部位，体温高又不受紫外线的影响。

（2）后颈部：如果是长发，可以用头发盖住，以避免紫外线的照射。但是后颈部属于皮肤较敏感的部位，须视个人的状况而定，慎重使用。

（3）头发：在发梢抹上香水，只要轻轻摆头，就洋溢着迷人香气。但是与人聚餐时，这里最好不要擦香水。

（4）手肘内侧：手肘内侧属于体温高的部位，只要移动手肘就会散发出芬芳的香气。

（5）腰部：聚餐时香水擦在腰部以下的部位，比擦在露出来的肌肤上，更能使香味随着肢体摆动而摇曳生香。

（6）手腕：秘诀是把香水擦在静脉上，这个部位的体温较高，又经常活动，是香气很容易散发的地方。

（7）指尖：指尖很容易沾上各种味道，希望在这个地方沾上香水成为你的习惯。特别是抽烟的人，别忘了指尖微量沾取香水。但是，请注意不要将香味沾得到处都是。

（8）膝盖内侧：在膝盖内侧抹上香水，能使你站起来时，由下往上散发出香气。补擦香水时，直接擦在丝袜上就可以了。

（9）腿部：当你穿上丝袜之前，先在腿部、膝盖及脚踝内侧擦上香水，这样散发出来的香气不但典雅而且持久。

（10）脚踝：在脚踝上方阿基里肌斯腱内侧擦上香水，你每次轻移莲步都会散发出淡淡的幽香，若是要补擦香水时别忘了这个部位。

项目三 服饰礼仪

在社交活动中，人们常常通过一个人的着装来判断一个人的品位、地位和涵养。一个穿着得体的人，往往能够赢得交际对象的信任和好感。可见，要想获得较高的社交地位和较好的社交效果，首先应掌握着装的礼仪规范。

一 服饰礼仪概述

作为文明古国的中国，是"衣冠王国"。《春秋左传正义·定公十年》有云："中国有礼仪之大，故称夏；有服章之美，谓之华。"可见，"华夏"一词的来历与礼仪服饰是有关系的，而服饰是礼仪的重要方面。

（一）中国古代服饰的起源

中国最早的服饰可追溯至周口店骨针、骨锥的发现，这说明人类那时候已经学会缝制衣物，服饰开始萌芽。夏商周时期的衣服形制是上衣下裳，颜色是上玄下黄。尤其是周代，出现了冠服制度，根据《周礼》等书的记载，夏商周时代把礼分为五大类，服饰分为祭服、朝服、军服、婚丧之服等。春秋战国时期，上衣下裳连为一体，出现了"深衣"。

秦汉时期，服饰中体现出较为严格的等级制度，主要体现在服饰的样式、色彩和佩饰的规定上，如图2-13（a）所示。汉代规定，百姓一律不得穿各种带颜色的服装，只能穿本色麻布。直到西汉末年（公元前13年），才允许平民服青绿之衣。汉代对商人服饰的禁令更严。

唐朝初年，唐高祖李渊于621年正式颁布东舆衣服之令，对皇帝、皇后、百官、命妇、士庶等各级各等人士的衣着、色彩、佩带诸方面都做了详细的规定，唐朝的衣冠制度正式确立。例如，唐朝针对服饰色彩规定，黄色只有皇帝和皇室亲臣、贵臣才可穿用，他人穿用则为犯罪，因此黄色为皇权的特殊象征。另外，还以服装的颜色区分官职品级：三品以上服紫色，五品以上服朱色，六品为绿色，七品为青色。再比如，唐代贵妇人的礼服多以袒胸、低领、大袖为主，同时又有襦裙、半臂（短袖）肩披帛巾，如图2-13（b）所示。当时也流行穿胡服。

后来，各朝代的服饰在继承原有服饰传统的基础上，也融入了部分少数民族服饰的文化习俗与外来文化礼仪，造就了丰富的服饰礼仪文化制度。而到了清朝时期，满族统

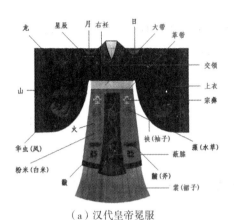

(a) 汉代皇帝冕服　　　　　　(b) 唐代贵妇人礼服

图 2-13　汉唐服饰示例

治者初入关之时，实行残酷的镇压，"衣冠悉遵本朝制度"，强制汉人剃发易服。这个时期是我国服装史上改变最大的一个朝代，是中国古服与近代服的交接点，它的存在是以后发展到近代男士的马褂长袍、女士的旗袍的前提。

服饰作为一种文化形态，贯穿了中国古代各个时期的历史。从服饰的演变中可以看出历史的变迁、经济的发展和中国文化审美意识的嬗变。无论是商的"威严庄重"，周的"秩序井然"，战国的"清新"，汉的"凝重"，还是六朝的"清瘦"，唐的"丰满华丽"，宋的"理性美"，元的"粗壮豪放"，明的"敦厚繁丽"，清的"纤巧"，无不体现出中国古人的审美倾向和思想内涵。

（二）服装的相关知识

服装的相关知识主要包括面料、色彩、分类和功能等方面。

1. 面料

常见的服装面料有棉、麻、丝绸、毛料、皮革、化纤等，其各自的特点如下。

（1）棉：是以棉纱线或棉的混纺纱线为原料制成的织品。其质地柔软，透气性、吸湿性好，但容易缩水、起皱，外观不挺括。

（2）麻：是以麻纤维或麻的混纺纤维为原料制成的织品。其质地硬挺，吸湿性好，但外观较为粗糙、生硬。

（3）丝绸：是以桑蚕丝、人造丝、合成纤维长丝等为原料制成的织品。其质地轻薄、柔软、滑爽，能使着装者显得高贵、典雅，但不结实。

（4）毛料：是以羊毛、兔毛、骆驼毛为主要原料制成的织品，一般以羊毛为主。其质地柔软，弹性好，保暖性强，色泽柔和，但较难洗涤。

（5）皮革：是经过脱毛和鞣制加工所得到的动物皮。其手感舒适，柔韧性、透气性、保暖性较好，但较难护理。

（6）化纤：是以高分子化合物为原料制成的织品。其牢度大，耐磨耐洗，外观挺括，但耐热性、透气性差。

2. 色彩

在社交场合，服装的色彩往往最引人注目，它能表达一个人的审美情趣，并流露其心境和情感。这些色彩信息总是通过人们对色彩三要素和色性的理解进行传递的。

1) 色彩的形成

色彩包括原色、间色、复色三种类型。

(1) 原色：红、黄、蓝这三种颜色被称为三原色。这三种颜色是任何其他色彩都调配不出来的颜色。

(2) 间色：两个原色相调和产生出间色。

(3) 复色：一种原色与一种或两种间色相调和，或两种间色相调和产生的颜色。

2) 色彩的三要素

色彩的三要素是指色相、明度和纯度。有时候，色彩还涉及色性的问题。

(1) 色相即色彩体现的具体颜色，它可分为无彩色和有彩色两个部分。其中，无彩色主要包括黑色、白色和灰色；有彩色包括七个标准色，即红、橙、黄、绿、青、蓝、紫。

(2) 明度即色彩的明暗程度，白色是最亮的色，黑色是最暗的色，任何一个颜色加入白色则提高明度，加入黑色则降低明度。

(3) 纯度即色彩的鲜浊程度或饱和度，任何一个颜色加入白色则降低纯度，加入黑色则变为浊色。

(4) 色性是指色彩的冷暖。红色、橙色和黄色为暖色，这类颜色使人感到温暖；青色和蓝色为冷色，这类颜色会使人感到清凉寒冷。

服装色彩是服装感观的第一印象，它有极强的吸引力，若想个性在着装上得到淋漓尽致的发挥，必须充分了解色彩的特性。浅色调和艳丽的色彩有前进感和扩张感，深色调和灰暗的色彩有后退感和收缩感。恰到好处地运用色彩的两种观感，不但可以修正、掩饰身材的不足，而且能强调、突出一个人的优点。

3) 现代职业装的色彩搭配原则

穿着职业装活动的场所大多是办公室，低彩度可使工作其中的人专心致志、平心静气地处理各种问题，营造沉静的气氛。在室内、有限的空间里，人们总希望获得更多的私人空间，穿着低纯度的色彩会增加人与人之间的距离，减少拥挤感。纯度低的颜色更容易与其他颜色相互协调，使人与人之间增加和谐亲切之感，有助于形成协同合作的格局。另外，可以利用低纯度色彩易于搭配的特点，将有限的衣物搭配出丰富的组合。同时，低纯度给人以谦逊、宽容、成熟的感觉，借用这种色彩语言，更易受到他人的重视和信赖。

所以，职业装的色彩一般以冷色调为主，也应与流行趋势相一致，使传统与现代完美结合。职业装色彩搭配有以下原则。

(1) 同类色搭配：这是一种最简便、最基本的配色方法。同类色是指一系列的色相相同或相近，由明度变化而产生浓淡、深浅不同的色调。如黄色与黄橙色、紫色与蓝紫色。同种色搭配可以取得端庄、沉静、稳重的效果，适用于气质优雅的成熟女性。

（2）相似色搭配：色环大约在90°以内的邻近色。如红与橙黄、橙红与黄绿、黄绿与绿、绿与青紫等都是相似色。相似色服装搭配变化较多，且仍能获得协调统一的效果。

（3）强烈色搭配：两个相隔较远的颜色相配。如米黄色与紫色、红色与青绿色。这种配色给人的感觉比较强烈，会让人有惊艳的感觉。

（4）互补色搭配：两个相对的颜色相配。如红色与绿色、青色与橙色、黑色与白色。这种配色能形成鲜明的对比，有让人耳目一新的感觉。

知识链接 2-3

色彩的语言

不同的色彩能够传递不同的语言。暖色和明度高的色彩具有膨胀感；冷色和明度低的色彩具有收缩感。明度高、纯度高的暖色能给人以热烈感和兴奋感；明度低、纯度低的冷色能给人以沉稳感和恬静感。

具体而言，各种基本色彩所传递的语言如下：

（1）黑色：传递着权威、高雅、低调、内敛和执着；

（2）灰色：传递着诚恳、沉稳、成功、认真和智慧；

（3）白色：传递着纯洁、无私、善良和信任；

（4）蓝色：传递着理性、沉静、务实和中规中矩；

（5）褐色：传递着典雅、平和、友善和亲切；

（6）红色：传递着热情、开朗、积极和自信；

（7）粉红色：传递着温柔、甜美和喜悦；

（8）橙色：传递着愉快、健康和活力；

（9）黄色：传递着年轻、聪明、开朗和自信；

（10）绿色：传递着平静、清新和安详；

（11）紫色：传递着优雅、神秘、灵性、古典和高贵。

3. 分类

根据不同的依据，可以对服饰进行不同的分类：

（1）根据服装的穿着组合，可以分为整件装、套装、外套、背心、裙、裤；

（2）根据服装的用途，可以分为社交服、职业服、运动服、生活服；

（3）根据服装穿着的季节，可以分为春季服装、夏季服装、秋季服装、冬季服装。

另外，还可以根据服装的面料、穿着人的性别、服装的经营习惯及特殊功能等要素进行分类。

4. 功能

服饰具有如下的几项功能。

（1）实用功能：具有一定的遮羞作用，在严冬时节可以起到抗寒作用。

（2）美化功能：所谓"人靠衣装马靠鞍"，"三分长相，七分打扮"。通过服饰遮盖一些不完美的身体缺陷，在一些特定场合更需要具有装饰功能的服装，如演出服装。

（3）标识功能：服装还可以体现所属的群体，如警察制服、表现社会运动的服装标志、各民族的特色服饰。

二 现代职业服饰装扮的原则

得体的穿着，不仅可以让人显得更加美丽，还可以体现出一个现代文明人良好的修养和独到的品位。作为一个成功的职场人，必须掌握如下职业着装的基本原则。

（一）依时间、地点、场合、角色的转换而调整

1. 时间原则

一年分春、夏、秋、冬四季，冬天应穿保暖御寒的冬装，夏天可穿通气、吸汗、凉爽的夏装。一天有24小时，白天要面对他人，应穿着合身、严谨，晚上在自己的私人空间，穿着可宽大、随意些。一般来说，男士有一套质地上乘的深色西装或中山装足以包打天下，女士的着装则要随时间而变换。白天工作时，女士应穿着正式套装，以体现专业性；晚上出席鸡尾酒会就需要多加一些修饰，如换一双高跟鞋，戴上有光泽的佩饰，围一条漂亮的丝巾。服装的选择还要适合季节、气候特点，保持与潮流大势同步。

2. 地点原则

在室内或室外、闹市或乡村、国内或国外、单位或家中，着装的款式应有所不同。比如，穿泳装在海滨、浴场是很正常的，但穿它去上班、逛街，就很不正常。一般在自己家里接待客人，可以穿着舒适但整洁的休闲服；如果是去公司或单位拜访，穿职业套装会显得专业；外出时要顾及当地的传统和风俗习惯，如去教堂或寺庙等场所，不能穿过露或过短的服装。

3. 场合原则

在人际交往中，所处的场合是千变万化的，衣着要与场合相协调，依据适当的场合选择适当的服饰，体现服装艺术的最高效果。如生日、宴会、婚礼、联欢等场合，服装的颜色要鲜艳、亮丽，款式要新颖；在公务场合或其他庄重的场合，着装通常要求端庄、稳重、传统，比如，在正式的宴请、外事活动中，男士可穿西装，女士可穿套裙、礼服，并且要穿着规范，行为要彬彬有礼；在普通社交场合，对着装的基本要求是典雅、时尚、个性，女士可穿着时装，男士可穿西装、夹克衫等；在休闲场合，可选择舒适、方便、自然的款式，牛仔装、运动装都合适。

4. 角色原则

同一台节目演出，角色分配不一样，则着装也不相同。在社会活动中，人的着装同理，需根据个人所担任的社会角色来进行选择。如作为嘉宾去参加某个朋友的婚礼，应避免选择红色或白色的服装，新娘的着装则应该隆重、华丽而喜庆。

（二）注意服饰本身的完整、协调

1. 整洁平整

服装并非一定要高档华贵，但需要保持清洁并熨烫平整，这样，穿起来才能大方得体，显得精神焕发。整洁并不完全是为了自己，更是尊重他人的需要，这是良好仪态的第一要务。

2. 色彩搭配

不同色彩会给人不同的感受，如深色或冷色调的服装让人产生视觉上的收缩感，显得庄重严肃；而浅色或暖色调的服装会有扩张感，使人显得轻松活泼。因此，可以根据不同需要进行选择和搭配。

3. 配套齐全

除了主体衣服之外，鞋袜手套等的搭配也要多加考究。如袜子以透明、近似肤色或与服装颜色协调为好，带有大花纹的袜子不能登大雅之堂。正式、庄重的场合不宜穿凉鞋或靴子，黑色皮鞋是适用最广的，几乎可以和任何服装相配。

4. 饰物点缀

巧妙地佩戴饰品能够起到画龙点睛的作用，尤其会给女士们增添色彩。但是佩戴的饰品不宜过多，否则会分散对方的注意力。佩戴饰品时，应尽量选择同一色系。佩戴首饰最关键的就是要与你的整体服饰搭配统一起来。

总之，个性化着装具备以下五个特点：

（1）个体性：根据自身的特点，保持自己独特的风格；

（2）整体性：恪守服装本身约定俗成的搭配，局部服从整体，力求展现着装的整体美；

（3）整洁性：保持整齐、完好、干净、卫生；

（4）文明性：要求着装文明大方，符合社会的道德传统和常规做法，忌穿过露、过透、过短、过紧的服装；

（5）技巧性：主要是指学会穿法，遵守穿法，衣着得体，与环境、身材、年龄、职业、场合等相协调。

三 男士服饰礼仪

（一）男士服饰分类

男士服饰可大致分为职业正装、商务休闲装、生活休闲装等类别。

1. 职业正装

职业正装包括西装、礼服、中山装等，这里重点介绍礼服。

礼服也叫社交服，是参加晚宴、婚礼、祭礼等郑重或者隆重仪式时所穿用的服饰。男士礼服可分为燕尾服、平口礼服、晨礼服、西装礼服、韩版礼服等类别。

1) 燕尾服

燕尾服是最常见、最能够修饰身材的礼服种类，特色是前短后长，前身长度止于腰际，后摆拉长，可显露出修长的双腿，并有收缩腰身的效果。燕尾服是正式礼服的一种，一般在晚间6点以后穿着。燕尾款式的礼服除了要配上背心以外，也可以搭配胸巾和领巾，以增加正式华丽感。如图2-14（a）所示。

2) 平口礼服

平口礼服，人称王子式礼服，单排扣和双排扣都可以，不及燕尾服与晨礼服正式，可用于婚宴聚会上的穿着。平口礼服的特色是裁剪设计较类似于西装，适合较为瘦高的新郎穿着。平口礼服的正式穿法是外套、衬衣、长裤，搭配领结、腰封。如图2-14（b）所示。

3) 晨礼服

晨礼服，又称为英国绅士礼服，是礼服中最为正式的一种，外套剪裁为优雅的流线型，充满了贵族感。因此，较适合有书卷气或是整体身材、气质不错的新郎穿着。晨礼服的正式穿法为外套、衬衣、长裤，搭配背心、领结。如图2-14（c）所示。

4) 西装礼服

普通西装并不能应用于隆重场合，尤其是在自己的婚礼上，穿礼服才够隆重。如果将西服的戗驳领用缎面制成，使之成为西装礼服，再搭配领结和腰封（或者背心），选择胸前打褶皱设计的礼服衬衣，也可以出席隆重场合。西装礼服可以说是一种现代的改良礼服。西装礼服的正式穿法为外套、衬衣、长裤，搭配背心、领带。

5) 韩版礼服

顾名思义，韩版礼服是专为亚洲人所设计的一种礼服，原因在于，亚洲人相比欧洲人来说体型较小。韩版礼服在胸、腰、袖、裤上做了一点收饰，比较适合体型瘦小的人穿着。很多人会有一种误区，收身就是韩版，其实收身最早出现在欧版礼服当中。韩版礼服的正式穿法为外套、衬衣、长裤，搭配背心、领带。如图2-14（d）所示。

（a）礼服

（b）平口礼服

（c）晨礼服

（d）韩版礼服

图2-14　男士礼服的主要种类

2. 商务休闲装

商务休闲装指以商务、时尚气息为主而设计出来的男装，显得职业而又偏带休闲。一般可在办公室、不太正式场合的会议场所、与客户一般洽谈时穿着。

3. 生活休闲装

生活休闲装有别于严谨、庄重的服装，主要是在现代生活中能够体现人的自然体态、简洁、适用于运动的便装及运动服。休闲服装一般可以分为前卫休闲、运动休闲、浪漫休闲、古典休闲、民俗休闲和乡村休闲等类型。随着人们生活方式的改变，服装风格也在不断变化。休闲装似乎正在成为一种主流，在一些较为正式的场合，人们越来越多地看到休闲装的影子。不少职场人士认为，现在很多场合都适合穿休闲装，比如说，有时出去拜访别的公司的高管，穿得太正规，显得太严肃；但太随意，又显得不够庄重。于是，穿休闲装就成为比较理想的选择。

（二）西装服饰礼仪

在多数社交场合，西装作为全世界通用的一种男士着装成为首选，这样会显得庄重而正式。"西装一半在做，一半在穿"，得体的西装穿着会使你显得气质高雅、内涵丰富、卓尔不群。

西装根据出席的场合可分为工作用的西装、正式场合用的西装、休闲用的西装等。在各种类别的服装中，男士穿西装的讲究最多，因此，下面着重介绍一下这方面的礼仪常识。

1. 选择合适的西装

1）西装款式

按件数，西装有单件与套装之分。单件西装属于休闲装，正式场合必须着套装。套装分为二件套与三件套，二件套是上衣外套与裤装，三件套是两件套西装再加上同色同料的背心（马甲）。按传统来说，三件套更显得经典与正式。

按上衣开扣方式，西装可分为单排扣和双排扣两种，根据上衣纽扣的数目各自呈现不同的风格。一般认为，双排扣西装上衣比较传统，单排扣西装上衣则较为时尚。要根据自己的身高、体型进行选择，身型胖、矮者应避免穿着双排扣西装。西装的扣子遵循"扣上不扣下"的原则，如单排二粒扣西装，只扣上面一粒，下面则不扣；单排三粒扣西装，只扣中间一粒或上面二粒，下面不扣；而单排一粒扣的西装，可扣可不扣，扣上表示庄重，不扣则表示轻松、随意的氛围；双排扣西装，最下面一粒一般是不扣的。

按外观形状，西装大致可分为欧式、英式、美式、日式，其主要特征如下。

（1）欧式西装：上衣呈现倒梯形，多为双排扣，衣领较宽，强调肩部与后摆，垫肩较高，腰身中等，后摆无开衩。这种版型源自欧洲人身材高大、肩部宽阔的体型。欧式双排扣西服由于纽扣位置较低，有一种上半身显长的感觉，所以身材较矮的男士应该慎重穿着。

（2）英式西装：多为单排扣，讲究自然、贴身，衣领较窄，腰部略收，垫肩较薄，后摆两侧开衩。

(3) 美式西装：肩部没有明显衬垫，腰身不明显，袖子宽松舒适，裤管宽而直，较为宽松，后摆中间开衩，多为单排扣式。

(4) 日式西装：上衣呈"H"型，不过分强调肩和腰，领子较短、较窄，不过分收腰，后摆也不开衩，多为单排扣式。

2) 色彩

正式场合挑选的西装色彩应为单一色，西服的颜色最好以深色为主，常为藏青色、深蓝色、深灰色。黑色西服虽然也符合国际礼仪的需求，但往往更适合于在庄严而肃穆的礼仪活动中穿着。浅色系或"杂色"西装是休闲风格。

3) 图案

正装西服一般是没有任何图案的，除了用"牙签呢"缝制的竖条纹西装。竖条纹西装以条纹细密为佳，忌条纹粗阔。最容易出现问题的是格子西装，它应该只出现在非正式场合。

4) 尺寸

穿着西装，大小要合身，宽松适度。选择合适的西装，要事先穿着正装衬衣。

穿上西装后，手臂自然下垂，衬衣袖口长出西装袖口1～2厘米；从后面看，衬衣领比西装领高出1厘米左右。西装裤要合体有型，裤脚达脚背，盖过鞋后沿，腰间以插入一手为宜。

2. 西装穿着礼仪

西装的穿着搭配可以体现一个人的教养、品位、地位。因此，男士西装正装的穿着必须遵循一定的礼仪规则。

1) 拆除商标

购买回来的西装一定要记得拆除左衣袖上的商标和明显的标志。

2) 熨烫平整

西装穿起来显得平整挺括、线条笔直，它的美感才能充分地展示出来。所以西装一定要定期干洗，穿着前熨烫平整。

3) 慎穿毛衫

为讲究西装的原汁原味，在西装上衣之内，原则上不允许穿毛衫。即使冬季也只宜穿上一件薄型"V"领的单色羊毛衫或羊绒。不宜穿着色彩、图案十分繁杂的羊毛衫或羊绒衫。扣式的开领羊毛衫或羊绒衫穿在西装里面，同样大煞风景。

4) 不卷不挽

在正式场合，无论如何也不能卷起西装裤管，或者挽起西装上衣的衣袖，以免给人以粗俗的感觉。

5) 少装东西

西装的口袋，装饰作用多于实用价值。所以不能让口袋显得鼓鼓囊囊，使西装整体外观走样。不同位置的口袋，功能也不太一样。具体来说：

(1) 上衣左侧外胸袋：除可以插入一块用以装饰的真丝手帕外，不应再放其他任何东西，尤其不应当别钢笔、挂眼镜；

(2) 上衣内侧胸袋：可用来别钢笔、放钱夹或名片，但不要放过大过厚的东西或无用之物；

(3) 上衣外侧下方的两只口袋：原则上以不放任何东西为佳；

(4) 西装背心上的口袋：多具装饰功能，除可放置怀表外，不宜再放别的东西；

(5) 西装裤子侧面的口袋：只能放纸巾、钥匙包或者零钱包，不宜放其他任何东西。

3. 西装的搭配

1) 与衬衫的搭配

与正装西服相搭配的衬衫应为长袖正装衬衫，长袖衬衫以纯色或较细的竖条纹为主，但竖条纹衬衫应避免与竖条纹西装同时穿着。

穿西装的时候，衬衫所有纽扣都要一一系好，不打领带时，解开衬衫最上边的扣子。衬衫的下摆必须掖进西裤裤腰之内。

2) 与领带的搭配

领带，是穿着西装时的重要配件，有"西装灵魂"之称。在欧美各国，领带与手表、装饰性袖扣被并称为"成年男子的三大饰品"。

领带的款式，有宽窄之分，这主要受到流行时尚的左右。进行选择时，应注意最好使领带的宽度与自己身体的宽度成正比，而不要反差过大。它还有箭头与平头之别。前者下端为倒三角形，适用于各种场合，比较传统。后者下端为平头，比较时髦，多适用于非正式场合。

最好的领带，是用真丝或者羊毛制作而成。在一般正式场合，不宜选用棉、麻、绒、皮、革、塑料、珍珠等物制成的领带；颜色也不要超过三种，最好是单色无图案的，常见花色为斜条纹、格纹和点状纹等。

打领带时，应对领带的结法、长度、位置、佩饰多加注意，这样才有可能将领带打得完美无缺。打领带结有三点技巧。其一，要把它打得端正、挺括，外观上呈倒三角形；其二，可以在收紧领结时，有意在其下压出一个窝或一条沟来，使其看起来美观、自然；其三，领带结的具体大小不可以完全自行其是，而应令其大体上与同时所穿的衬衫领子的大小成正比。需要说明的是，穿立领衬衫时不宜打领带，穿翼领衬衫时适合扎蝴蝶结。领带打好之后，宽片下端正好触及腰带扣的上端，窄片不能长于宽片。

3) 与袜子的搭配

袜子的颜色以深色、单色为主，最好选用黑色。忌用白色袜子配西装。袜子长度宁长勿短，宜选用商务男士袜，袜口可达到小腿肚。

4) 与鞋的搭配

与西装配套的鞋只能选择皮鞋，皮鞋应与西装颜色相搭配，没有任何图案、装饰，颜色为单一色。款式应当庄重而正统，推荐选择系带皮鞋。需要注意，磨砂皮鞋、翻毛皮鞋大都属于休闲皮鞋，不太适合与正装西装相搭配。

5）搭配禁忌

西装的搭配应遵循"三色原则"——穿西装正装时，凡能显露出来的衬衫、领带、西装、皮带、鞋、饰品等颜色从里到外、从上到下不能超过三种色系，否则会显得太过杂乱；突出"三一定律"——鞋子、公文包、皮带保持同一色，最好选择黑色。另外，还需注意以下事项：

(1) 衬衫领开口、皮带袢和裤子前开口外侧线不能歪斜，应在一条线上；
(2) 涉外商务交往中忌穿夹克时打领带；
(3) 腰部皮带上不宜别挂任何物品。

四 女士服饰礼仪

（一）女士服装的分类

女士服装按功能可以区分为礼服、职业装和生活休闲装。

1. 礼服

礼服是指以裙装为基本款式，在特定礼仪场合穿着的服装。女士礼服可分为晚礼服、小礼服、常礼服、旗袍等类别。

1) 晚礼服

晚礼服，即西式大礼服，是一种最正式的礼服。主要适用于晚间举行的各种正式活动，如官方举行的大型宴会、交际舞会、庆典活动等。这类礼服大多是下摆及地的长裙，比较多地显露颈、胸、背和手臂部位，充分体现女性美。穿大礼服时，必须戴上与其色彩相同的帽子或面纱，配礼服长手套，耳环、项链等饰品也不可少。如图2-15（a）所示。

2) 小礼服

小礼服，主要适用于参加晚上6点以后举行的各种宴会、音乐会或观看歌剧等场合。小礼服为长及脚面的露背式连衣裙，衣袖可长可短，配手套。为方便交谈，穿着小礼服时可不戴帽子或面纱。如图2-15（b）所示。

3) 常礼服

常礼服，也叫西式晨礼服。常礼服为质地、色泽一致的衣裙组合或单件连衣裙，裙长过膝。主要在白天穿着，适合于出席白天举行的庆典、茶会、游园会和婚礼等。穿常礼服时，通常搭配帽子、薄纱短手套及小巧的手袋等。如图2-15（c）所示。

4) 旗袍

中国女性常以旗袍作为正式礼服。一般采用紧扣的高领，衣长至脚面，两侧开叉在膝盖以上、大腿中部以下为宜，斜式开襟，袖口至手腕或无袖均可。面料多为单色的高级呢绒、绸缎等。穿无袖式旗袍，可配披肩。如图2-15（d）所示。

现在多数西方国家对女子的穿着要求并不十分严格。同质、同色的西式套裙也可以作为礼服穿着，但要注意质地精良，款式简洁大方；连衣裙也可作为日间社交活动的礼服，但要注意选用单色，图案简洁，面料高档，质地厚实，且裙长及膝。

(a)晚礼服　　　　　(b)小礼服　　　　　(c)常礼服　　　　　(d)旗袍

图 2-15　女士礼服的主要种类

2. 职业装

职业装分成两类：一类是具有行业或企业标志的职业装；另一类是指女性在工作场合穿着的职业套装或套裙。这种服装没有明确的组织标识，主要为了体现干练的精神风貌，弱化女性的性别特征。

3. 生活休闲装

生活休闲装是指有别于庄重、隆重场合穿着的服装类型，用于日常生活及一般的社会交际场合。

(二)女士职业服装的选择

女士职业服装根据下身服装的不同可分为套裙（衬衣＋半截裙）和套裤（衬衣＋长裤）两种。一般较为正式的场合要求女士穿裙装，显得正式、庄重。

1. 西服套裙的选择

1）面料

职业套装所用的面料讲究平整、润滑、光洁、柔软、挺括，并且不起皱、不起球、不起毛。上衣、裙子、背心选择同一质地、同一颜色为好。

2）色彩

色彩以冷色调为主，体现着装者的典雅、端庄与稳重。套裙颜色的选择遵循 TPOR 原则，兼顾着装者的肤色、体型、年龄与性格。套裙的颜色不仅仅是单一色，也可以两种色彩互相搭配。上浅下深或上深下浅的组合，将形成鲜明的对比，给别人留下很深的印象。注意，一套套裙的全部色彩不要超过两种，不然会显得杂乱无章。

3）图案

按惯例，套裙可以不带任何图案。也可按着装者的喜好，选择以格子、圆点或条纹为主要图案的套裙，不宜选择以花卉、宠物、人物、文字、符号为主体图案的套裙。

4）点缀

女士套裙不宜有过多的点缀，一般可以加些装饰扣、包边、蕾丝等点缀物，以起到画龙点睛的效果。点缀物宜少不宜多、宜精不宜糙、宜简不宜繁。

5）尺寸

从具体的尺寸来讲，套裙可以变化无穷。上衣与裙子的长短没有明确的规定。但裙短则不雅，裙长则无神。套裙之中的超短裙，裙长应以不短于膝盖以上15厘米为限，裙子下摆及膝或稍过膝，是最为标准、最为理想的。

6）版型

套裙的版型，是指整体外观与轮廓，总体上来讲，可以大致分为"H"型、"X"型、"A"型、"Y"型。

（1）"H"型造型套裙：上衣较为宽松，裙子亦多为筒式。这样一来，上衣与下裙便给人以直上直下、浑然一体之感。它既可以让着装者显得优雅、含蓄和"帅气"，也可以为身材肥胖者遮掩。

（2）"X"型造型套裙：上衣多为紧身式，裙子则大都是喇叭式。实际上，它是以上宽与下松来有意识地突出着装者腰部的纤细。此种造型的套裙轮廓清晰而生动，可以令着装者看上去婀娜多姿、楚楚动人。

（3）"A"型造型套裙：上衣为紧身式，裙子则为宽松式。此种上紧下松的造型，既能体现着装者上半身的身材优势，又能适当地遮掩其下半身的身材劣势。不仅如此，它还在总体造型上显得松紧有致、富于变化和动感。

（4）"Y"型造型套裙：上衣为松身式，裙子多为紧身式，并且以筒式为主。它的基本造型，实际上就是上松下紧。一般来说，它意在遮掩着装者上半身的短处，同时表现出下半身的长处。此种造型的套裙往往会令着装者看上去亭亭玉立、端庄大方。

7）款式

套裙之中上衣的变化，主要表现在衣领方面。除了最为常见的一字领、圆状领、"V"字领、"U"字领之外，还有披肩领、燕翼领、蟹钳领、束带领等领型。

在衣扣方面，它既有无扣式的，也有单排式、双排式；既有明扣式的，也有暗扣式的；在衣扣的数目上，少则只有一粒，多则不少于十粒。

在裙子种类方面，有西装裙、一步裙、围裹裙、筒式裙、折裥裙等，大多款式端庄、线条优美；另外还有百褶裙、旗袍裙、开衩裙、"A"字裙、喇叭裙等。

2. 套裙的穿着礼仪

1）穿着到位

上衣的领子要完全翻好，衣袋的盖子要拉出来盖住衣袋；不允许将上衣披在身上，或者搭在身上；裙子要穿得端端正正，上下对齐之处务必好好对齐。按照规矩，商界女士在正式场合穿套裙时，上衣的衣扣应全部系上。

2）协调装饰

通常，穿着打扮讲究的是着装、化妆和配饰风格统一，相辅相成。穿套裙时，必须维护好个人的形象,所以不能不化妆,但也不可过浓。

选配饰也要少而精,合乎身份。在工作岗位上,不佩戴任何首饰也是可以的。不宜佩戴与个人身份无关的珠宝首饰,也不允许佩戴有可能过度张扬自己的耳环、手镯、脚链等首饰。

3) 兼顾举止

套裙最能够体现女性的柔美曲线,这就要求穿着者举止优雅,注意个人仪态。当穿上套裙后,站姿要又稳又正,不可双腿叉开,站得东倒西歪。就座以后,务必注意姿态,切勿双腿分开过大,或是翘起一条腿来,抖动脚尖;更不可脚尖挑鞋直晃,甚至当众脱鞋。走路时不能大步地奔跑,而只能小碎步走,步子要轻而稳。拿自己够不着的东西,可以请他人帮忙,千万不要逞强,尤其是不要踮起脚尖、伸直胳膊费力地去够,或是俯身、探头去拿。

3. 套裙的搭配

1) 与衬衫的搭配

衬衫有不少讲究。从面料上讲,要求轻薄而柔软,故此真丝、麻纱、府绸、罗布、花瑶、涤棉等等,均可作其面料。色彩以单色为最佳,流行色也可作为选择,但不要过于鲜艳,并且注意要与套裙的色彩相搭配。不要选择图案过于复杂的衬衫,最好是无图案,或是带点条纹、方格、圆点、碎花或暗花。

款式的选择多体现在领型、袖管、门襟、轮廓、点缀等方面。应当说明的是,与套裙配套穿的衬衫不必过于精美,领型等细节上也不宜过分新奇夸张。那些样式极其精美、新奇、夸张的衬衫,其实仅适合于单穿。

穿衬衫时,须注意以下事项:一是衬衫的下摆必须掖入裙腰之内,不得任其悬垂于外,或是将其在腰间打结;二是衬衫的纽扣要一一系好,除最上端一粒纽扣按惯例允许不系外,其他纽扣均不得随意解开,以免在他人面前显示不雅之态;三是衬衫在公共场合不宜直接外穿,按照礼貌,不可在外人面前脱下上衣,直接以衬衫面对对方,特别是身穿紧身而透明的衬衫时。

2) 与内衣的搭配

在穿着套裙时,按惯例,亦须对同时所穿的内衣慎加选择,并注意其穿着之法。

一套内衣往往由胸罩、内裤以及腹带、吊袜带、连体衣等构成。它应当柔软贴身,并且起着支撑和烘托女性线条的作用。有鉴于此,选择内衣时,最关键的是要使之大小适当,既不能过于宽大晃悠,也不能过于窄小夹人。内衣的具体款式甚多。在进行选择之时,特别应当注意,穿上内衣以后,不应当使它的轮廓一目了然地在套裙之外展现出来。

3) 与衬裙的搭配

衬裙,特指穿在裙子之内的裙子。一般而言,穿套裙时里面必须配衬裙。穿套裙时,尤其是穿丝、棉、麻等薄型面料或浅色面料的套裙时,假如不穿衬裙,就很有可能会使自己的内裤动辄为外人所见。

选择衬裙时，可以考虑各种面料，但是以透气、吸湿、单薄、柔软者为佳。衬裙的色彩，宜为单色，如白色、肉色等，但必须使之与外面套裙的色彩相互协调。衬裙上不宜出现任何图案。

4）与鞋袜的搭配

一般来说，黑色的船型牛皮皮鞋与职业套裙可称得上"万搭"，当然，也可选择与套裙颜色一致的船型皮鞋。应避免选择颜色较鲜艳的鞋，如鲜红、明黄、艳绿、浅紫。穿套裙时所穿的袜子通常是尼龙丝袜或羊毛袜，有肉色、黑色、浅灰、浅棕等几种常规颜色可供选择。高筒袜与连裤袜，则是与套裙的标准搭配。中筒袜、低筒袜，绝对不宜与套裙同时穿着。

5）与丝巾的搭配

对于掩藏个性的职业装来说，最温柔的配饰莫过于丝巾，丝巾让人觉得端庄和活泼，若与现有服装风格合理搭配，能诠释女性自然、温和、内敛的东方气质。丝巾是衣服的点缀，一件普通的衣服通过一条丝巾小小的点缀就活色生香起来。

选择丝巾时应注意：搭配做工精良的套装时，应选择有光泽、色彩与外套颜色协调、体现出精致品位的丝巾。

（三）不同体型女士的服饰搭配技巧

体型反映的是身体各部分的比例。例如躯干上下之间的比例，身高与肩宽的比例，胸围、腰围与臀围之间的比例等等。在服装搭配中，发现、了解自己的体型，才能有的放矢地借助服饰搭配和色彩搭配塑造美的形象。

根据女性外部显现出来的体型与英文字母的相似程度，可将女性体型分为 Y 形、H 形、A 形、X 形、O 形（这里暂不显示），详见图 2-16。

  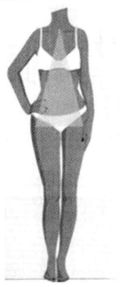 

（a）Y形　　　　　（b）H形　　　　　（c）A形　　　　　（d）X形

图 2-16　女性的不同体型

1. Y 形体型

Y 形体型的特点为：宽肩窄臀，背部较宽，虽然胸部可能很丰满，有腰部曲线，腿部较细，但体型外部特征仍为 Y 形。

针对 Y 形体型的着装建议主要有：

（1）为了在视觉上缩小肩部、加宽臀部，插肩袖或无肩缝的衣袖设计较为有效；

（2）选择简洁、宽松的上衣款式；

（3）当腰部比较纤细时，可选择合体的上衣与有裙摆的裙子。这样就可以让 Y 形体型看上去更接近 X 形体型。

2. H 形体型

H 形体型的特点为：肩部与臀部的宽度接近，身材最突出的特征是整体上呈现直线条，腰部不明显，为 H 形的轮廓线；腰部和臀部的尺寸相差很小。

针对 H 形体型的着装建议主要有：

（1）避免巨型、较短或贴身的上衣；

（2）如果身材属于比较瘦的 H 形，可以利用加宽肩部与臀部的设计来修正体型；

（3）如果身材属于比较胖的 H 形，那么在适当加强对肩部与臀部设计的同时，可以选择一些有腰线设计的服装。

3. A 形体型

A 形体型的特点为：臀大肩小，体型最为主要的特征是宽大的臀部，虽不一定胖，但是臀部的宽度比肩部宽；胸部是否突出不会影响臀部在整个身体中的比例。

针对 A 形体型的着装建议主要有：

（1）避免穿着长及臀部最宽处的夹克和宽松的蓬蓬裙；

（2）合体的西装裙与直筒裤较好；

（3）臀部避免出现图案、贴口袋等设计元素；

（4）装饰品应位于身体的上部，使视觉注意力上移；

（5）垫肩、肩章、收腰、胸部贴口袋、胸部褶皱、宽大的领子都是合适的设计。

4. X 形体型

X 形体型的特点为：肩膀与臀部基本同宽，腰身瘦小，腰围明显小于臀部及肩膀的宽度；胸部丰满，腰部纤细，臀部圆润，曲线明显。这是女性特征最突出的体型，也称沙漏型。

针对 X 形体型的着装建议主要有：

（1）如果身材纤细，身高中等，那么几乎所有的款式都适合穿着；

（2）如果身材比较丰满，那么应该注意身体与服装的合适度。

5. O 形体型

O 形体型的特点为：肚子圆润，臀部肥大，大部分 O 形体型略有溜肩。

针对 O 形体型的着装建议主要有：

（1）避免插肩袖与底摆收紧的夹克衫；

(2) 避免穿小一号的裤子勒紧腰部，避免服装过于贴身；

(3) 有垫肩的简洁合体的服装看上去较好；

(4) 上下身颜色一致、垂直线设计、合体的西装裙或长裤较好。

五 佩戴饰物礼仪

饰品，是指在整体服饰中发挥装饰作用的一些配件。饰品没有实际的功能，主要有装饰、美化的作用。在职场中，正确地选择、佩戴饰品，可以起到画龙点睛的作用，更能体现出佩戴者的审美观和素养。

（一）常见饰品分类

现代饰品丰富多彩、琳琅满目。饰品分类的标准很多，但最主要的不外乎按材料、工艺手段、用途、装饰部位等来划分。简单来说，按照材料分类，可将饰品分为金属类和非金属类两大类，金属类包括贵金属（黄金、铂、银等）、常见金属（铁、铝镁合金、锡合金、铜及其合金等），非金属类包括皮革、塑料、木料、动物骨骼、贝壳、植物、各种石头、玻璃等；按照工艺手段分类，可将饰品分为镶嵌类和不镶嵌类两大类。这里详细介绍一下饰品按照用途和装饰部位进行的分类。

1. 按用途分类

1）流行饰品类

流行饰品包括大众流行和个性流行两大类别。其中，大众流行追求饰品的商品性，多为大批量机械化生产，量贩式销售；个性流行追求饰品的艺术性和个性化，仅少量生产，多为手工制作，限量销售，往往仅生产一件。

2）艺术饰品类

艺术饰品除了仅供收藏用和供摆设陈列用的之外，还包括能佩戴的倾向实用化的艺术造型首饰。

2. 按装饰部位分类

1）头饰

头饰主要是用在头发四周及耳、鼻等部位的装饰。具体分为：发饰，包括发夹、头花、发梳、发冠、发簪、发罩、发束等；耳饰，包括耳环、耳坠、耳钉等；鼻饰，多为鼻环。

2）胸饰

胸饰主要是用在颈、胸背、肩等处的装饰。具体分为：颈饰，包括各式各样的项链、项圈、丝巾、长毛衣链等；胸饰，包括胸针、胸花、胸章等；腰饰，如腰链、腰带、腰巾等；肩饰，多为披肩之类的装饰品。

3）手饰

手饰主要是用在手指、手腕、手臂上的装饰，包括手镯、手链、臂环、戒指、指环之类，有时候我们也将手表视为手饰的一种。

4）脚饰

脚饰主要是用在脚踝、大腿、小腿的装饰，常见的是脚链、脚镯，广义上还可以包括各种具有装饰性的袜子。

5）挂饰

挂饰主要是用在服装上或随身携带的装饰。比如纽扣、钥匙扣、手机链、手机挂饰、包饰等。

6）其他类

其他饰品主要有装饰类（化妆用品类、文身贴、假发等）、玩偶、钱包、用具类（珠宝首饰箱、太阳镜、手表等）、鞋饰、家饰小件等。

（二）饰品佩戴礼仪

1. 符合身份

从业人员在自己的工作岗位上佩戴饰品时，一定要使之符合身份。如旅游行业强调，在工作岗位上，服务人员的工作性质主要是服务于人，即一切要以自己的服务对象为中心，尽心竭力地为其提供优质的服务。既然要尽心竭力地服务于人，从业人员必须摆正自己与服务对象之间的相互关系，找准自己在双边关系中应占据的位置，不仅不可以本末倒置，指望将自己凌驾于对方之上，而且也不宜不自觉地与对方进行攀比，企图在一切方面都能够同对方完完全全地"平起平坐"。

在佩戴可以美化自身、体现情趣、反映财力、区分地位的饰品时，广大从业人员尤其要注意恪守自己的本分，万万不可在佩戴饰品时无所顾忌。比如说，一位女服务员在为客人斟酒时，手戴一枚硕大的钻戒，与顾客所戴的饰品相比，她所戴的钻戒"贵压群芳"。那样一来，难免会令人认为她多少有些不自觉。也就是说，旅游从业人员所佩戴的饰品不能过度张扬，与其身份不符。

2. 以少为佳

从业人员在自己的工作岗位上佩戴饰品时，一定要牢记以少为佳，大可不必以其数量上的优势而取胜。以旅游行业为例，从业人员佩戴饰品通常有着基本的上限与下限。所谓上限的具体要求是：饰品一般不宜超过两个品种；佩戴某一具体品种的饰品，则不应超过两件。所谓下限，是指佩戴饰品时有关其品种、件数在数量上的最低限制，通常可以以"零"为下限，即可以不佩戴任何首饰。对于男性从业人员来讲，尤其有必要强调这一点。

3. 区分品种

从业人员在自己的工作岗位上佩戴饰品时，一定要注意区分品种。饰品种类繁多，从业人员除允许佩戴一些常见饰品外，时下社会上流行的脚链、鼻环、指甲环、脚戒指等不宜在工作之时佩戴，因为它们多为标榜前卫、张扬个性的选择，尚未形成社会主流。

4. 佩戴有方

从业人员在自己的工作岗位上佩戴饰品时，一定要力求佩戴有方。在佩戴饰品时，从业人员除了要对以上各点多加注意之外，还应同时注意掌握一些基本的佩戴技巧，只有这样，自己在工作岗位上佩戴饰品时，才有可能既使自己充满自信，又为他人所欣赏。

在工作岗位上佩戴饰品，要谨遵以下四点：

(1) 穿制服，不宜佩戴任何饰品；

(2) 穿西装、职业装时，不宜佩戴工艺饰品；

(3) 在工作岗位上，不宜佩戴珠宝饰品；

(4) 所佩戴的饰品要彼此协调、相互统一。

复习思考题

一、判断是非题

1. 注视他人的面部时，最好是看对方的眼鼻三角区，而不是盯着一处看。（   ）
2. 出入有人控制的电梯时，引导者应先入后出。（   ）
3. 在公共场合下蹲，要注意面向他人。（   ）
4. 点头表示同意，摇头表示反对，这是人类普遍相同的体态语言。（   ）
5. 我们要讲究仪容美，所以应该提倡整容。（   ）
6. 通过"三庭五眼"的比较，我们可以发现脸部的缺陷，通过一定的手法进行调整。（   ）
7. 为了保持头发干净、整洁，建议每天洗一次头发。（   ）
8. 女性化妆违背了自然美的要求。（   ）
9. 脚上穿了皮鞋，脚部是否有保养并不重要。（   ）
10. 香水不能涂抹在阳光直射的部位。（   ）
11. "三分长相，七分打扮"主要突出了服饰的实用功能。（   ）
12. "三色原则"是指着装后服饰与佩饰品所显露出来的颜色不超过三种。（   ）
13. 男士西服上的标签都应该留着，这是身份的一种象征。（   ）
14. 一般正式场合，女士最好选择穿着套裙，白色衬衫是万能的打底色。（   ）
15. 饰品的佩戴必须符合自己的身份。（   ）

二、问答题

1. 正确的站姿、坐姿、走姿、蹲姿的基本要领是什么？
2. 指示性手势有几种类型？各自的使用要求是什么？
3. 商务场合运用目光的礼仪规范有哪些？
4. 商务人员塑造个人形象的原则主要有哪些？
5. "三庭五眼"是怎么划分的？

6. 个人的发型如何进行选择？
7. 请简述化妆的禁忌事项。
8. 请简述香水的使用礼仪。
9. 现代职业装扮的原则有哪些？
10. 请简述男士西装的着装技巧。
11. 请简述女士套裙的着装技巧。
12. 请简述饰品佩戴礼仪。

三、综合应用题
（一）技能训练
表2-10、2-11、2-12、2-13分别为标准站姿测试、标准走姿测试、手势规范测试、职业眼神规范测试的表格，请以小组为单位互相测试。

表2-10　标准站姿测试

考核项目	考核标准	评价等级			
		A	B	C	D
面部	精神饱满，表情自然				
头部	抬头、平视、面带微笑、嘴微闭、下颚微收				
颈部	脖颈挺直，防止歪头、探脖				
肩部	双肩放平、舒展，微向后张				
腰部	立腰，脊椎、后背挺直				
腿部	两腿并拢立直，膝关节靠在一起，髋部上提				
脚部	两脚跟靠在一起，脚尖开度介于45°～60°；重心在双脚间，脚尖向前				
手部	两手臂放松，自然下垂于体侧，虎口向前，中指接触裤缝，其余自然弯曲				

表2-11　标准走姿测试

考核项目	考核标准	评价等级			
		A	B	C	D
男性走姿规范	1. 准确掌握走姿的基本功，要求规范、熟练、优雅、得体				
	2. 熟练展示各种职业走姿，要求规范、熟练、优雅、得体				

续表

考核项目	考核标准	评价等级			
		A	B	C	D
女性走姿规范	1. 准确掌握走姿的基本功，要求规范、熟练、优雅、得体				
	2. 熟练展示各种职业走姿，要求规范、熟练、优雅、得体				

表 2-12 手势规范测试

考核项目	考核标准	评价等级			
		A	B	C	D
手势规范标准	1. 准确掌握手势的基本功，要求规范、熟练、优雅、得体				
	2. 熟练展示各种手位——高、中、低、反手位的要求，力求规范、熟练、优雅、得体				
职业手势规范标准	1. 准确掌握职业手势的运用，要求规范、熟练、优雅、得体				
	2. 准确区分请进、请坐、往前走、递拿物品的动作规范				

表 2-13 职业眼神规范测试

考核项目	考核标准	评价等级			
		A	B	C	D
眼神基本训练方法	准确掌握眼神礼仪的基本功，要求规范、熟练、优雅、得体				
职业眼神礼仪	准确掌握职业工作中眼神礼仪的运用，要求规范、熟练、优雅、得体				

备注：考核等级共分四等，A 等系数为 1.0，B 等为 0.8，C 等为 0.6，D 等为 0.4。

（二）实践训练

1. 拍一张自拍照，用笔在照片上脸的上下左右两侧对应地画些记号并连接起来，勾画一张自己的脸型图，如图 2-17 所示。各小组之间互相展示，并组成师生评审团进行点评。

2. 请各组同学之间试着互相分析自己的组员适合什么样的发型，各小组之间互相沟通交流，并组成师生评审团进行点评。

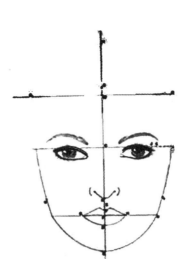

图 2-17　脸型图举例

3. 针对自己的皮肤，准备一套化妆品，女生根据简易化妆要领，在教师的指导下进行化妆练习。给自己化一次淡妆，互相做点评。

4. 根据个人脸型设计一个自己喜欢又适合于自己的发型。

5. 请每位同学去收集市面上几种不同香型的香水，通过比较，试分析这些香水分别适合在哪种场合使用。

6. 请各组同学针对各自着装有没有违反服饰礼仪的装扮原则展开自评，找出各自的亮点，并分析配饰的佩戴是否合理。

7. 请同学们对自我的肢体修饰进行检查，看看有没有不符合礼仪规范的地方，如有，可考虑进行着重修饰。

8. 请为自己做一个形象设计（仅限商务礼仪）。

9. 图 2-18 展现了我国特有的一种男士正装服饰——中山装，请同学们围绕下列问题展开讨论。

图 2-18　中山装

【问题讨论】

1. 请问中山装的设计是否体现了民国时期的社会伦理？服装的细节分别代表什么含义？
2. 简述现代职业着装需要遵循的原则。

（三）案例分析

佩戴饰物多是对客人的尊重吗？

A公司为了业务发展的需要，联系一家英国公司商谈合作。英国公司派二位代表到A公司所在地进行考察。小张作为公司经理助理，被通知第二天随经理一起去迎接贵客，经理特地嘱咐小张一定要注重着装。小张为了表示对英国公司代表的隆重欢迎，晚上回家查阅相关资料，查到英国人特别喜欢格子呢服装。于是，他第二天特地选了一套紧身的红色格子呢套裙，配上黑色丝袜与黑色皮鞋，佩戴蓝色水晶项链与珍珠手链，头发上戴了一顶白色小帽。小张到达公司后，经理看到小张的着装，立刻让小张回去换一身，为何？

【问题讨论】

1. 经理为何让小张回家换一身着装？
2. 小张的上述饰品搭配不符合哪些礼仪？

专题三 现代交际礼仪

学习目标···

1. 掌握称呼礼仪规范。
2. 掌握常用介绍礼仪规范。
3. 掌握名片的使用礼仪规范。
4. 掌握常用见面礼仪的基本规范和技巧。
5. 了解社会交往中的交谈礼仪规范。
6. 掌握拨打和接听电话的基本流程和礼仪规范。
7. 了解宴请的类型、形式和程序。

案例导入

"几位大哥好!"

在上海某集团公司广告部上班的王先生与公司门卫的关系相处很好,平时进出公司大门时,门卫都对王先生以王哥相称,王先生也觉得这种称呼很亲切。有一天,王先生陪同几位来自香港的客人一同进入公司,门卫看到王先生一行,又热情地打招呼道:"王哥好,几位大哥好!"谁知随行的香港客人觉得很诧异,其中有一位客人还面露不悦之色。

【问题】
(1) 请指出门卫的失礼之处。
(2) 在公务场合和社交场合,在称呼等方面应注意哪些礼仪规范?

致福曰礼,成义曰仪。礼仪,即礼节和仪式,是一种律己、敬人的行为规范。进而言之,礼仪就是交往艺术、待人接物之道。日常见面礼仪往往是一个人在社会活动中的礼仪素养展示。

人自呱呱坠地之时起就与礼仪结下了不解之缘。前来道贺的人、五花八门的礼品、请客回礼、婚丧嫁娶等等,均是我国传统礼仪的组成部分。小到个人、家庭,大到组织、国家,无不与礼仪息息相关。与亲朋好友往来,如不按照一定礼仪行事,就会被认为无礼;组织间相互交往时,如没有遵守一定的规范,同样会被认为无知;国家在瞬息万变的国际环境中如不按照国际惯例行事,就得不到应有的尊重和信任,更无法立足于世界之林。礼仪作为人类道德的外在表现,是调节人际关系的重要手段,也是社会人的第一门必修课。

项目一 称呼礼仪

称呼,也叫称谓,是指人们在日常交往过程中,所采用的彼此之间的称谓语。称呼是给对方的第一印象,是交谈前的"敲门砖"。礼貌得体的称呼能够表现出对他人的尊敬。在人际交往中,选择正确、恰当的称呼,不仅体现出一个人自身的教养、对对方的尊敬程度,甚至还体现着双方关系所发展的具体程度。因此称呼语不可随意乱用,须合乎常规,还要依对方的个人习惯、所处场合等来选择恰当的称呼。称呼使用是否恰当,常常可以决定你与客人的交往能否顺利。

一　称呼的基本要求

称呼应遵循"三原则",即准确原则、适度原则、尊敬原则。

第一,称呼语的使用必须符合对方的年龄、性别、身份、职业等具体情况,并尽量设法记住对方的姓名,如果一见面就能叫出对方的姓名,就等于给其一个巧妙的赞赏,肯定会让对方感激;第二,称呼要符合社交场合与当地的风俗习惯,正式场合要以职务相称,在日常交往和居家休闲时可随便些;第三,称呼宾客要用尊称,对自己要用谦称,态度要诚恳,表现要热情,切忌使用"喂""哎"等来招呼宾客。

二　称呼语的种类和用法

称呼语可以分为姓名称呼、亲属称呼、职属称呼等类别。

姓名称呼是用得比较普遍的一种称呼形式。可以使用全姓名称呼如"王大年""周华健"等。全姓名称呼有一种严肃感,一般用于郑重的场合。也可以只称呼名,省去姓氏,如"大年""华健"等。还可以在姓氏前加上修饰称呼,一般用于比较熟悉的人之间。

亲属称呼是对和自己或者对方有亲缘关系的人的称呼,我国在传统的亲属称呼上很是讲究,一般按照和自己或者对方的关系加上谦敬辞来称呼。

职属称呼就是以对方的职务、职称、职业作称呼,这种称呼方式常常用于公务交往的场合,表示郑重和尊敬,如"李局长""李教授""李老师"等。

通常情况下,按照称呼场合的不同,称呼语可分为日常生活中的称呼、工作场合中的称呼和外交场合中的称呼等三种。

(一) 日常生活中的称呼

在日常生活中,对他人的称呼应当以亲切自然、准确合理为准则。

1. 对亲属的称呼

亲属,就是与本人有直接或间接血缘关系的人。在日常生活中,对亲属的称呼是约定俗成、人所共知的。但依具体环境而定,有时为了表示亲切,不必拘泥于礼数。

1) 谦称

谦称适用于自家亲属,常用"家""舍"等谦辞。"家"是对别人称比自己辈分高或年纪大的亲属时用的谦辞,如"家父""家母""家兄"等。"舍"用以谦称自己的家属或辈分比自己低的亲属,如"寒舍""敝舍""舍弟""舍妹"等。"小"用以谦称自己或与自己有关的人或事物,如"小可""小儿""小女"等。

2) 敬称

敬称适用于他人亲属,常用"令""尊""贤"等敬称。"令"用于称呼对方的亲属,如"令尊"(对方父亲)、"令堂"(对方母亲)、"令郎"(对方的儿子)、"令爱"(对方的女儿)等。"尊"用以称呼与对方有关的亲属,如"尊上"(对方父母)、"尊府"(对方父亲)、"尊堂"(对方母亲)、"尊亲"(对方亲戚)、"尊驾"(对方本人)。"贤"用以称呼平辈或晚辈,如"贤家"(对方本人)、"贤郎"(对方的儿子)、"贤弟"(对方本人或对方的弟弟)等。

2. 对朋友、熟人的称呼

对朋友、熟人的称呼,应亲切、友好,又不失敬意。

1) 敬称

敬称适用于任何朋友、熟人,可以用"你""您"相称,以表恭敬之意。对长辈、平辈,可称其为"您";对待晚辈,可称其为"你";对有身份的人或年纪大的人,应称"先生",如"李先生""时先生";对文艺界、教育界人士以及有成就、有身份的人,称"老师";对德高望重的人,称"公"或"老",如"秦公""谢老";被尊称的人名字是双音时,将双名中的头一个字加在"老"之前,如称周培公先生为"培老"。

2) 姓名相称

平辈的朋友、熟人,彼此之间可以直呼其姓名,如"王玲""李铭"。长辈对晚辈可以这样做,但晚辈对长辈却不能这样。为表示亲切,可免称其名,在对方的姓前加上"老""大"或"小"字相称;对关系极为亲密的同性朋友、熟人,可直呼其名,异性则另当别论。

3) 亲近的称呼

对于邻居、至交,可用令人感到信任、亲切的称呼,如"爷爷""奶奶""叔叔""阿姨"等。也可以在这类称呼前加上姓氏,如"毛爷爷""宋奶奶""周叔叔""刘阿姨"等。

3. 对普通人的称呼

在现实生活中,对仅有一面之缘或关系普通的交往对象,称呼要恰当。在过去很长一段时间内,在国内,不论何种职务、年龄、地位的人都可以用"同志"相称,但在和港、澳、台地区的朋友见面时慎用。对普通人也可以使用"先生/女士"或职称、职务等相称。总之,入乡随俗,要选择对方能够理解并接受的称呼相称。

知识链接 3-1

称"同志"要看对象

在我国古代,"同志"与"先生""长者"等含义一致,都是朋友之间的称呼。现在,我国一般只对社会主义国家、别国共产党组织的来宾称"同志";只在全民所有制单位内部称"同志";只在党组织内部对党员互称"同志"。"同志"的称呼已经淡化并发生了微妙的变化,既不能用作公共社交场合的统一称呼,也不能用作放之四海而皆准的泛称。

（二）工作场合中的称呼

在工作场合，人与人之间的称呼要求庄重、正式和规范。

1. 职务性称呼

在人际交往中，尤其在对外交往中，此类称呼最为常用，表示交往双方身份有别、敬意有加。具体来说分为三种情况：第一种是只称职务，如"董事长""总裁"等等；第二种是在职务前加上姓氏，如"周董""王总"等等；第三种是在职务前加上姓名，仅适用于极为正式的场合，如"习近平主席""李强总理"等等。

2. 职称性称呼

对于有技术职称的人，可以在工作中直接以其职称相称，以示尊敬。具体来说分为三种情况：第一种是仅称职称，如"教授""律师""工程师"等等；第二种是在职称前加上姓氏，如"杨教授""陈律师""徐工程师"，这种称呼也可简化，如"徐工程师"简称为"徐工"；第三种是在职称前加上姓名，同样适用于极为正式的场合，如"杨振宁教授""陈兴良律师""徐骝良工程师"等等。

3. 学衔性称呼

称呼学衔，可增加被称呼者的权威性，同时有助于增强现场的学术气氛。称呼学衔也有四种情况：第一种是仅称学衔，如"博士"；第二种是在学衔前加姓氏，如"乔博士"；第三种是在学衔前加姓名，如"乔伟博士"；第四种是将学衔具体化，说明其所属学科，并在其后加上姓名，如"工学博士乔伟"，这种称呼最为正式。

4. 行业性称呼

一般来讲，直接称呼对方的行业名称是可行的，行业称呼具体分为两种情况。

1）称呼职业

在某些行业，可以直接以职业作为称呼。如教员称"老师"，医师称为"医生"或"大夫"等。一般情况下，在此类称呼前，均可加上姓氏或姓名，如"李老师""吴强大夫"等。

2）通行称呼

商界、服务业从业人员，一般约定俗成地依性别不同分别称"小姐""女士""先生"。其中，未婚者称"小姐"，已婚者或不明确其婚否者则称"女士"。在公司、宾馆、商店、餐馆、歌厅、酒吧、交通行业，这种称呼较为通用。在这种称呼前，可加姓氏或姓名。

（三）外交场合中的称呼

在对外交往中，称呼会因国情、民族、宗教、文化背景的不同而有所差异。无论如何，对待称呼问题，必须切记两点：一是掌握一般性规律，即国际上通行的做法；二是留心国别差异，加以区分对待。关于对外交往中称呼的注意事项，详见本书专题七"涉外习俗与禁忌"项目中"涉外语言习俗"部分的有关内容。

三 使用称呼的注意事项

在社会交往中,恰当地使用称呼可以体现出一个人懂礼节、有礼貌。称呼不当则会失敬于人、失礼于人,有时后果不堪想象。因此,一定要注意称呼中的礼仪禁忌,以免产生误会。

(一)称呼多人有礼有序

通常,称呼多个人应按照先疏后亲、先长后幼、先女后男、先上级后下级的顺序进行。

(二)忌用错误的称呼

错误的称呼主要是指误读和误会。误读即念错他人姓名,如将多音字或不认识的字念错;误会即错误判断了他人的年龄、辈分、婚否及与其他人的关系,如称未婚妇女为"夫人",误认为某男士与某女士为夫妻关系而称呼错误等。避免使用错误称呼的主要方法是事先积极查证、了解,或临时谦虚请教。

常见的错误性称呼有两种,一是误读,二是误会。

1. 误读

误读表现为念错对方的姓名。比如"解(xiè)"不能读(jiě)、"缪(miào)"不能读(miù)等,这些姓氏就极易弄错。为避免此种情况的发生,一定要事先了解、做好前期准备。确有不认识或模棱两可的情况出现,可事先询问他人,或当面请教。

2. 误会

误会是指在不了解对方的情况下,对其年纪、辈分、婚否、职位以及与其他人的关系做出了错误的判断。比如,将未婚妇女称为"夫人",将董事长称为"经理"。

(三)忌用不通行的称呼

有些称呼具有一定的地域性。比如,北京人爱称人为"师傅",山东人爱称人为"伙计",但在南方人看来,"师傅"听起来等于"出家人","伙计"肯定是"打工仔";中国人习惯把配偶称为"爱人",而在外国人的意识里,"爱人"是"第三者"的代名词。类似这些容易让人产生歧义的称呼,在社交场合要慎重使用。

(四)忌用庸俗低级的称呼

在人际交往中,切忌使用低级、庸俗的称呼。例如"兄弟""哥/姐们儿""死党""老大"等等一类的称呼,虽然听起来亲切,但明显带有黑社会人员的风格,显得庸俗低级、不上档次。

(五)忌用外号或绰号作为称呼

对于关系一般的人,切忌自作主张给对方起外号,更不能用道听途说来的外号称呼对方,不可使用具有明显侮辱性的外号,例如,"猪头""罗锅""豆芽菜""老古董"等等。

(六)避免语音不当的称呼

有些姓氏和普通称呼搭配时的语音,会让人产生误会或陷入尴尬局面。例如,称姓钱的经理为"钱经理",可能使外人误认为其为前任经理;称姓付的局长为"付局长",可能使外人误认为其为副职;称姓戴的市长为"戴市长",可能使外人误认为其为临时代职;称姓贾的处长为"贾处长",可能使外人误认为其为冒牌处长等。这类称呼易使被称呼者陷入尴尬境地。面对这种语音不当的称呼时,正确做法是去其姓氏而直接称其职务。

所以,尊重一个人,应首先尊重对方的姓名。每一个正常人,都极为看重自己的姓名,绝不容许他人对此进行任何形式的轻贱。对此,在人际交往中一定要牢记。

项目二 介 绍 礼 仪

介绍,是通过特定的方式促使双方相互认识、了解,建立必要的信任和沟通基础。在社交见面活动中,如能正确地利用介绍,不仅可以扩大自己的交际圈,广交朋友,而且有助于进行必要的自我展示、自我宣传,甚至消除误会、减少麻烦。介绍礼仪是社交礼仪中很重要的内容。这其中的奥妙不在于介绍本身,而在于介绍过程中应当依礼行事。人与人之间相互沟通、建立关系往往是从介绍开始的。

介绍的种类很多,按照被介绍者的人数多少可分为集体介绍和个人介绍;按照介绍者的不同可分为自我介绍、他人介绍和介绍他人。常用的介绍主要是自我介绍、介绍他人和集体介绍。

一 自我介绍

(一)自我介绍的时机

为了取得良好的社交效果,社交者需要选择合适的时机进行自我介绍。通常,自我介绍可在以下情况下进行:

(1) 在聚会或宴会上,打算介入陌生人所组成的交际圈时,或者有不相识者对自己感兴趣时,或不相识者要求自己做自我介绍时;

(2) 交往对象因健忘而记不清自己时,或自己担心他人健忘时;

(3) 欲结识某人,又苦于无人引见时;

(4) 有求于人,而对方对自己不甚了解或一无所知时;

(5) 初次登门拜访时,或拜访熟人过程中遇到不相识者挡驾,而需要请其代为转告时;

（6）旅行途中与所知晓的人不期而遇，而对方不认识自己时。

总之，自我介绍应选在对方有空闲、有兴趣的时候，这样就不会打扰对方。自我介绍内容应尽量简洁，尽可能地节省时间，以半分钟左右为佳。为了节省时间，做自我介绍时，还可利用名片、介绍信加以辅助。

（二）自我介绍的方式

在不同场合或针对不同的交往对象，通常应采取不同的自我介绍方式。一般而言，自我介绍的方式主要有以下五种。

1. 应酬式

应酬式自我介绍适合于一些公共场合和一般性的社交场合，如旅途中、宴会厅里、舞场上、通电话时，主要是针对进行一般接触的交往对象。应酬式的自我介绍内容最简洁，往往只包括姓名一项即可。如"您好！我是李明"，"您好！我叫张强"。

2. 工作式

工作式自我介绍也叫公务式自我介绍，主要适用于工作场合。它是以工作为中心的自我介绍，是因工作而交际、因工作而交友。工作式自我介绍的内容，包括本人姓名、供职单位及其部门、担负的职务或从事的具体工作三项，又叫工作式自我介绍的三要素，通常缺一不可。例如，"您好！我叫周敏，是格力电器公司的业务经理"，"您好！我叫李珊，在北京理工大学中文系教汉语言文学"等。

3. 交流式

交流式自我介绍也叫社交式自我介绍或沟通式自我介绍，主要适用于一般的社交场合，用于寻求与交往对象的进一步交流和沟通。这种自我介绍的内容一般应包括姓名、工作、籍贯、爱好，以及与交往对象有某些联系的事物。例如：

张明："你好，我叫张明，我在联想客服中心上班。我是刘洋的老乡，天津人。"

马波："我叫马波，是刘洋的同事。我也在北京大学中文系，我教中国古代汉语。"

4. 礼仪式

礼仪式自我介绍是一种表示对交往对象的友好、敬意的自我介绍，适用于讲座、报告、演出、庆典、仪式等正规场合，其内容包括姓名、单位、职务等项。自我介绍时，还应加入适当的谦辞、敬语，以示自己尊敬交往对象。例如，"各位来宾，大家好！我叫王利，是博雅新闻传媒公司的总经理。现在，由我代表本公司热烈欢迎大家光临我们公司成立三周年庆典，希望大家在此度过一个美好的夜晚。"

5. 问答式

问答式自我介绍主要适用于应试、应聘、公务交往等一般的社交场合，在普通交际应酬场合也时有所见。其主要特点是"你问我答"。这种自我介绍的内容应与交往对象所提的问题相对应。例如，主考官说"您好！请介绍一下你的基本情况"，应聘者回答"您好！我叫张三，26岁，四川成都人，汉族……"；又如，对方问"先生，您好！请问您怎么称呼"，被问者回答"您好！我叫王凯"。

（三）自我介绍的注意事项

社交者在进行自我介绍时，除了应注意时机、方式和内容之外，还应注意以下事项。

1. 注意顺序

多人相互自我介绍时，通常应按照以下顺序进行：

（1）主人与客人相互介绍时，主人应先做自我介绍；

（2）男士与女士相互介绍时，男士应先做自我介绍；

（3）长辈与晚辈相互介绍时，晚辈应先做自我介绍；

（4）职位高者与职位低者相互介绍时，职位低者应先做自我介绍。

2. 讲究态度

进行自我介绍时，一般应保持站立姿势，面带微笑，目光坦然，语气平和，举止庄重、大方，表现出亲切、自然、友善的态度。

3. 把握时间

把握时间包括选择合适的时间点和控制恰当的时长。

首先，自我介绍应在对方有空闲、情绪较好、有兴趣认识自己时等合适的时间点进行，切勿在对方休息、用餐、忙于处理事务、心情不好时等时间点进行，否则可能会引起对方的反感，不利于进一步沟通。

其次，自我介绍的时间一般应控制在1分钟之内，否则会显得啰唆，易使对方厌烦。正确的做法是：在做自我介绍时，应先向对方点头致意，得到回应后再向对方依次报出自己的姓名、身份、单位及其他有关情况，语调要热情友好、充满自信，眼睛要注视对方。如"您好，我是中国联通成都分公司的客户经理林玲"，同时递上事先准备好的名片。仪态要自然、大方，充满自信和坦诚，不要扭扭捏捏，以使对方对你产生好感，消除沟通障碍。如宾主相见，主方通常应主动招呼客人，以示高兴与欢迎。

4. 内容繁简得当

可以采取主动的自我介绍方式，如"您好！我是中国联通成都分公司的客户经理林玲，很高兴见到您"，以此引起对方的呼应。也可采取被动的自我介绍方式，即首先婉转地询问对方："先生您好！请问我该怎样称呼您呢？"待对方做完自我介绍，并表示要了解一下你的情况时，再顺水推舟地介绍自己。采用后一种方式，措辞要得体，尽可能用一些适用的谦辞或敬语。

自我介绍的三要素简明扼要，大都需要将三者一气呵成地报出来。须强调的是，初次见面时的自我介绍，本人姓名一定要报全称，如"我叫王洋，在中国联通成都分公司负责客服工作……"，再辅以交换名片，会给对方留下良好而深刻的印象。当然，自我介绍的三个基本要素不必每次都面面俱到，而应视交际需要来决定介绍的繁简。一般来说，参加聚会、沙龙或发表演讲，发言前的自我介绍应简明扼要。有些社交场合，如果对方不一定有多大的兴趣去深入地了解你，这时只报出自己姓名的全称，为对方提供称呼自己的方便就足够了。而在另外一些情况下，例如自己很想认识对方或者对方显然也有认识自己的愿望，自我介绍时就可以简略介绍自己的籍贯、出生地、母校、专长、兴趣等。

5. 掌握分寸

自我介绍时措辞要注意适度，应实事求是、恰如其分地介绍自己，这样才会给人留下诚恳、坦率、可以信赖的印象。切忌炫耀自己，显得锋芒毕露，让人觉得夸夸其谈、华而不实；对自己所在的组织也不要大吹大擂，以免给人留下虚假、不诚实的印象，损害组织的声誉。相反，自我贬低式的介绍，会让对方认为是客套话，言不由衷，而西方人则会信以为真，认为不屑一谈。总之，自我介绍既要表现出友好、自信和善解人意，还应力戒虚伪和媚俗。除此以外，自我介绍之后，对对方的自我介绍以及随后的交谈要表示出耐心与兴趣，尽量多谈一些对方感兴趣的事情，以礼待人的态度要始终如一。

二 介绍他人

为他人做介绍，是经第三者为彼此不相识的双方引见、介绍的一种方式。这种方式通常是双向的，即将被介绍者双方各自均做一番介绍。善于为他人做介绍，可以使你在朋友、同事和同学中享有更高的威信、公信力和影响力。在人群当中，充当介绍人的一般是其中地位、年龄最高和被介绍双方共同认识的人。在当今文明社会，即使是貌似轻松的居中介绍，也有许多固定的讲究。图 3-1 展示了两处介绍他人的场景。

（a）室内介绍他人

（b）室外介绍他人

图 3-1　介绍他人

（一）介绍的时机

遇到下列情况，就有必要为他人做介绍：

(1) 与家人外出，路遇家人不相识的同事或朋友；

(2) 本人的接待对象遇见了其不相识的人士，而对方又跟自己打了招呼；

(3) 在家中或办公地点，接待彼此不相识的客人或来访者；

(4) 打算推荐某人加入某一方面的交际圈；

(5) 受到为他人做介绍的邀请；

(6) 陪同上司、长者、来宾时,遇见了其不相识者,而对方又跟自己打了招呼;

(7) 陪同亲友前去拜访亲友不相识者。

(二)介绍的顺序

为他人做介绍时,介绍人应该对被介绍人双方都比较熟悉和了解,如果有可能,在为他们做介绍之前,最好先征求双方意见,切勿上去开口即讲,显得很唐突,让被介绍者感到措手不及。在介绍两个人相互认识时,本着"尊者优先"的原则,即把被介绍人介绍给你所尊敬的人,同时在语言表达上,要先称呼受尊敬的一方,再将介绍者介绍出来。国际公认的介绍顺序包括如下几个方面。

1. 异性之间,先将男士介绍给女士

在为年龄相仿的男士和女士做介绍时,最好把男士引导至女士面前,把男士介绍给女士。例如,"林小姐,我给你介绍一下,这位是王先生"。

2. 同性之间,先将晚辈介绍给长辈

介绍同性别的人相识时,应该把年轻的介绍给年长的人,以示尊敬。不论男女都是按顺序做介绍,但一定要区分好双方的年龄。

3. 同事之间,先将职位低者介绍给职位高者

社交场合通常以社会地位和职位高低作为社交礼仪的衡量标准,居中介绍礼仪的规范是把社会地位和职位低的人介绍给社会地位、职位高的人。这一规范也适用于正式场合,并特别适用于职业相同的人之间。

4. 宾主之间,先将主人介绍给客人

通常将主人介绍给客人,以便让主人更自然、更有礼节地接待其他客人。例如,你正在陪客人用餐时,你的上司进来,这时上司不好冒昧地与陌生的客人打招呼,你就应该马上站起来向宾客介绍上司,然后再向上司介绍客人。

5. 其他场合的介绍顺序

在其他场合,介绍顺序遵循以下的习惯做法:先后入场者,将晚到者介绍给早到者;师生之间,先将学生介绍给老师;家人和同事之间,先将家人介绍给同事、朋友;未婚和已婚者之间,先将未婚者介绍给已婚者。

介绍时,手势应文雅,无论介绍哪一方,都应该手心朝上,手背朝下,四指并拢,拇指张开指向被介绍的一方,同时向另一方点头微笑。必要时,可以说明被介绍一方与自己的关系,以便新结识的朋友之间相互了解和信任。

(三)介绍他人的方式和内容

介绍他人时,应根据不同场合或不同需要,采用不同的方式进行。通常,介绍他人的方式有以下几种。

1. 标准式

标准式介绍主要适用于正式场合,其内容应以被介绍者的姓名、单位、职务为主。

例如，"李总，您好！请允许我为您介绍，这位是太能集团公司的销售部经理王宏伟先生。王经理，这位是富盛集团公司的总经理李勇先生"。

2. 简介式

简介式介绍主要适用于一般的社交场合，其内容往往只包括被介绍者的姓名。例如，"您好！我来介绍一下，这位是王芳，这位是张栩。二位彼此认识一下吧"。

3. 强调式

强调式介绍可适用于各种交际场合，其特点是介绍人刻意强调自己与其中某位被介绍人之间的关系，以便引起另一位被介绍人的重视。例如，"张经理，您好！请允许我介绍一下，这位是刘艳，在灵感传媒有限公司工作，是我的侄女，请您多多关照！刘艳，这位是宏丰集团公司的销售部经理张明先生"。

4. 推荐式

推荐式介绍常适用于比较正式的场合，其特点是介绍人将某位被介绍人举荐给另一位被介绍人，并着重介绍前者的优点或专长。例如，"曾总，您好！这位是东方科技公司的王智先生。王先生是一位经济学博士，而且是一位企业管理方面的专业人士。我相信王先生能给您提供一些管理方面的好建议！"

（四）居中介绍人的要求

居中介绍人在做介绍时，应站在被介绍的双方之间一侧，呈三角站立，手的正确姿势是抬起前臂，五指并拢伸直，手掌向上倾斜，指向被介绍者，切忌用食指或中指指向被介绍的任何一方，也不能用手拍打被介绍人的肩部、胳膊和背部。介绍人的介绍用语应简明扼要、分寸恰当，一般不要介绍被介绍人私人信息方面的情况，如家庭住址、本人通信地址等。在介绍过程中要一视同仁、公平客观，不要过分赞扬其中的一方，给人留下厚此薄彼的印象，但可以在介绍时有意识选择双方的共同点，如相似的经历、共同的爱好、相关的学业等，以便双方结识之后，能很快找到共同的话题，尽快地熟悉。

（五）介绍时的注意事项

介绍人在介绍他人时除了应注意时机、顺序、方式和内容外，还应注意以下事项。

1. 了解情况和意愿

在介绍他人之前，介绍人应先了解一下被介绍人双方的情况，以免张冠李戴。同时，应先征求一下双方的意愿，以免为本来相识或不愿相识的双方去做介绍，致使三方尴尬。

2. 注意态度和姿势

介绍他人时，介绍人应态度友好、仪态文雅。一般而言，介绍人应站在被介绍者的中间，上身略微前倾，掌心向上，五指并拢、伸直，前臂绷直并略向外伸，指向被介绍者的其中一方，同时，面带微笑地注视另一方。切忌用手拍打被介绍人的肩、胳膊、腰等部位。

3. 把握语言和时间

介绍他人应当言辞准确，完整地表述被介绍人的姓名和头衔，不可含糊其词。同时，介绍的语言应简洁，以便双方相互记住对方的姓名及基本信息。此外，介绍语言应避免厚此薄彼，否则，有失礼仪。介绍的时间不宜过长，通常应控制在两分钟之内。

4. 注意引导

介绍他人结束后，介绍人应稍停片刻，引导双方被介绍人进行交谈后再离开。

三 集体介绍

集体介绍是指被介绍的一方或双方不止一人，由介绍人按一定顺序介绍双方相互认识、建立联系。在需要介绍集体时，原则上应参照介绍他人的顺序进行。在正式活动中，介绍顺序是一个礼节性极强的问题，因此，在介绍集体时，应根据具体情况慎重对待。

（一）集体介绍的通常顺序

1. 先少数后多数

若被介绍者双方的身份、地位大致平等或难分高低时，应遵循"先少数后多数"的原则，即先介绍人数较少的一方或个人，后介绍人数较多的一方。在介绍人数较多的一方时，应由尊而卑逐一介绍。

2. 先卑后尊

若被介绍者双方的身份、地位存在明显差异（如年龄、辈分、性别、职务、婚否等）时，应先介绍位卑的一方，后介绍位尊的一方，即使后者人数较少，甚至只有一个人，也应最后加以介绍。

（二）集体介绍的方式

1. 将个人介绍给集体

这种方式适合于重大活动中，对身份高者、年长者或特邀嘉宾的介绍。这种介绍一般按一定的次序进行，如顺时针、逆时针、从左到右或从右到左等，不能跳跃式介绍。若有显赫的贵宾，则可破例。

2. 将集体介绍给个人

这种方式通常用于在年长者或位高者前介绍年轻者或位低者，尤其是部门领导在介绍本部门新人时，常常用到。

3. 集体间介绍

两个团体之间进行介绍时，应先介绍位卑的一方，后介绍位尊的一方；先介绍主办方，后介绍客方。介绍各方人员时，则应由尊到卑，依次而行。

四　被介绍者应注意的礼仪

当被他人介绍时，被介绍人应做出恰当的反应，具体包括以下几点：

（1）在介绍人询问自己是否有意认识某人时，一般不应拒绝，而应欣然接受，若实在不愿意，则应说明缘由；

（2）在介绍人走上前来开始为被介绍人做介绍时，双方被介绍人均应起身站立，面带微笑，大方地注视对方，以示友好、尊重；

（3）在介绍人介绍完毕后，双方被介绍人应按合乎礼仪的顺序握手致意或相互点头微笑致意，彼此问候对方，并进行适当的交谈，必要时还可进一步做自我介绍。

项目三　名　片　礼　仪

名片，是个人用于交际或送给友人作纪念的一种介绍性媒介物。名片起源于交往，始于封建社会，在我国已经有了 2 000 多年的历史。名片的称呼、样式随着时代在变化。秦汉时叫"谒"，汉末称"刺"，唐朝时称"名纸"，元朝易名为"拜帖"，明清唤为"名帖"，与此同时也出现了"名片"的叫法。在名片上面，古人除自我介绍之外，常写上自己的得意诗词，用来作为社交活动中的敲门砖、见面礼，还可以增加趣味、促进友谊。现今流行的名片样式，则是民国以后的事了。

名片作为便于携带、保存和查阅的信息载体之一，其社会性和广泛性注定了它要成为人们交往中不可或缺的联络工具。人们在各种场合的交际应酬，都离不开名片。在一定程度上讲，名片使用正确与否直接影响着人际交往能否成功。要正确使用名片，就要对名片的内容、制作、种类及使用礼仪有充分了解，遵守相应的规范和惯例。

一　名片概述

（一）名片的内容

名片的作用之一就是推销自己和组织，让对方留下深刻的印象，以增加交流机会。名片作为一种职业的独立媒体，在设计上讲究其艺术性，但多数情况下不会引起人的专注和追求，便于记忆即可，让人在短时间内获取所需的信息。因此，不论是专业设计还是简单排版，通常一枚标准的名片应包括以下三方面内容：

（1）本人所属的单位、徽号以及自己所在的具体部门；

（2）本人的姓名、学位、职务或职称；

(3) 本人的联络方式，包括单位地址、办公电话、住宅电话和邮政编码等。

此外，还可根据具体需要，酌情列出所在单位的传真号码、本人的手机号码。社交名片和商务名片的主角是个人，一般都不提供本人家庭住址。如确有必要，可以在交换名片时当场提供。这样做，往往被视为向交往对象表明自己的重视与信赖。

名片上具体出现哪些内容，由客观需要而定，但无论繁简，都要求信息新颖、形象定位独树一帜。名片一般有下列两种类型，即卡片式和折卡式，如图3-2所示。

（a）卡片式名片

（b）折卡式名片

图3-2　名片的类型

（二）名片的设计样式

名片是现代社会自我介绍的一种方式，被称为人的第二脸面。名片设计虽然是方寸艺术，却是"绘画型"兼具"设计型"的视觉传达。过去的名片设计大多简单扼要，现在使用的名片，比之以往有趣得多，材质、字体、色彩、图案、装饰甚至排版的变化，使名片变成了人与人之间初次见面时彼此加深印象的一种媒介。设计精美的名片让人爱不释手，即使交往不深，也会乐于保存。

随着人们生活水平和精神文明程度的不断提高，名片的媒介作用越来越受到人们的重视，其形式和内容的设计越来越追求与众不同的效果。

1. 名片设计要求

1）使用的材料

一般的名片最好使用卡片纸。当然，如果你出于环保的考虑，用再生纸、打印纸也可以。但制作名片无须刻意使用昂贵的材料，切忌故弄玄虚。

2）名片的尺寸

目前在我国常用的纸质名片规格是9厘米×5.5厘米，即长9厘米、宽5.5厘米。国际上较为流行的名片规格为10厘米×6厘米。如无特殊需要，不应将名片制作得过大，甚至特意搞折卡式，以免给人标新立异、虚张声势之感。现在用的名片包、名片夹都是统一规格，名片太大放不进去，太小也未必合适。

3）名片的色彩

一般来讲，名片的色彩要控制在三种颜色之内，包括标记、图案、公司、徽记。颜色多于三种，会给对方杂乱无章的感觉。所以名片的颜色要少，两种颜色其实是最好的。纸是一种颜色，字是一种颜色，这是最好的，顶多再加一个徽记。

4）名片的纸张

印制名片的纸张，宜选用庄重朴素的白色、米色、淡黄色、淡蓝色、淡灰色等颜色，并且以一张名片一种颜色为宜。最好不要印制杂色名片，令人眼花缭乱。除特殊需求，一般不要印制粉色、紫色、绿色名片，这样会给人以有失庄重的感觉。另外，也不提倡在名片上印制人像、漫画、花卉、宠物等图案，不仅无实用价值，反而会给人华而不实的印象。

5）名片的字体

在国内使用的名片，使用简体汉字即可，不要故弄玄虚，使用繁体汉字。一张名片切勿采用两种以上的文字，也不要将两种文字交错印制在同一面。制作名片，最好不要手写自制，也不要以复印、油印、影印等方法制作名片，显得不够正规。

2. 名片设计特点

1）显示性格为人

通过在名片上写上个人情趣爱好等，可以显示自身性格为人，并让人过目不忘。例如，文怀沙教授的名片上印着"述而不著"；青年作家晏彪的名片背面印有他的"人生三境：好友者，不以生死易心；嗜书者，不以忙闲作辍；为文者，不以顺逆改志"。

2）体现职业特点

某些名片大多通过漫画、书法、照片等来体现职业特点。如"围棋圣手"聂卫平的名片上面除其肖像漫画和亲笔签名外，还特别印上了围棋谱，图文并茂，别具一格。

3）代替广告宣传

从事企业营销或商品推销者，通常喜欢在名片的背面印上经营项目、业务范围、产品名称等，以达到宣传企业、宣传产品的目的。

（三）名片的种类

根据名片的用途、内容和使用场合的差异，可以将名片分为社交名片和公务名片；因名片主人数量和身份的不同，又可将名片分为个人名片、夫妻联名名片和集体名片三类。在不同的场合、与不同的对象交往时，应根据需要使用不同的名片。

1. 社交名片

社交名片，亦称私用名片或个人名片，指人们工作之余，以私人身份在社交场合交际应酬时使用的名片。社交名片包括两部分基本内容：一是本人姓名，通常以大号字体印在名片正中央，不带任何公务性官衔；二是联络方式，包括家庭住址、邮编、住宅电话、电子邮箱、互联网址等，以较小字体印在名片的右下方，一般不留手机号。

2. 公务名片

公务名片指人们在公务活动这样的正式场合中使用的名片。没有公务名片时可用社交名片代替，但因为公务名片有很强的公务性规范，所以在没有社交名片的情况下，不能用公务名片代替。

标准的公务名片，应涵盖具体归属、本人称谓、联系方式等三项基本内容。三项内容应该完整无缺，同时排列要美观。

1）具体归属

具体归属包括供职单位、所在部门、单位标志，三者均应采用正式的全称。一张名片最多可列两个单位或部门。如果确实有两个以上，或同时承担着不同的社会职务，则应分别印制不同的名片，并根据交往对象、交际场合的不同来分发。一般以与联络方式相似的小号字体印在名片左上角。

2）本人称谓

本人称谓包括本人姓名、行政职务、学术职称等。但后面两项内容，尤其是学术、技术职称往往可有可无。名片上所列的行政职务与其归属相对应且不宜多于两个。一般以大号字体印制在名片正中间。

3）联系方式

联系方式包括单位地址、邮政编码、办公室电话、电子邮箱、网址等。应根据具体情况来定，一般提供前三项。单位的联系方式同样应与同一名片上所列的具体归属相对应。常以与具体归属相似的小号字体印在名片左上角。

二 名片的用途

（一）自我介绍

名片是现代人的自我介绍信和社交的联谊卡，它最基本的功能就是自我介绍。名片的内容和形式虽然各异，但大多印有姓名、单位、职务、职称、通信地址、电话等。如在大庭广众面前，递上一张名片，姓名、职业一清二楚。中国人一向以谦逊为美德，一般不习惯主动向别人介绍自己的头衔职位，使用名片则可避免不便启齿的尴尬，同时还可以加深初次交往时的印象，有益于后续的交往联系。

（二）替代便函

在交往中，许多时候必须对友人做出礼节性的友好表示。方法之一就是在自己名片的左下角写上祝福语或问候语寄给或捎给对方，即便不能亲自前往，同样可以表达自己的情意。由于名片大小的局限，祝福语或问候语只能是一个短语。目前，比较流行的是在名片的左下角用铅笔写上几个表示一定含义的法文小写字母，也可以用通用的文字写上简短的字句。比如，"p.f."表敬贺，"p.p."表介绍。

（三）替代请柬或礼单

在非正式的邀请中，可用名片代替请柬，并写明时间、地点和内容。向友人寄送或托送礼物、鲜花时，可在礼品或花束中附上自己的名片并写上祝贺短语。在收到友人的礼品时，可立即回复一张名片，左下角写上"p.r."，以示谢意。

（四）用作拜会他人的留言单

在拜访名人、长辈、职位高者或不熟悉的人时，为了避免被拒见的难堪，可先请人递上一张自己的名片，并在名片的姓名下写上"未见"字样，转行顶格起写上对方姓名称谓，作为通报和自我介绍，让对方考虑一下，以便做出是否见面的决定。若拜访对象不在家，可留下一张名片，上面写上留言，这也是一种很好的方式。

（五）用作信息变更的通知

如果自己调任、迁居或更换电话号码，要及时给亲朋好友一张注明上述变动情况的名片，礼貌地通知对方，便于对方与自己联系。

知识链接 3-2

名片上缩写文字的含义

按照国际上流行的做法，用铅笔在名片左下方写上以下缩写的法文，可以表示特定的含义：

(1) "n.b." 表示"请注意"，用于提醒对方留意附言；
(2) "p.m." 表示"备忘"，常用于提醒对方注意某事；
(3) "p.p." 表示"介绍"，通常用于向对方介绍某人；
(4) "p.f." 表示"祝贺"，常用于恭贺节日或其他固定纪念日；
(5) "p.f.n.a." 表示"恭贺新禧"或"新年愉快"；
(6) "p.c." 表示"谨唁"，通常在悼念逝者时使用，以表示慰问；
(7) "p.p.n." 表示"慰问"，常用于问候病人；
(8) "p.p.c." 表示"辞行"，常用于向他人告别；
(9) "p.r." 表示"谨谢"，常用于在收到礼物或受到款待后表示感谢。

三 名片的使用礼仪

要想充分发挥名片的礼仪功能，就必须合乎礼仪地使用名片。名片的使用主要包括准备名片、递送名片、接受名片和索取名片。

（一）准备名片

在社交活动中，社交者应有意识地准备或携带足够数量的名片（必须完整、洁净、平整、有序），将其放入专门的名片夹或名片包，并将名片夹或名片包存放在合适的位置。穿西装时，应将名片放在左胸内侧的口袋里；不穿西装时，可将名片放在上衣口袋或随身携带的公文包、手提包里。切忌将名片放在钱包、裤袋或裙兜里，否则，是非常失礼的。此外，不可将自己的名片与接收的他人名片混放在一起，以免慌乱中误将他人名片递送出去而致使他人误解。

（二）递送名片

在社交活动中，希望结识他人或与他人建立联系，可以主动向其递送名片。递送名片时应当把握以下礼仪规范。

1. 把握时机

递送名片应把握适宜的时机，不宜过早或过晚，否则可能会徒劳无功。切忌在对方用餐、与他人交谈或忙于其他事务时向其递送名片，否则极易引起对方的反感。通常，在以下情况下最适合递送名片：

（1）与交往对象初次见面或握手告别时；
（2）与对方相谈甚欢时；
（3）自己被他人介绍给对方时；
（4）对方提议交换名片或向自己索要名片时；
（5）想获得对方的名片时。

2. 态度恭敬

递送名片时，应主动起身走上前去，面带微笑，注视对方，将名片正面朝上、文字正对对方，用双手的拇指和食指持握名片上端的两角，举至胸前，上身略微前倾，恭敬地递给对方（如图3-3所示），并简单地自我介绍一下或道些许谦恭之语，如"这是我的名片，请多关照""希望我们保持联系"等。

图 3-3　递送和接受名片的姿势

3. 讲究顺序

递送名片时应遵循合乎礼仪的顺序。一般而言，两人交换名片时，应按如下顺序进行：

（1）男士先向女士递送；
（2）辈分较低者先向辈分较高者递送；
（3）职位较低者先向职位较高者递送；
（4）主人先向客人递送。

需要向多人递送名片时，则应按照由尊至卑、由近及远或顺时针的顺序依次进行，切忌挑三拣四或"跳跃式"地进行。

（三）接受名片

为了表示尊重和友好，社交者在接受名片时应遵守以下礼仪规范。

1. 恭敬接受

当他人向自己递送名片时，应立即放下手中的一切事务（如图3-4所示），起身相迎，面带微笑，目视对方，点头致意，用双手的拇指和食指接住名片下端的两角，并表示谢意，或者道些许敬语，如"谢谢！很高兴认识您""能得到您的名片，我深感荣幸"等。

2. 认真阅读

接过名片之后，应认真地将名片内容默读一遍，遇有显示对方荣耀的职务或头衔时，可轻声读出，以示尊敬和敬佩。若对名片内容有所不明，则可当场请教对方，以示重视。切忌在接过他人名片之后，看也不看，就随手放入口袋、放在手中把玩或转交给其他人。

图 3-4　接名片时先把酒杯放下

3. 妥善存放

在阅读了对方的名片之后，应谨慎地将其放入名片夹、上衣口袋、公文包或办公桌抽屉里，以示珍惜。切忌将对方的名片随意扔到桌上、夹到书中、压到杯子下、放到裤袋里等，否则，就是不尊重对方的表现，会引起对方的反感甚至恼怒。

4. 回递名片

在接受了对方的名片之后，一般应立即回递名片。若尚无名片、忘带名片或名片用完了，则应向对方说明理由并致以歉意。必要时，可在一张干净的纸上写上自己的相关信息递给对方，或向对方承诺改日补上。

知识链接 3-3

如何递接名片？

中国人交换名片习惯采用双手递、双手接，而西方人、阿拉伯人和印度人习惯于用右手与他人交换名片，日本人喜欢在一只手接过他人名片的同时，用另一只手递上自己的名片。因此，在涉外交际活动中，可先留意一下对方用什么方式交换名片，然后效仿其做法。

（四）索取名片

一般情况下，社交者最好不要向他人索要名片。若确有必要，则可采取委婉的方式向对方索取，具体方法如下：

（1）交易法：即"将欲取之，必先予之"，先将自己的名片递送给对方，进而通过对方的回赠获得其名片；

（2）恭谦法：对于长辈或身份、地位比自己高的人，可采用恭谦的方式索取名片，如"李教授，非常高兴能够认识您，请问以后怎样向您请教呢"等；

（3）联络法：对于平辈或身份、地位与自己相仿的人，可直接采用寻求联络的方式索取名片，如"认识您真高兴，希望以后能与您保持联系"等。

项目四　见　面　礼　仪

见面是交往的开始，一个人要想给人留下美好的第一印象，见面时的礼仪则显得尤为重要。在第一印象中，服饰、外形固然重要，良好的礼仪行为、友好的待人接物态度也是获得对方好感的重要手段，所以了解见面时的礼仪常识十分必要。

人们在日常的社会交往中，见面时会有一些约定俗成的礼仪，一般情况下首先是相互致意，通常称为打招呼。世界各国、各地区、各民族由于长期以来形成了不同的习惯，其打招呼的礼仪、方式各异，有点头、握手、拱手、拥抱、鞠躬等。其中，最为通行的是握手。

一 握手礼的使用

握手礼是最常使用、适用范围最广的见面致意礼节，最早可溯源到原始人类的摸手礼。据说在原始社会，当人们路遇陌生人时，如果双方都无恶意，就放下手中的东西，伸开双手让对方抚摸掌心，以示友善。摸手礼沿袭至今，就成了现在的握手礼。

握手多用于见面致意和问候。彼此之间通过介绍相互认识，通常以握手表示友好和愿意与对方见面的心情，以便更多地交谈和更深入地了解。握手还是一种表达祝贺、感谢或相互鼓励的形式。一般来说，握手的礼仪规范包括以下几个方面。

（一）握手的时机

在社交活动中，握手必须在适宜的时机进行，否则会有失礼仪或显得冒失。一般而言，在以下情形应握手致意：

（1）当被介绍与他人相识、双方相互问候时，与对方握手以表敬意；

（2）与多日未见的朋友、同事相见时，与之握手以表问候、关心和喜悦之情；

（3）当他人取得成绩或有喜事时，与之握手以表祝贺；

（4）当得到他人的理解、支持、帮助、鼓励或认可时，与之握手以表感谢；

（5）当他人向自己赠送礼品或颁发奖品时，与之握手以表感谢；

（6）在较正式场合与相识之人道别时，与之握手以表惜别；

（7）作为东道主迎接客人或来宾时，与之握手以表欢迎；

（8）在参加宴请后告辞时或拜访朋友、同事后辞别时，与邀请方代表或主人握手，以表感谢、惜别；

（9）在他人遭遇挫折时，与之握手以表鼓励或支持；

（10）在参加他人的追悼会后离别时，与逝者的亲属握手，以表慰问或劝慰其节哀。

在以下情况下，不宜与他人握手，可采用挥手、点头等方式致意：

（1）当对方右手负伤或携带较多重物时；

（2）当对方正忙于其他事务（如打电话、与他人交谈、用餐等）时；

（3）当对方离自己距离较远或位于人群中而无法握到对方的手时；

（4）当自己的右手负伤或不干净时。

（二）握手的顺序

握手遵循"尊者优先"的原则。在公务场合，握手时伸手的先后次序主要取决于职位、身份的高低。在社交场合，双方见面，由谁先伸手，主要取决于年龄、性别、婚否。总而言之，由谁先伸手，体现着对他人的尊敬程度。一般情况下，握手的次序遵循如下做法。

（1）上下级之间：上级伸手后，下级才能回握。

（2）长辈与晚辈之间：长辈伸手后，晚辈才能伸手相握，并且要立即上前回握。

（3）男女之间：男士与女士握手表示礼仪，应当由女方先伸手，男方再伸手轻轻回握。如果女方不伸手，或者无握手之意，男方可点头或鞠躬致意，切忌贸然伸手，让女方有非握不可的压力感。

（4）宾主之间：客人抵达时，主人应先伸手。不管客人的身份与性别，主人都应当先伸出手来表示对客人的欢迎。如果让客人先伸手，就会有怠慢之意。而在客人告辞时，应由客人先伸出手来与主人相握。前者表示"欢迎"，后者表示"再见"。无论谁先伸手，对方都要毫不迟疑地回握，以免一方一直保持伸手姿势，无所适从。

交际时如果人数较多，可以只跟相近的几个人握手，向其他人点头示意，或微微鞠躬就行。为了避免尴尬场面发生，在主动和人握手之前，应想一想自己是否受对方欢迎，如果已经察觉对方没有要握手的意思，点头致意或微鞠躬就行了。握手的次序如果发生颠倒，很容易让人产生误解。应当强调的是，上述握手时的先后次序不必处处苛求。如果自己是尊者或长者、上级，而位卑者、年轻者或下级抢先伸手时，应得体地立即伸出自己的手，进行配合，而不要置之不理，使对方当场出丑。

（三）握手的姿势

1. 握手的动作

在和对方握手时，应行至距握手对象1米处，双腿立正，上身略向前倾，伸出右手，两眼注视着对方，亲切自然地微笑。手掌与地面垂直，手臂自然弯曲，四指并拢，拇指张开与对方相握。握手时用力适度，上下稍晃动3~4次，随即松开手，恢复原状。与人握手，神态要专注、热情、友好、自然，同时向对方问候。无论是什么条件、什么身份的人，握手时都应按照要求去做。

2. 握手的力度

握手时为了表示热情友好，应当稍许用力，但以不握痛对方的手为限度。在一般情况下，握手不必用力，握一下即可。男子与女子握手，不能握得太紧，西方人往往只握一下妇女的手指部分，但老朋友可以例外。标准握手礼及其训练如图 3-5 所示。

（a）标准握手礼

（b）握手礼训练

图 3-5　握手礼

3. 握手时间的长短

握手时间的长短可根据握手双方亲密程度灵活掌握。初次见面者，一般应控制在 3 秒钟以内，切忌握住异性的手久久不松开。即使握同性的手，时间也不宜过长，以免对方欲罢不能。但时间过短，会被人认为傲慢冷淡、敷衍了事，这一点也要注意。

（四）握手的禁忌事项

握手的禁忌事项包括如下多个方面。

（1）除非右手有不适之处，不要用左手与他人握手。尤其是在与阿拉伯人、印度人等外宾打交道时要切记这一点，因为在他们看来，左手是不洁的。西方人也不喜欢用左手与人握手。

（2）握手时要遵循礼节依次而行。如在家待客人，客人来时，主人要先伸出手来，以示热情欢迎；客人告辞时，主人应在客人之后伸手，否则，就有"远客"之嫌。在与基督教信徒进行交往时，要避免相互之间握手的姿势呈交叉状，这种形似十字架的握手方式，在他们看来是很不吉利的。

（3）不要在握手时戴手套。有人习惯于戴手套，但在握手时，必须把手套摘下来。只有女士在社交场合戴着薄纱手套时，不摘手套与人握手的行为才是被允许的。

（4）不要在握手时戴着墨镜，患有眼疾或眼部有缺陷的方可例外。

（5）不要在握手时将另外一只手插在衣袋里，也不要另外一只手依旧拿着东西而不肯放下，例如仍然拿着香烟、公文包、行李等。

（6）不要在握手时面无表情，表现出无视对方存在的神态。也不要在握手时长篇大论，点头哈腰，显得过分客套。过分客套不会令对方有受宠若惊之感，反而会让对方不自在、不舒服。尤其是对异性，更不能握着人家的手长时间不放。

（7）不要在握手时仅仅握住对方的手指尖，好像有意与对方保持距离。也不能只递给对方一截冷冰冰的手，这在国外叫作"死鱼式"握手，被公认是失礼的做法。

（8）不要在握手时把对方的手拉过来、推过去，或者上下左右抖个没完。

（9）不要以肮脏不洁或患有传染性疾病的手与他人相握。

（10）不要在与人握手之后，立即擦拭自己的手掌，好像与对方握一下手就会使自己受到"污染"似的。

（11）不要拒绝与他人握手。在几乎所有情况下都不能这么做。

（12）不要随处滥用"手套式"握手。有人为了表示自己的热情、友好，常常是像做"三明治"一样，双手紧夹着他人的手不放。当然，也不是一概不能用，故友重逢，或对他人进行慰问时，可以用双手握，但不能夹得太紧，像捉鱼一样便不合适了。

二 鞠躬礼的使用

鞠躬又称打躬，源于中国先秦时代，两人相见，弯腰曲身待之，是为鞠躬礼。在我国，鞠躬礼应用范围广泛，主要用于旅游服务、演员谢幕、讲演、领奖、举行婚礼和悼念活动等。当今世界上，鞠躬礼运用最多的是日本人。在日本，百货商店、旅馆、饭店的服务业平均每天每人要向顾客鞠近1 000个躬。日本人即使是在电话里与人问安、道别、承诺、请求时，也会不自觉地鞠躬。

鞠躬礼一般是下级对上级、服务人员对宾客、初次见面的朋友之间以及欢送宾客时所施的礼节。行鞠躬礼时，要心诚，应取立正姿势（避免两腿叉开或向前弯曲），双目注视受礼者，面带微笑，然后使身体上部向前倾斜15°左右，视线随鞠躬自然下垂。男士在鞠躬时，双手放在裤线稍前的地方，女士则将双手在身前下端轻轻搭在一起。动作不要太快，幅度要主随客便。戴帽者行鞠躬礼时，必须先脱帽，用右手握住帽檐中央，将帽取下，左手下垂行礼。受礼者若是长者、贤者、宾客、女士，还礼可不鞠躬，而用欠身、点头、微笑致意，以示还礼，其他人均亦应以鞠躬礼相还。

（一）鞠躬礼的基本要求

一般情况下，行鞠躬礼的基本要求是：

（1）行礼者和受礼者之间相互注目，不得斜视或环顾；

（2）行礼时不可戴帽，如需脱帽，脱帽所用之手应与行礼之边相反，即向左边的人行礼时应用右手脱帽，向右边的人行礼时应用左手脱帽；

（3）行礼者在距受礼者两米左右进行，行礼时，身体上部前倾约15°至90°，具体前倾幅度视行礼者对受礼者的尊重程度而定，如图3-6所示；

（4）行礼时，双手应在上体前倾时自然下垂平放膝前，尔后恢复立正姿势。

通常，受礼者应以与行礼者的上体前倾幅度大致相同的鞠躬还礼。

图 3-6 鞠躬礼的度数对比

(二) 鞠躬礼适用场合

在我国，鞠躬礼目前主要用在以下五种场合。

（1）演员谢幕。当一场精彩的演出结束时，观众往往报以热烈的掌声，以感谢演职人员的辛勤劳动。为了对热情的观众表示感谢，这时演员们常以鞠躬来谢幕。

（2）演讲和领奖。有的报告人在演讲开始前和结束后，都要以深深的鞠躬来表示自己对听众的敬意。得奖人在上台领取奖状、奖品或奖旗时，应向授奖人和全体与会者鞠躬，以示感谢上级领导的关心和爱护，感谢大家出席领奖会和对他的支持与鼓励。

（3）举行婚礼。在我国的多数城镇以及广大的农村，婚礼上一般都保留着"新郎新娘三鞠躬"的传统礼仪，以代替过去的"交拜礼"。此时，新郎和新娘要向尊长、亲友和来宾行诚挚的鞠躬礼。

（4）悼念活动。在亲朋好友去世之后，为其举行种种悼念活动时，如在灵堂吊丧、举哀哭灵，或参加追悼会、向遗体告别、赠送花圈、祭奠逝者等，都要向遗像、遗体和骨灰盒行鞠躬礼。

（5）接待外宾。当一个人和外宾见面相识，被介绍给多人时，他多以鞠躬表示友好。这是鞠躬礼最主要的用途之一。

三 其他见面礼仪规范

在当代，除常用的握手礼、鞠躬礼外，在许多国家的迎宾场合，宾主之间往往还有拱手、拥抱、亲吻等联动性礼节，以示敬意。因此，了解这些礼节的细节就非常必要了。

(一) 拱手礼

"拱手为揖"是我国的传统礼节。施礼时，起身站立，上身挺直，两臂前伸，双手在胸前高举抱拳，右手攥拳，左手包握在右拳上，两臂屈肘抬至胸前，目视对方，自上而下，或者自内而外，有节奏地晃动两三下。行此礼时，不分尊卑，拱手齐眉，自上而下，在我国已有两千多年的历史。当下，拱手礼在武术界、长者之间和一些民族风格浓郁的场合使用较多，在一些气氛融洽的场合如春节团拜、宴请、晚会等也常用此礼。

（二）合十礼

合十礼又称合掌礼，即五指并拢，两个手掌在胸前对合，掌尖和鼻尖齐高，手掌向外倾斜，头略低，神情安详、严肃，兼含敬意和谢意双重意义。合十礼通行于南亚与东南亚信奉佛教的国家。在国际交往中，当对方用合十礼致礼时，我们也应以合十礼还礼。

（三）拥抱礼

拥抱礼是欧美各国熟人、朋友之间表示亲密感情的一种礼节，通常与接吻礼同时进行。在迎宾、祝贺、感谢等隆重场合，无论是官方还是民间的仪式都经常采用。有时是热情的拥抱，有时则纯属礼节性拥抱。其方法是：两人相对而立，右臂偏上，左臂偏下，右手扶在对方左后肩，左手扶在对方右手腰，按各自的方位，两人头部及上身向左相互拥抱，然后头部及上身向右拥抱，再次向左拥抱后，礼毕。拥抱礼在西方特别是欧美国家十分常见，多用于见面或道别时。在人们表示慰问、祝贺、欣喜时，拥抱礼也十分常用。

（四）亲吻礼

亲吻礼是产生于西方社会交际场合的一种礼节。人们常用此礼来表达爱情、友情、尊敬或爱护。据文字记载，在公元前，罗马与印度已流行有公开的亲吻礼。有人认为，古罗马人爱嚼香料，行亲吻礼是以传口中芳香。也有人说，古人用亲吻时努唇的形状来模拟表示爱情的心形。还有人考证，法国是世界上第一个公开行亲吻礼的国家。在当今许多国家及地区的上流社会，此礼日盛。

"吻"表示礼貌、尊敬，表示爱。吻除了情侣间表达爱意之外，还表达礼节。在西方尤其是在法国，礼节之吻分"吻手礼"和"吻面礼"。

1. 吻手礼

吻手礼，主要流行于欧洲上层社会，是男士向女士致敬的一种极为有礼的方式。英法两国喜欢吻手礼，宜在室内为佳。吻手礼的受礼者，只能是已婚妇女。手腕及其以上部位，是行礼时的禁区。男性中只有牧师有权接受吻手。

2. 吻面礼

吻面礼作为一种重要的社交礼节，表示亲密、热情和友好。吻的部位不同，含义也完全不同。吻面礼作为一种交流方式，可拉近相互间的关系。行此礼时，往往与一定程度的拥抱相结合。

在行礼时，双方关系不同，亲吻的部位也会有所不同。长辈吻晚辈，应当吻额头；晚辈吻长辈，应当吻下颚或吻面颊；同辈之间，同性应当贴面颊，异性应当吻面颊。接吻，即吻嘴唇，仅限于夫妻与恋人之间，而不宜滥用，不宜当众进行。非洲某些部族的居民，常以亲吻酋长的脚或酋长走过的地方为荣。

西方现代的亲吻礼，在欧美许多国家广为流行。美国人尤其爱行此礼，法国人不仅在男女间，而且在男子间也多行此礼。法国男子亲吻时，常行两次，即左右脸颊各吻一次。比利时人的亲吻比较热烈，往往反复多次。

（五）举手礼

举手礼是世界各国军人见面时的专用礼节，起源于中世纪的欧洲。当时的骑士们常常在公主和贵族们面前比武，在经过公主的座席时要口唱赞歌，歌词往往把公主比作光芒四射的美丽的太阳，因而武士们看见公主时总要把手举到额前作遮阳状，这就是举手礼的由来。行举手礼时，要举右手，手指伸直并齐，指尖接触帽檐右侧，手掌微向外，右上臂与肩齐高，双目注视对方，待受礼者答礼后方可将手放下。

（六）点头礼

点头礼系同级或平辈间的礼节。如在路上行走时相遇，可以在行进中点头示意，不必停留。若在路上遇见上级或长者，必须立正行鞠躬礼。但上级对下级或长者对晚辈的答礼，可以在行进中点头，或伸右手示意。

（七）抚胸礼

在一些亚洲国家以及欧美国家里，人们在与别人相逢之时，往往会抚胸为礼。在一些较为隆重的场合，例如升国旗、奏国歌时，也时有所见。所谓抚胸礼，又称按胸礼，它一般是指以手部抚按于胸前的方式来向他人致意。

实际上，抚胸礼当初所表示的往往是誓言或宣誓之意，现在却具有一定的宗教含义，在信奉基督教、伊斯兰教的国家里普遍流行。

行抚胸礼时的一般做法是：上身稍许躬身，眼睛注视交往对象或目视正前方，头部端正或微微抬起，以右手手掌掌心向内、指尖朝向左上方，然后将其抚在本人的左胸之前。必须切记，行此礼时，不仅应当态度认真而庄重，而且绝对不允许以左手行礼，抚按右胸。

抚胸礼通常也会与一些其他的见面礼同时使用，其中最为常见的就是抚胸礼与鞠躬礼同时使用。而在有些国家里，人们往往习惯于先行抚胸礼，然后再与交往对象握手。图 3-7 展现了运动员行抚胸礼的场景。

图 3-7　运动员行抚胸礼

(八)贴面礼

贴面礼是欧洲的传统礼仪,最常见于法国。

1. 行贴面礼的方法

简单来说,贴面礼就是双方互相用脸颊碰一下,嘴里同时发出"啵啵"的声音,声音越大表示越热情。贴面顺序通常从右脸颊开始,左右各碰一下。注意,有的地区是先从左脸颊开始,这时候就要小心看清楚别人的方向,否则就会酿成一场小小的"事故"。

2. 贴面的程度

很多时候,贴面礼是没有任何身体接触的,一般就是双方用脸颊接触。如果双方用嘴亲到脸颊上,则说明双方的关系异常亲密。

3. 贴面的次数

在法国,贴面的次数根据地区不同,讲究也不一样,一般来说是越往南越多。巴黎一般是2下,昂热一般是2下或4下。如果继续南下,一直走到地中海之滨的尼斯、戛纳和马赛,则可能多达5下。

项目五　交谈礼仪

交谈是人类口头表达活动中最常用的一种方式,是人们交流思想、沟通感情、建立联系、消除隔阂或协调关系的重要途径。因此,在社交活动中,人们有必要学习一定的交谈礼仪,主要包括交谈的话题、态度、语言和技巧。

一 交谈声音的讲究

声音是有形象的,甚至被称为"一个人裸露的灵魂",在交谈中的地位相当重要。著名的艾伯特梅拉比公式的要素包括声音(语音、语调、语速、言语)和肢体动作(包括表情),即100%的人际沟通信息＝7%的语调＋38%的声音＋55%的肢体语言。其中,声音的高低起伏、轻重缓急能够传递出你的个性、兴趣、情绪、情感、年龄等。一个声音动听的人很容易被周围的人接受,让人过耳不忘、记忆深刻。通常来说,电台、电视台主持人的声音都是富有磁性的,能一下子吸引人的注意,带给人听觉上的愉悦享受。声音具有音调、音强、音速和音质四大属性,在发声的瞬间,这四种属性同时作用于人的听觉神经,带给人不同的感受。在交谈过程中,声音应视具体环境而定,努力做到如下几点。

（一）音调柔和

音调的高低是由声带振动频率的大小决定的。声带振动频率则由声带的长短、厚薄、松紧等因素决定。通常情况下，大的、长的、粗的、厚的、松的发音体，振动频率较慢，发出的声音也低，反之声音则高。一般而言，女性和小孩的声带短而薄，声音要高；成年男子的声带较长、较厚，声音相对较低。研究发现，不论男女，在沟通过程中，音调稍低能起到较好的效果。因为，音调太高，听起来尖锐刺耳，让人很不舒服，且容易给人不稳重的感觉。

一个人的嗓音是与生俱来的，但不可忽视后天的训练。若能认真注意，随时调整自己的嗓音，就能起到增强语言的感染力和吸引力的作用。要尽可能使声音听起来柔和，避免发音粗俗或尖酸，为自己树立一个温文尔雅的形象。另外，讲话时应注意音调的高低起伏，语调要婉转、抑扬顿挫，富有情感，令人愉快，以增强讲话效果。要避免过于呆板的音调，这种语调不仅不容易引起别人的兴趣，往往还会收到相反的效果。

（二）音量适中

发音时用力的程度和音量的大小决定了音强的大小。说话时用力较大，呼出的气流就大，发出的声音较强；反之就较弱。从年龄程度上来看，年轻人与老年人的气息较容易分辨，前者气息强，后者气息低沉。从身体状况来看，身体健壮的人较之瘦弱的人气息要强。研究表明，交谈时音量适中，效果最好。一般而言，有求于人时，采用适中的音量，容易得到帮助。因为，声音较大容易给人命令和强制的感觉，让人产生天然的抗拒和反感；反之，声音太小，容易让人感觉你自信不足，甚至是心虚的表现。音量的大小应根据具体的场合而定，恰如其分地运用好音量，能够为社交带来意想不到的效果。

（三）语速适中

发音的长短决定着发音速度的快慢。与人交谈时，语速适中最好，应尽可能地娓娓道来，这不仅会给他人留下稳重的印象，还可以给自己预留思考的时间。否则，语速太快、连珠炮式讲话，像机关枪扫射，让人上气不接下气，来不及舒缓；语速太慢、拖拖拉拉，让人着急上火。这两种情况在社交场合都是不合时宜的。交谈时应尽力避免口吃、咬舌或吐词不清的毛病。口齿不清者，可以把讲话的速度尽量放慢，操之过急往往会凸显口齿不清的毛病。

（四）音质圆润悦耳

音质，简而言之就是声音的个性或特色，是区别不同声音的基本依据。比如，同样是一首诗，有的人读起来音高、细而刚硬，明显利落干练；有的人读起来音低、弱而温柔，不失文静端庄。听者感受不同，产生的联想也因人而异。在社交场合，人与人之间相互交流时，音质圆润悦耳、富有感染力和亲和力容易获得他人的认可和信赖。如果由于先天条件或年龄所限导致音质欠佳，可以通过调节语调和语速来弥补缺陷。

总而言之，在与人交谈之前，要首先了解自己声音的特点和状况，学会管理和驾驭自己的声音，塑造出能够提升个人魅力和社交效果的声音形象。

二 交谈的礼仪规范

为了有效地开展社交活动，使谈话顺利进行下去，我们要讲究谈话原则，具体到语言要求就是：文明、礼貌、准确、委婉。

（一）文明

作为有教养的人，在交谈中，一定要使用文明语言。绝对不能在交谈中使用粗话、脏话、黑话、荤话、怪话和气话。

（二）礼貌

礼貌是人与人交谈时应时刻注意的问题。一句话能把人说跳，也能把人说笑；一句话能看出一个人的高雅，也能反映出一个人的粗俗。说话要有礼貌，这能反映出一个人的文化修养。

常用的礼貌语主要有：

（1）问候语，是人们见面打招呼常用的语言，要根据时间、场合和对象的不同选用，如"早上好""晚上好""您好""晚安"等；

（2）致谢语，表达感谢应真诚、面带微笑，如"谢谢您""麻烦您了""让您费心了"等；

（3）致歉语，表示歉意应及时、诚信，如"对不起""真是抱歉""请原谅""真不好意思"等；

（4）请求语，是指向交往对象提出某种请求时要用到的语言，"请"字最关键，如"请多关照""承蒙关照""拜托了"等；

（5）询问语，主要用于征求和询问对方，如"最近怎么样""挺好的吧""身体还好吧"等。

另外，还有赞美语、拒绝语、迎送语、祝福语、理解语等。

总之，礼貌用语是人们在社会交往中经常会用到的表达尊重与友好的具体形式，不仅是个人礼仪和文化素养的良好体现，也有助于社会活动的顺利开展。

（三）准确

交谈时，语言必须准确，否则不利于双方的沟通。要注意的问题有如下几点。

（1）发音准确。在交谈中要求：发音标准，不能念错字；发音清晰，让人听得一清二楚；音量适中。

（2）语速适中。讲话时语速要快慢适中，过快、过慢、忽快忽慢，都会影响效果。

（3）语气谦和。讲话的口气要平易近人、亲切谦和。

（4）内容简明。交谈时应言简意赅，尽量不讲废话。

（5）使用普通话。在公共场合交谈时，通常忌用方言、土语，应用标准的普通话，否则会视为对对方的不尊重。一般交谈，无外宾在场时，慎用外语。

（四）委婉

说话时采用曲折含蓄的方式进行表达称之为委婉。一般谈话时，受各种因素制约，有些该说的话，直接说出来效果不好，采取含蓄的表达效果会好些。

委婉表达可以从如下几点入手。

（1）说话和气，巧设台阶。当你要批评他人时，不要单刀直入，而应该为对方找好台阶，避免形成僵局，例如，把"我觉得这样不好"改为"我觉得这样好些，你看呢？"然后提出另外一种备选方案代替。

（2）启发诱导，保持主动。通过启发、诱导的方式使对方领会话的本意，往往可以使自己避免陷于被动的境地。

（3）用词得当，避免用贬义词和避讳的字眼。如用"遇过麻烦"代替别人犯过错误，用"离开了我们"表示人的死亡。

（4）尊重对方，为对方保留面子。例如，他人有求于你，你不想直截了当拒绝，就可以说"这件事在目前的条件恐怕还很难办到"。

三 注意选择交谈话题

（一）适宜的交谈话题

交谈的本质是一种交流与合作，交谈话题往往被视为个人品性、志趣、教养和阅历的集中体现，也是关系到交谈成败的主要因素。因此在选择交谈主题时，应根据对方的性别、年龄、性格、民族、阅历、职业、地位而选择对方擅长的话题。如果不考虑这些因素，交谈就难以引起对方的共鸣，难以达到沟通和交流的目的，甚至出现对立的情况。

在交谈时，应尽量选择如下几类话题。

1. 既定的话题

既定的话题即交谈各方事先商定的或其中一方事先准备好的话题。例如，讨论问题、征求意见、传递信息等类型的交谈话题一般都属于既定的话题。既定的话题最好由各方商定，若由一方确定，则至少应得到其他方的认可。

2. 擅长的话题

擅长的话题即交谈对象有研究、感兴趣或熟知的话题。例如，与作家交谈时，选择文学创作方面的话题；与律师交谈时，选择法律方面的话题；与球迷交谈时，选择体育方面的话题等。这类话题可为交谈对象创造发挥长处的机会，进而调动其交谈的积极性。

3. 健康文明的话题

交谈双方应该选择健康、文明、积极向上的话题。例如文学、艺术、哲学、历史、地理、建筑以及国情、政策、社会发展等方面的内容，这类话题适合于各种场合的交谈。

4. 时尚流行的话题

时尚流行的话题，是指把当下流行的各类事物作为谈论的中心，如北京2022年冬奥会，现阶段的物价、房价、股市、汽车，等等。此类话题适合于各种场合的交谈。

5. 轻松愉快的话题

轻松愉快的话题，即谈论起来令人轻松愉快、心情舒畅、不觉劳累厌烦的话题。例如文艺演出、流行时装、体育比赛、影视、休闲娱乐、旅游观光、名胜古迹、风土人情、美味小吃、天气状况等等，此类话题比较适合于非正式场合的交谈。

（二）禁忌的交谈话题

与他人交谈时，尤其是在与外国人打交道时，社交者应回避对方忌讳的话题，具体包括但不限于涉及政治倾向、宗教问题、商业秘密、个人隐私（如年龄、婚姻状况、收入、身高、体重等）、他人长短的话题，以及庸俗低级、悲伤压抑的话题（如淫秽传闻、疾病、死亡、灾祸、惨案等）。若不经意提到以上话题，则应立即表示歉意并转移话题。

1. 涉及个人隐私的话题

个人隐私，一般指不便或不愿公开的个人私事。如对方的年龄、收入状况、婚恋经历、家庭结构、衣饰价格、健康情况等内容就属于个人隐私。对于初次交谈的双方，涉及这一类个人隐私的话题，应尽量避免谈论。尤其是在西方，很多女士是不愿意透露自己年龄的，也没有人会在交谈过程中问及对方的年龄，这属于个人隐私。如果你对人际交往常识不了解，就会在交往时因选择错误的交谈主题而导致不良后果。

2. 有伤对方自尊的话题

尊重交谈对象是交谈双方都应恪守的礼仪。交谈对象在谈话时出现了错误或不妥，不应嘲笑，伤其自尊，特别是在人多的场合。在交谈过程中，切忌乱开玩笑，口出无忌，或者挖苦对方短处，让对方当众出丑或下不了台。更不能把别人的生理缺陷当作笑料，无视他人的人格。如果有对方不愿意回答的问题，不要纠缠不放，有伤对方自尊心的话题应力求避免谈论。

3. 非议或诽谤他人的话题

交谈是双向互动活动，谈话的主题应为双方感兴趣的内容。但在交谈过程中，难免有人会有意或无意地传播闲言碎语，制造是非，无中生有，非议甚至诽谤不在交谈现场的其他人。涉及此类非议或诽谤他人的话题理应忌谈。如不要对交谈以外的人说长道短，这不仅有损于别人，也有害于自己，因为谈话者从此会警惕你在背后也可能说他坏话。这种以贬低他人来抬高自己的人，绝非正义道德之人。

4. 令人生厌或反感的话题

与人交谈时，一般不要涉及降职、失业、落第、挫折之类不愉快的话题，也尽量不要涉及疾病、灾祸、凶杀、死亡等令人反感的话题。如果在交谈中无意涉及这些令交谈对象感到伤感、不快的话题，一旦反应过来就应立即转移话题，必要时要向对方道歉。

一般说来，对一个陌生人谈论自己的私生活是不合适的；不要向他人谈论你亲朋好友的缺点；不要向不喜欢某部影片的人大谈电影情节；在欢乐的聚会中，切忌谈论忧郁的故事。提一些挑战性的、容易引起激烈争吵的话题时要慎重，最好等到"知己知彼"之后再进行；当你提出一个话题时，要确信自己对它有所了解，如你刚接触汽车，最好不要大谈汽车维修方面的专业知识，因为在座的也许就有这方面的行家。

知识链接 3-4

不同国家社交话题选择禁忌

韩国人非常讲究保护个人隐私，诸如体重、身高、住处、手机号码等，都绝对不宜向其打听。

在美国，询问他人收入、年龄、婚恋、健康、籍贯、学历、住所、种族、血型、星座、个人联系方式等都是不礼貌的。美国人大都认定"胖人穷，瘦人富"，所以他不愿意别人说自己"长胖了"。与美国黑人交谈时，要少提"黑"这个词。万一有必要提到美国黑种人或黄种人，则最好称之为"非裔美国人"或"亚裔美国人"，以回避对其肤色的具体涉及。

与德国人交谈时，不宜涉及纳粹、宗教、两德统一、党派之争、德法与德美关系等问题。

与俄罗斯人交谈时，不宜涉及政治矛盾、寡头政治、宗教矛盾、民族纠纷、阿富汗战争、苏联解体及苏联的大国地位等问题。

与英国人交谈时，切勿涉及英王、王室、教会及英国各地区之间的矛盾，特别是不要对女王、王位继承、英美关系和北爱尔兰独立问题说三道四。

四 交谈的技巧

如前所述，交谈主要是通过有声语言来表情达意，进行人际交往。语音包括音量、音色、语速、声调等。在口语交际中，可以通过声音高低、音色、语速、声调等来暗示不同的意义。首先，声音的表达要让人感到真实、朴实、自然；其次，音量要控制得当，需轻柔时勿高昂，反之亦然；最后，音调要注意变化，抑扬顿挫，和谐有致。

（一）交谈的基本技巧

1. 语调的选择

交谈中，语调问题非常重要，一个善于交谈、有好口才的人，能用多种语调说同一句话。在社交场合，要根据时间、地点、对象、条件的变化来确定具体的语调。一般而言，最受欢迎的是和蔼可亲的、带着微笑的声音，这是在交际场合最容易获取成功的语调。如美国最大的电话公司——贝尔电话公司，在营业初期，接线员多为十几、二十几岁的小伙子，说起话来粗声粗气，令人接受不了，后来换了年轻的姑娘来接替工作，并用"带着微笑的声音"去接电话，深受广大电话客户的欢迎。

2. 注意停顿

口头表达要注意停顿的问题，一句话哪儿该停，哪儿不该停，哪儿可以停，哪儿必须停，都是有规则的。稍不注意，就要闹笑话。例如，有一位大嫂到商店买肉，售货员是一位年轻姑娘。大嫂问："姑娘（本该在"姑娘"后停一下，可大嫂一着急没停）多少钱一斤？"姑娘不爱听了，模仿大嫂的语气回了一句："大嫂一斤五块六！"引起周围的人哄堂大笑。

3. 选择交谈的内容

交谈总是在具体环境中进行的，作为谈话者不可避免要受到所在环境的制约和影响。因此，交谈前必须根据对象、身份、场合、时间来确定交谈的内容。

1）看对象说话

说话要因人而异，不同的人对同一句话会产生不同的反应，甚至会与说话者的初衷背道而驰。看对象说话要考虑对方的性别、年龄、文化程度和心理状况等因素。

（1）性别不同，接受话语的心态和习惯就有所差异。一般情况下，对男性讲话可以坦诚直率，对女性讲话要三思而后行。女性一般很注重别人对自己的评价，尤其是涉及个人形象的话。

（2）年龄不同，人生阅历不同，对说话的反应和要求也就不一样。不谙世事的婴孩思维直观，乐于接受新奇、有幻想色彩的话语；中年人身兼家庭和事业的双重负担，讲求务实，要求说话简明、朴实。

（3）文化程度直接影响到人的理解程度。一般情况下，文化程度较低的人，喜欢通俗简略的表达，使用口语最为实用；文化程度高的人，言辞讲究，对语言比较敏感，喜欢说、喜欢听委婉含蓄、有内涵的话。

（4）心理状况会影响到人的接受程度。听话人的性格、气质不同，对说话者的要求也不同。脾气暴躁的人不喜欢温婉的话，胆小怕事的人不喜欢粗鲁强硬的话，性格外向的人喜欢开朗、活泼、直率的话语，性格内向的人则适宜稳重、坦诚的话语。

除去以上影响因素，不同社会环境、不同地域、不同民族的人，说话也要有所不同。

2）看时间说话

说话要因时而异，在不同的时间应该说不同的话。开始说话时要考虑到以下情况。

（1）顺序性时间，指口语表达形成有先有后的顺序过程。说话的人要充分展现个性特色，给人留下良好的印象。同时，说话的人要避免与之前的人在方式、观点上的雷同。

（2）情景时间，指说话者在一定时间内要考虑到听众的情绪状况及接纳程度。在听众身心疲倦或需要私人空间时，不宜长时间交谈；若听众精神饱满，情绪高涨，具有强烈的听讲愿望，则可以进行较长时间的交谈。

（3）特定时间对说话者的要求也不同。在千钧一发之时，话语就要简洁、清晰、洪亮、激昂，具有感染性和鼓动性。

(二)交谈的具体技巧

与他人交谈时,巧妙地运用赞美、幽默或拒绝的技巧,有利于营造良好的交谈氛围,进而促进人际交往。

1. 赞美的技巧

赞美能带给人快乐和信心,在谈话中恰当地赞美他人有利于建立良好的人际关系。常用的赞美技巧有如下几种。

1)直接公开式

直接公开式即在特定的公开场合或众人面前,热情、慷慨地赞许他人的优点、观点或特性。这种方式具有很好的激励作用,能够很好地传达赞美者的诚意。

2)间接迂回式

间接迂回式即借助与交谈对象相关联的事物或第三者的话来表达赞许之意。例如,赞美一位出生于杭州的女士,可以说"上有天堂下有苏杭,杭州的女孩子真是美若天仙啊";赞美一位业务员,可以说"我常听刘经理提起你,他很欣赏你的做事方法和办事能力,今日一见,果然名不虚传"等。这种方式往往具有增强客观可信度的作用,比直截了当的赞美效果更好。

需要注意的是,赞美他人应当翔实具体、恰如其分,切忌无中生有或言过其实,否则会萌生讽刺之意,进而弄巧成拙。

2. 幽默的技巧

幽默是一个人智慧、机智、修养等方面的综合反映,它能够活跃交谈气氛、协调人际关系。常用的幽默技巧有如下几种。

1)否定式

否定式即用否定的方式间接地肯定某事物。例如,一位顾客到饭店吃饭,发现米饭中有很多沙子,于是不得不将沙子吐在桌上,服务员看到后抱歉地说:"尽是沙子吧!"这位顾客摇摇头,微笑着说:"不,也有米饭。"顿时,两人都笑了。这种幽默让服务员消除了不安心理,同时也让其认识到了问题所在。

2)误解式

误解式即有意无意地误解谈话语句中的某一词义、发音、所指重点或交谈对象所要表现的某一事物,并给予反逻辑回答或反应,从而制造笑料。例如,一位女士到学校看望受伤的孩子,可门卫偏要慢慢地检查一系列的证件,这位女士生气地说:"太过分了,你长心了吗?"为打破紧张氛围,门卫不动声色地耸耸肩回答:"那需要解剖后才知道。"又如,一位女士问:"你不会跳舞吗?"她对面的男士回答:"对不起,我不会。我只会跳楼("六"的谐音)。"又如,一位女士将宠物狗放在沙发上逗着玩,其丈夫回来后大叫:"天哪,你怎么把小狗抱到沙发上了?"为调节气氛,这位女士笑着说:"难道你想让小狗把我抱到沙发上吗?"再如,一位先生进餐时,误将薄饼当作餐巾叠放在领口处。为了避免这位先生尴尬,在座的其他人员都模仿他将薄饼当作餐巾放到领口处。

3) 夸张式

夸张式即用言过其实的方式表达事物的本质，进而取得幽默效果。例如，某人夸奖一位教美术的同事画画得好："我们挣点钱挺不容易的，不像你，只要画笔一挥就可以得到钞票！"又如，一位顾客在餐馆吃饭吃到石子后，指着饭碗里的石子高喊："服务员，快来呀！请帮我把这块石头从饭碗里抬出去。"

3. 拒绝的技巧

在与他人交谈的过程中，社交者有时需要运用一些技巧来拒绝他人，以避免他人陷入尴尬局面或使他人的自尊心受到伤害。常用的拒绝技巧有如下几种。

1) 迂回诱导

迂回诱导即通过迂回战术诱导他人，使其领会暗示的婉拒含义或者知难而退，从而避免尴尬。例如，美国前总统罗斯福在当海军军官时，有位好友向他问及有关美国新建潜艇基地的事，罗斯福不好正面拒绝，就问："你能保守秘密吗？"那人回答说："能。"罗斯福笑着说："我也能。"对方一听便心领神会，于是不再问了。

2) 有意延时

有意延时即通过拖延时间来拒绝他人，以避免现场回绝时的尴尬。例如，"嗯，我先想想办法，看能不能办成，然后尽快给你一个回复"等。

3) 假设后果

假设后果即按他人提出的要求或条件，假设可能产生的后果，让其知难而退。例如，"这事由我出面的话，恐怕张女士会误会更深"等。

4) 自嘲婉拒

自嘲婉拒即在自己身上找一个相关的缺陷或借口，向对方暗示自己不适合答应其请求。例如，"目前我没有完成这件事情的水平啊，若现在接受你的请求，就属于无证上岗了"等。

知识链接 3-5

常见的语言表达方法

常见的语言表达方法主要有如下几个方面：

（1）直言法，即交谈时，开诚布公地直接说出自己的观点；

（2）迂回法，即在交谈中采用兜圈子、绕弯子的方法，把要说的话用婉转的言辞和语气表述出来，可借用典故启发对方，也可用闲谈的方式，将对方自然地引进去；

（3）激将法，对自尊心极强、血气方刚、容易激动、敢作敢为的人，宜用"激将法"；

（4）借用法，即将古文、名人名言等运用到谈话中去，引发听众思考，加强讲话的感染力；

（5）闪避法，与迂回法类似，不同的是，闪避法用绕道走的办法掩盖、躲闪问题的实质，运用闪避法时要尽量使对方满意，感觉不出你是在逃避实质；

（6）旁敲侧击法，即问话的实质在"言外"，从对方回答的信息中揣度其中的奥秘，在交谈中，这是不得已而用之的一种辅助手段，通常在被问者有意回避问题或不肯说出其中内幕时使用；

（7）穷追法，即交谈中未得到满意答复前，采用穷追不舍的错问和激问迫使对方回答；

（8）暗示法，当社交场合中不便说出本意，或对方有意回避时，只能用含蓄的语言来暗示。

项目六　电话礼仪

当下，电话已成为快捷、高效的通信工具，电话往来是现代社会非常普遍的一种交际方式。在日常工作中，使用电话的礼仪很关键，它直接影响着所在单位的声誉。在日常生活中，人们通过电话可以粗略判断对方的人品、性格，在电话中使对方感受到热情、亲切、彬彬有礼，是个人文明修养及单位良好形象的组成部分，会提高个人和单位的美誉度。因而，掌握正确的、礼貌待人的接打电话方法是非常必要的。

一　拨打电话的礼仪

（一）做好通话准备

拨打电话前，发话人通常应做好通话内容、时间和环境方面的准备工作。

1. 内容准备

拨打电话前，应提前拟出明确的通话要点或提纲，并备齐与通话内容相关的文件或资料，以免通话时遗漏要点、不得要领或语无伦次。同时，应预先想好对方可能提出的问题及自己即将作答的内容，以便灵活应对。此外，还应事先了解受话人的基本信息或情况，如姓名、性别、年龄、职务等，以免在称呼上出错。

如果电话内容比较复杂，在打电话之前，要将所讲事情的要点写在纸上，准备好相关资料，避免在打电话时有所遗忘。为了告知自己忘记说的事情，又重新打电话给对方，会多次打断对方的工作，给对方带来麻烦，也会给人造成工作效率差的不良印象。

2. 时间准备

若想合乎礼仪地打电话，则应选择合适的拨打时间并把握恰当的通话时长。

1）拨打时间的选择

若打电话到受话人的住所，则应根据对方的生活习惯来确定拨打时间。不要在他人的休息时间内打电话，即每天上午 7 点之前、晚上 10 点之后、午休、用餐时间和节假日都不宜打电话。若确因紧急事项而不得不在不合适的时间打电话给对方时，通话之初应道歉并说明理由。另外，即使客户已将家中的电话号码告诉你，也尽量不要往家中打电话。

若打电话到受话人的单位，则应根据对方的工作时间来确定拨打时间。一般而言，应选择对方不太繁忙的时间（如工作日的上午 10 点左右和下午 3 点左右），避开对方疲惫或休息的时间（如刚上班时、快下班时、快午餐时、午休时）。

若要打电话到海外，则还应考虑对方所在国与国内的时差问题。

打公务电话，不要占用他人的私人时间。如果是打非公务电话，应避免在对方的通话高峰和业务繁忙的时间段内拨打。

2）通话时间——"3 分钟原则"

一般而言，每次电话的通话时间应控制在 3 分钟之内。若通话时间确需很长，则应征询受话人的意见，或延长通话时间，或另约通话时间，并在通话结束时略表歉意。

3. 环境准备

拨打电话时，应选择安静的通话环境，并考虑受话人接听电话时所处的环境，切勿在嘈杂、吵闹的环境中通话，否则是极不礼貌的。此外，若通话内容涉及机密或隐私，还应确保通话环境的保密性。

（二）耐心拨打

拨打电话时，应耐心地等待对方的回应。一般而言，铃声响过 6 声或大约半分钟后，还是无人接听，就可挂断电话。切忌在铃响未过 3 声时就挂断电话，或挂断后重复拨打。

（三）礼貌通话

拨通电话后，首先应向对方问好，做自我介绍，并报出受话人的基本信息。其具体方式有以下两种：

(1) 普通社交模式："您好！我是××（本人姓名），请问××（受话人姓名）在吗？"

(2) 公务模式："您好！我是××公司××部门××（职位）××（本人姓名），我要找××公司××部门××（职位）××（受话人姓名）。"

若电话由他人代接，则应在礼节性问候之后，礼貌地请其代为转接。若受话人不在，则可请代接人转告来电事由或约其他时间再打。若电话由受话人亲自接听，则可礼貌地与之通话。

若通话时电话中断，则应再次拨通电话稍做解释，以免对方误会。若拨错了电话，则应礼貌地向被打扰者道歉，切忌一声不吭地挂断电话，或者怨天尤人，说诸如"倒霉""见鬼"之类的话。

（四）有序挂断

通话结束时，应按合乎礼仪的顺序挂断电话。通常，通话双方无尊卑差别时，应由发话人先挂断、受话人后挂断。通话双方的尊卑差别较大时，应由尊者先挂断、卑者后挂断，如上司与下属通话时，由上司先挂断、下属后挂断。男士与女士通话时，由女士先挂断、男士后挂断等。具体原则可归纳为：① 地位高者先挂；② 拨打电话者先挂；③ 被请求者先挂。

二 接听电话的礼仪

（一）及时接听，礼貌应答

1. 迅速接听

电话铃响后，应及时接听，切忌拖延、不接或直接挂断。一般而言，接听电话应遵守"铃响不过三声"的原则，以免发话人久等。若电话铃响超过三声才接听电话，则应在通话时先向发话人道歉，如"对不起，让您久等了"等。

2. 注意问候

通话开始时要问候，常用"您好"，并做自我介绍，自我介绍的方式可分为普通社交模式和公务模式，如"您好！我是××"或者"您好！我是××公司××部门××（本人姓名），请讲"等。

3. 使用礼貌用语

通话过程中，应当根据具体情况适时选择运用"谢谢""谢谢贵公司的信任""请问您还有其他需要吗""请""对不起"等礼貌用语。

4. 认真聆听

接听电话时要认真聆听，弄清来电话的目的、内容。每个公务电话都重要，不可敷衍。如果对方要找的人不在，切忌只说"不在"就把电话挂了。要尽可能问清事由，委婉地探求对方来电目的，如自己无法处理，也应认真记录下来，避免误事，这样还可以赢得对方的好感。

5. 认真清楚地记录

接电话时最好是左手拿话筒，这样做是为了便于右手记录或查阅资料。电话记录既要简洁又要完备。在记录时应牢记"5W1H"技巧，详细记下"when——何时、who——何人、where——何地、what——何事、why——为什么、how——如何进行"等内容，并保留相关资料。认真记录对于接、打电话具有相同的重要性。

6. 结束通话，礼貌挂断

接听电话的一方不宜率先提出结束通话的要求，而应让对方先提出。若确有急事需要中止通话，则应向发话人说明原因、表示歉意，并再约一个时间，主动拨打给对方，且在下次通话时再次向对方致歉。

若遇发话人打起电话没完没了，则应采取委婉、含蓄的方式让其适可而止（如"我不再占用您的宝贵时间了，下次再聊吧"），切忌说让对方难堪的话（如"你有完没完"）或直接挂断。

结束通话后，应先按扣机键，然后放下话筒。

（二）接听电话时的注意事项

1. 注意语调

用清晰而愉快的语调接电话，能显示出说话人的职业风度和可亲的性格。虽然对方无法看到你的面容，但你的喜悦或烦躁仍会通过语调流露出来。打电话时语调应平稳柔和，这时如能面带微笑地与对方交谈，可使你的声音听起来更为友好热情。千万不要边打电话边嚼口香糖或吃东西。

2. 分清主次

接听电话时不要与其他人交谈，也不能边听电话边看文件、电视，甚至是吃东西。在会晤重要客人或举行会议期间如果有人打来电话，可向其说明原因，表示歉意，并承诺稍后联系。接听电话时，千万不要不理睬另一个打进来的电话。可向正在通话的一方说明原因，要其稍候片刻，然后立即去接另一个电话。待接通之后，先请对方稍候，或过一会儿再打进来，随后再继续刚才正在接听的电话。

（三）代接电话礼仪

1. 细心

在工作场合接听来电时，有时会遇到这样的情况：需要接听电话的人不在，自己成为代接者。代接、代转电话时，要注意以礼相待、尊重隐私、传达及时等问题。代接电话时，首先要告诉打来电话的人，他要找的人不在，然后才可以问他是何人、所为何事，这个顺序绝对不能颠倒。如"对不起，他现在不在，您可以 10 分钟后再打吗？"等。若发话人愿意，可代为传达来电留言；若对方不愿意，切勿刨根究底。

2. 尊重隐私

代接电话时，不要询问对方与所找之人之间的关系。

（四）接打电话的共同要求

1. 用语文雅礼貌

使用文雅、礼貌的语言是尊重通话对象的直接体现，也是个人修养的基本功。

2. 用语准确规范

用语规范首先是要求使用国家宪法明确规定推广的普通话，力求语音标准、吐词清晰，用词规范、表达准确。

3. 语调自然，语气温婉

为了达到良好的通话效果，通话中要注意语音、语调、语气等方面问题，力求语调自然、语气温婉。另外，通话中注意让话筒与嘴部保持 2～3 厘米的距离，能帮助保持音量的适度。

4. 面带微笑

面带微笑虽然不是对语言的直接要求，但能够直接影响有声语言的声音色彩及情感表达。

5. 过程专一

通话时应当全神贯注，切忌边打电话边做其他事情，如吃东西、看书、听音乐、与其他人说话等。

6. 注意举止

接打电话时，话筒与嘴的距离保持在 3 厘米左右；挂断电话时应轻放话筒，不要用力一摔。

三 手机使用礼仪

手机是一种移动电话，它已成为现代社会使用最频繁的电子通信工具。随着手机的日益普及，无论是在社交场所还是工作场合，如果肆无忌惮地使用手机，将导致严重失礼。在使用手机时，应当遵守以下礼仪规范。

（一）置放到位

携带移动通信工具，应将其放在适当的位置，总的原则是既要方便使用，又要合乎礼仪。按照惯例，外出携带手机时，应将其放在上衣口袋、公文包或手提包内，不可将其挂在衣内的腰带上、口袋里，否则撩衣取用时将有失仪态；也不可有意识地将其展示于人（如握在手中、挂在脖子上或别在衣服外面等），否则会给他人留下不良印象。

确有不方便的时候，可以稍做变通。在参加会议时，可将手机暂交给秘书或会务人员代管；与人坐在一起交谈时，可将手机放在手边、身旁、背后等不起眼的地方。

（二）保持畅通

为了与外界保持联络，社交者应准确无误地将手机号码告知交往对象，并保证手机话费和电池电量充足。若更换了手机号码，则应及时地通报各交往对象，以免联系就此中断。若因故暂时不能使用手机，则应在寻呼台、语音信箱留言说明原因或采用转移呼叫的方式保持电话畅通。

(三)不干扰他人

手机铃声应设置恰当,尤其是在公共场合使用手机时,注意不要给他人带来"听觉污染"。在社交场合,手机铃声应相对传统,切勿过分夸张、个性或怪异,否则容易对他人造成干扰。另外,还需注意,不要在公共场合,尤其是楼梯、电梯、路口、人行道等人来人往处旁若无人地大声讲话;在开会、会见等聚会场合,不能当众使用手机,以免给别人留下用心不专、不懂礼貌的坏印象。

(四)遵守公德

使用手机应注重场合、遵守公德。一般而言,在宴会、舞会、图书馆、展览馆、医院等公共场所,应尽量将手机铃声调为振动,且接听电话时应寻找无人之处通话或小声通话,切勿当众进行或对着手机大声喊叫;在要求"保持安静"的公共场所,如音乐厅、美术馆、影剧院、教室、办公室等学习或工作场所,应暂时将手机设为静音或关机,以免手机来电时影响他人。

(五)慎用短信

手机短信是一种便捷的沟通方式,必要时社交者可以用短信向交往对象预约电话、发送祝福或善意提醒,但不能使用短信发送低级趣味性信息或欺骗性信息,更不能用短信骚扰他人。

(六)重视私密

由于手机具有较强的私密性,因而社交者在使用手机时,不可随意将手机号码告知他人或随意打探他人的手机号码,甚至不负责任地将交往对象的手机号码转告他人或广而告之。基于同样的原因,通常不宜将本人手机借给他人使用,也不宜随便借用他人的手机。

(七)注意安全

使用移动通信手段,应注意某些禁忌。手机会产生电磁波,在某些地方还必须牢记安全准则,具体包括如下几点:

(1) 开车时,不要使用手机通话或查看信息;

(2) 不要在加油站、面粉厂、油库等处使用手机,免得手机所发出的电磁波引起火灾、爆炸;

(3) 不要在病房内使用手机,以免手机信号干扰医疗仪器的正常运行,或者影响病人休息;

(4) 不要在飞机飞行期间使用手机,以免给航班带来危险;

(5) 最好不要在手机中谈论商业秘密或国家安全事项等机密事件,因为手机容易出现信息外漏,产生不良后果。

项目七　宴会礼仪

一　餐饮礼仪概述

宴请是为了表示欢迎、答谢、祝贺、喜庆或别的目的而举行的餐饮活动，以增进友谊和融洽气氛。宴请的形式多样，礼仪繁多，掌握其礼仪规范是十分重要的。

（一）宴请的类型

宴请是一种常见的礼仪社交活动。就其性质来区分，约有三种：

（1）礼仪性的宴请：为欢迎国宾来访、庆祝国庆等重要节日而举行的宴请，都属于礼仪上的需要，是一项有礼宾规格和必要礼宾程序的礼仪活动；

（2）友谊性的宴请：为表示友好、发展友谊而举行，如接风、送行、告别，这种宴会规格的讲究不特别严格，只要亲切、友好、气氛热烈，就能达到发展友谊的目的；

（3）工作性的宴请：参加宴会的各方为解决特定的工作问题而举行的宴请，以便席间商谈。

（二）宴请的形式

各国宴请都有自己国家或民族的特点与习惯。举办宴请活动采用何种形式，通常根据活动目的、邀请对象以及经费开支等各种因素而定。

下面介绍几种常见的宴请形式。

1. 宴会

宴会为正餐，坐下进食，由招待员顺次上菜。宴会有国宴、正式宴会、便宴之分。按举行的时间，又有早宴（早餐）、午宴、晚宴之分。其隆重程度、出席规格以及菜肴的品种与质量等均有区别。一般来说，晚上举行的宴会较之白天举行的更为隆重。

1）国宴

国宴是国家元首或政府首脑为国家的庆典，或为外国元首、政府首脑来访而举行的正式宴会，因而规格最高。宴会厅内悬挂国旗，安排乐队演奏国歌及席间乐。席间致辞或祝酒。

2）正式宴会

除不挂国旗、不奏国歌以及出席规格不同外，其余安排大体与国宴相同。有时亦安排乐队奏席间乐。宾主均按身份排位就座。许多国家的正式宴会十分讲究，在请柬上注明对客人服饰的要求。外国人对宴会服饰比较讲究，往往从服饰规定体现宴会的隆重程度。正式宴会对餐具、酒水、菜肴道数、陈设，以及服务员的装束、仪态都有很严格的要求。通常，菜肴包括汤和几道热菜（中餐一般用 4 道，西餐用 2~3 道），另有冷盘、甜食、水果。外国宴会餐前上开胃酒；席间佐餐用酒，一般多用红、白葡萄酒，很少用烈性酒，尤其是白酒；餐后在休息室上一小杯烈性酒，通常为白兰地。我国在这方面的做法较简单，餐前如有条件，在休息室稍事叙谈，通常上茶和汽水、啤酒等饮料。如无休息室也可直接入席。席间一般用两种酒，一种甜酒，一种烈性酒。餐后不再回休息室座谈，亦不再上饭后酒。

3）便宴

便宴即非正式宴会，常见的有午宴、晚宴，有时亦有早上举行的早餐会。这类宴会形式简便，可以不排席位，不做正式讲话，菜肴道数亦可酌减。西方人的午宴有时不上汤，不上烈性酒。便宴较随便、亲切，宜用于日常友好交往。

4）家宴

家宴即在家中设便宴招待客人。西方人喜欢采用这种形式，以示亲切友好。家宴往往由主妇亲自下厨烹调，家人共同招待。

2. 招待会

招待会是指一些不备正餐的宴请形式。一般备有食品和酒水饮料，不排固定席位，宾主活动不拘形式。规模可大可小。

3. 冷餐会

冷餐会主要体现为自助餐形式，这种宴请形式不排席位，菜肴以冷食为主，也可用热菜，连同餐具陈列在菜桌上，供客人自取。客人可自由活动，可以多次取食。冷餐会在室内或在院子里、花园里举行，可设小桌、椅子，自由入座，也可以不设座椅，站立进餐。根据主客双方身份，招待会规格隆重程度可高可低，举办时间一般在中午 12 时至下午 2 时、下午 5 时至 7 时左右。这种形式常用于官方正式活动，以宴请人数众多的宾客。

我国举行的大型冷餐招待会，往往用大圆桌，设座椅，主宾席排座位，其余各席不固定座位，食品与饮料均事先放置桌上，招待会开始后，自动进餐。

4. 酒会

酒会又称鸡尾酒会，这种招待会形式较活泼，便于广泛接触交谈。招待品以酒水为主，略备小吃。不设座椅，仅置小桌（或茶几），以便客人随意走动。酒会举行的时间亦较灵活，中午、下午、晚上均可，请柬上往往注明整个活动延续的时间，客人可在其间任何时候到达和退席。

酒会上用的酒类品种较多，并配以各种果汁，不用或少用烈性酒。食品多为三明治、面包、小香肠、炸春卷等各种小吃，以牙签取食。饮料和食品由招待员用托盘端送，或部分放置在小桌上。

近年来，国际上举办大型活动时，采用酒会形式日渐普遍。自 1980 年起，我国国庆招待会也改用酒会形式。

5. 茶会

茶会是一种简便的招待形式。举行的时间一般在下午 4 时左右（亦有上午 10 时举行的）。茶会通常设在客厅，厅内设茶几、座椅。不排席位，但如果是为某贵宾举行的活动，入座时，有意识地安排主宾同主人坐到一起，其他人随意就座。茶叶、茶具的选择要有所讲究，或具有地方特色，茶具一般用陶瓷器皿。外国人一般用红茶，略备点心和地方风味小吃。亦有不用茶而用咖啡的，其组织安排与茶会相同。

6. 工作餐

工作餐按用餐时间分为工作早餐、工作午餐、工作晚餐，是现代国际交往中经常采用的一种非正式宴请形式（有的时候由参加者各自付费），参会者利用进餐时间，边吃边谈问题。在代表团访问中，往往因日程安排不开而采用这种形式。此类活动一般只请与工作有关的人员，不请配偶。双边工作进餐往往排席位，尤以用长桌更便于谈话。如用长桌，其座位排法与会谈桌席位安排相仿。

图 3-8 展示了两场宴会的场景。

（a）宴会场景一　　　　　　　　（b）宴会场景二

图 3-8　宴会场景

（三）宴请前的准备工作

一般来说，商务宴请是公关活动的一种手段，因此，宴请活动的整个组织安排（包括宴请的规格、方式、标准、范围等）应该始终贯穿公关活动的宗旨，且合乎礼仪的规范。

1. 确定宴请目的、名义、对象和范围

宴请的目的是多种多样的，可以是为某一个人，也可以为某一件事。确定邀请名义和对象的主要根据是主客双方的身份，主客身份应该对等。如请主宾携夫人出席，主人若已婚，一般以夫妇名义发出邀请。在我国，大型正式活动通常以一人名义发出邀请，日常交往的小型宴请则根据具体情况以个人名义或以夫妇名义出面邀请。

宴请范围的确定有很多因素。一般来说，数量以"少""适"为原则，若有必要，除工作进餐形式外，还可邀请宾客的配偶出席。不过应该首先明确，配偶的出席仅仅是出于礼仪的需要，还是对这次公关活动可能发生影响，弄清这一点至关重要。如果从礼仪的角度出发考虑得更周到的话,在宴请的范围大致确定后,可将邀请的人数定为偶数。因为就某一桌而言,这样做可以使每一个人都至少有一个谈话对象。

2. 确定宴请方式

宴请的方式主要根据活动的性质和内容来确定。以礼节性为主题的公关活动采用宴会形式比较合适,而庆祝性、纪念性主题的公关活动采用冷餐会、酒会的形式更有气氛。实际应用时,并没有绝对的限制与界定,应该因人因事而异。

目前,各国礼宾工作都在简化,宴请范围趋向缩小,形式也更为简便。酒会、冷餐会被广泛采用,而且中午举行的酒会往往不请配偶,不少国家招待国宾的宴会只请身份较高的陪同人员,不请随行人员。我国也在进行改革,提倡多举办冷餐会和酒会以代替宴会。

3. 确定宴请的时间和地点

1) 确定宴请的时间

宴请的时间应对主客双方都合适。应照顾到出席宴请活动的主要人员和大部分公众的习俗,一般不要选择对方有重大节假日、有重要活动的日子,更要注意避免对方有禁忌的日子。小型宴请应首先征询主宾意见,最好当面约请,也可用电话联系。主宾同意后,时间即被认为最后确定,可以按此约请其他宾客。

 知识链接 3-6

缺乏人气的喜宴

小刘在某市民政局下属的一家公司上班,公司上下有两百多人。小刘是一个好小伙,但性格内向,来公司三年了,依然是一个小职员,交往圈子也不宽。2019 年初,小刘经人介绍认识了一个女友,双方都很满意,准备结婚。老一辈查了历书,将大喜的日子定在农历八月十五中秋节,这一天是黄道吉日。小刘订了 26 桌酒席,给全公司几乎所有领导和大多数员工都发了请帖。结果喜宴当天,大约有一半的同事没有去。家人为此懊恼不已,自己心中也一直有一个抹不去的阴影。

【问题】

为什么会有那么多同事不去?应该怎样避免小刘这样的尴尬?

2) 选择宴请的地点

官方正式隆重的活动,一般安排在政府、议会大厦或宾馆内举行,其余则按活动性质、规模大小、形式、主人意愿及实际可能而定。选定的场所要能容纳全体人员。举行小型正式宴会,在可能条件下,可在宴会厅外另设休息厅(又称等候厅),供宴会前简短交谈用,待主宾到达后一起进宴会厅入席。在确定宴会地点的时候,必须考虑到交通是否方便。

4. 正式发出邀请

一旦宴请的各项准备工作基本就绪，即可发出邀请。请柬便是一种郑重、可提醒备忘、使用较普遍的邀请方式。便宴经约妥后，可发亦可不发请柬。工作进餐一般不发请柬。在有些国家，如邀请最高领导人作为主宾参加活动，需单独发邀请信，其他宾客发请柬。

正式宴请的请柬通常需在一周至两周前发出，以便被邀请者及早安排。

请柬内容包括活动形式、时间、地点、主人的姓名（如以单位名义邀请，则用单位名称）。请柬行文不用标点符号，所提到的人名、单位名、节目名称都应用全称。中文请柬行文中不提及被邀请人姓名（其姓名写在请柬信封上），主人姓名放在落款处。中外文本请柬在格式与行文方面差异较大，注意不能生硬照译。请柬可以印刷，也可以手写，但手写字迹要美观、清晰。请柬的具体写作事项在其后的"商务信函礼仪"项目中会有详细介绍。

请柬信封上被邀请人的姓名、职务要书写准确。在国际上，习惯对夫妇两人发一张请柬，国内若遇需凭请柬入场的场合，则每人一张。对于正式宴会，最好能在发请柬之前排好席次，并在信封下角或请柬上注明席次号。请柬发出后，应及时落实出席情况，准确记载，以安排并调整席位。即使是不安排席位的活动，也应对出席率有所估计。

5. 订菜

1）安排菜品的原则

宴请的菜品，特别是大型宴请的菜品，应考虑多方面的因素。安排菜品的原则有两条：

（1）根据宴请的形式和规格，在规定的预算标准以内安排；

（2）选菜不能以主人的爱好为准，主要应考虑客人的喜好与禁忌。

2）考虑来宾的饮食禁忌

在安排菜单时，必须考虑来宾的饮食禁忌，特别是要对主宾的饮食禁忌高度重视。如果举办国宴或者大型宴会的话，应提前向对方或其随员进行征询。饮食方面的禁忌主要有以下四条。

（1）宗教的饮食禁忌，例如，穆斯林通常不吃猪肉，不喝酒；国内的佛教徒少吃荤腥食品。

（2）出于健康的原因，对于某些食品有所禁忌。比如，肝炎病人忌吃羊肉和甲鱼；高血压、高胆固醇患者，要少喝鸡汤等。

（3）不同地区，人们的饮食偏好往往不同。对于这一点，在安排菜单时要兼顾。宴请外宾时，尽量少点生硬需啃食的菜肴，因为老外在用餐中不太会将咬到嘴中的食物再吐出来，这一点也需要顾及。

（4）有些职业，出于某种原因，在餐饮方面往往也有各自不同的特殊禁忌。例如，驾驶员在工作期间不得喝酒。

3）选择菜品

作为主人，打算要让客人吃什么，一般来说，可以优先考虑以下几点特色：

(1) 本国特色：宴请外国客人，宜考虑能够彰显中国特色的菜品；
(2) 地方特色：宴请本国的外地客人，宜安排具有本地特色的菜品；
(3) 民族特色：通常来说，请对方吃他本民族的菜品或当地民族的菜品，都是适合的；
(4) 该酒店或餐馆的主打菜品的特色。

另外，选菜时应尽量选取时令原料，保证鲜活、丰美可口。菜肴道数和分量都要适宜，避免浪费。

4）制作菜单

正式宴请应开列菜单，并征求主管负责人的同意。获准后，即可印制菜单，菜单一桌两三份，至少一份，讲究的也可每人一份。宴会开始后，应严格按拟定宴会菜单上菜，遇有特殊情况，则按主陪领导意图办理。

6. 桌次和座次安排

正式宴会一般均排有席位，也可只排部分客人的席位，其他人只排桌次或自由入座。桌数较多时，要摆桌次牌。桌次和座次在后边的"中餐礼仪"和"西餐礼仪"中再分别叙述。

席位排妥后，应着手写座位卡。我方举行的有外国友人出席的宴会，在座位卡上，中文应写在上面，外文写在下面。卡片用钢笔或毛笔书写，字应写得大一些，以便于辨认。

7. 布置现场

宴会厅和休息厅的布置取决于活动的性质和形式。官方正式活动场所的布置应严肃、庄重、大方，可以少量点缀鲜花、刻花等。如安排有乐队演奏席间乐，注意不要离餐桌太近，乐声宜轻。

（四）宴会的实用程序

1. 商务便宴的实用程序

在现代社会中，请客吃饭可以算作工作的一部分了，其礼仪规范简单而实用。

1）邀请客人

如果确实想请对方吃饭，而不是为了说几句客气话，可以参考下面几种方法：

(1) 把交谈的时间安排到离吃饭较近的时间段，这时再提出邀请，对方在几番礼节性推辞后，也往往乐于顺水推舟；
(2) 在与对方顺利达成合作时，就势邀请客人一起吃饭；
(3) 工作完成以后，为了表达对对方的谢意，可以发出邀请；
(4) 在工作时间之外，以人际交往中的私人交往名义请对方吃饭。

2）选择用餐地点

如果对方有一定身份，或者你们之间将有重要的合作，可以选择稍高档些的饭店。如果只是一般应酬，可以选择中档、有特色菜或招牌菜的饭店。无论如何，夜市、大排档、快餐店都不是请客的好地方。最好选择在包间宴请，特别是重要的客人，即使人数再少，也要选择不易受干扰的地方就餐。选择饭店时必须考虑环境。

3）点菜

如果时间允许，应该等大多数客人到齐之后，将菜单供客人传阅，并请他们来点菜。一般来说，如果是你来买单，客人会不太好意思点菜，都会让你来做主。如果你的老板也在酒席上，千万不要让他来点菜，除非他主动要求，否则他会觉得不够体面。同样地，记得征询一下别人的意见，让大家感觉被照顾到了。点菜后，可以说"我点了菜，不知道是否合几位的口味"，"要不要再来点其他的什么"等等。点菜时不应该问服务员菜肴的价格，或是讨价还价。

点完菜后，要询问客人用什么酒水。如果客人不想喝白酒，可以考虑来点啤酒或者红酒。如果完全不用酒，可以点一些果汁、饮料。

如果你是赴宴者，不该在点菜时太过主动，而是要让主人来点菜。如果对方盛情要求，可以点一个不太贵、又不是大家忌口的菜。

2. 公务宴请的实用程序

公务宴请的主方人员应提前到现场进行检查。如果是宴会，应事先将座位卡及菜单摆上。座位卡置于酒杯或平摆于餐具上方，勿置于餐盘内。菜单一般放在餐具右侧。

席位的通知，除请柬上注明外，还可在现场采用以下两种方法：

（1）在宴会厅前设置宴会简图，注明客人的席位；

（2）在卡片上注明出席者姓名和席次，或印出全场席位示意图，标明出席者位置，发给本人。

大型宴会宜采用后者，具体明了。通知卡片可利用客人在休息室时分发，也可趁客人从衣帽间出来时，由服务员用托盘将其递上。如果是口头通知，则由礼宾人员在休息室通知每位客人。

1）迎接

主人一般在门口迎接客人。在官方活动中，除男女主人外，还有少数其他主要人员陪同主人排列成行迎宾，通常称为迎宾线。其位置宜在客人进门存衣后、进入休息厅之前。主人与客人握手后，由工作人员将客人引导至休息厅。如无休息厅，则直接进入宴会厅，但不入座。休息厅内有相应身份的人员照料客人，由招待员送饮料。主宾到达后，由主人陪同进入休息厅与其他客人见面。如其他客人尚未到齐，由迎宾线上其他人员代表主人在门口迎接。届时，主人陪同主宾进入宴会厅，全体客人就座，宴会即开始。如休息厅较小，或宴会规模大，也可以请主桌以外的客人先入座，贵宾席最后入座。对于住宿的客人，接待人员应到所下榻的房间将客人请至餐厅，也可打房间电话通知，视情况而定，灵活掌握。

2）领导致辞

开宴前，主人要将重要宾客介绍给大家，并致简明热情的祝词；通常，双方事先交换讲话稿，欢迎宴会由主方先提供，答谢宴会则由客方先提供。

客人入席后,通常即可致辞。当客情发生变化时,工作人员应及时将变化情况报告致辞的领导,以便及时调整致辞内容。

3)宴会开始及宴会过程

领导致辞后,宴会正式开始。在宴会过程中,接待人员应安排好其他陪同人员、秘书、司机的工作餐。为此,事先应估算工作餐人数,并通知宾馆做好准备。宴会开始后,接待人员应主动退出宴会厅,并和工作人员一起用工作餐,不要随便到主桌敬酒。

宴会过程中的宾主礼仪,将在后边的"中餐礼仪"和"西餐礼仪"中详细叙述。

4)餐后送行

在宴会结束前(吃完水果、主人与主宾起立,宴会即告结束),接待人员要安排送客车辆停放到位,并在宴会厅门口做好送行准备。主宾告辞时,主人送至门口;主宾离去后,原迎宾人员按顺序排列,与其他客人握别。

二 中餐礼仪

古人云:民以食为天。餐桌在中国人生活中占有非常重要的地位,特别是当今社会,用餐早已不单是满足基本生理需要,更是头等重要的社会交往。为此,掌握一些中餐礼仪规范显得非常重要。

(一)席位的排列

中餐的席位排列,关系到来宾的身份和主人给予对方的礼遇,可以分为桌次排列和位次排列两方面。

一般来说,正式宴会均排席位,但也可只排部分客人的席位,其他人只排桌次或自由入座。无论采用哪种做法,都要在入席前通知到每一个出席者,使大家心中有数,现场还要有人引导。大型的宴会,最好是排席位,以免混乱。便宴、家宴可以不放座位卡,但主人对客人的座位也要有大致安排。在排席位之前,需要把经落实出席的主客双方出席名单分别按礼宾次序开列出来,然后按名单排序。

1. 席位排列的一般原则

礼宾次序是排席位的主要依据。除了礼宾次序之外,在具体安排席位时,还需要考虑其他一些因素。多边的活动需要注意客人之间的政治关系,政见分歧大、两国关系紧张者,应尽量避免排到一起。此外,适当照顾各种实际情况。

2. 桌次排列

我国在正式场合一般都用圆桌,最少一桌,多则几十桌。决定餐桌高低次序的原则是:主桌排定之后,其余桌次的高低以离主桌的远近而定,近者为高,远者为低;平行者以右桌为高,左桌为低。

在正式的宴会厅内安排桌次时,主要存在以下礼仪规范:

(1)居中为上:各桌围绕在一起时,居于正中内的那张餐桌应为主桌;

(2) 临台为上：宴会厅内若有专用的讲台时，背靠讲台的餐桌应为主桌，若宴会厅内没有专用的讲台，背临主要画幅的那张餐桌通常为主桌；

(3) 以远为上：各桌纵向排列时，以距离宴会厅正门的远近为准，距其愈远，餐桌的桌次越高；

(4) 以右为上：各桌横向并列时，以面对宴会厅正门为准，右侧的餐桌高于左桌的餐桌。

图 3-9 反映了宴会厅桌次排列的顺序。其中，1 为尊，2 次之，3 再次之，以此类推。方框空缺处为宴会厅入口。

3. 座次安排

宴请时，每张餐桌上的具体位次也有主次尊卑的区别。

1) 主人的位置

中餐圆桌的座次一般是依厅室的方位与装饰设计风格而定，或取向门、朝阳，或依厅室设计装饰风格所体现出的重心与突出位置设首位。通常，服务员摆台时以餐巾折叠成花、鸟等造型，首位造型会非常醒目，使人一望而知。主人大都应面对正门而坐，如图 3-10（a）所示。两桌以上的宴会，其他各桌第一主人的位置可以与主桌主人位置同向，也可以面对主桌主人的位置。

2) 其他席次

同一桌上，席位高低以离主人的座位远近而定，以近为上，以远为下。各桌距离该桌主人相同的位次，讲究以右为尊，即以该桌主人面向为准，右为尊，左为卑。在每桌只有一名主人的情况下，主宾在右侧就座，每桌只有一个谈话中心，如图 3-10（b）所示。

3) 一桌双主人

如主人夫妇在同一桌就座，以男主人为第一主人，女主人为第二主人，主宾和主宾夫人分别在男女主人右侧就座。每桌从而在客观上形成了两个谈话中心，如图 3-10（c）所示。

4) 特殊原则

如遇主宾身份高于主人，为表示对他的尊重，可以把主宾摆在主人的位置上，主人则坐在主宾位置上，第二主人坐在主宾的左侧。如果出席人员中有身份高于主人者，亦可以由身份高者坐主位，主人坐在身份高者左侧。如主宾夫人出席，通常把女方排在一起，即主宾坐在男主人右上方，其夫人坐在女主人右上方。主宾有夫人，而主人的夫人又不能出席时，通常可以请其他身份相当的妇女作第二主人。如无适当身份的妇女出席，也可以把主宾夫妇安排在主人的左右两侧。

有时，在高档餐厅里，室内外往往有优美的景致或高雅的演出供用餐者欣赏。这时候，观赏角度最好的座位是上座。在某些中低档餐馆用餐时，通常以靠墙的位置为上座，靠过道的位置为下座。

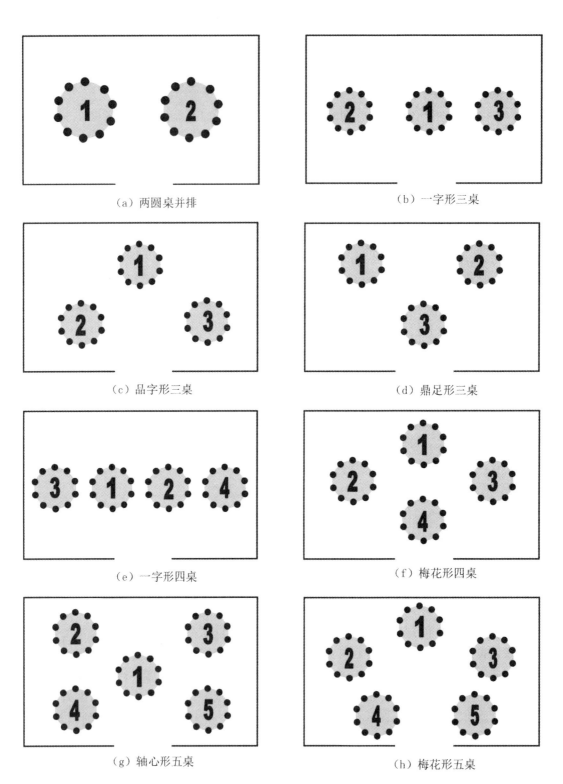

图 3-9 宴会厅桌次排列的顺序

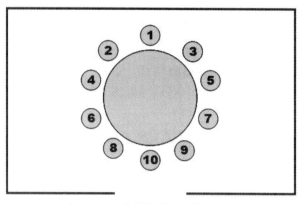

(a) 中餐圆桌的一般位次

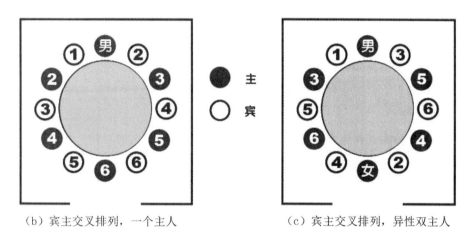

(b) 宾主交叉排列，一个主人　　　　　　(c) 宾主交叉排列，异性双主人

图 3-10　中餐宴席座次安排

📖 **知识链接 3-7**

宴会主宾位置安排

甲、乙公司之间的一场商务谈判进行得很顺利，双方初步达成了合作意向。之后主人举行了一个小型宴会，其中有一位客人作为贵宾一直受到殷勤周到的接待，当被热情地引到餐桌前就座时，却被安排在了最下座。结果，用餐时的气氛让人感到不够融洽，正式合同的签订也不了了之。

【问题】

宴会的主宾位置到底应该如何确定？

（二）餐具的使用

1. 筷子

筷子是吃饭的工具，中国人几乎人人都会用，但用筷子的礼仪不一定人人皆知。使用筷子用餐时，需注意下面几个问题：

（1）握筷姿势应规范（如图3-11所示）；

（2）与人交谈，需要使用其他餐具，或因有事暂时离席等暂停进食时，应先将筷子放下；

（3）筷子应放在筷架上，不可放在杯子或盘子上，不能一横一竖交叉摆放，而且筷子要轻放，尽量不发出响声；

（4）用餐过程中，不可将筷子在各碟菜中来回移动或在空中游弋；

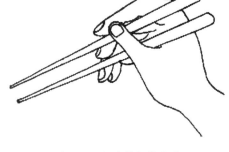

图3-11 正确的握筷姿势

（5）不要用舌头去舔食筷子上的附着物；

（6）不要把筷子竖插放在食物的上面；

（7）不要用筷子叉取食物放进嘴里，也不要用牙齿咬筷子；

（8）不能用筷子挠痒、剔牙或用来夹取食物之外的东西；

（9）不要用筷子去推动碗、盘和杯子。

2. 勺子

中餐里勺子的主要作用是舀取菜肴和食物。在用筷子取食的时候，可以使用勺子来辅助取食，但是尽量不要单独使用勺子去取菜。同时，在用勺子取食物时，不要舀取过满，以免溢出弄脏餐桌或衣服。在舀取食物后，可在原处暂停片刻，等汤汁不会再往下流再移过来享用。

用餐间暂时不用勺子时，应把勺子放在自己身前的碟子上，不要把勺子直接放在餐桌上，或把勺子戳在食物中。用勺子取完食物后，要立即食用或是把食物放在自己碟子里，不要再把食物倒回原处。若是取用的食物太烫，则不可用勺子舀来舀去，也不要用嘴对着勺子吹，应把食物先放到自己碗里，等凉了再吃。还要注意，不要把勺子塞到嘴里，或是反复舔食吮吸。

汤里面的勺子是用来给大家公用的，可以用公勺舀到自己的碗里面，再用自己的勺子喝。不要把自己的勺子伸到汤盆里，舀一勺，喝一口，再舀一勺……

3. 碗

中餐的碗可以用来盛饭、盛汤，进餐时，可以手捧饭碗就餐。拿碗时，用左手的四个手指支撑碗的底部，拇指放在碗沿。吃饭时，饭碗的高度大致和下巴保持一致。

4. 盘子

中餐的盘子有很多种，稍小点的盘子叫碟子，主要用于盛放食物，用法和碗大致相同。用餐时，盘子在餐桌上一般要求保持原位，不端起来，也不要堆在一起。

餐桌上有一种特殊的盘子叫食碟。食碟在中餐里的主要作用，是用于暂放从公用菜盘中取来享用的菜肴。使用食碟时，一般不要取放过多的菜肴在食碟里，不能吃的食物残渣、骨头、鱼刺应轻放在骨碟中，这一过程不要直接用嘴吐到骨碟里，而要借助筷子或手来完成。

5. 水杯

中餐的水杯主要用于盛放清水、果汁、汽水等软饮料。注意不要用水杯来盛酒,也不要倒扣水杯。另外需注意,喝进嘴里的东西不能再吐回水杯里,否则十分不雅。

6. 牙签

牙签也是中餐餐桌上的必备之物。它有两个作用,一是用于扎取食物;二是用于剔牙。但是用餐时尽量不要当众剔牙,非剔不可时,要用纸巾或手遮掩,剔出来的食物碎屑,应立即包在纸巾里,然后放在骨碟中。剔牙后,不要叼着牙签,更不能用来扎取食物,应折断放在接碟中。

7. 餐巾

中餐用餐前,服务员一般会为每位用餐者上一块湿毛巾。这块湿毛巾的作用是擦手。用后应把它放回盘子里,由服务员拿走。而宴会结束前,服务员会再上一块湿毛巾,和前者不同的是,这块湿毛巾是用于擦嘴的,不能用其擦脸或抹汗。

(三)进餐过程中的礼仪规范

1. 中式宴请应注重的基本礼仪

经过数千年的演变,中国传统的宴饮礼仪早已形成一套程序:主人折柬相邀,届时迎客于门外;宾客到时,互致问候,引入客厅小坐,敬以茶点;客齐后导客入席,以左为上,视为首席,相对首座为二座,首座之下为三座,二座之下为四座;客人坐定,由主人敬酒让菜,客人以礼相谢;席间斟酒上菜也有一定的讲究,应先敬长者和主宾,最后才是主人;宴饮结束,引导客人入客厅小坐,上茶,直到辞别。这种传统宴饮礼仪在我国大部分地区保留至今。

现代中式宴请的基本礼仪可以分为七个方面:座次、入座、体态、交流、举菜、敬酒和散席。

1)座次

如果参加的宴会是排席位的,应按席位就座。有的宴会没排席位,如便宴、家宴,但主人对客人的座位也有大致安排,客人通常应听从主人安排。有的宴会只排桌次不排席位,客人可以参照礼宾次序选择适当位置。

2)入座

主人或者长者应主动安排众人入座,通常先请主宾入席上座,再请长者入座主宾旁,其余宾客依次入座。入座后不要马上动筷,也不要随意起身走动。

3)体态

入座后的姿势应保持端正,脚放在本人座位下,胳膊肘不要放在桌面上,也不要向两边伸展而影响他人。取菜的时候身体可稍微前倾,在吃饭的时候,要端起碗来,以碗来就口。

4)交流

席间,宾主之间要选择轻松、愉快的话题,适当交谈,营造出和谐、温馨的宴会氛围。

5）举菜

在中式宴席上举菜的时候，应注意以下礼仪：

(1) 夹菜的时候不要在碗里挑挑拣拣，夹起一块又放回去；

(2) 适量取菜，每次夹菜的时候少夹一点；

(3) 太远的菜用汤匙或碗跟着，拿过去把菜承接过来；

(4) 使用公筷的话，用完之后要及时放回原处；

(5) 如果有掉下的菜，应该夹起来放在自己盘子的边缘。

主人可为身边的客人布菜。布菜应使用公勺或公筷。布菜时要照顾到客人的饮食偏好，如果客人不喜欢或者已经吃饱，不宜勉强。

6）敬酒

有时候，主人和主宾还要发表一篇专门的祝酒词，祝酒词内容以短为好，时间在宾主入座后、用餐前开始。敬酒可以随时在宴会的过程中进行。敬酒时，通常要讲一些祝愿、祝福类的话。一般情况下，敬酒应以年龄大小、职位高低、宾主身份为先后顺序。

7）散席

一般由主人表示结束宴会，主人、主宾离座后，其他宾客方可离开。

2. 中式宴请中的一般宾主礼仪

不管我们是以何种身份来举行或是参加宴会，都必须注意宴会过程中的一些礼仪。现代生活中有各类中式宴请，宾主双方都应注意各自的礼仪规范。

1）主人的礼仪

在中式宴请中，主人的礼仪包括如下几个方面。

(1) 邀请：主人应提前对客人发出口头或书面邀请。

(2) 迎客：在宴会开始前，主人应该站立门前笑迎宾客，晚辈在前，长辈居后。对每一位来宾，要依次招呼，待客人大部分到齐之后，再回到宴会场所中来，分头跟客人招呼、应酬。

(3) 席间待客：上菜后，主人要先向客人敬酒，说一些感谢光临的客气话。此后每一道菜上来，都要先举杯邀饮，然后请客人"起筷"。要照顾到客人的用餐方便，及时调换菜点或转动餐台。

(4) 送别：散席后，主人要到门口，恭送客人离去。对那些在宴请中照顾不多的客人，应说几句抱歉和感谢之类的话。

2）客人的礼仪

在中式宴请中，客人的礼仪包括如下几个方面。

(1) 赴宴准备：收到邀请函，应尽早回复能否出席，这是对邀请人的一种尊重，以方便主方安排。一旦接受了邀请，不要随意改变，如遇特殊情况无法赴宴，但你又是本次宴请的主宾，记得一定要向主方说明情况，有必要的话，可改日登门道歉。

(2) 着装：赴宴前除了要问清楚时间、地点，还要清楚着装的要求，不同的宴会形式有不同的着装要求。如果你接到的邀请函已经清楚注明了着装要求，一定要按要求着装。如果没有着装要求，也应适当修饰，穿着得体。

(3) 守时：按主人邀请的时间准时赴宴。一般宴会都会请客人提前半小时到达。如因故在宴会开始前几分钟到达，不算失礼。但迟到就显得对主人不够尊敬，非常失礼了。如果受邀客人迟到者较多，会使主人尴尬不堪。若因非常不得已的原因要迟到，一定要给主人打个电话说明一下。

(4) 交流：当走进主人家或宴会厅时，应首先跟主人打招呼。对其他客人，不管认不认识，都要微笑点头示意或握手问好；对长者要主动起立，让座问安；对女宾应举止庄重，彬彬有礼。对于其他不认识的朋友，可主动交流，选择大家都能听懂或感兴趣的、轻松的话题。有时主人会安排不太熟的客人交叉入座，宴会开始前后，主人会做介绍，被介绍的客人应主动与别人打招呼，并适当地进行沟通。

(5) 道别：如果宴会没有结束，但你已用好餐，不要随意离席，要等主人和主宾餐毕先起身离席，其他客人才能依次离席。聚会结束时，或你要提前离开，都要与主人道别。一般在聚会结束之时，主人都会站在门口欢送。作为客人，要真诚地向主人表达谢意，同时对这次聚会表达赞美，还可向主人表达改日回请之意。道别语要简练，不可冗长复杂。

3. 需特别注意的礼仪细节

在中式宴请中，除了要注意上面的礼仪之外，还应注意以下细节：

(1) 主人祝词时，应暂停饮酒或进餐；

(2) 小口进食，避免狼吞虎咽；

(3) 嚼东西时，要把嘴闭紧，不要发出吧唧响，喝汤、喝饮料时也不要喝得呼呼响；

(4) 口中含食物时，不要说话；

(5) 用汤匙喝汤的时候，汤匙在碗的边缘上稍微刮一下，再送到嘴中，这样不会弄脏桌面，使用过的汤匙不要倒挂在盘子边缘，而应让凹槽朝上，放在托碟上；

(6) 如吃到不洁或有异味的食物，不要大呼小叫，应取用餐巾纸吐出包好后处理掉；

(7) 若不慎将汤汁、酒水溅到他人衣物上，应表示歉意，如对方是异性，不必亲自为其擦拭，请服务员帮助即可；

(8) 如果打喷嚏、咳嗽，尽量离人远一点，用手绢或餐巾（纸）捂住鼻子，避免溅到他人，如果喷嚏一个接一个地打，最好起身到洗手间去；

(9) 和领导或长辈同桌吃饭时，领导或长辈通常坐在主位上，而服务员上菜是从那些次要的座位旁上的，每一道菜上上来，尽管在你面前，你也不要吃第一口，而应当将桌子上的转盘转动一下，将新上的菜转到领导或长辈面前；

(10) 喜欢某个菜，不要盯住猛吃；

(11) 不要举着筷子找自己偏爱的食物；

(12) 不要只同个别人交谈，或者只和自己熟悉的人交谈。

知识链接 3-8

请班主任老师吃饭

国庆节前,一位家长因为去学校接孩子,巧遇孩子的班主任。于是家长满脸堆笑,客气地对班主任说:"明天周末,您有时间吗?一直想请您坐坐,这次一定要赏脸。"班主任同意了。第二天晚上,该家长订好了一家颇具档次的饭店,只等班主任的到来。班主任果然很给面子,不单自己来了,还带来了六个朋友。席间推杯换盏,其乐融融。宴席临近结束,一位同来的朋友打着饱嗝,对这位家长说"喝得有点多了",旁边又一朋友接话:"走,找个地方唱几句,醒醒酒。"这位家长赶忙又订了一家上档次的 KTV。一帮人在包间里又喝了三四件啤酒,唱了一通已唱了无数遍的歌曲,终于尽兴人乏。这时,有一朋友提议去大排档吃夜宵,该家长马上带着各位客人又去了大排档……凌晨 2 点半,这位家长拖着疲惫的身子如释重负地回到了家,第二天偷偷地算了一下账,昨晚各项费用共计 3 460 元。

【问题】
1. 这位家长是真心请班主任吃饭吗?
2. 这位班主任和他的朋友们该怎样做才能彰显现代文明师风?

三 西餐礼仪

西餐,是我们对欧洲各国菜点的统称。西餐以法式、英式、美式、俄式为代表菜式。西方餐桌礼仪起源于法国梅罗文加王朝,到了罗马帝国时代,礼仪更为复杂,专制色彩浓厚。在帝制时代,餐桌礼仪显得烦琐、严苛,直到 17 世纪之前,在传统习惯上,人们还戴着帽子用餐。从 12 世纪开始,意大利文化流入法国,餐桌礼仪和菜单用语变得更为优雅精致,教导礼仪的著作纷纷面世,餐桌礼仪得到简化。而今,西方现代餐桌礼仪已经演化为国际餐桌礼仪。

(一)西餐的菜序

西餐在菜单的安排上与中餐有很大不同。以举办宴会为例,中餐宴会除了 10 道左右的冷菜外,还要有热菜 6~8 道,加上点心、甜汤和水果,显得十分丰富。而西餐一般只有 6~7 道菜。下面我们就将其上菜顺序做一简单介绍。

1. 头盘

西餐的第一道菜是头盘,也称为开胃品。开胃品的内容一般有冷头盘或热头盘之分,在大多数情况下,开胃菜是由蔬菜、水果、海鲜、肉食所组成的拼盘。它多以各种调味汁凉拌而成,色彩悦目,口味宜人。

2. 汤

与中餐有极大不同的是，西餐的第二道菜就是汤。西餐中的汤一般可分为清汤和浓汤两大类，其中又有冷热汤之分。清汤就是用牛肉/鸡肉/鱼肉及蔬菜等煮制出来的除去脂肪的汤，浓汤就是加入面粉、黄油、奶油、蛋黄等制作出来的汤。

3. 副菜

通常将水产类菜肴与蛋类、面包类、酥盒菜肴品均称为副菜。水产类品种包括各种淡水、海水鱼类、贝类及软体动物类。在西餐餐桌上，吃鱼类菜肴讲究使用专用的调味汁，品种有鞑靼汁、荷兰汁、酒店汁、白奶油汁、水手鱼汁等。

4. 肉、禽类菜

肉、禽类菜肴是西餐的第四道菜，也称为主菜。肉类菜肴的原料取自牛（含小牛仔）、羊、猪等各个部位的肉，其中最有代表性的是牛肉或牛排。牛排按其部位又可分为沙朗牛排（也称西冷牛排）、菲利牛排、"T"骨牛排、薄牛排等。其烹调方法常用烤、煎、铁扒等。肉类菜肴配用的调味汁主要有西班牙汁、浓烧汁精、蘑菇汁、白尼斯汁等。禽类菜肴的原料取自鸡、鸭、鹅，通常将兔肉和鹿肉等野味也归入禽类菜肴，但其中最常见的禽类是鸡。

5. 沙拉

蔬菜类菜肴在西餐中称为沙拉。蔬菜类菜肴可以安排在肉类菜肴之后，也可以与肉类菜肴同时上桌。一般用生菜、西红柿、黄瓜、芦笋等制作。沙拉的主要调味汁有醋油汁（橄榄油调上苹果醋）、法国汁、干岛汁、奶酪沙拉汁等。还有一类是用鱼、肉、蛋类制作的，这类沙拉一般不加味汁，在进餐顺序上可以作为头盘食用。

6. 甜品

西餐的甜品是放在主菜后食用的，可以算作第六道菜。从真正意义上讲，它包括所有主菜后的食物，如布丁、煎饼、冰激凌、奶酪、水果等等。

7. 咖啡、茶

西餐的最后一道是上饮料，主要是咖啡或茶。饮咖啡一般要加糖和淡奶油，喝茶一般要加香桃片和糖。

上西餐厅用餐，通常没必要点正式的全套餐点，点太多却吃不完反而失礼。但稍有水准的餐厅也不欢迎只点前菜的人。前菜、主菜（鱼或肉择其一）加甜点是最恰当的组合。点菜并不是由前菜开始点，而是先选一样最想吃的主菜，再配上适合主菜的汤。

（二）西餐的座次礼仪

在西餐用餐时，人们对于座次的问题十分关注。越是正式的场合，这一点显得越重要。在绝大多数情况下，西餐的座次问题更多地表现为位次问题。桌次问题，除非是极其隆重的盛宴，一般涉及较少。下面简单介绍一下西餐排位的一般常识。

1. 西餐桌型

在西餐用餐时，人们所用的餐桌有长桌、方桌。有时，还会拼成其他各种图案。不过，最常见、最正规的西餐桌当属长桌。

1）长桌

以长桌排位，一般有两个主要办法。一是男女主人坐于席之两端，客人坐两旁，以离女主人之右手最近为上，左手次之；同样以离男主人右手最近为上，左手次之。二是男女主人在长桌中央对面而坐，同样道理，也是以右为上，从男女主人右侧依次排列。餐桌两端可以坐人，也可以不坐人。

某些时候，如用餐者人数较多时，还可以参照以上办法，以长桌拼成其他图案比如"T"字形或"门"字形，横排中央位置是男女主人座位，身旁两边分别为男女主宾座位，其余依序排列。

2）方桌

以方桌排列位次时，就座于餐桌四面的人数应相等。在一般情况下，一桌共坐 8 人，每侧各坐两人。在进行排列时，应使男、女主人与男、女主宾对面而坐，所有人均各自与自己的恋人或配偶坐成斜对角。

2. 西餐座次安排原则

1）恭敬主宾

在西餐中，主宾极受尊重。即使用餐的来宾中有人在地位、身份、年纪方面高于主宾，主宾也仍是主人关注的中心。在排定位次时，应请男、女主宾分别紧靠着女主人和男主人就座，以便进一步受到照顾。

2）女士优先

在西餐礼仪里，女士处处备受尊重。在排定用餐位次时，主位一般应由女主人就座，而男主人则须退居第二主位。

3）以右为尊

在排定位次时，以右为尊依旧是基本指针。就某一特定位置而言，其右位高于其左位。

4）面门为上

面门为上有时又叫迎门为上。它所指的是，面对餐厅正门的位子，通常在序列上要高于背对餐厅正门的位子。

5）距离定位

一般来说，西餐桌上位次的尊卑，往往与其距离主位的远近密切相关。在通常情况下，离主位近的位子高于距主位远的位子。

6）交叉排列

用中餐时，用餐者经常有可能与熟人，尤其是与其恋人、配偶在一起就座，但在用西餐时，这种情景便不复存在了。商界人士所出席的正式的西餐宴会，在排列位次时，要遵守交叉排列的原则,即男女应当交叉排列,生人与熟人也应当交叉排列。因此,一个用餐者的对面和两侧,往往是异性,而且还有可能与其不熟悉。交叉排列原则要求用餐者最好是双数,并且男女人数各半。

3. 有关西餐桌次的其他实用细则

有关西餐桌次的其他实用细则包括如下几点:

(1) 如果男女二人同去餐厅,男士应请女士坐在自己的右边,并且不坐过道边,若只有一个靠墙的位置,应请女士就座,男士坐在她的对面;

(2) 如果是两对夫妻就餐,夫人们应坐在靠墙的位置上,先生则坐在各自夫人的对面;

(3) 如果两位男士陪同一位女士进餐,女士应坐在两位男士的中间;

(4) 如果两位同性进餐,那么靠墙的位置应让给其中的年长者;

(5) 如果宴会的性质并非邀请成对夫妇,则男宾一般按身份和年龄排列,女宾只按身份排列,如果身份差异不大,女主人应将女宾中年龄稍长的女士安排到男主人身边。

不同情况下的西餐座次安排如图3-12所示。

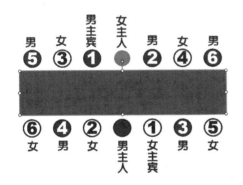

(a) 男女主人在长桌中央对面而坐

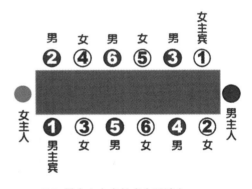

(b) 男女主人坐长桌中两端之一

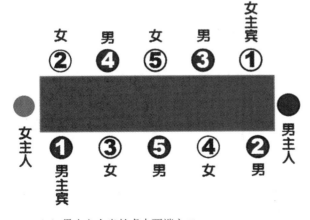

(c) 男女主人坐长桌中两端之二

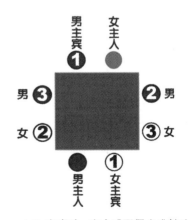

(d) 方桌时,恋人或配偶坐成斜对角

图3-12 西餐座次安排

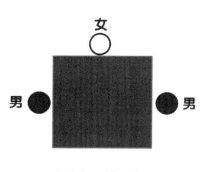

（e）方桌时，两男一女　　　　　　　　（f）方桌时，一男一女

续图 3-12

（三）西餐的餐具使用礼仪

1. 西餐的主要餐具

西餐桌上的餐具很多，吃每一样东西都要用特定的餐具，常用的餐具有刀、叉、勺子等，如图 3-13 所示。

图 3-13　常用西餐餐具

1）刀

刀是用来切割食物的。如果用餐时有三种不同规格的刀同时出现，一般正确的用法是：带小小锯齿的那一把用来切肉制食品；中等大小的用来将大片的蔬菜切成小片；而那种小巧的，刀尖是圆头的、顶部有些上翘的小刀，则用来切开小面包，然后用它挑些果酱、奶油涂在面包上面。

2）叉

叉是用来将食物往嘴里送的。叉起适量食物一次性放入口中，食物入口时，牙齿只碰到食物，不要咬叉，也不要让刀叉在齿上或盘中发出声响。

3）勺子

在正式场合下，勺有多种，切莫搞错：小的是用于喝咖啡和吃甜点心的；扁平的用于涂黄油和分食蛋糕；比较大的，用来喝汤或盛碎小食物；最大的，公用于分食汤，常见于自助餐。汤勺横放在汤盘内，匙心向上，也表示用汤餐具可以收走。

2. 如何使用刀叉

西餐中常依不同料理的特点而配合使用各种不同形状的刀叉，餐具会根据上菜先后顺序从外到内摆放。最先用的放在离主菜盘最远的外侧，后用的放在主菜盘近内侧。有的菜用过后，会撤掉一部分刀叉。使用刀叉进餐时，从外侧往内侧取用刀叉。一般来说，左手拿叉，右手持刀或汤匙。刀叉的拿法是轻握尾端，左手食指按在叉子把上，右手食指按在刀背上。如图 3-14 所示。

图 3-14 刀叉的正确握法

切东西时，左手拿叉按住食物，右手执刀将其切成小块，用叉子送入口中。应当注意如下几点：

（1）在切割食物时，不要弄出声响；

（2）切下的食物，应刚好一口的量，切忌叉起它之后，再一口一口咬着吃；

（3）不用刀时，右手持叉；

（4）谈话可以拿着刀叉，无须放下，但若需要做手势时，就应放下刀叉，千万不可手执刀叉在空中挥舞摇晃；不要一手拿刀或叉，而另一只手拿餐巾擦嘴；也不可一手拿酒杯，另一只手拿叉取菜；

（5）暂停就餐，应将刀叉呈"八"字形状摆放在餐盘之上，左叉右刀、刀口向内、叉齿向下，表示还要吃；

（6）如果一道菜吃完了，或者不想再吃了，应将刀叉并排竖放，刀口向内、叉齿向上；

（7）用餐结束，将餐具交到右手，将刀叉斜向下放在盘子里，摆成"四点钟"方向即可，刀口向内、尖向上，表示你不再用餐；

(8) 任何时候,都不可将刀叉的一端放在盘上,另一端放在桌上,也绝对不可以将刀叉交叉放成"十"字形,在西方人看来,那是一种令人晦气的图案。

3. 如何使用餐巾

西餐餐巾一般用布制成,方正平整,色彩素雅。西餐中使用餐巾应注意:

(1) 点完菜后,在前菜送来前的这段时间即可把餐巾打开,依对角线叠成三角形状,或平行叠成长方形状,放在大腿上,开口朝前;

(2) 餐巾布可以用来擦嘴或擦手,擦嘴角时用餐巾的角落轻轻地沾擦,不要大力擦拭;

(3) 用餐巾反摺的内侧来擦,而不是弄脏其正面;

(4) 若餐巾脏得厉害,请侍者重新更换一条;

(5) 吃到坏的食物非吐出来不可时,也别吐在盘子里,最好在别人不注意时,吐在餐巾上包起来,并要求更换一块新的餐巾;

(6) 如中途要离席,可将餐巾取下随意叠成方块或三角形放在自己的座位上;

(7) 用餐结束时,要将餐巾从中间拿起,轻轻地放在餐桌上盘子的左侧;

(8) 离席时,不要将餐巾布掉落在地上,餐巾布也不要用得污迹斑斑或者是皱皱巴巴,更不要用餐巾布擦桌子。

(四) 西餐的进餐礼仪

1. 怎样"吃"西餐

进入餐厅,入座,将餐巾对折放在膝上,餐点端来时,主人即可示意开始用餐。下面先介绍几种食物的吃法。

1) 面包

将面包放在自己桌面的小盘中。食用面包时,一般用手掰成小块送入口中,不要拿着整块面包去咬,除非是三明治。往面包上抹黄油也是,将面包掰成可以一口吃下的小块,临吃前在小块上用黄油刀抹黄油,不要图方便而将整块面包上都抹上黄油。抹果酱时也是如此。在早餐时,可以在一长条半片棍子面包上涂上黄油、果酱,但在正餐中就不能这样了。

2) 汤

喝汤时不要端起汤盘来喝,应勺子横拿,用汤勺从里向外舀,汤匙与嘴部约呈45°角送到嘴里,一次舀的不要太多,最好是刚好一口的量。汤盘中的汤快喝完时,用左手将汤盘靠胸前的一侧抬起向外侧稍稍翘起,用汤勺舀净即可。如汤菜过热,可待稍凉后再吃,不要用嘴吹。吃完汤菜时,将汤匙留在汤盘(碗)中,匙把指向自己。

3) 沙拉

西餐中,沙拉可以作为主菜的配菜,比如说蔬菜沙拉,这是常见的;也可以作为间隔菜,比如在主菜和甜点之间;还可以作为第一道菜,比如说鸡肉沙拉。

如果沙拉是一大盘端上来，就使用沙拉叉；如果和主菜放在一起，则要使用主菜叉。

如果沙拉是间隔菜，通常要和奶酪、炸玉米片等一起食用。可以先取一两片面包放在你的沙拉盘上，再取两三片玉米片。奶酪和沙拉要用叉子叉着吃，而玉米片可以用手拿着吃。

如果主菜沙拉配有沙拉酱，可以先把沙拉酱浇在一部分沙拉上，吃完这部分后再加酱。直到加到碗底的生菜叶部分，这样浇汁就容易了。

沙拉习惯的吃法应该是：将大片的生菜叶用叉子切成小块，如果不好切，可以刀叉并用。一次只切一块，吃完再切。

4）面条

吃面条时要用叉子先将面条卷起，然后送入口中。也可以用调羹和叉子一起吃，调羹可以帮助叉子控制滑溜溜的面条。

5）鱼

吃鱼时不要将鱼翻身，上一面吃完后，用刀叉配合，将刀在鱼鳃附近刺进去，将鱼的骨刺从上半身挑开，从头开始，将刀放在骨头下方，往鱼尾方向划开，把骨剔掉，连同鱼头一起挪到盘子的一边，再吃鱼的下一面。而不是将鱼翻个面来吃。

6）牛排

点用牛排时，首先服务生会询问烧烤程度，可依你所喜欢的料理方式供应。

（1）三分熟牛排：表面稍有一点焦黄色泽，当中完全是鲜红的生肉状态，内部为桃红且带有相当热度，刀切下去可以见血，汁水较多。

（2）五分熟牛排：牛排内部为粉红且夹杂着浅灰和棕褐色，整个牛排都很烫，表面焦黄。

（3）七分熟牛排：牛排内部主要为浅灰和棕褐色，夹杂着粉红色，中心已熟了七八分，外焦里嫩，切开基本不见血水。

（4）全熟牛排：牛排内部为褐色。

牛排一般以三至八分熟相宜。烤的时间越长，肉汁渐渐蒸发，肉质也变得坚韧，鲜美感趋于消失。依肉质不同，不同类型的牛排各有各的合适熟度。精瘦的菲力要三到七分，沙朗和肋眼四至六分，"T"骨五至八分，牛小排可以全熟。

用餐时，以叉子在左侧将肉叉住，再用刀沿着叉子的右侧将肉切开，切下刚好一口大小的肉，然后直接以叉子送入口中。一份牛排，要从左边往右边吃。点缀的蔬菜也要全部吃完。

7）带骨食物

带骨食物主要有鸡肉和牛排，其主要吃法如下。

（1）鸡肉。应把鸡腿和鸡翅用刀叉从连接处分开，然后用叉稳住鸡腿（鸡脯或鸡翅），用刀把肉切成适当大小的片，每次只切两三片。如果场合很正式，不适合刀叉取用的，干脆别动。如果是在非正式场合，你可以用手拿取小块骨头，但只能使用一只手。

（2）肉排。应用叉子或尖刀插入牛排、猪排或羊排的中心。如果排骨上有纸袖，你可用手抓住，来切骨头上的肉，而这样就不会使手油腻。在正式场合或者在饭店就餐时，即使包有纸袖也不能用手拿着骨头啃着吃，这些多余的东西基本上是用来作装饰的。另外，在非正式场合，只有骨头上没有汤时才可以拿起来啃着吃。

8）甜点

甜点主要有冰激凌和馅饼，其主要吃法如下。

（1）冰激凌。吃冰激凌一般使用小勺。当和蛋糕或馅饼一起吃或作为主餐的一部分时，要使用一把甜点叉和一把甜点勺。

（2）馅饼。吃水果、馅饼通常要使用叉子。但如果主人为你提供一把叉子和一把甜点勺的话，那么就用叉子固定馅饼，用勺挖着吃。吃馅饼是要用叉子的，在馅饼带冰激凌的情况下，叉、勺都要使用。如果吃的是奶油馅饼，最好用叉而不要用手，以防止馅料从另一头漏出。

9）水果

吃水果的关键是怎样去掉皮和核。在有刀叉的情况下，应小心地使用，用刀切成四瓣再去皮核，用叉子叉着吃，不能拿着整个去咬。没有刀或叉时，可以用两个手指把果核从嘴里轻轻拿出，放在果盘的边上。

10）西式快餐和小吃

西式快餐和小吃种类较多，包括汉堡包和热狗、比萨饼、玉米薄饼、油煎食品和薯片等，其主要吃法如下。

（1）汉堡包和热狗。用手拿着吃，但一定要用餐巾纸垫住，让酱汁流到餐巾纸上，而不是流到手或衣服上。为防止万一，可以一只手拿餐巾垫住，另一只手准备一两张餐巾备用。

（2）比萨饼。用刀在盘内切出大小正好适合一口吃掉的一块，叉子叉住送入口中。也可以用手拿着饼块，要防止上面的馅掉出来。但一般晚宴的餐桌上是看不到比萨饼的。

（3）玉米薄饼。这是一种普遍的用手拿着吃的食物。可以蘸上甜豆或番茄酱等混合酱后再吃。

（4）油煎食品和薯片。可以用手拿着吃，也可以用叉子叉着吃。如果在户外，当然可以用手拿着吃了。

在吃快餐和小吃的过程中，如果把手指弄脏了，可以请服务员端洗手水来。

2. 西餐中应注意的礼仪

1）得体的服饰和举止

在西餐中，应注意自身的外观服饰和言行举止，主要包括如下几个方面。

（1）预约。在西方，去饭店吃饭一般都要事先预约，在预约时，有几个点要特别注意说清楚。首先说明人数和时间，其次要表明是否需要区域或视野良好的座位。如果是生日或其他特别的日子，可以告知宴会的目的和预算。预约完成后，要在预定时间到达，这是基本的礼貌。

（2）尊重女士。在一般的西餐宴会上，女主人才是宴会中真正的主人，在宴会自始至终都扮演着最重要的角色。女主人不坐，别人是不能坐的，女主人把餐巾铺在腿上就说明大家可以开动。女主人要是把餐巾放在桌子上了，就表示宴会结束。客人必须时刻注意她的举动，以免失仪。此外，在所有场合都应记住"女士优先"的原则：进入餐厅时，男士应主动开门，请女士先进，让女士走在前面；入座、餐点端来时，应让女士优先；特别是在团体活动中，更别忘了让女士们走在前面。但是，在公事餐会上，应让上司或长辈先入座。

（3）服饰。吃饭时穿着得体是欧美人的常识。去高档的餐厅，男士要穿整洁，女士要穿套装和有跟的鞋子。如果指定穿正式服装的话，男士必须打领带。

（4）体态。入座时，应从左侧入座。当椅子被拉开后，身体在几乎要碰到桌子的距离站直，领位者会把椅子推进来，腿弯碰到后面的椅子时，就可以坐下来了。用餐时，背部直立，上臂和背部要靠到椅背，腹部和桌子保持约一个拳头的距离，手腕靠在桌子边缘。

（5）适度交谈。进餐时应与左右客人交谈，但应避免高声谈笑，不要只同几个熟人交谈。左右客人如不认识，可先自我介绍。别人讲话时，不可搭嘴插话。

2）正确使用餐具

怎样正确使用西餐餐具就餐，在前面已经叙述过了，这里不再重复。

3）吃相优雅

优雅的吃相包括如下几个方面。

（1）小口进食。

（2）嚼东西时，嘴要闭上，保持细嚼慢咽的姿势，将食物咽下后会意地露出笑容，以传达你内心的活动。

（3）切忌速度过快，共同进餐时大家的量应该一样，并保持同时开始同时结束的速度。

（4）在饮用杯中物时，应先将口中食物咽下，将刀、叉在盘中放成八字形，用餐巾纸将嘴唇擦拭干净，然后再喝酒、水等，不能喝出响声。

（5）吃鱼或有骨头的菜肴时，不要直接往外吐骨刺，可用餐巾掩嘴、用餐具取出后，将吃剩的鸡、鱼骨头和渣子放在自己盘子的边上。

（6）吃有骨头的肉时，可以用手拿着吃。若想吃得更优雅，还是用刀叉较好。必须用手吃时，会附上洗手水。当洗手水和带骨头的肉一起端上来时，意味着"请用手吃"。用手指拿东西吃后，将手指放在装洗手水的碗里洗净。

（7）如盘内剩余少量菜肴时，不要用叉子刮盘底，更不要用手指相助食用，应以小块面包或叉子相助食用。

3. 其他注意事项

在西餐中，还应注意其他事项，主要包括如下几个方面。

（1）有时候，每位宾客的面前都放有一份菜单。菜单的用意并非向来宾表示菜肴的丰富，而是让来宾根据自己的食量决定进食的多少。

（2）从礼节上讲，每道菜上来时宾客都不可拒绝，如果不喜欢某道菜，不妨尽量少取。让吃不完的菜剩在面前的食盘里，是不礼貌的行为。

（3）取食时不要站立起来，坐着拿不到的食物或调味品，应请邻座的人代劳。

（4）手臂不要放在桌子上，也不可将手肘立在餐桌上。

（5）进餐过程中，不要解开纽扣或当众脱衣。如主人请客人宽衣，男客人可将外衣脱下搭在椅背上。

（6）凡是和用餐无关的东西都不能放在餐桌上。在欧美，女士入座后，通常会直接把手提包放在脚边的地板上。除了晚装的小手包，其他手提包不能放在餐桌上。如果不习惯把手提包放在地板上，可以放在背后和椅子之间或大腿上（餐巾下）。若是邻座没有人，也可以放置在椅子上，或挂在皮包架上。

（7）若接打电话，一般应离席。离席之前要跟同桌打个招呼，说声"抱歉……"。

（8）女士用餐前应将口红擦掉，不要在座位上补妆、拨弄头发等。

（9）即使在吸烟区用餐，用餐期间吸烟也不可取，应该等到用餐结束后再吸烟。

（10）侍者会经常注意客人的需要。若需要服务，可用眼神向他示意或微微把手抬高，侍者会马上过来。东西掉了的时候，最好请服务生过来替你捡起。在多数欧美国家，十分讲究付给服务员小费，应该给而不给就会给服务员带来不悦。一般来说，快餐、自助餐以及从窗口买完以后坐到大厅里吃的不给小费，而特色菜肴和专项服务要给小费。

知识链接 3-9

柠檬水

2018年的秋天，小李和另外十五名同学被学校交换到美国学习。在到达目的地的第二天，他和几个比较要好的朋友就达成了共识，决定一起去当地一家小有名气的餐厅尝试一下真正的西餐。

吃完了蔬菜沙拉，喝过开胃酒，在正餐开始之前，侍者给他们每个人端来了一杯水，上面漂着两片柠檬。他们都很开心，想都没想端起来就喝，彼此之间还说：吃西餐就是这么好，最起码人家餐厅想得周到呀，看我们吃过了沙拉，怕我们口中有杂味影响正餐，给我们端来柠檬水中和味道。小李和朋友们正喝着呢，发现侍者腼腆而吃惊地盯着他们，心中大感不解，问他为什么那么奇怪地看着自己一行人，侍者扭扭捏捏地说："那柠檬水，是给你们洗手的。"

那一刻，他们都沉默了，想笑又笑不出来。

【问题】

1. 现代社会的中国人有必要学习西餐的知识吗？
2. 你印象中的西餐有哪些情景？

复习思考题

一、判断是非题

1. 依服务对象的不同，社交礼仪可分为国内礼仪和涉外礼仪两种。　　　　　（　　）

2. 在日常生活中，对亲属的称呼是约定俗成、人所共知的。一般情况下，对自家亲属，使用敬称；对他人的亲属，使用谦称。（   ）

3. 国际公认的异性之间的介绍顺序是将男性介绍给女性。（   ）

4. 宾主之间行握手礼，客人抵达时，主人先伸手；客人告辞时，由客人先伸手。（   ）

5. 交谈的内容要根据对象、身份、场合、时间来确定。（   ）

6. 在很正式的场合吃西餐时，应当由女主人邀请大家开始用餐。如果女主人不在场，男主人席位右边的女嘉宾应当是第一个开始吃的人，其他人看到她的行动则可以进餐了。（   ）

7. 在西餐厅用餐时，如果有食物塞住牙缝，使用牙签时应该用餐巾纸或手遮挡一下，以免失礼。（   ）

8. 中餐宴席上有人带小孩时，上菜后可以先将转盘转到小孩一方，让小孩先取菜，以体现我们有爱心。（   ）

9. 宴会礼仪通常规定，除自助餐、茶会及酒会外，主人必须为客人安排合理的席次。（   ）

二、问答题

1. 请简述不同场合下称呼的差异和礼仪规范：日常生活、工作场合、外交场合。
2. 自我介绍时要注意哪些礼仪规范？
3. 交谈时应如何选择话题？
4. 简述在中餐宴会上主人和客人分别应该注意的礼仪。
5. 如果吃饭的时候，你的领导趁机向你打探员工之间的消息或情况，你该如何应对？
6. 说出 5 段以上不同的敬酒词，要求既能活跃宴会气氛，又能恭维对方，调动对方兴致。

三、综合应用题

（一）称呼训练

将学生分成若干组，每个学生均扮演中信公司总经理办公室秘书的角色，由教师分别扮演该公司总经理、销售部经理、招聘专员李某、实习生宋某、合作公司的设计总监胡某。

教师分别以上述角色中的一种坐下，每一组学生针对其中的一个角色，依次上前称呼。教师检查学生的称呼语是否正确，语速、语调是否合适。

（二）交谈训练

将全班学生分为人数对等的 A、B、C、D 四组，两两相对练习。一组学生扮演某体育用品有限公司的总经理，一组学生扮演某食品饮料公司的总经理助理。双方在参加中国商品贸易洽谈会期间首次见面，产生合作意向。在休息室，双方经过打招呼、相互介绍、递接名片等见面礼仪之后，进入谈话聊天阶段。

训练要求：限时5分钟，5分钟之内完成一个以电视广告为主题的交谈。

（三）实践训练

情景设计：求职面试、商务会谈、同学会。

实训目的：通过实训，学习如何在见面时正确地完成自我介绍、为他人介绍并接受介绍等礼仪规范。

实训内容：(1) 自我介绍的礼仪训练；(2) 为他人介绍的礼仪训练；(3) 接受介绍的礼仪训练。

实训组织：分组进行（六人一组，每组选择一个场景），分配角色，交叉练习。

（四）技能考核

表3-1为见面礼仪的测试表格，请以小组为单位互相测试。

表3-1 见面礼仪测试

考核项目	考核标准	评价等级				分值
		A	B	C	D	
握手礼	准确掌握握手礼的礼仪规范，注重手位和表情相配合，要求规范、熟练、优雅					3
鞠躬礼	准确掌握鞠躬礼的礼仪规范，注重手位和表情相配合，要求规范、熟练、优雅					2
	准确熟练展示15°、30°和90°三种鞠躬礼仪规范，注重手位和表情相配合，要求规范、熟练、优雅					2
拱手礼	准确掌握拱手礼的礼仪规范，注重手位和表情相配合，要求规范、熟练、优雅					1
合十礼	准确掌握合十礼的礼仪规范，注重手位和表情相配合，要求规范、熟练、优雅					1
拥抱礼	准确掌握拥抱礼的礼仪规范，注重手位和表情相配合，要求规范、熟练、优雅					1
合计						10

备注：考核等级共分四等，A等系数为1.0，B等为0.8，C等为0.6，D等为0.4。

（五）案例分析

案例一　布什在哪里？

1988年美国总统竞选期间，布什在选民中形成了毫无独立主张的印象。在交谈时，民主党人总爱用挖苦的口气问："布什在哪里？"这个问题该如何回答呢？布什的竞选顾问、老资格政治公关专家艾尔斯为布什设计了一个答案："布什在家里，同夫人巴巴拉在一起，这有错吗？"这一回答，体现了强烈的针对性和恰如其分的分寸感，有很高的艺术性，为布什的政治家风度增添了不少光彩。

如果你在社交场上遭到别人挖苦时,就马上抓住对方弱点迎头痛击,那将产生什么效果呢?也许你自认为是胜利者,可在别人眼里,你却是一个心胸狭窄、不善言辞的人。可见,社交口才表达的程度是根据对象、环境、时间而有所区别的,掌握不好这个度,既影响说话效果,又影响自己的社交形象。

【问题讨论】

1. 口才是一个人的素养、能力和智慧全面而综合的反映,人的口才可以从哪些方面得到体现?

2. 一个人的语言表达能力要想获得很大提高,应该从哪些方面来训练?

案例二　司马小姐吃西餐

司马小姐至今都记得自己第一次吃西餐时的情形。当时,她走进餐厅,就看到豪华而气派的装饰,而且整个餐厅很静,若有若无的音乐轻轻回荡,她有些心动,同时也不免紧张。她走到餐桌边,伸手去拖餐椅,而侍从赶紧过来,帮她轻轻挪动椅子,司马小姐发现自己不知道该站在椅子的哪一边,脸一下子就红了。在接下来进餐的过程中,她又忘记了左叉右刀的原则。其实她是左撇子,而且第一次用,心里很紧张,动作更显得笨拙。整个进餐过程对司马小姐来说像是在受罪,音乐、环境对她而言都不曾留下什么印象,只有紧张、小心翼翼以及小心翼翼后的笨拙,令她终生难忘。

【问题讨论】

1. 在参加西餐宴请时,要注意西餐礼仪与中餐礼仪的不同。在走到餐桌旁时,应站在餐椅的哪一边位置?为什么?

2. 司马小姐事先没有了解西方餐桌礼仪,导致出现了失礼行为。我们平时应该如何加强中西餐礼仪的学习?

专题四

现代商务礼仪

学习目标

1. 了解商务活动中的接待和拜访知识。
2. 熟悉商务礼品的选择和馈赠礼仪规范。
3. 熟悉会见、会议、乘车、谈判、宴会位次安排的礼仪规范。
4. 了解商务礼仪文书的种类、基本规范和技巧。
5. 了解商务活动中电子邮件的基本写作规范。
6. 了解常见仪式礼仪的基本程序和礼仪规范。

案例导入

林肯为什么被评选为"最佳总统"

《林肯传》中有这样一件事：一天，林肯总统与一位南方的绅士乘坐马车外出，途遇一位老年黑人深深地向他鞠躬，林肯点头微笑并摘帽还礼。同行的绅士问道："为什么你要向他摘帽？"林肯说："因为我不愿意在礼貌上不如任何人。"1982年，美国举行民意测验，要求人们在美国历届的40位总统中挑选一位"最佳总统"时，名列前茅的就是林肯。

【问题】
试分析林肯被评选为"最佳总统"的原因。

项目一　商务接待礼仪

在日常商务交往中，双方少不了相互邀请、拜访、接待、会面和馈赠，虽然这些都是最基本的商务活动形式，但是都必须遵循一定的礼仪规范，只有这样才能使双方的合作关系更加和谐融洽。接待工作是公司的"第一个窗口""第一张面孔""第一项服务"，有了初次接触才可能会有后面的洽谈、交流、发展、合作，才会争取到更多的机会。恰到好处地运用商务接待礼仪，可以给来访客户留下良好的印象，有助于商务交往的顺利进行。

一　接待原则

商务接待是商务交往中最常见的礼仪活动，不但可以展现个人良好的礼仪与风度，而且可以树立公司的形象，对于建立联系、发展友情、促进合作有着重要的作用。商务接待工作应遵循以下原则：

（1）细致周到：商务接待成功的秘诀在于细心，了解客人，照顾到每一位客人的喜好，对新老朋友都热情相待，他们会为你的细心感到高兴的；

（2）认真执行：当接待人员收到接待任务后，应积极做好各种准备，认真执行接待任务；

（3）提前通报：需要各部门配合的工作，要提前通知，确保接待工作万无一失；

（4）轻易不变：一旦接待工作已经安排部署好，就不要轻易改变，以免造成主客之间不必要的麻烦。

二 接待规格

接待规格应根据客人的具体情况而定，一般不可过高，也不可过低，以接待者身份与来访者身份对等为宜。具体采用什么接待规格，由主人确定。接待规格须事先确定，安排好接待人员，否则会造成客人到来后无人照顾的尴尬场面。接待规格主要有以下几种。

（1）高规格接待，即接待人员比来访人员身份高的接待。如果上级单位派人向下级单位口授指示、意见，兄弟单位派人来商谈重要事宜，下级单位有重要事情请示，在这些情况下，都要给予高规格接待，领导要适时出面作陪。

（2）对等规格接待，即接待人员与来访人员身份大体相当的接待。这在接待工作中最为常见。通常来的客人是什么级别，本单位也应派相应级别的同志接待作陪，职务和职称相同更好，或者按照预约由经办部门领导对等接待。

（3）低规格接待，即接待人员比来访人员身份低的接待。比如，上级领导从地方路过，参观团从外地过来，老干部故地重游等，都可作低规格接待处理。在这种接待中要特别注意热情、礼貌。

三 接待的一般流程

（一）接待准备

商务接待应提前做好充分的准备，应准备事项包括如下几个方面：

（1）了解客户的基本情况，包括客户的姓名、所在单位、性别、民族、职业、职务、级别及到访的具体人数；还有一些细节问题，比如到访的具体日期、时间、地点等，也必须在接待前了解清楚；

（2）根据客户的具体情况确定具体的接待规格；

（3）在规定标准的范围内，安排接待工作用车、客户用车、客户餐饮住宿等；

（4）挑选好接待人员，根据接待人员的工作能力将其具体安排到接待工作的各个环节。

（二）迎接宾客礼仪

迎来送往，是商务接待活动中最基本的形式和重要环节，是表达主人情谊、体现礼貌素养的重要方面。热情、得体的迎接，将给对方留下良好的第一印象，为下一步深入接触打下基础。迎接客人要有周密的部署，应注意以下事项。

（1）对前来访问、洽谈业务、参加会议的外国、外地客人，应首先了解对方到达的车次或航班，安排与客人身份、职务相当的人员前去迎接。若因某种原因，相应身份的主人不能前往，前去迎接的人员应向客人做出礼貌的解释。

（2）主人到车站或机场迎接客人，应提前到达，恭候客人的到来，绝不能迟到。

（3）接到客人后，应首先问候"一路辛苦了""欢迎您来到我们这个美丽的城市"，然后向对方做自我介绍，如果有名片，可送予对方。

（4）应提前为客人准备好交通工具。

（5）应提前为客人准备好住宿，帮客人办理好入住手续并将客人领进房间，同时向客人介绍住处的服务、设施，将活动的计划、日程安排交给客人，并把准备好的地图或旅游图、名胜古迹介绍等材料送给客人。

（6）将客人送到住地后，主人不要立即离去，应陪客人稍做停留，热情交谈，谈话内容要让客人感到满意，比如客人参与活动的背景材料，当地风土人情，有特色的自然景观、特产等。分手时将下次联系的时间、地点、方式等告诉客人。

（三）招待宾客礼仪

1. 引路

接待人员带领客人到达目的地，应该有正确的引导方法和引导姿势。引导客人应五指并拢，手心微斜，指出方向。

（1）在走廊时，接待人员在客人左前方1米处引领，配合步调，让客人走在内侧。

（2）引导客人上楼时，应该让客人走在前面，接待人员走在后面；下楼时，应该由接待人员走在前面，客人走在后面。上下楼梯时，接待人员应该注意客人的安全。

（3）引导客人乘坐电梯时，接待人员先进入电梯，等客人进入后关闭电梯门；到达时，接待人员按"开"的钮，让客人先走出电梯。若接待客人较多，则应前后各配一个接待人员。

（4）当客人走入客厅，接待人员用手指示，请客人坐下，看到客人坐下后，才能行点头礼后离开。如客人错坐下座，应请客人改坐上座。

2. 开、关门

通常，引导客人到办公室门前，应注意"敲门——开门——进门——挡门——关门"的顺序。敲门最正确的做法是先敲三下，隔一小会儿，再敲几下。敲门的响度要适中，绝不能用拳捶、用脚踢，更不要"嘭嘭"乱敲一气。如门是虚掩着的，也应当先敲门。这个敲门有两层意思，一是表示一种询问："我可以进来吗?"二是表示一种通知："我要进来了。"

开门时如果是手拉门，应站在门旁开门引导，客人先进，如图4-1（a）所示；如果是手推门，应先推开门，接待人员先进，握住门把手，邀请客人进入，如图4-1（b）所示。

3. 引见

由高至低逐一引见、介绍应遵守三项基本原则："女士优先"原则；"尊者优先了解情况"原则；"后来居上"原则。关于引见、介绍的顺序，详见本书专题三"介绍礼仪"项目中"介绍他人"部分的有关内容。

（a）手拉门情况下客人先进　　　　　　（b）手推门情况下接待人员先进

图 4-1　商务接待中引导客人进门

4. 领座

引导客人入上座，引导入座遵循面门为上、以面南为上、东向为上等原则。实践中确认上座的具体做法详见本专题"商务位次礼仪"项目的有关内容。

5. 奉茶

客人到来时，应该向客人提供茶水或饮料，必要时可提供杂志。为客人奉茶要有正确的奉茶礼仪，做到如下几点。

1）茶具清洁

冲茶之前，一定要把茶具洗干净，在冲茶、倒茶之前最好用开水烫一下茶壶。这样，既讲究卫生，又显得彬彬有礼。

2）茶水适量

泡茶时，茶叶不宜过多也不宜过少。如果客人主动说出自己喜欢喝浓茶或者淡茶的习惯，那就按客人的喜好冲泡。无论是大杯还是小杯，都不宜倒得太满，一般情况下，七分满最合适。第一遍泡的茶要倒掉，第二遍泡的茶才能给客人喝。

3）遵守奉茶礼仪

进入客人等待的房间时，先敲门说"对不起，打扰了"，然后微微躬身进入房间，进入房间后在桌子的一端放下托盘，将放在茶托上的茶具按顺序摆放。斟茶的顺序应以客人为先，自己公司的成员则按职位高低先后斟茶。斟茶时，应双手拿起茶壶在客人的右侧斟茶。正确的奉茶步骤是：左手托底，右手拿着茶杯的中部，杯耳朝向客人，双手将茶从客人后侧轻轻奉上（如图4-2所示），同时说"请您用茶"。续杯通常以30分钟为标准，30分钟后若客人还没有离去，就可以续杯了。

图 4-2　商务接待中为客人奉茶

关于茶叶的种类和饮用特点，参见表 4-1。

表 4-1　茶叶的种类和饮用特点

种类	饮用特点
绿茶	当年的新茶是首选。绿茶适合夏天饮用，可以消暑降温
红茶	色泽油润乌黑。冲泡后，它具有独特的浓香和爽口的滋味，还能暖胃补气、提神益智。红茶性温热，适合在冬天饮用
乌龙茶	外观呈黑褐色，沏水冲泡后的乌龙茶色泽凝重鲜亮、芳香宜人。不仅可以化解油腻，而且健胃提神
花茶	花茶，又叫香片，是以绿茶经过各种香花熏制而成的茶叶。它的最大特点是冲泡沏水后芳香扑鼻、口感浓郁、味道鲜嫩。一年四季都可以饮用

（四）送客礼仪

客人来时，要以礼相迎，客人告辞，还应以礼相送，使整个接待工作善始善终。送客时，除了讲一些告别的话，还要讲究一些送客艺术。"出迎三步，身送七步"是迎送宾客最基本的礼仪。

1. 礼貌送客

当客户提前告辞时，切不可急于起身送客。客户起身告辞时，再起身与客户握手告别，这时还要招呼其他工作人员，一起热情相送。

2. 送客常规

在通常情况下，低层送到大门口，高层送到电梯口，有车送到车离去。在送客过程中，要叮嘱客户小心慢走，下楼注意台阶。如遇下雨，要给客户拿出雨具。如是初次来的客户，要告诉下次再来的路线；对远道而来的客户或带有重物的客户，要给客户安排交通工具。与客人在门口、电梯口或汽车旁告别时，要与客人握手，以恭敬、真诚的态度，笑容可掬地目送客人上车或离开，不要急于返回，应鞠躬、挥手致意，待客人移出视线后，才可结束告别仪式。

3. 大型社交活动的送客

大型社交活动的送客工作要复杂一些，应有专人组织。在活动结束之前，就要了解客户的返程日期和要求、车次、班次和票种，并及时预购好车、机、船票。活动结束后，应到客户住处表示欢送，询问客户离开前还有什么需要交代、办理的事。在离开时，要提前给客户结算好各项费用，并帮助客户搬运携带的物品。用车将客人送到车站、机场、码头，最好能送到车厢，安排好座位；对于贵客，应先联系好贵宾室，请客户在贵宾室候车。客户所乘车、船启动时，送行者应挥手告别。

知识链接 4-1

接待冷淡，断送生意

泰国某政府机构为国内一项庞大的建筑工程面向美国工程公司招标。经过筛选，最后剩下四家候选公司，泰国方面派遣代表团亲自到美国各家公司商谈。代表团到达芝加哥时，某家工程公司由于忙乱中出了差错，又没有仔细复核飞机到达时间，未去机场迎接泰国客人。泰国代表团尽管初来乍到，不熟悉芝加哥，但还是自己找到了芝加哥商业中心的一家旅馆。他们打电话给那位局促不安的美国经理，在听了他的道歉后，泰国人同意第二天11时在经理办公室会面。第二天，美国经理按时到达办公室等候，直到下午三四点才接到客人的电话说："我们一直在旅馆等候，始终没有人前来接我们。我们对这样的接待实在不习惯。我们已订了下午的机票飞赴下一目的地，再见吧！"

【问题】

请指出案例中不符合商务礼仪的地方。

知识链接 4-2

重视接待，客我双赢

某集团公司汪总经理的日程表上清晰地写着："12月23日接待英国的威廉姆斯先生。"22日下午，汪总经理在着手安排具体接待工作时，案头的电话铃响了，打电话的正是威廉姆斯先生，他说因在某市的业务遇到了麻烦，要推迟到25日才能抵达贵公司，问汪总经理是否可以，并再三因改期表示歉意。尽管汪总经理25日需到省城参加一个会议，时间已经做了安排，但他还是很干脆地答复对方，25日一定安排专人接待，26日同威廉姆斯会面。因为汪总经理知道，威廉姆斯先生拥有众多的国外客户，同他合作，有望使本公司的商品打入更多的国外市场。于是，汪总经理把接待威廉姆斯的任务交给了公关部经理焦小姐。接受任务后，毕业于文秘专业的焦小姐立即着手收集有关资料，并制订了详尽的接待方案。25日下午4时，威廉姆斯乘坐的班机准时降落，当威廉姆斯走出出口后，焦小姐便热情地迎了上去，并用一口纯熟的英语做了自我介绍，使正在茫然四顾的威廉姆斯先生立即有了一种踏实的感觉。焦小姐陪同威廉姆斯先生乘轿车离开机场向市中心的宾馆驶去。一路上，焦小姐不时向威廉姆斯介绍沿途的风光及特色建筑，威廉姆斯对焦小姐的介绍很感兴趣。天色渐暗，华灯初上，望着窗外的景色，威廉姆斯富有感情地说："在我们国家，今天是一个非常快乐的日子，亲人团聚，尽情享受生活的乐趣。"话语中透着几分自傲，又似乎有几分遗憾，焦小姐认真地倾听并不断地点头。车子抵达宾馆，由服务人员将威廉姆斯先生引入房间稍事整理后，焦小姐请威廉姆斯先生一同共进晚餐。走入餐厅，威廉姆斯先生被眼前的景色惊呆了：圣诞树被五彩缤纷的灯饰装饰得格外绚丽，圣诞老人在异国慈祥地注视着远方的游子，餐桌上布满了丰盛的圣诞食品。威廉姆斯先生非常兴奋。进餐中，服务人员手捧鲜花和生日贺卡走进来呈给他，威廉姆斯先生更是激动不已。原来，这天正是威廉姆斯先生55岁生日。焦小姐举起手中酒杯，对他说："我代表我们公司及汪总经理，祝您圣诞节欢乐，生日快乐！"威廉姆斯兴奋地说道："谢谢你们为我举行这么隆重的圣诞晚宴及生日宴会，你们珍贵的友情和良好的祝愿，我将终生难忘。"26日，汪总经理由省城返回，双方有关合作业务洽谈得非常顺利。威廉姆斯先生回国时，再三向焦小姐及公司对他的接待表示感谢。

【问题】
1. 焦小姐组织的这次接待工作为什么取得了良好的效果？
2. 通过分析此案例，你认为该集团公司在商务接待工作方面做得怎样？

项目二　商务拜访礼仪

商务拜访是指亲自或派人到有商务往来的客户单位或相应场所去拜见、访问某人或某单位的活动，它是商务交往的一种重要形式。商务拜访包括事务性拜访、礼节性拜访和私人拜访三种，其中事务性拜访又分为商务洽谈性拜访和专题交涉性拜访。商务拜访的目的是加强商务联系、购销商品等。拜访的流程为：联系拜访——确认拜访——准备——赴约——结束拜访。

一　约定时间和地点

不论因公还是因私而访，都要事前与被访者进行电话联系，说明拜访的目的，提出访问的内容，使对方有所准备。在对方同意的情况下，确定具体的拜访时间、地点。

二　提前准备

在进行商务拜访前，应做好如下的准备：
（1）阅读有关拜访对象个人和所在公司的资料；
（2）准备拜访时可能用到的资料，检查各项携带物是否齐备（名片、笔和记录本、电话本、磁卡或现金、计算器、公司和产品介绍、合同等）；

(3)明确谈话主题、思路和话语;
(4)做好外在形象准备,注重穿着与仪容的职业感。

三 准时赴约

(一)赴约前准备

出发前最好与客户通电话确认一下,以防临时发生变化;选好交通路线,算好时间出发,确保提前5~10分钟到达;到了客户办公大楼门前,再整装一次;如提前到达,不要在被访公司溜达。

(二)进入室内

面带微笑,向前台接待说明身份、拜访对象和目的;从容地等待接待员将自己引到会客室或受访者的办公室;如果是雨天,不要将雨具带入办公室;在会客室等候时,不要看无关的资料或在纸上随手涂画;接待员奉茶时,要表示谢意;等候超过一刻钟,可向接待员询问有关情况;如受访者实在脱不开身,则留下自己的名片和相关资料,请接待人员转交。

(三)见到拜访对象

进入拜访对象的办公室,应先敲门,听到"请进"后再进入;问候、握手、交换名片;客户请人奉上茶水或咖啡时,应表示谢意;会谈时注意称呼,注意遣词用字,注意语速、语气、语调;会谈过程中,如无急事,不要打电话或接电话。

四 告辞

根据对方的反应和态度来确定告辞的时机;确定告辞时应起身离开座位,不宜久说久坐不走;感谢对方的接待;如办公室门原来是关闭的,出门后应轻轻把门关上;客户如要相送,应礼貌地请客户留步。

知识链接 4-3

金先生谈生意

某照明器材厂的业务员金先生按原计划,手拿企业新设计的照明器材样品,兴冲冲地登上客户公司办公楼六楼,脸上的汗珠未及擦一下,便直接走进了业务部张经理的办公室,正在处理业务的张经理被吓了一跳。"对不起,这是我们企业设计的新产品,请您过目。"金先生说。张经理停下手中的工作,接过金先生递过的照明器,随口赞道:"好漂亮啊!"并请金先生坐下,倒上一杯茶递给他，然后拿起照明器仔细研究起来。金先生看到张经理对新产品如此感兴趣，如释重负，便往沙发上一靠，跷起二郎腿，一边吸烟一边悠闲地环视着张经理的办公室。当张经理问他电源开关为什么装在这个位置时，金先生习惯性地用手搔了搔头皮。虽然金先生做了较详尽的解释，张经理还是有点半信半疑。谈到价格时，张经理强调："这个价格比我们预算高出较多，能否再降低一些？"金先生回答："我们经理说了，这是最低价格，一分也不能再降了。"张经理沉默了半天没有开口。金先生却有点沉不住气，不由自主地拉松领带，眼睛盯着张经理。张经理皱了皱眉道："这种照明器的性能先进在什么地方？"金先生又搔了搔头皮，反反复复地说："造型新、寿命长、节电。"张经理便找了一个托词离开了办公室，只剩下金先生一个人。金先生等了一会儿，感到无聊，便非常随便地抄起办公桌上的电话，同一个朋友闲谈起来。这时，门被推开，进来的却不是张经理，而是办公室秘书。

【问题】

结合案例，请分析金先生生意洽谈失败的礼仪缺陷有哪些？他应如何修正个人礼仪问题？

知识链接 4-4

迎宾和引见

情景1：甲男、甲女两白领在门口迎候来宾。一轿车驶到，乙男士下车。甲女上前道："陈总，您好！"然后呈上自己的名片。又道："陈总，我叫李菲，是正道集团公关部经理，专程前来迎接您。"乙男道谢。甲男上前："陈总好！您认识我吧？"乙男点头。甲男又道："那我是谁？"乙男尴尬不堪。

情景2：乙女陪外公司一女（丙女）进入本公司会客厅，本公司丙男正在恭候。乙女首先把丙男介绍给客人："这是我们公司的刘总。"然后向刘总介绍客人："这是四方公司的谢总。"

【问题】

请判断上述案例中主方接待人员的做法是否正确。

知识链接 4-5

王海拜访王经理

王海是一位刚大学毕业应聘到某保险公司的新业务员，今天准备去拜访某公司的王经理。由于事前没有王经理的电话，所以王海没有进行预约就直接去了王经理的公司。由于王海刚进公司，还没有公司制服，所以他选择了休闲运动打扮。到达王经理办公室时，刚好王经理正在接电话，就示意让他在沙发上坐下等一等。王海便往沙发上一靠，跷起二郎腿，一边吸烟一边悠闲地环视着王经理的办公室。在等待的时间里，王海不时地看表，不时地从沙发上站起来在办公室里走来走去，还随手翻了一下放在茶几上的一些资料。

【问题】
请问王海在这次拜访中会成功吗？如果不成功，请你指出他失礼的地方。

项目三　礼品馈赠礼仪

馈赠，是人际交往中的一项重要举措。成功的馈赠行为，能够恰到好处地向受赠者表达自己的友好、敬重或其他某种特殊的情感，并因此让受赠者产生深刻的印象。

一　商务礼品分类

在商务往来中，根据礼品的自带属性和用途，可以将其分为如下几类：
（1）宣传性：如公司的主打产品、宣传画册、企业标志、建筑模型等；
（2）纪念性：公司成立、厂房奠基、产品下线、店铺剪彩、展览揭幕、合同签署、企业合并、荣获嘉奖等值得纪念的事件制成的合影照、纪念册、标志牌、专用币等物品；
（3）趣味性：关注个人品位，如书籍、字画、邮票、雕塑、文具、皮具等有一定文化含量与档次的礼品；
（4）业务性：如钢笔、电脑、名片夹、记事本、公文箱、领带、皮带、衬衫、手表、化妆品等。

二　礼品的选择和赠送

（一）礼品的选择

1. 根据馈赠目的选择礼品

公司庆典一般送上一篮鲜花，慰问病人可以送鲜花、营养品、书刊等，朋友生日可以送卡片、蛋糕等，庆祝节日可以送健康食品、当地特产，旅游归来可以送当地人文景观纪念品及土特产，走亲访友一般送精致水果、糖酒食品等。

2. 根据馈赠对象选择礼品

1) 考虑彼此的关系现状

在选择礼品时，必须考虑到自己与受赠对象之间的关系现状，不同的关系应当选择不同的礼品。应根据与馈赠对象的亲缘关系、地缘关系、业缘关系、性别关系、友谊关系、文化习惯关系、偶发性关系等在选择礼品时区别对待。

2) 了解受赠对象的爱好和需求

根据受赠对象的爱好和实际需求来选择礼品，往往可以增加礼品的实效性，增强对送礼者的好感和信任。例如，给书法爱好者赠送文房四宝，给音乐爱好者赠送乐器等。

3) 尊重对方的个人禁忌

在礼品的选择过程中，应细致了解受赠对象的个人禁忌。一般而言，选择礼品不应忽视的禁忌有四类。第一，个人禁忌。例如，送情侣表给一位刚刚守寡的妇女，会触犯对方的私人禁忌。第二，民俗禁忌。如汉族人忌送钟、伞，因为这意味着不吉利。第三，宗教禁忌。如对伊斯兰教徒不能送人形礼物、雕塑和女人的画片，也不能送酒，因为他们认为酒是万恶之源。第四，伦理和法规禁忌。如各国均规定，不得将现金和有价证券送给并无私交的公务人员。

（二）礼品的包装

正式的礼品都应精心包装。良好的包装将使礼品显得更加精致、郑重、典雅，给受赠者留下美好的印象。在赠送礼品给外国友人时，尤其应当注意这一点。礼品包装时应注意包装材料、容器、图案造型、商标、文字、色彩的选择，确保其使用符合相关政策法规和习俗惯例，不要触及或违反受赠方的宗教和民族禁忌。在有的国家，数字禁忌也是礼品包装所要注意的问题，如日本忌讳"4"和"9"这两个数字，欧美人忌讳"13"。

礼品包装时，应根据世界各国的生活习俗，选择适宜的色彩。如日本忌绿色喜红色，美国人喜欢鲜明的色彩，忌用紫色。

（三）赠送的时机

赠送礼品必须选择恰当的时机，时机上应注意把握如下四点。

（1）选择最佳时机。如亲友结婚、生子，交往对象乔迁、晋级等，都是送礼的良佳时机。

（2）选择具体时间。一般来说，客人应在见面之初向主人送上礼品，主人应当在客人离去之时把礼品送给对方。另外，送礼还应考虑在对方方便之时，或选取某个特定时间给对方造成惊喜。

（3）控制好送礼时限。送礼时间应以简短为宜，只要向对方说明送礼的意图及相应的礼品解释后即可，不必过分渲染。

（4）注意时间忌讳。不必每逢良机便送礼，致使礼多成灾。尽量不要选择对方不方便的时候送礼，比如对方刚刚做完手术尚未痊愈之时就不宜立即送礼。

（四）赠送的地点

送礼时应注意区分公务场合与私务场合。在公务交往中，一般应选择工作场所或交往地点赠送礼品；而在私人交往中，则宜于私下赠送，受赠对象的家中通常是最佳地点。

（五）赠送的注意事项

赠送礼品时，应注意如下事项。

（1）说明意图。应在适当的时机和场合赠送礼品，送礼前应先向对方致意问候，简要委婉说明送礼的意图，如"祝你工作顺利""真是感谢你上次的帮助"等。

（2）介绍礼品。赠送礼品时，送礼者应对礼品的寓意、使用方法、特色等进行适当解释。邮寄赠送或托人赠送时，应附上一份礼笺，用规范、礼貌的语句解释送礼缘由。在当面赠送礼品时，则应亲自道明送礼原因和礼品寓意，并附带说一些尊重、礼貌的吉言敬语。

（3）仪态大方。在面交礼品时，送礼者应着装规范，起身站立，面带微笑，目视对方，双手递交。将礼品交予对方后，与对方热情握手。

知识链接 4-6

送礼遭冷遇之一

蔡洪是吴刚的上司，两人私交甚好。有一次，吴刚出差到外地，发现了一套非常漂亮的茶具。吴刚知道蔡洪一直对茶道有所研究，所以就给蔡洪购买了这套茶具。出差回来的第一天，吴刚就兴高采烈地直奔蔡洪的办公室把礼物送给了蔡洪。当时，蔡洪的办公室里还有好几个同事，吴刚发现蔡洪的脸色不太自然，而且他对吴刚所送的茶具也没有表现出特别的兴趣。这让吴刚百思不得其解。

【问题】
请问吴刚这次赠送礼品的不妥之处体现在哪些方面？为什么？

知识链接 4-7

送礼遭冷遇之二

北京某公司秘书小王按公司总经理的要求，来到王府井购物商城为一巴基斯坦代表团选购礼物。客人中有团长及夫人，还有三位男穆斯林客人。小王跑遍了整个商城，终于买好了：一个景泰蓝花瓶，给团长；一件真丝旗袍，给团长夫人；三个制作精美的毛主席像章，给三位男客人。她让服务员用绿色的包装盒一一装好，并用红色丝带捆扎后，赶回公司。办公室主任一看小王买回来的礼品，立即让她有的退回，有的重新包装。小王很委屈，她到底做错了什么？

【问题】

请问秘书小王哪些地方做得不恰当，为什么？

项目四　商务位次礼仪

一　中国古代方位礼仪观

（一）面南为上

我国古代帝王和臣子在殿堂上都有固定的位置，帝王坐北朝南，座位在北方，而臣子则面北参拜，位置是丝毫不能变更的。这就是常说的"君臣位，南北面"，所以也有"面南称王""面北称臣"的说法。北尊南卑在司马光的《资治通鉴》中有明确的记载："若不能，何不按兵束甲，北面而事之？"说的是当年诸葛亮为了联合孙权抗曹，故意采用"激将法"劝说孙权："假如不能（对抗），为什么不放下武器，捆起铠甲，面向北而服从侍奉他（曹操）呢？"在这里，"北面"意指"面北称臣"，即投降于曹操。正因为君王为尊为上，坐在北面，所以以"面南"为上；大臣为卑为下，站在南面，所以以"面北"为下。

（二）以东为上

清代学者凌廷堪在他的礼学名著《礼经释例》中就确切地提出"堂上以南向为尊，室中以东向为尊"的说法。在古代，尤其是椅子由少数民族传入中原之前，关于室内礼节性的座次，最尊的座位是在西墙前铺席，坐在席上面向东，即所谓"东向坐"；其次是在北墙前铺席，面向南而坐；再其次是南墙前席上面向北而坐；最卑的位置是东边面朝西的席位。《史记·项羽本纪》中记载，鸿门宴之时，项羽、项伯朝东而坐（"东向坐"），最尊（项伯是项羽的叔父，项羽不能让叔父坐在低于自己的位置上）；范增朝南而坐（"南向坐"），仅次于项氏叔侄的位置；刘邦朝北而坐（"北向坐"），又卑于范增；张良面朝西（"西向侍"）的位置，是在场人中最卑的了。可见，鸿门宴座次的安排，就属于这种"以东为上"室内礼节活动的形式。

（三）以左为尊

古人在求贤待客上讲究"虚左"——以左为尊。《史记·魏公子列传》记载："公子于是乃置酒大会宾客。坐定，公子从车骑，虚左，自迎夷门侯生。侯生摄敝衣冠，直上载公子上坐，不让，欲以观公子。"在这里，魏公子先摆好酒大宴宾客，大家坐好后，公子却带着车马，空出左边的座位，亲自驾车去迎接夷门的侯生。侯生穿戴着破旧的衣帽，径直登上公子的车，坐在上位，并不谦让，想借（这种举动）来观察公子的态度。我们从"虚左""上位""不让"中不难看出，此时，"左"为尊，"右"为卑。有趣的是，在确定并排位次时，我国传统做法的"以左为尊"与国际上"以右为尊"的惯例不同，即以左为上、右为下。不过，在国际交往中，还是要注意"内外有别"，坚持"以右为尊"为好。

总的说来，方位与尊卑有着密不可分的关系，随着时代变迁、场合变换、对象变更而有所变化。了解这一点，对于我们学习文言文、理解礼仪知识极有帮助。

二 商务活动中的尊位确定和位次排序规则

（一）尊位的概念

尊位也叫上位，实际上就是一场活动中最重要、最尊贵的位置。这种位置既可以是座位，也可以是站位、行位。这种位置在不同的场所、不同的文化和不同的历史阶段有着不同的确定标准。尊位是各种礼仪活动中的一个基点，有了这个点就便于确定其他人的位置，包括整个活动的行进方向。离开了尊位的确定，礼仪活动就失去了方向。

（二）尊位的特征

1. 以中心为尊

以中心为尊，即尊位居于中心，形成众星捧月之势，具有视野上的最佳位置和行动上的最便利条件。

2. 以右为尊

以右为尊是从主方尊位的视角而言的。通常情况下，公认主方尊位又比客方尊位更重要，因此，有时主人将主方尊位让与客方主人以示进一步的敬重和尊崇之意。

（三）位次及其排序

位次，也就是出场的顺序。这种顺序是一种优先权的获得和体现的过程，即先出场的人比后出场的人具有各方面的优先权。如果说尊位为活动的安排确定了基础，位次的排序则保证了活动的有序进行。在正式的商务活动中，位次排序主要是依据利益关系而定的。交叉和平行排列是商务活动中位置安排的两种最主要形式。

（四）实践中的位次排序和尊位的体现

在商务活动实践中，位次排序的总体要求如下：

(1) 以右为上；

(2) 面门为上；

(3) 居中为上；

(4) 远门为上；

(5) 前排为上（临台为上）；

(6) 有椅子与沙发两种座位时，沙发为上；

(7) 如果有一边是窗，能看见窗外景色为上；

(8) 在西洋式的房间，有暖炉或装饰物在前的为上。

三 会见位次礼仪

具体来说，在会客时安排位次有下述几种基本方式。

（一）相对式

相对式的具体做法，是宾主双方面对面而坐。这种方式显得主次分明，往往易于使宾主双方公事公办、保持距离。它通常又分为两种情况。

1. 双方就座后一方面对正门，另一方则背对正门

此时讲究"面门为上"，即面对正门之座为上座，应请客人就座；背对正门之座为下座，宜由主人就座。如图 4-3 所示。

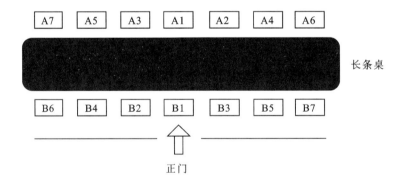

注：A为上级领导，B为主方席

图 4-3 相对式会客座次排列图

2. 双方面对面地就座于室内两侧

此时讲究进门后"以右为上"，即进门后右侧之座为上座，应请客人就座；左侧之座为下座，宜由主人就座。

（二）并列式

并列式的基本做法是宾主双方并排就座，以暗示双方"平起平坐"、地位相仿、关系密切。它具体分为两类情况。

1. 双方一同面门而坐

此时讲究"以右为上"，即主人宜请客人就座在自己的右侧面。若双方不止一人时，双方其他人员可各自分别在主人或主宾的侧面按身份高低依次就座。如图4-4所示。

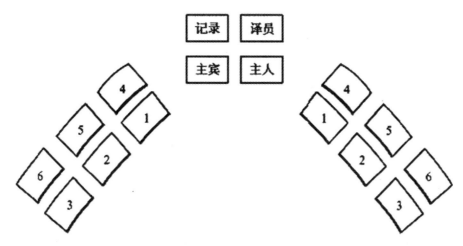

图4-4　并列式会客座次排列图

2. 双方一同在室内的右侧或左侧就座

此时讲究"以远为上"，即距门较远之座为上座，应当让给客人；距门较近之座为下座，应留给主人。

（三）居中式

所谓居中式排位，实为并列式排位的一种特例。它是指当多人并排就座时，讲究"居中为上"，即以居于中央的位置为上座，请客人就座；以两侧的位置为下座，由主方人员就座。

（四）主席式

主席式主要适用于在正式场合由主人一方同时会见两方或两方以上的客人。此时，一般应由主人面对正门而坐，其他各方来宾则应在其对面背门而坐。这种安排犹如主人正在主持会议，故称之为主席式。有时，主人亦可坐在长桌或椭圆桌的尽头，而请其各方客人在两侧就座。如图4-5所示。

（五）自由式

自由式的做法，指会见时有关各方均不分主次，不讲位次，而是一律自由择座。进行多方会面时，此法常常采用。

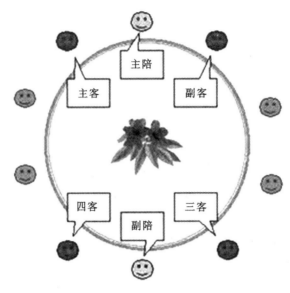

图 4-5 主席式会客座次排列图

四 谈判位次礼仪

在商务交往中,不同的企业为了各自的经济利益而在一起商洽的时候,就出现了谈判。为了表示出谈判的严肃性,人们很重视谈判的位次。

(一)横桌式谈判座次排列

横桌式谈判座次排列,是指谈判桌在谈判室内横放,客方人员面门而坐,主方人员背门而坐;除双方主谈者居中就座外,各方的其他人士则应依其具体身份的高低,各自按先右后左、自高而低的顺序分别在己方一侧就座;双方主谈者的右侧之位,在国内谈判中可由副手就座,而在涉外谈判中应由译员就座。如图 4-6 所示。

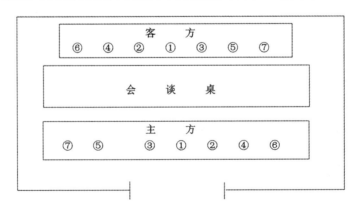

图 4-6 横桌式谈判座次排列图

(二)竖桌式谈判座次排列

竖桌式谈判座次排列,是指谈判桌在谈判室内竖放,以进门时的方向为准,右侧由客方人士就座,左侧则由主方人士就座;在其他方面,则与横桌式排座相仿。如图 4-7 所示。

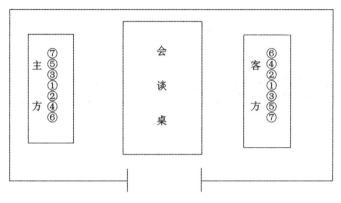

图 4-7 竖桌式谈判座次排列图

五 会议位次礼仪

(一)小型会议

小型会议一般指参加者较少、规模不大的会议,全体与会者均应排座,不设立专用的主席台。确定上位的基本方法为:面门为上、居中为上、以右为上。如图 4-8 所示。

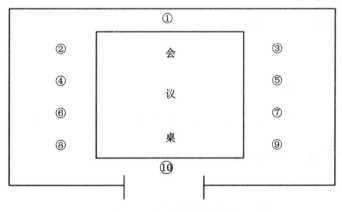

图 4-8 小型会议座次图

(二)大型会议

大型会议一般是指与会者众多、规模较大的会议。会场上应设主席台与观众席,前者必须认真排座，后者的座次则可排可不排。大型会场的主席台，一般应面对会场主入口。

关于会议主席台座次的安排，应注意如下事项。

（1）主席台必须排座次、放桌牌，以便领导同志对号入座，避免上台之后互相谦让。

（2）领导数为单数时，主要领导居中，2号领导在1号领导左手位置，3号领导在1号领导右手位置，如图4-9（a）所示；领导数为偶数时，1、2号领导同时居中，2号领导依然在1号领导左手位置，3号领导依然在1号领导右手位置，如图4-9（b）所示。

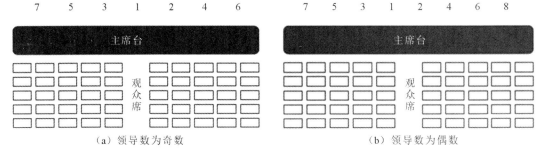

图 4-9 大型会议领导座次图

（3）几个组织的领导人同时上主席台，通常按组织排列次序排列。可灵活掌握，不要生搬硬套。如对一些德高望重的老同志，可适当往前排；而对一些较年轻的领导同志，可适当往后排。另外，对邀请的上级单位或同级单位的来宾，也不一定非得按职务高低来排，通常掌握的原则是：上级单位或同级单位的来宾，其实际职务略低于主人一方领导的，可安排在主席台适当位置就座。这样，既体现出对客人的尊重，又使主客双方都感到较为得体。

（4）对上主席台的领导能否届时出席会议，在开会前务必逐一落实。领导到会场后，要安排在休息室稍候，再逐一核实，并告之上台后所坐方位。如主席台人数很多，还应准备座位图。如有临时变化，应及时调整座次、桌牌，防止主席台上出现桌牌差错或领导空缺。还要注意认真填写桌牌，谨防错别字出现。

六 乘车位次礼仪

在商务礼仪中，乘车位次通常以车型、司机身份、安全系数和客人的爱好来确定。

（一）小轿车位次礼仪和乘车礼仪

小轿车位次礼仪和乘车礼仪的注意要点大致如下：

（1）如果由主人亲自驾驶，以驾驶座右侧为首位，后排右侧次之，左侧再次之，后排中间座为末席，前排中间座则不宜再安排客人，如图4-10（a）所示；

（2）如果由司机驾驶，以后排右侧为首位，左侧次之，中间座位再次之，前坐右侧殿后，前排中间为末席，如图4-10（b）所示；

（3）主人夫妇驾车时，则主人夫妇坐前座，客人夫妇坐后座，男士要服务于自己的夫人，宜开车门让夫人先上车，然后自己再上车；

（4）如果主人夫妇搭载友人夫妇的车，则应邀友人坐前座，友人之妇坐后座，或让友人夫妇都坐前座；

（5）主人亲自驾车，坐客只有一人，应坐在主人旁边；若同坐多人，中途坐前座的客人下车后，在后面坐的客人应改坐前座，此项礼节最易疏忽；

（6）女士登车时不要一只脚先踏入车内，也不要爬进车里，需先站在座位边上，把身体降低，让臀部坐到位子上，再将双腿一起收进车里，双膝保持合并的姿势。

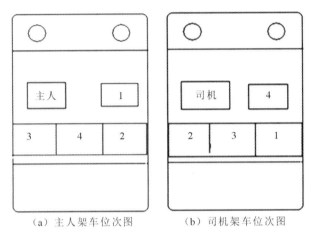

图 4-10 小轿车位次排列

（二）吉普车位次礼仪

吉普车无论是主人驾驶还是司机驾驶，都应以前排右坐为尊，后排右侧次之，后排左侧为末席。上车时，后排位低者先上车，前排尊者后上。下车时前排客人先下，后排客人再下车。

（三）旅行车位次礼仪

在我国，接待团体客人时，多采用旅行车接送客人。旅行车以司机座后第一排即前排为尊，后排依次为小。其座位的尊卑，依每排右侧往左侧递减。

知识链接 4-8

小张的疑惑

某公司新入职员工小张担任公司总经理秘书的职位，某一天要和总经理李总去客户公司进行商务洽谈，同行的还有财务处的孙总监。当单位司机小王把五座小轿车开过来的时候，小张心想，车前座的位置又敞亮又不用和别人挤，那应该是老总的位置，于是走过去打开前座车门请李总上车。奇怪的是，李总只是微微一笑而并没有上车，这时，孙总监打开了后座右侧车门请李总上了车，并对小张说："还是你坐在前面吧。"孙总监自己打开左后侧车门，坐在了李总身边。

小张虽然疑惑,但也知道自己一定是哪里出了错误,在忐忑中到达了客户的公司,离老远就看到对方的总经理吴总带着秘书小赵在门口等候。车刚一停下,小赵就熟练地上前打开了后侧车座的车门,并且用手挡在车门上方,自己站在车门旁,恭敬地请李总下车。小张这才恍然大悟,原来这个位置才是公认的领导首席位置,如果刚才坐在这里的是自己或是孙总监,那就闹笑话了。

【问题】
李总坐在哪个位置最合适?为什么?

项目五　商务信函礼仪

一　礼仪文书

礼仪文书又称为礼仪应用文,是指政府、各级各类组织或个人在喜庆、哀丧、迎送以及其他公务或社交场合,用以表示礼节、抒发感情,具有较规范、固定格式的文书。它是人们用书面形式表达恭敬之情、礼貌之意时使用的各种实用性文体的总称。随着社会生活的发展,人们交往日益频繁,交际方式也日益增多,迎来送往、节日庆典、婚丧寿贺、致谢慰问等活动都经常运用礼仪文书,礼仪文书已经成为人们在日常工作、生活中进行文明交往、密切人际关系、增强友好气氛、显示礼貌风范的一种重要工具。

(一)常见礼仪文书的分类

礼仪文书的种类很多,涵盖了工作、生活、节日、红白喜事等方方面面,可以大致分为以下几类:

(1)邀请类文书,包括请柬、邀请书和聘书等,用于邀请对方参加某个特定的正式的活动或聚会;

(2)祝贺类文书,包括祝词和贺信,用于向对方表达良好的祝愿和恭贺之情;

(3)感谢慰问类文书,包括感谢信和慰问信,因特定的事件而向对方表达感谢或慰问之情;

(4)欢迎欢送类文书,包括欢迎词和欢送词,在特定场合对对方的到来或离去表示正式的欢迎或欢送之谊;

(5)祭悼类文书,包括讣告、悼词等,因某人的不幸逝世而发布相关信息或表达哀悼之情;

(6)发言类文书,主要是指代表发言稿,在特定的场合以代表的身份表述工作、看法或感情等。

(二)常见礼仪文书的写作格式

1. 请柬

1)请柬的概念、特点及种类

请柬,又叫请帖,是单位或个人因重大活动、重要节日或会议等,为表庄重和正式而向宾客发出邀请的礼仪文书。请柬具有格式简短、内容简明和制作精美的特点。

从内容上来看,请柬可简单分为红白喜事的请柬和日常活动的请柬。从形式上来看,请柬可以是卡片式的,也可以是折叠式的;可以是印制的,还可以是手写的;可以是西式的横式请柬,也可以是中式的竖式请柬。

2)请柬的格式

根据风格不同,请柬可制作成横式或竖式的两种,一般包括封面和内页两个部分。

封面,通常用较厚的纸质,装帧精美。在居中的位置,用醒目的颜色和稳重的字体写上"请柬"或"请帖"二字。

内页,通常包括称谓、正文、落款三个部分。

(1)称谓。在第一排顶格写,在姓名的位置留白,之后缀以"先生""女士"等称谓,也可加上被邀请宾客的职务、职称。

(2)正文。通常用"兹定于……""特定于……"等作为开头,正文部分要交代清楚相关活动的内容、时间、地点及需要注意的相关事项。通常用"恭请光临""敬请莅临指导""若蒙光临,不胜荣幸"等作为结束语。

(3)落款。横式请帖写在正文右下角,竖式请帖则在正文左下角写发出请柬的单位名称或个人姓名,并在之下(横式)或之左(竖式)署明日期。

请柬的例文如下所示。

请　柬

_____女士/先生:

　　兹定于9月21日晚7:00—9:00在市政协礼堂举行中秋茶话会,届时敬请光临。

　　此致
敬礼!

政协××市委员会
2018年9月10日

2. 邀请函

1）邀请函的概念、特点及种类

邀请函和请柬的适用范围大致相同，只是邀请函更正式，一般用于正式的会议、晚宴、论坛等等，官方色彩比较多，使用的措辞也更正式，文后可以加盖公章。相比而言，请柬更简洁、人性化一些，落款签单位主要领导名字即可。在具体操作上，可以先发邀请函，等对方收到并确认接受后，再递送请柬。

按照具体的用途，邀请函可以分为工作类的邀请函和活动类的邀请函。前者有成果评审、决策论辩、学术会议等等，后者往往针对一些重要的纪念活动、仪式、庆祝会、座谈会、宴会等等。

2）邀请函的格式

（1）标题。居中写上"邀请函"，也可在邀请函之前加上具体的事由，如下述例文中的"商务合作洽谈邀请函"。

（2）正文。第一行顶格写上被邀请单位或个人的姓名，加上"先生""女士"的后缀或相关的职务职称。邀请函通常比请柬所涉及的事项更为复杂，所以在正文部分需要花稍多的篇幅向被邀请者说明有关问题及事项。

（3）落款。右下角落上邀请者的单位名称或个人姓名及时间。

邀请函的例文如下所示。

商务合作洽谈邀请函

××公司：

　　经与贵公司就××项目合作事宜进行初步洽谈后，我公司对合作事宜进行了研究，认为：第一，该项目符合国家的产业政策，具有较好的市场前景和发展空间；第二，该项目不仅将极大地促进双方发展，而且还将极大地促进两地合作，具有较大的经济效益和社会效益；第三，该项目所在地区有很好的资源优势。

　　我公司认为，本项目符合合作的基本条件，具备进行商务合作洽谈的基础。具体的合作事宜必须经双方更进一步详细洽谈。请贵公司法定代表人收到本邀请函后，派代表赴我公司做商务考察并就实质性合作框架进行洽谈，我公司将承担本次商务考察的全部费用。

　　敬请告知准确时间，以利安排，我公司法定代表人将亲自与贵公司代表面议合作事宜。

　　致敬！

××公司
2022 年 3 月 12 日

---

3. 聘书

1）聘书的概念、特点和种类

聘书，又叫聘请书或聘任书，是用人单位聘请相关人员担任某项工作时使用的文书。

聘书在某种程度上代表了用人方和受聘方之间的约定关系，体现出双方信任、守约的基本态度。在具体写作时一般都采用模式化的写法。

在实际的应用中，聘书可分为临时聘书和长期聘书两种。

2）聘书的格式

（1）标题。第一行居中写上"聘书"或"聘请书"。

（2）称谓。顶格写上××先生、××女士，也可在对方姓名后加上具体的职务和职称，以表尊重。

（3）正文。写明聘请的缘由、目的，被聘者将要担任的职务、年限、待遇以及对被聘者的要求及期望等等。也可用模式化的写法，"兹聘请××（姓名）担任××（职务）"。最后加上结语"此聘"或"此致敬礼"。

（4）落款。右下方写上用人单位的全称和日期，并加盖公章。

聘书的例文如下所示。

聘 书

××先生：

　　我厂为增加产品品种，提高设计质量，特聘请你为总设计师，聘期暂定两年，月薪暂定 30 000 元，奖金按效益情况发给。

　　此聘。

××嘉陵制衣厂
二○××年×月×日

---

4. 贺信

1）贺信的概念和特点

贺信是向取得重大成绩、有突出的成就或特定喜庆之事的单位或个人表达祝贺的礼仪文书。用电报形式的贺信则称之为贺电。

祝词和贺信都是具有祝贺性质的礼仪文体，但祝词一般针对的是还未完成的事情，表示一种祝愿和期待；而贺信往往针对已经完成的事情，表示庆贺和道喜。祝词往往用于现场的口头宣读，且多是在事前预祝事情能够圆满成功；而贺信多用书信或电报的形式，在事后对已经取得的成绩予以祝贺。

2）贺信的格式

（1）标题。居中写上"贺信"或"贺电"；也可以是"发文单位＋贺信"，如"四川省红十字会贺信"；又可以是"事由＋贺信"，如"对我校张××同学取得数学竞赛第一名的贺信"；还可以是"被祝贺单位＋贺信"，如"致×××先生的贺信"。

（2）称谓。顶格写对方的单位或个人名称，后面加冒号。

（3）正文。贺信的正文必须包括两方面内容，一要对对方所取得的成绩予以肯定，二要表达诚挚的祝贺和殷切的希望。具体写作中的重点根据内容的不同而有所区别。如祝贺会议则要肯定会议的意义和影响，祝贺会议的圆满召开；祝贺工作则要强调对方所取得成绩的重要性和影响力，并表明向对方学习的态度；祝贺个人职务、职称上的升迁等，则可以肯定对方之前的工作，并预祝在新的岗位取得更大的成绩。结尾可在语意尽处自然收束，也可用祝愿词结尾，常用的是"谨祝在今后的工作中取得新的、更大的胜利"。

（4）落款。按信函格式写发信单位或个人姓名及年月日。如需表慎重，还可加盖单位的印章。

贺信的例文如下所示。

贺 信

值此云南大学建校100周年之际，我向全体师生员工和广大校友，致以热烈的祝贺和诚挚的问候！

100年来，云南大学秉承"会泽百家、至公天下"的办学精神，扎根祖国西南边疆民族地区，培养了大批优秀人才，为促进民族团结进步、服务区域经济社会发展作出了积极贡献。

在强国建设、民族复兴的新征程上，希望云南大学以新时代中国特色社会主义思想为指引，全面贯彻党的二十大精神和党的教育方针，全面提升办学水平，为党育人、为国育才，推动铸牢中华民族共同体意识，为建设教育强国作出新的更大贡献。

习近平

2023年4月20日

---

5. 感谢信

1）感谢信的概念和特点

感谢信是单位或个人在日常的工作、学习或生活中因得到有关方面的关心、帮助或支持而向对方表示感谢的礼仪文书。感谢信通常在向对方表示感谢的同时，通过这种形式来达到一定程度的宣传效果。感谢信的特点主要体现为感谢缘由的陈述性、语言的情感性。

感谢信可以用单位的名义写，也可以用个人的名义写。在发布形式上，可用信函的形式，还可采用张贴或借助广播、电视、网络等媒介以扩大影响力。

2）感谢信的格式

（1）标题。为表正式，可写成"×××致×××的感谢信"，也可省略发文单位或个人，写成"致×××的感谢信"，还可以只写文种"感谢信"。

（2）称谓。标题下顶格写对方的单位名称或个人姓名，个人姓名后加上"同志""先生""女士"等尊称。

（3）正文。一般来说，感谢信需要表达两方面的内容。首先简述事迹，用概括性的语言陈述对方给予自己的关心和帮助，应包括时间、地点、人物、事件、起因和结果等因素，并简要评价其意义所在。其次要对对方的高尚品格和助人为乐的精神予以充分的肯定，并表示诚挚的谢意，同时要表明向对方学习的态度。如果感谢信是写给对方单位的，还要适当地提出给予表扬的建议。

（4）结尾。惯用的结束语为"致以最诚挚的谢意"或"谨表达衷心的感谢"等，也可写上"此致敬礼"一类的敬语作为结尾。

（5）落款。右下方写上感谢的单位名称或个人姓名和时间，有时，以单位名义而写的感谢信还要加盖公章以表郑重。

感谢信的例文如下所示。

江汉春风起冰霜昨夜除
——湖北省委省政府致中央和国家机关部委的感谢信

新冠肺炎疫情暴发以来，湖北人民生命安全和身体健康面临重大威胁。习近平总书记亲自指挥、亲自部署疫情防控的人民战争、总体战、阻击战，中央和国家机关各部委坚决贯彻落实习近平总书记重要指示批示和党中央、国务院决策部署，闻令而动、火线驰援，千方百计支持我省疫情防控工作，给予我们强大的信心和力量，为湖北保卫战、武汉保卫战取得重大阶段性成效发挥了重要作用。在湖北复工复产最困难的时候，各部委全力响应习近平总书记"搭把手、拉一把"号召，制定专项支持政策，为我们送来了"及时雨"，助力我省经济社会秩序全面加快恢复。这充分体现了各部委高度的政治站位和强烈的政治担当，充分体现了对湖北经济社会发展的关心重视和倾力支持。湖北省委、省政府和6 100万湖北人民深表感谢，铭记于心！

当前，我们正处在"两个一百年"奋斗目标的历史交汇期和全面建成小康社会的关键期。这次疫情，短期内给湖北经济社会发展带来阵痛，但不会影响经济稳中向好、长期向好的基本面。我们将坚决贯彻落实习近平总书记视察湖北重要讲话精神和党中央、国务院决策部署，继续发扬抗疫精神，真抓实干、埋头苦干，重拾信心、重构优势，奋力夺取疫情防控和经济社会发展"双胜利"，向以习近平同志为核心的党中央交出一份合格答卷。

江汉春风起，冰霜昨夜除。风雨洗礼后的荆楚大地生机无限。真诚希望各部委一如既往关心重视湖北，在非常时期给予非常支持，帮助湖北早日恢复正常经济社会秩序，与全国同步实现全面建成小康社会目标。

中共湖北省委　湖北省人民政府
2020年4月25日

> **深厚情谊如滚滚长江,滔滔不绝**
> **——湖北省委省政府致兄弟省区市的感谢信**
>
> 　　新冠肺炎疫情发生以来,湖北、武汉牵动着全国人民的心。习近平总书记亲自指挥、亲自部署疫情防控的人民战争、总体战、阻击战,各兄弟省区市坚决贯彻落实党中央、国务院决策部署,全力支援湖北抗疫。经过艰苦卓绝的战斗,武汉主战场疫情传播基本阻断,湖北保卫战、武汉保卫战取得阶段性重要成果,经济社会秩序正加快恢复。
>
> 　　一方有难,八方支援。在我省疫情防控最吃劲的关键时刻,各兄弟省区市闻令而动,火速选派医务精英驰援湖北,紧急捐赠资金物资,对口支援我省各市州疫情防控,为打赢疫情防控阻击战作出重要贡献。全国各地的无私援助,不仅给遭遇疫情磨难的湖北人民物质上的重要支持,也是对战胜疫情的巨大精神激励,充分体现了各兄弟省区市党委政府的政治担当和各地人民的大爱仁心,充分彰显了我国国家制度和治理体系的显著优势,充分诠释了中华民族患难与共、守望相助的优良传统。危难时刻最见真情,荆楚人民深知感恩。各地人民的无疆大爱,湖北省委、省政府和6 100万湖北人民由衷感谢、永远铭记!
>
> 　　当前,在持续打赢打好湖北保卫战、武汉保卫战的同时,我们也打响了化解疫后综合症和疫后重振的民生保卫战、经济发展战。这次疫情,短期内给湖北经济社会发展带来阵痛,但不会影响经济稳中向好、长期向好的基本面。湖北有决心、有信心加速疫后重振,与全国同步实现全面小康目标。
>
> 　　荆江情深,黄鹤绕枝。各兄弟省区市与湖北的深厚情谊,如滚滚长江,滔滔不绝。风雨洗礼后的荆楚大地,必将更加生机无限。诚挚希望与各兄弟省区市进一步加强交流合作,共同夺取疫情防控和经济社会发展"双胜利",为中华民族伟大复兴作出更大贡献!
>
> 中共湖北省委　湖北省人民政府
2020年4月25日

6. 欢迎词和欢送词

1) 欢迎词、欢送词的概念和特点

当今社会的社交活动,如会议、展览、庆典、宴会等,往往需要用特定的致辞来烘托气氛、表达感情,欢迎词和欢送词便是承担此项使命的礼仪文书。欢迎词和欢送词分别是活动的主办方或主人对来宾的到来表示热情的欢迎,在来宾即将离去之际表达欢送之情的礼仪文书。

礼仪性和情感性是欢迎词和欢送词的最大特点,在特定场合表达对于来宾的礼节和特定情感。通常用礼貌的言辞和充沛的情感来营造一种热烈、友好的氛围,往往当众宣读。欢迎词和欢送词用到的机会很多。二者的写法基本相同,只是应对场合不同,措辞上略有差别。

2) 欢迎词、欢送词的格式

(1) 标题。第一行居中写上"欢迎词"或"欢送词",也可在之前加上具体的场合,如"在新生见面会上的欢迎词",还可在场合之前加上致辞的主人的名字,如"××在×× 上的欢送词",正式的场合或报刊刊登常用后两种形式。

(2) 称谓。统称"女士们、先生们""各位来宾"等,也可在之前加上"尊敬的""敬爱的""亲爱的"等前缀。

(3) 正文。欢迎词的正文通常包括这样几个层次的内容:首先要对对方的到来表示热烈的欢迎,并点明自己和对方的身份,如"我谨代表……向……表示热烈的欢迎";随后可概要介绍有关自己所在区域或行业、工作、生活等方面的情况;接着写明对方来访的目的和意义,或简单回顾双方交往的历史,并表明愿意继续合作的意愿;最后,再次对对方的光临表示欢迎,并预祝对方的来访能够取得圆满的成功。欢送词的正文结构和欢迎词大体相同。首先,对对方即将离去表示欢送和不舍之情;接着对对方来访期间的作为表示充分的肯定,并表达加强交往的期待;最后在结尾处再次表示欢送。

(4) 落款。在正文右下方写上致辞的机关、人名和日期。如果在标题中已经表明,此处可以略去。

欢迎词的例文如下所示。

欢 迎 词

尊敬的各位领导、各位来宾:

　　大家上午好!今天,我们相聚在美丽的南湖之畔,非常高兴地迎来了"中国家庭服务业协会第四届会员代表大会第一次会议"的隆重召开。在此,我谨代表嘉兴市人民政府,向莅临我市的各位领导、各位嘉宾,表示热烈的欢迎!并借此机会向关心、支持嘉兴市家庭服务业协会的各位领导、各位来宾,表示衷心的感谢!

　　嘉兴历史悠久,文化灿烂。早在七千多年前,先民们就在此孕育了新石器文化的代表——马家浜文化,这是中华民族古老文明的源头之一。春秋战国时期为吴越战争之地,称檇李。三国吴时,定名为嘉兴。唐代以来,嘉兴一直为富庶繁华之地,被誉为"鱼米之乡、丝绸之府"。

　　嘉兴陆域面积3 915平方公里,现有户籍人口339万,新居民180万,下辖2个区、3个县级市和2个县,拥有1个国家级出口加工区、12个省级经济开发区(园区)。

　　嘉兴地处长三角中心,东接上海,北邻苏州,西连杭州,南濒杭州湾。嘉兴历代名人辈出,仅近现代就涌现出了文坛巨匠茅盾、国学大师王国维、新月派诗人徐志摩、漫画家丰子恺和张乐平、著名数学家陈省身、武侠小说大师金庸等一大批名家大师,现有嘉兴籍"两院"院士39名。

　　嘉兴是中国共产党的诞生地。1921年,党的一大在南湖红船上审议通过了中国共产党第一个纲领和第一个决议,庄严宣告了中国共产党的诞生。

> 悠远的历史为嘉兴留下了深厚的文化烙印,南湖、大运河、乌镇、西塘,这些都为嘉兴描绘了古朴与现代相结合的完美画卷。近年来,嘉兴始终坚持环境立市,先后获得了全国双拥模范城、国家园林城市、国家绿化模范城市等称号。嘉兴民风淳朴,城乡发展均衡,是宜居之城、和谐之城、创业之城。
>
> 嘉兴的家庭服务业是近年来迅速崛起的新兴行业,对改善人民生活质量、促进就业、扩大内需起到了积极的推动作用。嘉兴市政府十分重视家庭服务业的发展,从以人为本、改善民生的大局出发,成立了嘉兴市家庭服务业协会。协会自成立以来,在规范行业行为、反映行业诉求、提高行业素质、促进行业发展等方面发挥了重要作用。
>
> 本次大会在我们嘉兴召开,为我们学习和借鉴兄弟省市的经验和做法提供了难得的机会,必将推动我们嘉兴家庭服务业的快速发展、和谐发展。希望与会的各位领导、各位来宾,通过本次会议进一步了解嘉兴,扩大与嘉兴在各领域的交流与合作,增进友谊、实现共赢,我们愿与各位同人一道,共同推动中国家庭服务业的健康发展。
>
> 最后预祝大会圆满成功,谢谢大家!
>
> 嘉兴市人民政府副市长 张志伟
2010 年 10 月 26 日

二 电子邮件礼仪

随着"互联网+生活"的影响和渗透,越来越多的人开始离不开网络,网络沟通成为人们工作、生活中日益重要的一个组成部分。收发电子邮件是网络中很常见的一种行为。电子邮件,又称电子函件或电子信函,它是利用电子计算机所组成的互联网络,向交往对象所发出的一种电子信件。使用电子邮件进行对外联络,不仅安全保密,节省时间,不受篇幅的限制,清晰度极高,而且还可以大大地降低通信费用。使用电子邮件进行对外联络时,应遵循相应的礼仪规范。

(一)标题

标题是电子邮件的灵魂所在。毋庸置疑,当你收到一封电子邮件时,标题是最先映入眼帘的。如何能吸引收件人的注意力,在众多邮件中首先关注你的邮件,而不是当作垃圾邮件直接忽略掉,需要特别注意以下几点:

(1)标题简单明了,突出重点,让人一目了然;

(2)每封邮件只针对一个主题,对同类的主题最好使用相同的标题命名格式,这样便于日后整理存档邮件;

（3）可适当使用大写字母或特殊字符来突出标题，引起收件人的注意；

（4）回复对方邮件时，如果谈论的内容已经和之前的内容发生了变化，可以根据回复内容的需要更改标题，使收件方更加清楚明了该邮件的主要内容；

（5）空白标题是不够专业、不尊重对方的表现，如果在未写明标题的情况下不小心点击了发送键，也请追加一封邮件对此疏忽表示歉意。

（二）称呼与问候

邮件的开头要恰当称呼收件人。这既显得礼貌，也明确提醒收件人，此邮件是面向他的。

（1）在多个收件人的情况下，可以称呼"各位同事""各位工程师""各位领导"等。

（2）如收件人有职位，应当称呼其职务，如"×经理"；同事之间也可以直呼其名；称呼放在第一行，应顶格写。

（3）在外企环境中，每个人都有英文名，同事间的邮件使用"Dear＋英文名"的方式是最为保险的。如果该同事没有英文名，可使用中文名的拼音代替。使用中文名时最好不要加上姓氏，这样显得更加亲切，没有距离感。

总之，适当的称呼与问候可以拉近双方距离，给人留下美好的第一印象。

（三）正文

一封电子邮件，正文是最重要的部分。它关系着整封邮件的成败，因此需要特别注意。

1. 简明扼要，行文通顺

邮件正文内容应当适中，不宜过多或过少。表述要清晰准确，不要出现让人晦涩难懂的语句。在写英文邮件时，尽量使用简单句，避免使用从句套从句的复杂句式。

2. 注意邮件语气

文字是冷冰冰的，以不同的语气阅读就能产生截然不同的含义。而电子邮件的缺点就在于对方只能看到文字却感受不到语气。因此，在发邮件时需要考虑收件人与自己的熟络程度、等级关系以及邮件的性质。用语措辞要妥当，多使用敬语，多表示感谢。

3. 合理提示重要信息

行文中除了尽可能避免错别字外，对于需要对方格外关注的重要信息，可使用大写字母、粗体或斜体、颜色字体、加大字号等手段进行提示。但需要合理运用，如果通篇都是花花绿绿、大大小小的字符，只会让人抓不到重点，影响阅读速度。

4. 少用表情符号

有些人喜欢在邮件的结尾加上各种表达心情的字符，如"^_^"">_<"等。在商务信函中，这是一种轻佻的表现。请记住，你不是在写情书，不需要让对方知悉你的心情。除非双方很熟络，又是非正式的私人沟通，否则尽量不要在商务场合使用心情字符。

5. 清晰可读

尊重对方的习惯是一种美德。选择便于阅读的字体、字号和颜色也是非常重要的。

字体过小会让人读起来很费劲，这里建议中文用宋体或新宋体，英文用 Verdana 或 Arial 字体，字号用五号或 10 号即可。这是经研究证明最适合在线阅读的字体和字号。不要用稀奇古怪的字体或斜体，最好不用背景信纸。

6. 注意邮件安全性

在你发送邮件之前，先要确认所有收件人需要此消息并且可以知道此信息，对敏感或者机密的信息要小心谨慎处理，不要把内部消息发送给外部人员或者未经授权的接收人。为了防止信息外泄，可以在发送时标注"confidential"标记，或在发送时设置禁止转发和打印，以确保机密信息的万无一失。

（四）附件

附件在电子邮件中经常用到，主要用来说明或者提供材料，可以理解为信件中附加的一个小信件，它往往是设定了特定格式的 word 文档、pdf 文档、电子表格、数据库等压缩文件，是不能简单用文本形式来发送的邮件，而且上述文件在网络邮件服务商提供的信纸界面上是显示不出来的，所以要以附件的形式发送。发送附件对于缺乏经验的使用者来说，需要特别注意以下的礼仪规范：

(1) 在正文中提示收件人查看附件；
(2) 附件文件命名应该能够概括附件的内容；
(3) 正文中应对附件做简要说明，特别是带有多个附件时；
(4) 附件数目不宜超过 4 个，数目较多时应打包压缩成一个文件；
(5) 如果附件较大，建议分割成几个小文件分别发送。

（五）结尾签名

电子邮件的使用礼仪规范和传统信件有相同的要求，一封没有签名的邮件是不完整的，也显得发件人不够专业。一个好的签名能够让你的邮件锦上添花。结尾签名要求：

(1) 每封邮件在结尾处都应签名；
(2) 签名不宜过多，可包括姓名、职务、公司、电话、传真及地址等信息；
(3) 签名档字体应与正文文字匹配，字号一般应该比正文字体小一些。

（六）回复邮件的礼仪规范

1. 及时回复邮件

回复邮件应遵循 24 小时反馈法则。如果你正在出差或者休假，应当设定自动回复功能，提示发件人，以免影响工作。

2. 进行针对性回复

当回答对方提出的问题时，最好把相关的问题粘贴到邮件中，然后逐条进行有针对性的回答。为了便于区分问题和答案，可将答案的字体标注成与问题不同的颜色。

3. 不要"当鲁班盖高楼"

如果收发双方就同一问题的交流回复超过 3 次，就说明此问题不适宜用邮件进行交流，邮件交流造成了交流不畅、说不清楚的情况。此时应采用电话沟通或面对面沟通等其他方式进行解决。

三 网络礼仪

随着"互联网＋生活"的渗透，网络已经成为现代社会常用的沟通平台，如同任何一种沟通方式，网络社交同样存在着道德规范和文明礼仪。网络礼仪是指在网上交流信息时的各种行为礼仪规范。在互联网上的人与人的交流，由于特定的环境因素，网络交流的双方未必能完全正确理解彼此表达的内容，无论是招呼、交流还是表达等社会交往行为，网络礼仪都有着区别于面对面交往的特点，也有着不同的礼仪规范。

（一）网络社交的起源和发展

1. 网络社交的概念

网络在信息化领域的含义是指人们相互之间进行信息的传输、接收、共享的虚拟平台。网络是人类发展史上非常重要的发明，它改变了人类生存和交往的方式，推动了科技和人类社会的发展。

网络社交是人类交往的新模式，是"网络＋社交"的集合，人们通过网络，借助于不同的软件而相互连接起来，形成具有某一特点的团体。网络社交是指人们在网络空间里的言行举止，遵循礼仪规范，可以起到维护网络秩序的作用。同时，随着互联网的发展，网络礼仪的内涵也在不断地丰富和发展。

2. 中国社交网络的发展历程

1）早期社交网络的雏形——BBS时代

如果说电子邮件是社交网络发展的最初阶段，那么，BBS就把社交网络向前推进了一步，把点对点的交流变成了多节点的网络交流，降低了交流成本，大大提升了交流的效率，实现了分散信息的聚合。人们在这些社交网络平台上主要运用邮件往来、论坛交流、发帖、浏览、回复、参与讨论等主要功能。这一时期的代表企业是"猫扑"和"西祠胡同"。

2）娱乐化社交网络时代

这一时期，社交网络凭借娱乐化概念取得了重大的发展。国外社交产品推动了社交网络的深度发展。在国外，2002年，Linkdeln成立；2003年，运用丰富的多媒体个性化空间吸引注意力的Myspace成立；2004年，将线下真实人际关系复制到线上、低成本管理的Facebook成立。这些优秀的社交网络产品或服务形态，一直遵循社交网络的"低成本替代"原则，降低人们社交的时间与成本，取得了长足的发展。

与国外社交网络如火如荼发展的势头相比，中国社交网络产品出现较晚：2005年成立的人人网，2008年成立的开心网，乃至2009年推出的搜狐白社会等，拉开了中国社交网络大幕，成为人们社交和娱乐的重要交流平台。

3）微信息社交网络时代

2009年新浪微博的推出，拉开了中国微信息社交网络时代的大幕。140字的即时表达，根据用户价值取向和兴趣等多维度划分用户群体，用户通过推介及自行搜索等方式构建自己的朋友圈，这种产品迅速集合了海量的用户群，当然也吸引了众多业者的追随。同时，随着移动互联网的发展，微信息社交产品逐渐与位置服务等移动特性相结合，比如腾讯公司于2011年初推出的通过网络快速发送语音短信、视频、图片和文字，支持多人群聊的手机聊天软件——微信（Wechat），就是当下最受欢迎的手机网络社交平台，截至2022年末，微信注册用户已经超过13亿。

4）垂直社交网络时代

它与上述三个网络时代共存。当前的垂直社交网络主要与游戏、电子商务、分类信息等结合，是未来社交网络发展的主要方向。随着社交网络的不断推进，社交网络逐渐拓展到移动手机平台领域，借助于手机的普遍性、随身性、及时性等特点，利用各类交友、即时通信、邮件收发器等软件，手机成为新的社交网络的主要载体。

（二）网络社交的特点

1. 虚拟性

网络社交是以虚拟技术为基础的，人与人之间的交往以间接交往为主，以符号化为其表现形式，现实社会中的诸多特征，如姓名、性别、工龄、工作单位和社会关系都可以被淡化和隐藏，人的行为因此具有了"虚拟实在"的特征，与真实社会情境中的社会化相去甚远，网络的虚拟性与匿名性导致了网络道德的弱化。

2. 多元化

网络环境的全球交流与共享，在一定程度上使时间和空间失去了意义。人们可以不再受物理时空的限制而自由交往，网络成为信息的"万花筒"，不同的思想观念、价值取向、宗教信仰、风俗习惯和生活方式等的冲突和融合成为可能。这种价值取向的"多源"和"多歧"，使超地域的沟通变得轻而易举，它带来了网络环境的多元化，给网络使用者创造了宽松的道德生活空间。

3. 创新性

网络社交不同于传统的社交模式，它更多地依赖于现代信息技术，交往的时间和空间不受限定，信息传递的模式、思想情感的表达随着科技的进步而日新月异。这种创新性为人们带来了全新的速度、效率和成就感，其中，网络语言的个性化和更新速度前所未有，如"网上丑女叫恐龙"、"网上丑男叫青蛙"、"网上高手叫大虾"、"网上低手叫菜鸟"。再比如，一度流行的"打call"不仅适用于偶像应援活动，当你表达对某个人、事、物的支持时，也可以用"为××疯狂打call"来表达。

4. 自由性

自由性指参与网络的个人或组织可以在网络中任意地表达自己的意愿和做出行为。互联网世界是一个信息极其丰富的百科全书式的世界，来自各种不同信息源的信息按几何级数不断增长。分散式的网络结构,使其没有中心、没有阶层、没有等级关系,在互联网上,你可以自主选择需要的信息,自由地发表自己的观点。与现实社会中人的交往相比,网络社交具有更为广阔的自由空间。

5. 交互性

交互性指的是网络用户可以实时参与,这种参与可以是有意识的询问,也可以是随机的、无意识的点击等行为。与其相对应的是单向性传播。网络的建立为信息交流提供了极大方便,使跨地区、跨国界的多种形式的交流成为可能,人们不再满足于只是被动地接受信息。我们在网上不仅要学会"访问",还要学会"交流",如果没有勇气就无法在其中生存下去。这样促使人们更充分地认识社会和自我,认识环境对于自身生活的意义,从而具有较强的独立性和适应性。

6. 高黏性和高传播性

根据中国互联网络信息中心(CNNIC)的调查,一方面,用户接触互联网之后,流失率极低;另一方面,互联网上的网络游戏、即时通信、博客、论坛、交友等应用具有极强的互动功能,这些功能会推动相关应用的传播,这种传播既包括向网民的传播,也包括向非网民的传播,而向非网民的传播将推动网民规模的扩张。

7. 异化性

网络社交在为人们提供一种崭新的、动态的和超文本式的传播模式的同时,也因人机系统高度自动化、精确化而缺少人情味,容易导致人们对现实生活中的他人和社会的幸福漠不关心。经常可以见到的情景是:当大家围坐在一起的时候,除了必要的招呼,大多数人对身边的朋友视而不见,同时利用手机在网络社交空间里大秀社交技巧,显得兴致勃勃。

(三)网络社交的原则

网络礼仪是互联网使用者在网上对其他人应有的礼仪。在真实世界中,人与人之间的社交活动有不少约定俗成的礼仪;在互联网虚拟世界中,同样有一套不成文的规定及礼仪,即网络礼仪,供互联网使用者遵守。忽视网络礼仪的后果,可能会对他人造成骚扰,甚或引发网上骂战或抵制等事件,对于当事人会造成精神上的伤害,影响到正常的生活。网络社交的世界虽然是虚拟的,但是这个虚拟世界的参与者都是真实的人类。所以,我们必须遵守网络社交的基本原则,这样才能享受网络社交带给我们的便捷与快乐。

1. 保护隐私

对于任何一个网络使用者来说,都要学会保护自我和他人的隐私。有人喜欢在网络分享各种生活状态和相关信息,随时向他人展示、更新自我状态。需要注意的是,对于一些涉及自己和家庭隐私的信息应注意保密,以免被犯罪分子所利用。他人的隐私未经许可,千万不可私自上传到社交空间,更不能故意或恶意传播他人的信息资料。

2. 尊重宽容

在现实社会的交往活动中,尊重和宽容必不可少。这条法则是"记住人的存在",虽然网络是虚拟的,甚至有种说法叫作"在网上谁也不知道你是一条狗",但是,既然你参与了网络,就应该以与在乎自己一样的态度来在乎对方,尊重对方就等于尊重自己。在虚拟的网络空间里,交往对象彼此都是现实世界中真实的人,有血有肉,具有真情实感,因此,要尊重对方的身份、年龄、性别、收入、职业、家庭、健康等,要包容对方与自己的差距,不要随意指责和贬低他人的言行。

3. 诚实守信

诚实守信要求人们在社会交往中严格自律,信守承诺;对他人言行一致,言而有信。网络空间如果缺乏严格的自律和他律,将有可能产生欺诈、虚假的情况。

4. 入乡随俗

不同的网络社交平台特点不一,要求大家遵守相应的管理规定和要求,尊重社会习惯。比如,同样是网站,不同的论坛有不同的规则,当大家进入不同的网络社交平台时,就要熟悉和适应社交规则,入乡随俗。在一个论坛可以做的事情在另一个论坛可能不宜做。比如说,在聊天室发布传言和在一个新闻论坛散布传言,所受到的约束和带来的后果是不同的。

5. 节制有度

在网络交往中,意见的分歧和观念的差异是非常正常的,所以必然会有讨论甚至争论。人们都会从不同的角度来发表自己的观点和想法,但是一定要有节制,而且要言之有理,以理服人,不能强词夺理。有人针对某些热点事件,发泄不满,戾气毕露,甚至与观点不同的人在网上对骂,毫无顾忌。有些受过较高层次教育的人在网上频爆粗口,引发公众围观,造成的社会影响极其恶劣,应尽力避免。

(四)网络社交礼仪

1. 网络聊天的礼仪

在网络聊天时,请注意如下的礼仪规范。

(1)使用文明语言。在聊天时,使用文明语言是网络交流的基本礼仪。在与人打招呼时可使用"您好""大家好""很高兴见到您""我要下线了,再见"等文明用语。

(2)尊重对方人格。在网络社交中,大家的人格是平等的。要淡化现实生活中的权势观,以真诚的姿态与他人交往。

(3)保护对方隐私。尊重对方隐私,一般不要追问涉及对方隐私的问题,如对方的姓名、工作单位、家庭住址、职务、收入等,尤其是女性的年龄、体重、婚姻等敏感问题。

(4)慎用表情符号。表情符号或图案可以直截了当地展示发言者的态度和想法,但在使用中要慎重选择,恰到好处。

2. 微信使用礼仪

微信是腾讯公司于 2011 年 1 月 21 日推出的一个为智能终端提供即时通信服务的免费应用程序,目前,微信已经覆盖中国 90% 以上的智能手机,月活跃用户数达到 13.13

亿，用户覆盖 200 多个国家，超过 20 多种语言。人们通过微信可以看新闻、交友、学习、推广产品或服务等。不同微信用户对上述功能的选择也是不一样的，比如，有人将微信仅仅作为社交工具，有人当成广告平台，有人是为了专门关注公众号等等。因此，微信参与者虽然众多，目标不一，但是在网络社交空间里，都应该遵守基本礼仪，具体包括如下几个方面。

（1）遵纪守法。凡是违反国家法律、法规、政策的信息不能发送，如未经核实的信息，有意的传谣造谣，色情、反动、暴力、血腥等内容。

（2）关注他人。对朋友圈中感兴趣的人和事点赞，这是一种风度，多赞别人，才能靠互动获得更多好评。

（3）及时回复。如果时间允许，争取做到尽快回复消息，这也是敬人之道。

（4）内容原创。不要一味无节制地转发信息，给人造成信息泛滥的烦恼。

（5）要有节制。不要频繁地刷朋友圈和过于依赖微信，刷爆朋友圈会招人反感。

（6）相互尊重。微信对于联络感情、加强交流、传播信息、自我娱乐来说都是非常便利的平台。注意，最好不要发太过直白的广告，过于直白的广告会让朋友圈充斥着金钱气息，非常俗气。另外，不要强行求点赞，有人利用这种方式来搞比赛，谁的赞多谁就有奖品，这种做法偶尔为之尚可，次数多了就可能使人产生厌恶。

3. 微博使用礼仪

微博又称微型博客，是一种基于用户关系的信息传播、获取、分享的网络社交平台。微博可以在 140 个字以内更新动态，发布信息。与微信强调对话相比，微博更强调关注，许多名人就是通过微博获得大量关注，拥有大批粉丝，成为大 V 级人物。

微博使用者应注意以下礼仪规范：

（1）语言文明，态度友善；

（2）端正心态，把握尺度；

（3）尊重隐私，帮助他人。

知识链接 4-9

"棱镜门"事件：美国政府窥探着全世界

2013 年 6 月，美国中情局前职员爱德华·斯诺登爆料"美国棱镜窃听计划"。"棱镜"计划开始于 2007 年的小布什时期，美国情报机构一直在九家美国互联网公司中进行数据挖掘工作，从音视频、图片、邮件、文档以及链接信息中分析个人的联系方式与行动。监控的类型有十类：信息电邮、即时消息、视频、照片、存储数据、语音聊天、文件传输、视频会议、登录时间、社交网络资料的细节。其中包括两个秘密监视项目：一、监视、监听民众电话的通话记录；二、监视民众的网络活动。

在斯诺登的爆料里，谷歌、雅虎、微软、苹果、Facebook、美国在线、PalTalk、Skype、YouTube 等九大公司遭到参与间谍行为的指控，这些公司涉嫌向美国国家安全局开放其服务器,使政府能轻而易举地监控全球上百万网民的邮件、即时通话及存取的数据。虽然这些企业极力否认这一罪名,但到了6月14日,Facebook、微软两公司首次承认,美国政府确曾向它们索要用户数据,并公布了部分资料数据内容,以期尽早摆脱"棱镜门"泥淖。

"棱镜泄密门事件"一时在世界范围内爆炸开来,引起了世界范围的广泛关注。作为事件的主角,美国中央情报局前雇员爱德华·斯诺登不但让美国政府坐立不安,他所透露的很多信息同样让我国网络信息产业界担忧。据斯诺登称,借助棱镜项目,美国国家安全局一直通过路由器等设备监控中国网络和电脑,因此,国人在互联网上的隐私,包括我们的政府和高官们的隐私,都在网络上暴露无遗……

【问题】
1. 该案例说明了什么道理?你从中受到了哪些启发?
2. 网络社交逐渐深刻影响了我们的生活,网络社交礼仪规范包括哪些方面?作为普通的参与者,我们在网络社交活动中如何遵守这些规范?

项目六　商务仪式礼仪

仪式,通常是指人们在人际交往中,为了激发出席者的某种情感,或者为了引起重视,而郑重其事地参照合乎规范与惯例的程序,按部就班地举行某种活动的具体形式。

一　仪式礼仪概述

(一) 仪式礼仪的作用

在规范的仪式人际交往中,为了庆祝或纪念某个重要事件,而在正式场合举办较为盛大、庄严、隆重、热烈的活动时,言行举止遵守一定的流程、礼仪惯例,这就是仪式礼仪。仪式在社会发展过程中逐步形成并不断完善,恰到好处地应用仪式、举行仪式可以表明组织对这项活动庄重而严肃的态度,也可以借此扩大组织的知名度,制造舆论,扩大影响,对提升组织的形象具有重要的作用。

1. 塑造组织形象,提高知名度与美誉度

仪式活动的举办也是一种公关活动,可以借此机会引起社会各界对本单位的重视,并加深社会公众对本单位的了解,为本单位塑造良好的形象。

2. 鼓舞员工士气，增强凝聚力

各类仪式活动都是单位取得了一定成绩时所举行的隆重活动，利用这种形式有助于鼓舞员工士气，增强所在单位全体成员的自信心、自豪感、归属感和集体荣誉感，激发员工对本单位的热爱，增强单位的凝聚力。

3. 扩大宣传，对外协调关系

仪式活动举办时，通常会邀请各方代表，如政府机关领导、客户代表、合作单位代表、记者与社会各界人士等。通过仪式的举办，可以传递本单位信息，加强合作单位的信心，并广结朋友、增进友情。

知识链接 4-10

都江堰放水节

都江堰清明放水节，是都江堰市的民间习俗。每年清明节当天，为纪念李冰父子、庆祝都江堰水利工程岁修竣工和进入春耕生产大忙季节，都江堰市都要举行盛大的庆典活动。

古时，大典通常由四川高级官员主持。放水前一日，有关人员先到郫县望丛祠祭祀望帝、丛帝。放水之日，仪仗队抬着祭品，鼓乐前导，主祭官率众人出玉垒关至二王庙，祭祀李冰父子。随后主祭官朗诵迎神词，众人肃立，唱纪念歌。歌毕，献花、献锦、献爵、献食。主祭官读完祝词，与全体祭者向李冰塑像三鞠躬，祈愿一年风调雨顺、五谷丰登、六畜兴旺。然后，砍杩槎放水。杩槎是将三根木棒的顶端都扎在一起构成的三脚架，它和签子、捶笆等一起，填土筑堤，可截断流水。主持者一声令下，"咚咚咚"三声礼炮，身强力壮的堰工奋力砍断鱼嘴前阻断内江的杩槎上绑索，河滩上的人群用力拉绳，杩槎解体倒下，江水顷刻奔涌而出。此时，年轻人跟着水流奔跑，并不断用石头向水流的最前端打去，称为"打水头"。人们争舀"头水"祭神，认为这样可以消灾祈福，求得神灵庇佑。该习俗现仍流行。

【问题】

1. 都江堰放水节举办的仪式为什么会流传至今？举办仪式的目的是什么？
2. 都江堰放水节仪式活动包括哪些程序？

（二）仪式礼仪的基本特点

仪式的形式是多种多样的，宗教仪式、婚庆仪式、商务活动仪式、节日仪式等等都有其约定俗成的规范化程序。仪式的举行具有以下三个特点。

1. 气氛隆重

仪式通常是在正式场合举办的，举办方与参与方都必须遵守一定的礼仪规范。仪式的举办一定要吸引外界对于本单位的重视，因此仪式的举办通常比较隆重。

2. 程式规范

仪式是活动的一种正式化表现形式，每种仪式都有一定的规范程序。仪式的举办必须按照规定的程序进行操作，郑重其事，努力将影响效果达到最大化，令举办方成为社会各界关注的焦点。

3. 意蕴深刻

某种仪式的举办通常都具有一定的象征意义和巨大的心理暗示作用，仪式举办的意义是否深刻、影响是否深远是仪式举办成功与否的重要衡量标准。

知识链接 4-11

天安门升国旗

很多人到北京必去天安门看升旗仪式，它在国民心目中意义非同寻常。

每天清晨，一队身着橄榄绿军装的解放军战士，他们迈着铿锵有力的步伐，护卫着国旗，英姿飒爽地从天安门中央的门洞出来，走过金水桥，穿过长安街，走进天安门广场……行进，立正，托枪，敬礼，系列动作一气呵成。随着一声"敬礼"，雄壮浑厚的《义勇军进行曲》开始响起，五星红旗冉冉升起。国歌连奏三遍结束时，鲜艳的五星红旗正好迎着朝阳高高飘扬在广场的上空。

天安门广场的升国旗时刻与太阳初升的时刻保持一致，国旗升起的时间也与太阳升出地平面的时间相同，而这个时间正好是升旗时奏三遍国歌的时间。太阳升起是两分零七秒，国歌演奏三遍也正好是两分零七秒。国旗是一个国家的象征，升旗仪式通过表达与演示象征意义来强化人们对国家的认同与归属感。

【问题】
1. 查阅有关资料，了解天安门升旗仪式的规范程序。
2. 你认为隆重举行升旗仪式可以达到什么效果？

下面介绍几种常见的仪式礼仪。

二 谈判仪式礼仪

谈判仪式，是指两方或两方以上的组织为了对某件事情达成共同的意见而需要共同进行的一项礼仪活动。在这项活动中，各方要遵循平等、友好、互利的原则，消除分歧，达成某种程度上的妥协。

（一）谈判前准备

1. 确定参加人员身份

各方必须提前确定谈判人员，原则上参加谈判的各方代表的身份、职务应相当。

2. 确定谈判场所

根据谈判仪式举行地点的不同，可将谈判分为主座、客座、客主轮流以及第三地点四种：

（1）主座谈判：在己方所在地进行谈判；

（2）客座谈判：在谈判对方所在地进行谈判；

（3）客主轮流谈判：在谈判双方所在地轮流进行谈判；

（4）第三地点谈判：在不属于双方任何一方的地点进行谈判。

谈判地点是通过各方协商而定的。担任东道主的一方，负责安排谈判的相关事项，合乎礼仪地安排好迎送、接待对方的相关事宜。

3. 做好接待准备

接待准备包括确定迎送规格、安排好接待工作、做好现场布置等事项。

1）确定迎送规格

迎送规格应依据前来谈判人员的身份与目的确定，按惯例，接待人员与被接待人员应属于对等关系。只有当双方关系特别密切时，或因某种特殊需要，才可破格接待。

2）安排好接待工作

要准确掌握对方抵达时间，提前到机场、车站或码头迎接，以示对对方的尊重。根据谈判的地点选择，提前预订住宿。用餐的地点尽量选择靠近谈判地点的餐馆，以特色为主。在当地的行程安排应根据谈判的时间来调整，空余时间也可安排让对方人员游览当地的旅游景点。

3）做好现场布置

谈判地点一般选择为会议室。谈判之前应做好场地的清洁，预备好相关的物品，特别注意保证谈判需要使用的电子设备完好。举行双边谈判时，使用长桌或椭圆形桌子，宾主应分坐桌子两侧。举行多边洽谈时，按国际惯例，举行"圆桌会议"。要注意主宾各方座次的排列，详情可参看本书专题三"商务位次礼仪"项目中"谈判位次礼仪"的有关内容。

（二）谈判时各方人员应注意的礼仪

1. 着装规范

谈判时，第一印象非常重要。在谈判场合，男士一般穿正装西服，女士则穿套裙或套裤。

2. 举止得体

谈判过程中，要遵守社交礼仪，注意体态、手势自然大方，不宜过多。应尽量避免一些无意识的动作，因为这样会透露自己的心理变化。

3. 遵时守约

参加谈判的人员必须准时抵达，不能无故失约，不能迟到。

4. 语言表达得体

谈判中陈述意见时尽量平缓，语言的表达应具有专业性、规范性与严谨性，多使用礼貌用语，采用温和的语言，禁止使用具有威胁性的语言。谈判的各方在表达时，尽量留有余地，使用一定的弹性语言会使谈判者进退自如。

谈判时，如果氛围过于紧张，也可用幽默的语言来润滑一下。

5. 尊重对方的习俗

谈判时，从场地的布置、接待到谈判程序等各方面，都要尊重所有参加谈判人员所属国家、民族的礼仪习俗。

知识链接 4-12

变"无礼"为"有理"

日本有一家著名的汽车公司在美国刚刚"登陆"时，急需找一家美国代理商来为其销售产品，以弥补他们不了解美国市场的缺陷。当日本汽车公司准备与美国的一家公司就此问题进行谈判时，日本公司的谈判代表因为路上塞车迟到了。美国公司的代表抓住这件事紧紧不放，想要以此为手段获取更多的优惠条件。日本公司的代表发现无路可退，于是站起来说："我们十分抱歉耽误了您的时间，但是这绝非我们的本意，我们对美国的交通状况了解不足，所以导致了这个不愉快的结果。我希望我们不要再为这个无所谓的问题耽误宝贵的时间了，如果贵公司因为这件事怀疑我们合作的诚意，那么，我们只好结束这次谈判。我认为，我们所提出的优惠代理条件是不会在美国找不到合作伙伴的。"

日本代表的一席话说得美国代理商哑口无言，美国人也不想失去这次赚钱的机会，于是谈判顺利地进行下去。

【问题】

请谈谈本案例对你的启示，想一想，哪些地方值得我们学习和借鉴？

三 签约仪式礼仪

签约仪式，是指组织方与洽谈方在达成某项协议或订立合同时，为了表示重视而举行的一系列程式化活动。签字仪式往往时间不长，但由于它涉及单位对外的形象宣传，因此非常重要。

(一)签字仪式的准备

1. 准备合同

合同的制定必须遵循我国相关法律法规、行业常识和双方谈判达成的协议,签约双方在正式签约前应认真审核,文件一旦签署就具有法律效力。

2. 选择场地

场地的选择一般视签字仪式的人员规格、人数多少以及协议中的内容重要程度来确定。多数选择在客人所住的宾馆、饭店,或东道主的会客厅、洽谈室。

3. 布置场地,安排座次

会场布置要庄重、整洁、清静。签字桌通常为长桌,横放于室内,桌面覆盖深绿色台呢(请注意双方的颜色忌讳),桌后可摆放适量的座椅。签署双边合同时,可放置两张座椅,供签字人就座。签署多边合同时,可以仅放一张座椅,供各方签字人签字时轮流就座;也可以为每位签字人都提供一张座椅。签字人就座时,一般应面对正门。在签字桌上,应事先放好待签合同文本以及签字笔、吸墨器等签字时所用的文具。

与外商签署涉外合同时,须在签字桌上插放各方的国旗。插放国旗时,在其位置与顺序上,必须按照礼宾序列而行。

知识链接 4-13

失败的会场布置

某单位经过改制,由单一国有企业转为股份制公司。为了扩大市场,该公司向英国的某集团公司寻求合作,双方经过协商达成协议,约定于5月8日在一家四星级宾馆签约,签约场地由中方公司负责布置。该公司工作人员将己方的座位排在谈判桌的右侧,桌上没有摆放双方国家的国旗。英方公司的签约代表到场后,看到会场布置,就宣布拒绝与该公司进行合作。

【问题】

1. 该公司的会场布置存在哪些问题,致使英方公司的签约代表不满?
2. 请思考,政务礼仪与商务礼仪的位次排列是否存在区别?如有,区别在哪儿?

4. 安排座次

正式签署合同时,各方代表对座次的安排非常在意,这代表礼遇的高低问题。座次一般由场地主方排定。在签署双边合同时,按以右为尊的惯例(政务礼仪除外),应请客方签字人在签字桌右侧就座,主方签字人就座于签字桌左侧。双方各自的助签人,应分别站立于各自一方签字人的外侧,以便随时为签字人提供帮助。双方其他的随员按照职位高低的顺序依次从中间向两边成一行排列，站于己方签字人身后，也可在己方签字人的正对面就座。如图4-11（a）所示。

签署多边合同时，一般仅设一个签字椅。各方签字人依照有关各方事先同意的先后顺序，依次上前签字。各方随员按一定的排序，面对签字桌就座或站立。如图4-11（b）所示。

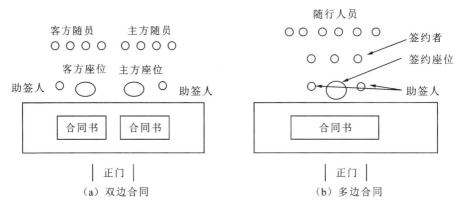

图 4-11　签约仪式座次图

（二）签字仪式的程序

1. 各方人员就位

签约的各方人员进入签字厅，在既定的位次上就座。

2. 签署合同

签字人先签署己方保存的合同，然后再由助签人交他方签字人签字。这一做法，在礼仪上称为"轮换制"。它的含义是在位次排列上轮流使有关各方均有机会居于首位一次，以显示机会均等、各方平等。

3. 双方交换合同

双方签字人交换各方签署的合同，热烈握手，互致祝贺，并相互交换各自方才使用过的签字笔，以示纪念。全场人员鼓掌，表示祝贺。

4. 共同举杯庆贺

在国际商务礼仪中，通常在互换合同后，大家会举杯共饮香槟酒，以增添喜庆。具体做法可视具体情况而定。

四　开业剪彩仪式

开业剪彩仪式，严格地讲，指的是商界的有关单位，为了庆贺公司的设立、企业的开工、宾馆的落成、商店的开张、银行的开业、大型建筑物的启用、道路或航线的开通、展销会或博览会的开幕等等，而隆重举行的一项礼仪性活动。

知识链接 4-14

开业剪彩仪式的由来

1912年,在美国的一个乡间小镇上,有一家商店的店主独具慧眼,从一次偶然发生的事故中得到启迪,以它为模式开一代风气之先,为商家创立了一种崭新的庆贺仪式——剪彩仪式。

当时,这家商店即将开业,店主为了避免闻讯之后蜂拥而至的顾客耐不住性子,在正式营业前争先恐后地闯入店内,将用以惠及顾客的便宜货争购一空,而使守时而来的人们得不到公平的待遇,便随便找来一条布带子拴在门框上。谁曾料到,这项临时性的措施竟然更加激发起了挤在店门之外的人们的好奇心,促使他们更想早一点进入店内,对行将出售的商品先睹为快。

事也凑巧,正当店门之外的人们的好奇心上升到极点,显得有些迫不及待的时候,店主的小女儿牵着一条小狗突然从店里跑了出来,那条"不谙世事"的可爱的小狗若无其事地将拴在店门上的布带子碰落在地。店外不明真相的人们误以为这是该店为了开张志喜所搞的"新把戏",于是立即一拥而入,大肆抢购。让店主转怒为喜的是,他的这家小店在开业之日的生意居然红火得令人难以设想。

向来有些迷信的店主便追根溯源地对此进行了一番"反思",最后他认定,自己的好运气全是由那条被小女儿的小狗碰落在地的布带子所带来的。因此,此后在他旗下的几家连锁店陆续开业时,他便将错就错地如法加以炮制。久而久之,他的小女儿和小狗无意之中的"发明创造",经过他和后人不断"提炼升华",逐渐成为一整套的仪式。它先是在全美、后来在全世界广为流传开来。在流传的过程中,这套仪式也被人们赋予了一个极其响亮的鼎鼎大名——"剪彩",沿袭下来,就成了今天盛行的剪彩仪式。

【问题】

现代剪彩仪式主要涉及哪些准备工作?

开业剪彩仪式一般遵循"热烈""节俭""缜密"三原则。下面简要介绍开业剪彩仪式的程序、筹备和礼仪要求。

(一)开业剪彩仪式的程序

一般来说,剪彩仪式安排宜紧凑。按照惯例,剪彩既可以是开业仪式中的一项具体程序,也可以独立出来,由其自身的一系列程序所组成。独立而行的剪彩仪式,通常应包含如下五个基本的程序。

1. 嘉宾入场

剪彩仪式开始前5分钟,嘉宾便应在礼仪小姐的引领下入场。一般来说,嘉宾中的剪彩者应在前排就座，座位上应事先放好席卡，中央级的来宾只写"首长"，其他人可直接写姓名。

2. 仪式开始

由企业主要负责人宣布仪式开始，奏乐，鸣炮（有的地方禁鸣则免），然后介绍到场的嘉宾，对他们的到来表示欢迎和感谢。

3. 奏乐

此刻须全场起立。必要时，亦可随之演奏本单位的标志性歌曲。

4. 宾主发言

由主办单位代表、上级主管部门代表、合作单位代表以及社会知名人士先后发言，每场发言的时间以3分钟为宜。发言的内容为介绍、道谢、致贺，应做到短小精悍、言简意赅。

5. 进行剪彩

礼仪小姐在欢快的乐曲声中登场，引领剪彩者按主办单位的安排站立在确定的位置，而礼仪小姐的数量及站位，都需要经过彩排。这时，拉彩者拉起红绸及彩球，在剪彩者剪断红绸、彩球落盘时，全体人员热烈鼓掌。图4-12为某剪彩仪式的瞬间。

图4-12 剪彩仪式

剪彩者与主人握手道喜，并列队在礼仪小姐的引导下退场。退场时，一般宜从原上台的方向下台。待剪彩者退场后，其他礼仪小姐方可列队由右侧退场。

6. 后续活动

剪彩过程结束，主办单位可安排一些文艺、参观、联谊、座谈、签名、题词、就餐或继续参观等后继活动，具体做法可因剪彩内容而定。最后可以向来宾赠送一些纪念品，热情欢送他们离去。

(二)开业剪彩仪式的筹备

1. 做好舆论宣传工作

一方面,要根据企业的规模与活动需要,选择适当的大众传播媒介进行集中性广告宣传,宣传内容包含活动举行的日期、地点,开业之际给予顾客的优惠,开业单位的经营范围、特色等;另一方面,还需邀请有关大众传播界人士在开业剪彩仪式举行之时到场进行采访,以便对本单位进行进一步的报道。

2. 做好来宾的邀请工作

庆典仪式影响的大小往往取决于来宾的身份高低与数量多少。在力所能及的条件下,要力争多邀请一些来宾参加开业剪彩仪式。邀请时优先考虑地方领导、上级主管部门与地方职能管理部门的领导、合作单位与同行单位的领导、社会团体的负责人、社会名流、新闻界人士等。为了慎重起见,用以邀请来宾的请柬应认真书写,并装入精美的信封,由专人提前至少一周的时间送到对方手中,以便对方早做安排。

3. 做好场地布置工作

开业剪彩仪式的现场布置应突出喜庆、热闹的气氛。仪式多在开业现场举行,场地一般选择正门之外的广场、正门之内的大厅、展厅门前等。按照惯例,举行开业仪式时宾主一律站立,故一般不布置主席台或座椅。为显示隆重与敬客,可在来宾尤其是贵宾站立之处铺设红色地毯,并在场地四周悬挂横幅、标语、气球、彩带、宫灯。此外,还应当在醒目之处摆放来宾赠送的花篮、牌匾。来宾的签到簿、本公司的宣传材料、待客的饮料等等,亦须提前备好。对于音响、照明设备,以及开业仪式举行之时所需使用的用具、设备,必须事先认真进行检查、调试,以防其在使用时出现差错。

4. 做好接待服务工作

在举行开业仪式的现场,一定要有专人负责来宾的接待服务工作。除了要求本公司的员工在来宾的面前以主人翁的身份热情待客、有求必应、主动相助之外,更重要的是分工负责、各尽其职。在接待贵宾时,需由本公司主要负责人亲自出面。在接待其他来宾时,则可由本公司的负责专门接待的工作人员进行接待。若来宾远道而来,须为来宾准备好专用的停车场、休息室,并为其安排饮食。

5. 做好礼品馈赠工作

在庆典仪式上,赠予来宾的礼品一般具有以下三大特征:

(1) 宣传性:可选用本单位的产品,也可在礼品包装上印有本单位的企业标志、广告用语、产品图案、开业日期等;

(2) 荣誉性:要使之具有一定的纪念意义,并且使拥有者对其珍惜、重视,并为之感到光荣和自豪;

(3) 独特性:它应当与众不同,具有本单位的鲜明特色,使人一目了然,并且可以令人过目不忘。

6. 做好程序拟定工作

从总体上来看,开业剪彩庆典大都由开场、过程、结局三个阶段构成:

(1) 开场：开场时即奏乐，邀请来宾就位，宣布仪式正式开始，介绍主要来宾；

(2) 过程：这是庆典的核心内容，它通常包括本单位负责人讲话、来宾代表致辞、嘉宾上台剪彩等；

(3) 结局：仪式结束后，宾主到现场进行参观、联欢、座谈等，这是开业剪彩仪式必不可少的尾声。

为使开业剪彩仪式顺利进行，在筹备之时，必须认真草拟具体的程序，并选定好每项细化项目的负责人和称职的仪式主持人、礼仪工作人员。

（三）开业剪彩仪式的礼仪要求

1. 对主办方的礼仪要求

在开业剪彩仪式举办的整个过程中，主办方都必须礼貌待客，需要注意以下几个方面。

(1) 仪容整洁。出席仪式的人员要适当修饰。女士应化妆，男士应梳理好头发，刮净胡须。

(2) 服饰规范。工作人员最好统一着装，以工作装或正装为主。

(3) 准备周到。席位安排要讲究，应根据来宾的身份与职务高低确定主席台座次和贵宾席位，为来宾准备好迎送车辆。剪彩人员的名单及排位应提前确定。

(4) 遵守时间。仪式应按预定的时间安排开始与结束，不要无故拖延。

(5) 态度友好。见到来宾要主动热情问好，营造喜庆氛围。当来宾发表贺词后，应主动鼓掌表示感谢。

(6) 行为自律。不得嬉笑打闹，不要东张西望，表现出心不在焉的样子。

2. 对宾客的礼仪要求

对宾客的礼仪要求主要包括如下几个方面。

(1) 准时出席。准时出席是对宾客的起码要求。

(2) 赠送贺礼。贺礼的选择主要是花篮、镜匾、楹联等，应写明庆贺对象、缘由、贺词及祝贺单位。

(3) 多方交流。到场后先向主人表示祝贺，入座后应礼貌地与周围的人打招呼，可通过自我介绍、互换名片等方式结识更多的朋友。

(4) 致辞精练。典礼致辞要简短精练，表现沉着稳重，注意语音、语调。

(5) 注意礼节。典礼过程中，宾客要做一些礼节性附和，如鼓掌、跟随参观、写留言等。

(6) 礼貌告辞。仪式结束后，应和主办方握手告别，并致谢意。

3. 对助剪者的礼仪要求

助剪者，即在剪彩仪式的过程中从旁为其提供帮助的人员，通常由主办方的女性工作人员担任，一般可称呼为礼仪小姐。礼仪小姐可细分为迎宾者、引导者、服务者、拉彩者、捧花者、托盘者。对礼仪小姐的要求主要有如下几点。

(1) 仪容仪表高雅。通常穿着体现中华民族特色的旗袍，也可穿西式套装，表现得典雅大方、光彩照人。

(2) 行为举止规范。做到各司其职，仪态标准、优雅。

(3) 工作责任心强。要有坚强的自控力和高度的责任心，熟悉典礼各个环节，掌握开业剪彩仪式的礼仪规范，具备较强的应变能力。

知识链接 4-15

别开生面的开业典礼

2016 年 10 月 8 日是某工业园区大酒店开业的日子。这一天，酒店上空彩球高悬，四周彩旗飘扬，身着鲜艳旗袍的礼仪小姐站立在店门两侧，她们的身后是摆放整齐的鲜花、花篮，所有员工服饰一新、面目清洁、精神焕发，整个酒店沉浸在喜庆的气氛中。

开业典礼在酒店前的广场举行。上午 11 时许，应邀前来参加庆典的有关领导、各界友人、新闻记者陆续到齐。正在进行剪彩之际，天空突然下起了倾盆大雨，典礼只好移至厅内，一时间，大厅内聚满了参加庆典的人员和避雨的行人。仪式在音乐和雨声中隆重举行，整个厅内灯光齐亮，使得庆典别具一番特色。典礼完毕，雨仍在下着，厅内避雨的行人，短时间内根本无法离去，许多人焦急地盯着厅外。于是，酒店经理当众宣布："今天能聚集到我们酒店的都是我们的嘉宾，这是天意，希望大家能同本店共享今天的喜庆，我代表酒店真诚邀请诸位到餐厅共进午餐，当然，一切全部免费。"顿时，大厅内响起雷鸣般的掌声。

虽然酒店开业额外花了一笔午餐费，但酒店的名字在新闻媒体及众多顾客的宣传下迅速传播开来，此后酒店的生意格外红火。

【问题】

阅读本案例后，你有何感想？

五 交接仪式

交接仪式是指施工单位依照合同将业已建设完成的工程项目，经验收合格后正式移交给使用单位时所举行的庆祝典礼。

交接的礼仪，一般是指在举行交接仪式时必须遵守的有关规范。通常，它具体包括交接仪式的准备、交接仪式的程序、交接仪式的参加等三个方面的主要内容。以下分别对其加以介绍。

（一）交接仪式的准备

准备交接仪式，主要关注下列三件事：来宾的邀约、现场的布置、物品的预备。

1. 来宾的邀约

来宾的邀约，一般应由交接仪式的东道主——施工、安装单位负责。在具体拟定来宾名单时，施工、安装单位亦应主动征求自己的合作伙伴——接收单位的意见。从原则上来讲，交接仪式的出席人员应当包括：施工、安装单位的有关人员；接收单位的有关人员；上级主管部门的有关人员；当地政府的有关人员；行业组织、社会团体的有关人员；各界知名人士尤其是新闻界人士；协作单位的有关人员；等等。在宏观上确定参加者的总人数时，必须兼顾场地条件与接待能力，切忌贪多求大，追求浮华的效果。

2. 现场的布置

举行交接仪式的现场，亦称交接仪式的会场。在对其进行选择时，通常应视交接仪式的重要程度、全体出席者的具体人数、交接仪式的具体程序与内容，以及是否要求对其进行保密等几个方面的因素而定。

根据常规，一般可将交接仪式的举行地点安排在已经建设、安装完成并已验收合格的工程项目或大型设备所在地的现场。有时，亦可将其酌情安排在东道主单位本部的会议厅，或者由施工、安装单位与接收单位双方共同认可的其他场所。

3. 物品的预备

在交接仪式上，须由交接方提前准备的有关物品主要有验收文件、一览表、钥匙等等。验收文件，此处是指已经公证的由交接双方正式签署的接收证明性文件。一览表，是指交付给接收单位的全部物资、设备或其他物品的名称、数量明细表。钥匙，则是指用来开启被交接的建筑物或机械设备的钥匙。在一般情况下，因其具有象征性意味，故预备一把即可。

主办交接仪式的单位，准备交接仪式现场时应以烘托喜庆气氛为主，台上铺设一块红地毯，主席台上方悬挂一条红色巨型横幅，上书交接仪式的具体名称，现场四周可酌情悬挂一定数量的彩带、彩旗、彩球，并放置一些色泽艳丽、花朵硕大的盆花，用以美化环境。另外，应为来宾略备一份薄礼，礼品的选择应突出其纪念性、宣传性。

（二）交接仪式的程序

主办单位在拟定交接仪式的具体程序时，必须注意两个方面的重要问题。一方面，必须在大的方面参照惯例执行，尽量不要标新立异。另一方面，必须实事求是、量力而行，在具体的细节上不必事事贪大求全。交接仪式程序包含以下几个基本步骤，与开业剪彩仪式程序较为相似。

1. 仪式开始

主持人宣布交接仪式正式开始，全体与会者应以热烈的掌声来表达对于东道主的祝贺之意。在此之前，主持人应邀请有关各方人士在主席台上就座，并以适当的方式暗示全体人员保持安静。

2. 奏乐

奏乐，并可演奏东道主单位的标志性歌曲。全体与会者肃立，该项程序使交接仪式显得更为庄重，亦可略去。

3. 正式交接

由施工、安装单位的代表，将有关工程项目、大型设备的验收文件、一览表或者钥匙等象征性物品，正式递交给接收单位的代表。此时，双方应面带微笑，双手递交、接收有关物品。在此之后，还应热烈握手。

4. 各方代表发言

在交接仪式上，各方代表的发言顺序依次为：施工、安装单位的代表，接收单位的代表，来宾代表，等等。这些发言，一般均为礼节性的，语言应力求简练、喜庆。

5. 仪式结束

主持人宣布交接仪式正式结束后，可安排全体来宾进行参观或观看文娱表演。最后，全体与会者应再次进行较长时间的热烈鼓掌。

（三）交接仪式的参加

1. 对东道主的礼仪要求

对东道主一方而言，需要注意的主要问题有如下几个方面。

1）注意仪容仪表整洁

东道主一方参加交接仪式的人员，要能够代表本单位的形象，做到妆容规范、服饰得体、举止有方。

2）要注意保持风度

在交接仪式举行期间，不允许东道主一方的人员东游西逛、交头接耳、打打闹闹。在为发言者鼓掌时，不允许厚此薄彼。当来宾为自己道喜时，喜形于色无可厚非，但切勿嚣张放肆、得意忘形。

3）要注意待人友好

东道主一方的全体人员应当自觉地树立起主人翁意识，热心解决宾客疑问。如自己力不能及，也要向对方说明原因，并且及时向有关方面进行反映。

2. 对来宾的礼仪要求

对于来宾一方而言，在应邀出席交接仪式时，主要应重视如下几个方面的问题。

1）应当致以祝贺

接到正式邀请后，被邀请者即应尽早以单位或个人的名义发出贺电或贺信，向东道主表示热烈祝贺。在参加仪式时，还须郑重其事地与东道主一方的主要负责人一一握手，再次口头道贺。

2）应当略备贺礼

为表示祝贺之意，可向东道主一方赠送一些贺礼，如花篮、牌匾、贺幛等等。现今以赠送花篮最为流行。它一般需要在花店订制，用各色鲜花插装而成，并且应在其两侧悬挂特制的红色缎带，右书"恭贺××交接仪式隆重举行"，左书本单位的画龙点睛式全称。花篮可由花店代为提前送达，亦可由来宾在抵达现场时面交主人。

3）应当准点到场

若无特殊原因，接到邀请后，须正点抵达。若不能出席，则应尽早通知东道主，以防在仪式举行时来宾甚少，使主人因"门前冷落鞍马稀"而难堪。

知识链接 4-16

景区建成交接仪式

某国家示范园林景区建成后，施工方为了向社会各界展示其完成情况，决定举办一个隆重的交接仪式。当天，有不少的媒体记者抵达现场，组织方按照媒体单位的影响程度进行座位安排。交接仪式准时开始，主持人首先介绍了本项目的背景情况，请施工方代表先行发言，简短介绍了景区修建的情况。待领导到齐后，介绍了莅临现场的领导和嘉宾，邀请领导与嘉宾代表讲话，表达对景区建成的祝贺。仪式结束后，组织方让媒体散了，派礼仪小姐带领领导与嘉宾进入景区参观。

【问题】
此次交接仪式是否圆满？可能存在什么问题？

六 庆典仪式礼仪

庆典，是各种庆祝仪式的统称。通过举办庆典活动，可以宣传本单位的新形象，增强本单位全体员工的自豪感。一般来说，商界所举行的庆祝仪式大致可以分为四类：企业成立周年庆典、荣获某项荣誉的庆典、取得重大业绩的庆典、企业取得显著发展的庆典。庆典要体现出热烈、欢快、隆重的氛围。

庆典的礼仪，即有关庆典的礼仪规范，由组织庆典的礼仪与参加庆典的礼仪两项基本内容所组成。以下对其分别予以介绍。

（一）组织庆典的礼仪

1. 确定出席者名单

庆典出席者名单一旦确定，应尽早发出邀请或通知。鉴于庆典的出席人员较多，牵涉面极广，故无特殊情况，庆典不得取消、改期或延期。庆典的出席者通常包括的人士有上级领导、社会名流、大众媒体、合作伙伴、社区关系单位领导和单位员工等。

2. 安排来宾接待工作

凡应邀出席庆典的来宾，大部分是对本单位关心和友好的，对他们的接待工作应突出礼仪性的特点。热心细致照顾来宾，使其感受到主人对他们的尊重与敬意。

筹备庆典事务多而杂乱，为了保证庆典活动的顺利实现，应专门成立一个筹备组，下设若干专项小组，负责公关、礼宾、财务、会务等方面。其中，庆典的礼宾服务人员，原则上应由年轻、精干、身材与形象较好、口头表达能力和应变能力较强的男女青年组成。

3. 布置庆典礼仪现场

举行庆祝仪式的现场，是庆典活动的中心地点。对它的安排、布置如何直接关系到企业的形象。布置庆典仪式现场时，应注意以下问题：

（1）地点的选择：选择地点时应根据庆典的规模、影响力以及本企业的实际情况来决定；

（2）场地的大小：从理论上来说，场地的大小应与出席者人数的多少成正比；

（3）现场布置：为了烘托出热烈、隆重、喜庆的气氛，可在现场悬挂彩灯、彩带，张贴一些宣传标语，挂上大型横幅，必要时还可以请本单位员工组成的乐队、锣鼓手敲锣打鼓或进行表演；

（4）音响调试：举行庆典之前，务必把音响调试好，特别要注意麦克风和传声设备，可以选择一些喜庆、欢快的乐曲在庆典举行前后播放。

4. 拟好庆典具体程序

庆典仪式的成功举行跟庆典的具体程序有相当大的关系。举行庆典时，时间不宜过长，通常控制在1个小时以内。庆典程序也不宜过多，一般包括以下六个程序：

（1）来宾就座，介绍嘉宾；

（2）宣布庆典仪式正式开始，全体起立，奏乐或唱本企业的标志性歌曲；

（3）本企业主要负责人致辞；

（4）邀请嘉宾讲话，嘉宾代表主要是出席此次典礼的上级领导、合作单位及社会关系单位等主要领导，要提前与对方约定好；

（5）安排文艺演出，慎选节目内容，不得有悖于庆典的主旨；

（6）邀请来宾参观。

（二）参加庆典的礼仪

1. 对庆典主办方人员的礼仪要求

对庆典主办方人员的礼仪要求主要有：

（1）仪容整洁：参加庆典人员的仪容要干净整洁；

（2）服饰规范：最好有统一制服，无制服的单位应统一着套装；

（3）遵守时间：工作人员要提前到岗准备，典礼应准时开始、准时结束；

（4）表情庄重：奏乐或唱本单位的歌曲时，应起立，表情庄重，不得随意张望；

(5) 态度友好：对来宾要主动热情问好；

(6) 行为自律：典礼期间不得做出有损自身形象与企业形象的事。

2. 对外单位人员的礼仪要求

外单位人员参加典礼时，同样要注意自己的言行举止，通过遵守相关礼仪表达出对主人的敬意与对庆典本身的重视。

知识链接 4-17

高速公路公司通车庆典仪式

某高速公路竣工，为了让广大民众了解这段高速公路的情况及通车时间，施工单位特地举办了隆重的通车仪式。仪式邀请了本市的市委书记、市长等主要领导，交通运输厅厅长等相关部门领导，各界知名人士和新闻媒体。通车仪式选择在离收费站较近的一个路段举行，该路段空间不大，旁边搭了一个舞台。仪式举办当天，参加人数超过预期，场面一度十分混乱；舞台太小，领导站在上面紧挨着，甚至有位站在边上的领导被挤下舞台。仪式开始时，主持人顺次请市委书记、交通运输厅厅长、公司领导、施工方代表致辞。致辞结束，各位领导为高速公路通车剪彩，与此同时，鸣礼炮、击鼓、放礼花，仪式结束。

【问题】

1. 这次通车仪式的举办出现了哪些问题？
2. 通车仪式举办的正常程序有哪些？

知识链接 4-18

特别的婚礼

某对男女朋友要举办新婚典礼，男方家要求请农村老家的专业人员甲来主持，女方家要求让城里的婚庆公司人员乙来负责，双方家庭坚持不下，遂让甲、乙二人共同负责。按乙拟定的程序，11：30 典礼开始。乙要求双方父母到现场，而甲坚持不让新娘父母到典礼现场，说是怕"闹媳妇"（男方老家习俗，和新郎同辈或比新郎辈分小的男方家族成员给新娘出一些"难题"），娘家人会心疼，老家好多亲家因为这个闹翻了的；典礼公司则说那叫什么事啊，拜父母是一道重要的礼节程序，要不怎么改口叫爸妈呢。甲、乙争执间，宾客们都在大厅里等着，也不知道典礼实际上几点能够开始。好在岳父岳母都是大度人，最后还是听从乙的安排坐到了父母位子上。

典礼完毕，就要安排饭店给客人们开席，这时，原先预定的饭厅却让一个办丧事的给占了。饭店方面也很抱歉，说纯属意外，为了表示歉意，提出安排到单间用餐。而甲觉得婚礼与丧礼同时举办触霉头，在老家这是绝对忌讳的，跟饭店发生争执，同时也不同意饭店的临时安排，"都在单间里，亲戚们谁都看不见谁，哪有喜庆的气氛?!"在男方老家，举办婚礼都是由甲说了算。典礼举办的程序没有依着甲，用餐还是按照甲的要求在另一个饭厅开了席，饭桌上连转盘都没有，客人用餐非常不方便，吃得也不尽兴。

【问题】
1. 思考整个结婚典礼举办不顺利的原因。
2. 如何避免出现以上的问题？

复习思考题

一、判断是非题

1. 恰到好处地运用商务接待礼仪，有助于商务交往的顺利进行。（ ）
2. 宗教祭祀是一种仪式。（ ）
3. 各种仪式的举办必须按照固定的程序以及双方的风俗习惯进行。（ ）
4. 在谈判场合，男士一般穿正装西服，女士则穿套裙或套裤。（ ）
5. 庆典仪式更加注重对媒体记者的接待规格。（ ）
6. 主办单位在拟定交接仪式的具体程序时，尽量不要标新立异。（ ）
7. 交叉和平行排列是商务活动中位置安排的两种最主要形式。（ ）
8. 引导客人入上座时，应遵循面门为上、以面北为上等原则。（ ）
9. 庆典仪式影响的大小往往取决于来宾的身份高低与数量多少。（ ）
10. 庆典出席者名单一旦确定，应当天发出邀请或通知。（ ）

二、问答题

1. 举行签字仪式的座次应如何安排？
2. 庆典的组织者应注意哪些礼仪规范？
3. 谈判仪式中地点如何选择？
4. 开业仪式礼仪有哪些程序？
5. 商务接待礼仪有哪些程序？
6. 结合自己所学专业，按照礼仪文书要求，拟写一份邀请函。
7. 请设计职业情景，拟写一封符合礼仪规范的电子邮件。

三、综合应用题

（一）技能测试

表4-2、4-3分别为谈判仪式测试标准和开业剪彩仪式测试标准的表格，请以小组为单位互相测试。

表 4-2 谈判仪式测试标准

考核项目	考核标准	评价等级			分值
		A	B	C	
仪式准备	准备工作完善,做好接待准备				1
现场布置	座位排列无误,物品准备充分				2
接待对方	座位排列无误,谈判时按礼仪规范接待				2
谈判双方	适当使用谈判技巧,根据互利互惠的原则展开谈判				2
谈判结束	(双方馈赠礼品)送客				2
团队	整体协调性、畅通性				1
合计					10

表 4-3 开业剪彩仪式测试标准

考核项目	考核标准	评价等级			分值
		A	B	C	
现场布置	座位排列无误,物品准备充分				2
仪式程序	程序完整、正确				2
主持人表现	声音清晰、洪亮、具有感染力,严格遵守仪式程序,仪态优雅				1
助剪者	礼仪小姐安排正确、合理,正确引导、协助领导、嘉宾上台发言和剪彩				2
领导、嘉宾	排位正确,发言内容完整				2
团队	整体协调性、畅通性				1
合计					10

(二) 实践训练

1. 请老师事先将全班同学按照 6~8 人一组进行分组,针对如下不同场景分配角色,然后进行实践练习,小组之间互相展示,并组成师生评审团进行点评。

(1) 两个小组的同学合成一队,每组分别代表一家公司,共同模拟一个谈判场景。

(2) 某集团与合作伙伴达成合作协议,双方定于 8 月 18 号举行签约仪式,作为宣传,此次签约仪式将邀请一些媒体参加,仪式的筹备和接待工作由该集团总经理办公室主任小张负责。

(3) 某商场开业,你作为开业剪彩仪式的主要负责人,将如何组织此次典礼?请以小组为单位模拟实施场景。

(4) 某高校学生会面临新老换届,为了使新一届的学生会成员感到责任重大,特别举办一次交接仪式，你作为交接仪式的负责人，将如何组织此次仪式？请以小组为单位模拟实施场景。

2. 一高职院校要举办六十周年校庆活动，如果你是校庆活动的筹备负责人，请问你应该如何组织？

3. 请为一次正式的商务谈判安排座次。

4. 请为一次大型会议安排座次（出席会议的领导共 8 位）。

（三）案例分析

"点头"的不同含义

中方某企业和日本某企业进行商务谈判。谈判中，中方谈判人员高兴地发现，每当他们提出一个意见时，日方人员都微笑点头。他们以为这次谈判特别顺利，日本人很讲究效率。直到他们要求签合同时，才震惊地发现，日方并没有同意他们的任何条款，他们的点头仅仅是一种礼貌，表示"听到了"，并不表示同意对方的观点。

【问题讨论】

1. 中方与日方企业为何没有签约成功？

2. 查看相关资料，试谈对日本谈判礼仪的理解。

专题五

大学生实用礼仪

学习目标

1. 了解大学生课堂礼仪规范。
2. 了解师生相处礼仪规范。
3. 掌握与同学交往的礼仪规范。
4. 掌握大学生校园公共场所礼仪规范。
5. 掌握大学生文体活动礼仪规范。
6. 掌握大学生恋爱礼仪规范。
7. 掌握大学生求职面试礼仪规范。

案例导入

大学课堂掠影

场景一：某日清晨，上课铃声刚刚响过，一位同学左手拿着面包，右手拿着酸奶，疾步走进教室，准备在课堂上吃早餐。与此同时，在教室一角，另一位同学正拿着包子，吃得可香了，如图5-1所示。教室里弥漫着一股包子味、煎饼味、油条味……

图5-1　课堂不文明现象之吃东西

场景二：某节课上，全班同学正在认真听讲。突然，一人推开前门走入教室，顺手"砰"的一声关上门。只见那同学慢悠悠地寻找合适的位置，却不知他已严重影响了课堂秩序，因为此时已经上课近10分钟了。

场景三：某班正在上课，突然，教室中响起了"喂，有电话了，喂，有电话了"，搞怪的童声立即引起了哄堂大笑。

场景四：在夏季的课堂上，我们常常能发现一些同学穿着背心、短裤，加上一双拖鞋，心安理得地坐在讲台下。他们认为："穿衣服是自己的事儿，不会妨碍别人。"

场景五：课堂上，老师正用幻灯片进行讲解，内容丰富，形式多样，但这种方式并没有吸引学生，台下的学生各做各的事情，有的同学在睡觉，有的同学在看杂志，有的同学在玩手机……

【问题】

请运用所学知识评析上述学生的行为。

项目一　校园礼仪

校园礼仪是在校学生的行为规范，是约束学生行为的准则。在校学习阶段是人生成长旅途中一个关键的阶段，在这个时期，我们应该明白什么是正确的行为准则，如何正确看待礼貌问题，如何尊重别人。学习和遵守校园礼仪对于提高学生的个人素质修养、构建和谐校园、展示学校形象、净化社会风气、促进整个民族的文明进步，都将具有重要意义。

本项目主要介绍了与教师、与同学交往的礼仪，课堂及仪式礼仪，校园公共场所礼仪，文体活动礼仪以及恋爱礼仪。在社会发展日益国际化的今天，礼仪修养已成为当代大学生必备的素质。在激烈竞争的社会中，要做一个有知识、有教养，可以赢得别人尊敬和喜爱的人。记住，不要让自己在基本素养上输给别人。

一 和谐的师生关系

教育工作是神圣的。我们在老师的教育下成长，老师为学生的成长呕心沥血。老师的教诲和榜样作用，将影响学生的一生。在日本的公共汽车上，人们见到穿着校服的师范学生，往往会起来让座，以表示对未来教师的尊重。尊敬老师是每一位优秀的人才都应具有的美德，也是对一个学生的基本要求。中国有尊师重教的优良传统，流传着许许多多尊师的故事，古人把老师与知识紧密相连，把尊敬老师放在首位。例如，张良桥头真诚拜师，秦始皇拜荆条等等，无不出于这样的真挚情感。尊敬老师，是师生和谐相处的基本前提。

（一）与老师交往的原则

1. 尊敬老师，信任老师

老师是值得尊敬和信任的。要理解老师，服从老师的正确管理和教育。管理和被管理是矛盾的两个方面，应妥善处理。老师对学生的爱常常体现在严格的要求之中，这是实施教育所必需的。同学们要理解老师的苦心，服从老师的管理和教导，当有不同意见时，也应以诚恳的态度、恰当的方式向老师提出。教育是一个师生相互配合的过程，同学们是这个过程的最终受益者，应尊重老师的劳动。老师几乎把所有知识无私地、毫无保留地教给学生，如果说他们希望得到什么回报的话，那就是希望看到学生成长、成才，在知识的高峰上越攀越高。

2. 勤学好问，虚心求教

有些人在做学生时，经常认为"那个老师并不怎么样""他的水平太低了"等等，但长大以后才知道这种看法和想法是多么天真。就像作弊者从来都认为老师发现不了，其实，只要往讲台上一站，谁在下面干什么都一目了然。要向老师虚心求教，勤学好问不仅直接使自身的学习受益，还会增进、加深和老师的交流，无形中就缩短了与老师的距离。每个老师都喜欢肯动脑筋的学生，向老师请教问题往往是师生间交往的第一步，常向老师请教学习上的问题会加深师生彼此的了解，增进师生之间的感情。

3. 正确对待老师的过失，委婉地向老师提意见

心理学的研究发现，人们会对几乎没有什么缺点的人敬而远之。其实，根本不可能存在没有缺点的人。老师不是完美的，老师有的观点不正确，或误解了某个同学，甚至有的老师"架子"比较大，或是太严厉，这都是可能的。发现老师的不足时，要持理解的态度，向老师提意见时语气要委婉，时机要适当。如果老师错怪了你，就当面和老师顶起来吗？不行，这样不但无助于问题的解决，还会激化师生之间的矛盾，会使所有人

都感到为难。暂且放一放,等大家都心平气和时再与老师谈一谈,相信老师终究会理解学生的。

4. 勇于承认错误,知错就改

有的同学明知自己错了,受到批评,即使心里服气,嘴上还是不认错,与老师的关系搞得很僵;有的同学,受到老师批评后,心里就特别怕那位老师,认为他是对自己有成见。这些都是错误的做法和想法。错了就是错了,主动向老师承认,改正了就是好学生。老师不会因为谁有一次没有完成作业或是违反了纪律就认为他是坏学生,就对他有成见。相信老师是会全面、客观地评价学生的。

(二)与老师交往的礼仪规范

学生在与老师的具体交往中,应注意遵守以下礼仪规范。

1. 见到老师要问好

学生要尊敬老师,见到老师应礼貌地打招呼。无论何时何地,见到老师都应问声好。问好时注视着老师,面带微笑,语气、语调都要体现出真诚。如果遇到几位老师同时走过来,可直接称"老师们好",不一定要一一问候,这样既简洁,又不会冷落任何一位老师。

2. 让老师先行

如果在楼梯口或狭窄的通道碰上老师,应侧身让老师先行。如果学生和老师一起外出,乘坐交通工具时,学生应照顾老师,请老师先上;遇到年纪大的老师,应主动搀扶;有空位时,应请老师先入座。

3. 老师站着时不可坐着

除了在集体授课的场合,如果老师站着和学生说话时,学生不能大大咧咧地坐着。如果老师坐着,只有在请学生坐下时,学生方可坐下来与老师谈话。说话时态度要诚恳,谦恭地注视着老师,认真与老师交谈。老师来拜访时,无论是在家里或是在宿舍,都应热情接待,老师离开时应送别。

4. 老师取得成绩时表示祝贺

老师工作取得成绩时,学生应向老师表示祝贺。祝贺要发自内心,真诚而友善。学生的祝贺融入了感激与深情,会令老师感到格外欣慰。佳节来临,学生应向老师表示节日的祝贺,尤其是老师自己的节日——教师节。送给老师的礼物一定不要奢侈,应该是班级里人人都能送的东西,不应使班级的任何一个人因为自己送不起礼物而感到为难,这一点很重要。植物、CD、书籍都是很好的礼物,更好的做法是全班同学一起为老师做一个纪念品,比如在卡片上贴上全班同学签名的集体照。

5. 礼貌拜会

学生进入办公室前先要轻叩办公室门,老师允许后方可进入。进入办公室后不要东张西望,更不能乱翻老师的东西。学生在老师办公室不宜逗留过久,否则会打乱老师的时间安排,还会影响其他老师的工作。事情办毕即应离开办公室,离开办公室时应向老师告辞。如果向老师请教的问题已得到解决，学生应向老师表明自己已经理解所问的问题，并向老师道谢。

与老师交往时，尊重老师、懂礼貌，使师生关系融洽，这样既可以促进自身学习，又可以学到很多做人的道理，一生都会受益无穷。

二 真诚与同学交往

同学之间的交往，仅有友爱的良好愿望是远远不够的，更要注意情感的交流与沟通。与同学交往要遵循交友原则，这样才能与同学友好地相处。大学同学来自全国各地、五湖四海，有机会同窗学习确实不易。同学之间应该友好相处，讲究交往礼仪。

（一）热情待人，相互帮助

这是与同学相处的一个基本原则。很难想象，一个为人冷淡、口是心非、不关心别人的人会有人愿意与他交往和做好朋友。俗话说得好：给人方便，就是给自己方便。关心别人的人常常会得到别人更多的关心。在学习上，同学之间应相互帮助、共同进步。

在校园生活中，当同学有求于你或有困难时，应主动帮助。早出晚归要顾及同寝室其他的同学。借用同学的东西时要讲礼貌，归还东西时要表示感谢。当同学有客人来访而同学本人又不在时，应主动热情地代为接待。

（二）尊重别人，注意礼貌

受到尊重是人的一种心理需要，同学之间要相互尊重，这主要表现为以下几个方面。

1. 不可私自翻看同学的日记和信件

有的同学出于好奇，喜欢私自翻看别人的日记和私拆他人的信件，甚至还把内容公布于众。这样做不仅是一种不道德、不礼貌的行为，而且还是一种违法行为，在大学校园里，这类现象是应该杜绝的。在任何时候，都不要翻看、私拆或私藏同学的日记和信件。

2. 给同学留有个人隐私的空间

同窗好友应真诚相见、无话不谈，但这并不等于要把自己的一切都公之于众。只要不违背社会的道德和法律，不损害他人的利益和侵犯他人的权利，每个同学都可以有自己的隐私。有的同学对自己的某种情况或家里的一些事情，不愿告诉他人，不喜欢他人询问，这属于他个人的隐私，应该受到其他人的尊重。在集体生活中，每位同学都要注意尊重和保护别人的隐私权，尊重别人的人格。凡是同学不愿谈的，就不要去打听，不要去追问。那种到处刺探别人的隐私，甚至把别人心灵上的创伤当作新闻来传播，以供自己取乐的行为是违背现代文明社会的道德规范的。同学们应努力营造出团结友爱的交往氛围。

3. 不要给同学起绰号和嘲笑同学的缺点

有的同学喜欢给别人起绰号，并以此为荣、以此为乐。虽然有的绰号并无贬义，如把学习成绩好、刻苦努力、认真钻研的同学称之为"博士"。但更多的绰号是带讽刺和侮辱性的,根据人的缺点而拟就的绰号一旦传开,会给被起绰号的同学造成心理上的伤害。对这种低级、庸俗、无聊的行为必须加以制止。身体有缺陷的同学,一般都较为内向,内心充满苦恼。他们在学习上、生活上会遇到更多的困难,他们比健全的同学更需要别人的关心、帮助和鼓励。一个道德高尚、有礼仪修养的人,通常都极富同情心,会积极地关心和爱护他们,尽力帮助他们,而绝不是奚落、嘲笑和歧视他们。

(三)严以律己、宽以待人

严以律己、宽以待人,是中华民族的传统美德之一,也是人际交往中的礼仪原则。孔子说过"己所不欲,勿施于人"(《论语·颜渊》),其道理同学们都是知道的,但有的同学在日常生活中常常忘记了这一点。有的同学对别人的缺点缺乏宽容心,总喜欢在背后议论是非,发表一些不负责任的言论,对自己的不足之处却视而不见,而且还容不得别人的半点批评;有的同学在与他人的交往中喜欢以自我为中心,自以为是,把自己的观点强加于人;有的同学得理不饶人,为了一点小事而与同学争得面红耳赤,一定要分个高低胜负,甚至发展到恶语相向,大打出手。这些行为与大学生的身份都是格格不入的。

三 课堂及仪式礼仪

(一)课堂礼仪

1. 学生课前的礼仪

学生应在上课的预备铃响之前进入教室,为上课做好准备,端坐恭候老师到来。这是一种应有的礼貌,也是对老师的尊敬。教室里的肃静气氛,既能为老师取得良好的教学效果创造一个良好的环境,又能密切师生之间的关系。每位同学都做好上课准备,既是尊重别人,也是尊重集体的表现。如果预备铃已响,学生还是跑进跑出,教室里秩序杂乱,必然会影响老师的情绪,从而影响教学的效果。

2. 学生上课时的礼仪

1)迟到时的礼仪要求

学生如遇到特殊情况,不得已而在老师开始上课后才进入教室,应做到以下几点:

(1)到教室门口应先停下脚步,如果教室门关着,那就应先轻轻敲门,在得到老师的允许之后,才能进入教室;

(2)在走向自己的座位时,速度要快,脚步要轻,动作幅度要小,在座位前放下书包和拿起课本时,尽量不要发出太大的响声,更不能有任何滑稽可笑的举止;

(3)在坐下之后,应立即将注意力集中起来,端坐静听老师讲课。

总之,迟到的学生要把由于自己迟到而对课堂秩序造成的影响减小到最低的限度。

2) 回答老师提问时的礼仪要求

老师在上课时向学生提问,是老师检查教学效果最迅速和最直接的方法。因此,每个学生都应懂得老师提问的积极意义,正确、礼貌地对待老师的提问。

(1) 老师提问时,学生如果要回答问题,首先应该举手,当老师点自己名字时方可站起来答题,通常不可以直接坐在座位上发言。当老师未点到自己名字时不要抢先回答。

(2) 起立回答问题时,态度应严肃认真,切不可搔首弄姿或故意做出滑稽的行为引人发笑。说话声音要清朗,音量不要过低,以免老师和同学听不清。

(3) 如果对老师的提问回答不出来,但又被点到名,这时自己应该站起来,向老师实事求是地表明,这个问题自己回答不出来,或没有准备好。

(4) 在别人回答老师提问时,不应随便插话。如别人回答错了,或者不能回答时,不可在旁边讥笑嘲讽。当老师问"有哪个同学能回答这个问题"时,自己可以举手,在得到老师允许后,站起来回答。

遵守课堂纪律也是一种基本的礼貌要求。学生课堂纪律很好,教师会感到自己的劳动得到了应有的尊重,会感到很欣慰,思路会越讲越顺,教学水平会发挥到最佳状态;反之,当课堂纪律不好,教师会感到自己的辛勤劳动未得到重视,于是内心会有一种沮丧、失落感,思路会被打乱,教学效果也会受到很大影响。所以,每个学生都应遵守课堂纪律,这既是对教师辛勤劳动的尊重,也是一种基本礼貌。图 5-2 展现了学生认真听讲的场景。

图 5-2 认真听讲的学生

(二) 参加报告会礼仪

在校园,经常会举办各种报告会。学生参加报告会应衣着整洁、仪表大方、准时入场、进出有序,依会议安排落座。具体来说,要注意以下几点要求。

1. 遵守纪律,做到准时、有序

参加报告会时,与会学生要有较强的时间观念,提前几分钟到达会场,以保证报告会准时开始。不能拖拖拉拉,延误时间和影响报告会的气氛。入场时,不要勾肩搭背、大声谈笑、东张西望或寻人打招呼。必要时要在最短的时间内整好队列，并以较快的速度进入会场。入场后要在指定地点入座。如事先没有指定座位，也要听从会议组织者的安排，迅速就座。不要挤占位置好的座位，不要坐其他班级的座位，更不要坐贵宾席或教师席。报告会结束后，应让贵宾及教师先离开会场，然后学生按次序退场，切忌一哄而散。

2．尊重报告人，适时向报告人表示敬意

报告人未入场前，与会学生应端正恭候报告人。当报告人出现在主席台上时，全场应立即安静下来，并报以热烈的掌声，这是一种基本的礼貌。这种礼貌是对报告人的尊重和鼓励，报告人也会因此发挥得更好。报告人做报告时，学生要端坐静听，不要交头接耳、窃窃私语，不要看报纸杂志、吃零食、打瞌睡、东张西望或左顾右盼，否则会影响报告人的情绪，也会干扰其他同学听报告。在一般情况下，学生不要随意离开会场，如有特殊原因需出场，也应悄悄出场，以减少对报告人和听众的干扰。借故离场、扬长而去都是对报告人的不恭，是一种极不礼貌的行为。报告人讲到精彩部分时，学生可以鼓掌，以表示赞同和钦佩。报告结束时，为表达谢意，应报以热烈掌声。如果报告人离席先走，则应再一次鼓掌表示欢送。

此外，对报告中的某些观点不同意，或由于报告中的引例和数据不够准确而有不同看法时，与会学生应采取正确而礼貌的方式予以处理，或通过向报告人递纸条的办法指出报告中的某些欠妥之处，或会议结束后，向会议组织者提出意见。当场在下面议论、喊叫，或当面责问，都是极不礼貌的行为。

3．自由发言要注意礼貌

在自由发言环节，要注意如下礼仪规范。

（1）要求发言时先举手。报告会是有组织、有领导的，如要发言，要先举手，得到主持人的同意后，方可发言。

（2）认真听别人的发言。在别的同学发言时，应认真听，不要表现出无所谓或不耐烦的样子。不要随便插话，更不能强行打断别人的讲话。假如不同意发言人的观点，在他没有讲完之前，既不要立即反驳，也不要和周围的同学议论，扰乱会场纪律，更不能公然露出鄙夷的神色或拂袖而去。

（3）发言要观点明确、以理服人。发言不管是阐述自己的看法，还是反驳别人的论点，都应注意观点明确、论据充分、以理服人。对不同的意见，不要乱扣帽子、乱打棍子，切忌出言不逊、恶语伤人。

（4）别人批评自己的观点或对自己的观点提出不同看法时，应虚心听取，要让别人把话说完，不要急躁，不要说出有损他人人格的话，而应互相切磋、求同存异。

（三）升降旗仪式礼仪

根据1990年国家教委《关于施行〈中华人民共和国国旗法〉严格中小学升降国旗制度通知》的精神，每周星期一早晨，学校要举行升旗仪式（寒暑假除外，遇有恶劣天气可不举行），重大节日或纪念日也应举行升旗仪式。各类高等院校参照执行。图5-3展示了大学升旗仪式的场景。

图 5-3 大学升旗仪式

举行升降旗仪式时,在校学生应参加。学生一般以班为单位,集合在操场,面向国旗致敬。升降旗仪式的程序如下。

(1) 出旗。旗手持旗,护旗手在旗手两侧,齐步走向旗杆,全体师生立正站立。

(2) 升旗。奏唱国歌,师生行注目礼。

(3) 国旗下讲话。可由校长、教师、学生或先进人物等发表简短而有意义的讲话。

(4) 降旗。降旗仪式的形式不限,可以由旗手降旗。降旗时应态度认真恭敬,降下时,不得使国旗落地,并应保管好国旗。

国旗是一个国家的标志,我们爱护国旗,就是维护祖国的尊严。国旗,体现了中华民族奋发前进、战斗不息的意志。"起来,不愿做奴隶的人们,把我们的血肉筑成我们新的长城……"这雄伟的旋律、刚劲有力的歌词,始终激励着中国人民英勇奋进。在校园里,每个人都应懂得尊重、热爱国旗和国歌,这也是树立爱国主义思想的具体表现。所以,在整个升降旗过程中,学生要做到如下几点。

第一,要肃立端正。当听到"升国旗、奏国歌"时,要立正、脱帽、行注目礼。在降旗时同样要立正、脱帽,并行注目礼。

第二,神态要庄重。升降国旗和奏国歌本身就是一种爱国主义教育。当五星红旗徐徐升起时,象征着我们祖国蒸蒸日上、欣欣向荣。所以,在场的人应该仰视,并产生一种以天下为己任的使命感。把国旗降下来后,应小心珍藏好,这意味着对伟大祖国的无限热爱。

第三,要保持肃静。在升降国旗时,队伍要整齐,所有的人都要保持肃静,切忌自由走动、嬉笑打闹和东张西望。这些都是不恭敬的表现。

(四)开学典礼及毕业典礼礼仪

每个新学年开学之际,校园一般都要进行开学典礼。开学典礼是宣布新学年开始的仪式。在开学典礼上,通常要介绍校园基本情况,布置校园新学年的工作,动员全校师生员工为完成新学年的任务而奋斗。

大学本科生、研究生（含硕士生、博士生）以及学习班、培训班的学员，完成学习任务，经考试成绩合格时，校园及其院、系或其他办学单位，要为成绩合格的学生发放毕业证书或结业证书，并举行毕业或结业典礼。

1. 开学或毕业典礼的准备工作

为确保开学或毕业典礼顺利进行，要事先做好以下准备工作。

（1）及时递送请柬。组织者要在举行开学或毕业典礼前一周左右，将请柬送到学校领导机关和上级有关部门，邀请学校领导和上级有关部门负责人或代表参加。

（2）精心布置会场。组织者要安排专人负责布置会场，把校园大礼堂或露天会场打扫干净。会标挂在会场主席台前幕，会场上还可插彩旗，场内外可张贴一些标语，烘托典礼气氛。在主席台上安排若干座位，座位前面放置会议桌，用桌布围好。此外，还需要做好典礼的其他准备工作。

（3）典礼筹备组要安排好典礼程序和大会发言顺序，准备好音响设备、音乐唱片或录音带以及饮料等。

（4）做好大会后勤服务工作。典礼筹备组要组织接待人员，安排好迎送来宾。接待人员中的礼仪小姐可披礼仪绶带在会场门口接待来宾，为来宾引路、倒茶等。

一切与开学或毕业典礼有关的准备工作应按时就绪。届时，师生排队入场，分别在指定的位置落座。

2. 出席毕业典礼的着装要求

出席高等院校的毕业典礼，一般要穿学位服。学位服是学位获得者、攻读学位者及学位授予单位的校（院、所）长、学位评定委员会主席及委员（或导师）出席学位论文答辩会、学位授予仪式、名誉博士学位授予仪式、毕业典礼及校（院、所）庆典等活动所穿着的正式礼服。学位服作为专用服装，包括学位帽、流苏、学位袍、垂布、附属着装等构成要件，不同构成要件应符合各自的着装规范。

1）学位帽

学位帽为方形、黑色。戴学位帽时，帽子开口的部位置于脑后正中，帽顶与着装人的视线平行。

2）流苏

博士学位服的流苏为红色，硕士学位服的流苏为深蓝色，校（院、所）长帽流苏为黄色。流苏系挂在帽顶的帽结上，沿帽檐自然下垂。未获学位时，流苏垂在着装人所戴学位帽右前侧中部；学位授予仪式上，授予学位后，由学位评定委员会主席或校（院、所）长把流苏从着装人的帽檐右前侧移到左前侧中部，并呈自然下垂状。

校（院、所）长、学位评定委员会主席及委员（或导师）及已获学位者，其流苏均垂在所戴学位帽的左前侧中部。

3）学位袍

博士学位袍为黑、红两色，硕士学位袍为蓝、深蓝两色，校长服为红、黑两色。穿着学位袍，应自然合体。学位袍外不得加套其他服装。

4)垂布

垂布为套头三角兜型,饰边的颜色按文、理、工、农、医、军事六大类,分别为粉、灰、黄、绿、白、红六种颜色。垂布佩戴在学位袍外,套头披在肩背处,铺平过肩,扣绊扣在学位袍最上面的纽扣上,三角兜自然垂在背后。

5)附属着装

附属着装包括衬衣、裤子和鞋子。

(1) 衬衣:应着白色或浅色衬衫,男士系领带,女士可扎领结;
(2) 裤子:男士着深色裤子,女士着深色裤子或深色、素色裙子;
(3) 鞋子:应着深色皮鞋。

四 校园公共场所礼仪

(一)图书馆礼仪

图书馆是同学们在校查阅资料、借阅图书或进行自修学习的地方,是知识的殿堂。因此,进入图书馆要遵守特别的行为规范和礼仪要求。

(1) 由于环境条件的要求,进入图书馆,要保持安静,阅读时要默读,不能出声或窃窃私语,不能在阅览室内交谈、聊天,更不能大声喧哗。在图书馆应将通信工具关闭或调至静音、振动,接听手机时,应细步走出室外,轻声通话。有事需要工作人员帮助,不能大声呼喊,而是要走到工作人员身边轻声相告。在图书馆、阅览室走路的步履要轻,不能过急而发出声响。物品要轻拿轻放,不要拖拉椅子,不要在室内休息、睡觉。图5-4展示了湖北某大学图书馆的场景。

图 5-4 图书馆里静悄悄

（2）借阅图书时，要按次序凭借书证或一卡通借书。阅毕或者借阅期已到，应及时归还，以便别人借阅，充分发挥图书的使用价值。

（3）进入阅览室，要寄放书包；不要在阅览室里吃东西，也不能吸烟；不能一个人占几个人的座位；在电子阅览室要爱护仪器设备，服从管理人员的管理，不能利用图书馆的电脑在网上进行不道德甚至非法的活动。

（4）爱护图书和其他公物，切勿在书上乱涂乱画。发现有用的资料可以抄下来，或者复印。撕坏图书，或在书中"开天窗"，甚至将书窃为己有，都是不道德的可耻行为。

（5）在书架上摆放的图书杂志，阅毕要放回原处，以免下一位读者找不到要找的书刊，同时又增加工作人员的工作量。

图书馆是人们追求精神文化生活的地方，每位读者在求知的同时，要爱护图书，遵守图书馆的规章制度，展现大学生应有的教养。

（二）校园餐厅礼仪

在校园餐厅就餐时，要遵守如下的礼仪规范：

（1）有秩序地进入餐厅，不要冲、跑、挤；

（2）排队购买饭菜，插队的行为不应该发生在大学生的身上；

（3）如果和老师、长辈在一起吃饭，要请老师、长辈先入座；

（4）不要当着食堂工作人员的面，抱怨饭菜不好，如果有必要的话，可以用婉转的语气提出建议；

（5）坐在座位上的时候，两脚自然并拢，双腿自然平放，坐姿自然，背直立；

（6）骨、刺以及无法吃的其他东西，不要随地乱吐，可以放到餐具里或吐到自己准备的其他盛具里；

（7）吃东西或喝汤时要小口吞咽，闭嘴咀嚼，尽量不发出响声；

（8）爱惜食物，避免剩饭、剩菜，如果有无法吃的饭、菜，要倒进指定的泔水桶里，不要往洗碗池、洗手池里倒；

（9）食堂里不可以大声喧哗；

（10）和老师、同学以及熟悉的人在一起吃饭，先吃完要离去的时候说"大家慢慢吃"。

（三）宿舍礼仪

宿舍是同学们在校园生活的主要场所，是同学们共同的"家"。在这个公共之家，学生也应注意自己的言行，遵守宿舍礼仪，主要表现为以下几个方面。

1. 遵守宿舍作息制度，维护集体生活秩序

为了保证同学们正常的生活和休息，学校制定了宿舍作息制度，通常规定了起床、用餐、就寝、熄灯的时间。宿舍里的各项活动都应按规定的时间进行。早晨要按时起床，晚上要按时就寝，上下床时动作要轻，不要随意晃动。平时使用音响设备时，要尽量把音量调低，或戴上耳机收听，以免影响他人的学习和休息。

2. 爱护公共财物

要注意节约用电、用水，爱护宿舍里的一切公共设施。如无意中损坏了某些设施，应主动报告并自觉赔偿。

3. 注意公共安全

进出宿舍门口，不要拥挤。不要随便把外人带进宿舍，更不随意留宿外人。不乱拉电线、乱装电灯，不使用大功率电器，不在宿舍生火。

4. 维护宿舍公共卫生

要保持宿舍内外整洁，经常打扫寝室，包括地面、桌椅、橱柜和门窗等。被褥要折叠得整齐美观，并统一放在指定位置。床单不要露出床边，床上不要放置多余物品，床上用品要保持干净、整洁。衣服、水杯、饭盒、热水瓶等，要统一整齐地放在规定的地方。换下的脏衣服、脏鞋袜等必须及时洗干净，以免时间长了影响宿舍里的空气质量。自己重要的书、衣服、用品等，不要乱丢乱放，要放在自己的橱柜内。宿舍内外不应该乱写乱画，乱倒水，要保持干净。如果是住楼上，严禁向楼下倒水或扔杂物。

5. 互相关心但不干预别人私事

同学之间在生活中要相互关心、谦恭有礼。起床相见，主动问好；晚上睡觉，互道晚安；同学病了，主动关心和照顾。但关心也应有一个限度，如果过分热心于别人的私事，可能会侵犯他人的权利，也可能会造成难堪的后果。正确的做法包括如下几个方面。

（1）不私翻、私看别人的日记。有的学生没养成随时收捡东西的习惯，连日记本也随便丢在枕边或课桌上，甚至翻开放在那里。即使碰到这种情况，别的同学也不应以任何借口去私自翻阅。

（2）不私拆、私藏别人的信件。

（3）不打探同学的隐私。有的学生对自己的某种情况或家中的某件事，不愿告诉别人，也不愿细谈。这些属于个人隐私，他有权保密，应受到尊重。在集体生活中，每位同学都要尊重别人的隐私权和人格，凡是别人不愿谈的事，不要去打听。

（4）当同学有亲友来访、谈一些私事时，其他同学要适当回避，不要在一旁暗听，更不要插嘴、询问。

（5）如某同学离校去处理个人私事，也没必要去打听、追根寻源，只要知道某同学向班主任或学校请了假就行了。

（6）在宿舍中串门应注意必要的礼仪。到其他宿舍串门，一定要注意时间，不可选择在多数同学要处理生活问题的时候，更不可选择在夜间已熄灯之后串门。平时，不要随便串门打扰别人的学习和生活。有事情或受同学邀请可串门，但不可随便乱闯。进他人寝室后，应主动向其他同学打招呼问好，而后坐在邀请你的同学的座位或床铺上，不能随便乱坐。其他同学的座位或床铺应在得到他们许可后，方可去坐。不可随便移动和翻看其他同学的东西，不能随便动用别人的茶具、毛巾等物。谈话时声音要轻，谈话的时间要短，不能坐得太久，以免影响其他同学的学习和休息。

（7）接待亲友或外人来访时，应主动热情、礼貌周到。宿舍区设有接待室，原则上应在接待室接待亲友或外人；如无接待室，则可在寝室接待。在亲友进入自己的寝室前，应先向寝室里的同学打招呼；亲友进入寝室后，应主动为同学介绍来访者，说明来访者与自己的关系，然后请来访者坐在自己的座位上或床铺上。若是异性的亲友来访，更要注意预先向寝室里的同学打招呼，说明情况，要让他人有所准备之后，方可进入。当同学有亲友来访时，其他同学也应热情大方地向客人打招呼问好。当同学与其亲友交谈时，其他同学应适当回避。午休或晚上休息时不应在寝室接待来访亲友，以免影响其他同学的休息。

五 文体活动礼仪

（一）文艺晚会礼仪

文艺晚会是一种深受广大学生欢迎的文娱活动形式，也是学生进行交际、联谊的主要活动形式之一。时常接触文艺晚会的大学生们，无论作为晚会的筹备者还是参与者，都要掌握基本的礼仪规范。图 5-5 展示了某文艺晚会主席台的场景。

图 5-5 文艺晚会

1. 晚会的组织与筹备

举办好一场晚会，需要精心编排，使晚会寓教于乐，既娱乐人，又教育人。一场高质量的晚会，首先要求其安排的节目不论从总体上还是从个体上来看，都要有明确的主题和健康的内容，应当体现出文明高雅、积极向上的精神，可以真正令人从中有所获益。

1）精选节目

一场晚会要有好的口碑，就必须有好的节目，节目的形式应当生动活泼、轻松愉快，要力争创新，令人难以忘怀。晚会的节目是宁缺毋滥、宁少勿多。确定在晚会上演出的节目后，要落实专人负责排练、预演，而且要有专人负责检查、督促。

2）制作节目单

节目单中通常列有将在晚会上正式演出的每一个节目的具体名称、形式以及演职员的姓名。有时，它还会对节目的梗概有所介绍。凡是有外宾参加的正式晚会，所提供的节目单应由中、英两种文字编写。

3) 安排场地

选择的演出场地要使演出的效果能够充分发挥出来，尽量满足所要求的传声和灯光效果。要努力保证观众席一人一座。同时，应当对来宾尤其是贵宾有所照顾，一般应将适宜观赏演出的最佳座位留给贵宾。当场地条件不具备时，也要采取一定的措施为观众创造条件，尽量方便观众观看演出。

2. 对演员的礼仪要求

作为演员，要遵守如下的礼仪要求。

（1）恪尽职守。要尽心尽力地进行演出，如无特殊情况，不可以任何借口拒不登台，更不可故意刁难组织者；演出时要发挥出最佳水平，不可哗众取宠；要服从演出安排，尽量配合其他演员，互相支持，积极合作。

（2）尊重观众。在登台或下场时，要认真向观众行礼；演出完毕，若观众要求加演，应再次登台，向观众施礼道谢；若有观众献花，应落落大方，欣然接受，并与献花人握手致谢；演出结束后，全体演员应登台列队谢幕。

3. 对观众的礼仪要求

作为观众，要遵守如下的礼仪要求。

（1）观众的仪态、举止应与晚会的氛围相协调。着装应得体，夏天不能穿背心、拖鞋进入会场。严禁在场内吸烟。

（2）应尽量提前入场，进场后对号入座。若到场较迟，其他观众已经坐好，应有礼貌地请别人给自己让道。从别人面前经过时，应面向让道者，一边道谢，一边朝前走，而不要背对着人家走过去，走的过程中尽量不要碰到别人。从礼仪的角度出发，去剧场观看演出，迟到者应自觉地站在剧场后面，在幕间入场，或等到台上表演告一段落时，悄然入座。

（3）在剧场观看演出，入座后，应将帽子摘下。观看演出时，不要摇头晃脑或交头接耳，以免影响后面人的视线。尽量不吃带壳的食物，不吃带响声的食物。进入晚会会场后，观众应自觉地关闭手机，或使其处于静音状态。

（4）观看演出时应心情愉快、神情专注，这样才可能感受到美的熏陶和情的感染。在演出过程中，要有礼貌地适时鼓掌。当演员表演到精彩、动人之处，观众应以热烈的掌声为演员喝彩，向他们表示感谢和祝贺。鼓掌要把握好时机，例如，当受欢迎的演员首次亮相时应鼓掌；观看芭蕾舞，乐队指挥进场时应鼓掌；演奏会上，指挥登上指挥席时应鼓掌；一个高难度的动作完成时应鼓掌；一首动听的歌曲演唱完毕时应鼓掌；演出告一段落时应鼓掌；演出全部结束时应起立，热烈鼓掌。鼓掌时不要一激动就忘乎所以，高兴地跺脚、喊叫。同时要注意，鼓掌若不得当，就会产生副作用。比如演员的台词还没有说完，交响乐的一个乐章还没有结束，如果贸然鼓掌，不仅影响演出，而且大煞风景。

（5）当节目演出完毕，不要没完没了地要求演员返场，强人所难。演出结束，观众不要在演员谢幕前就急急忙忙离开剧场，也不要一起拥到台前，围观演员，要秩序井然地离场。

(6) 观看演出时一般不宜中途退场。如果临时有急事或确实不喜欢观看，应在幕间休息或一个节目结束时离场。

（二）校园集会礼仪

集会是人们进行社交的一种基本方式。在校园内也有形式各异的集会，起着交流思想、增进了解、加深友谊的作用。

1. 对集会组织者的基本礼仪要求

集会的组织者首先要拟定集会通知，通知要写清楚集会的主题、时间、地点，并在集会的两周前发出，以给参与者足够的准备时间；其次，安排好会场，根据集会内容和参加者的人数，确定会场并加以布置；再次，写好会议议程，集会开始之前要把集会议程及宣传材料发放给与会者，使与会者对集会的内容做到心中有数；最后，在集会结束时，应做好会场的清理工作。

2. 对集会参与者的基本礼仪要求

参加集会的人往往很多，并且身份各不相同，因此，集会的参与者要遵守如下的基本礼仪要求：

(1) 要按时到会，宁可提前十几分钟，也不可迟到1分钟；

(2) 穿着要整齐大方，这是对自己及他人的尊重，不注重仪表将有损自我形象；

(3) 言谈举止要得体，一言一行都要做到自然大方，不要哗众取宠、有失涵养。

校园集会有时会邀请一些知名人士出席，如著名科学家、战斗英雄、体育健将、影视明星等。这些人成就突出、事迹感人、名扬四海，是同学们仰慕和崇拜的偶像。他们或开学术讲座，或举行事迹报告会，或进行现场表演，能让同学们开阔视野、增长见识、启迪思维。在这样的场合，同学们应特别注意礼仪，主要表现为要尊重名人。当名人出场时，要用热情和掌声表示对名人的问候和欢迎。当名人的报告或表演结束时，如条件许可，可以同名人交谈，请他们签名留念。但不要围追阻截，强行要名人签名或争抢名人赠送的纪念品。津津乐道名人的私生活，到处打听和传播名人的小道消息，或对名人进行肉麻的吹捧等，都是对名人的不尊重，是缺乏礼仪修养的表现。

（三）体育比赛礼仪

1. 运动员礼仪

1) 互赠队旗

体育比赛一般分为锦标赛、邀请赛、友谊赛和表演赛等。在某些比赛特别是友谊赛和表演赛上，若两队是首次相遇，通常在赛前要举行互赠队旗的仪式，以示友好。互赠队旗时，双方队伍在赛场中央面对主席台，向左右两侧一字排开。队员先向主席台和四周观众挥手或鞠躬致敬，再由东道主队队长主动带领全队向客队迎去，队长代表全队将本队队旗双手赠给对方队长。当接过对方回赠的队旗后，双方可以相互握手表示致意。然后，双方都将对方队旗高高举起，向主席台和四周观众致意。当队长将对方队旗举起致意时，其他队员可以热烈鼓掌，表示敬意。

2）互赠纪念品

这一仪式往往安排在互赠队旗之后。东道主队的队员应主动地向客队队员迎去，将事先准备好的礼物赠给对方队员。互赠纪念品后，双方队员要热情握手表示谢意，然后面向观众将纪念品举起，向观众致意。赠送纪念品应预先通通气，以免一方因为没有准备而陷于被动。

3）尊重、服从裁判

第一，运动员在赛场上要尊重裁判，服从裁判；第二，比赛前，运动员应主动热情地与裁判员握手以示尊重和愿意服从裁判；第三，当赛场上出现错判或误判时，运动员可以按照一定的程序提出申诉，切不可恶语伤人；第四，比赛结束后，运动员也应主动与裁判握手，以表示感谢。

4）与观众友好相处

运动员无论参加何种比赛，在赛前赛后都应向观众表示谢意。一般场合下，比赛前，运动员在赛场中向主席台挥手鞠躬，以示敬意；比赛后，感谢观众的光临和鼓励，同时也是向观众告别。

5）比赛申诉礼仪

一般来说，不能在比赛的过程中进行申诉，应当选择在比赛暂停阶段或在比赛结束后进行，对一些有明确规定的比赛，则按规定的时间进行申诉。申诉的意见可向裁判员、比赛仲裁委员会或比赛技术委员会提出。在个人比赛中，申诉可以由运动员本人提出或由教练员提出，团体赛中可由领队、教练员或队长作为代表提出。凡是书面申诉，应由领队签名。申诉时无论采取什么方式，都要注意情绪平静，不要有过激行为。

2. 观赛礼仪

1）啦啦队礼仪

许多体育比赛中，观众自发组成啦啦队，为运动员的比赛助威、呐喊。这样做一方面可以起到鼓舞运动员士气的作用，另一方面也是为了联络观众和运动员之间的感情，还体现了广大观众对体育比赛的热情以及本身的文化修养。

啦啦队要做到文明助威，应注意以下几点：

（1）应服从组织安排，助威时要有组织、有指挥；

（2）要同时为双方运动员的精彩表演喝彩，不要无原则地瞎起哄，或偏袒一方队员；

（3）使用的口号、标语要有所选择，内容要健康；

（4）比赛中不管发生了什么情况，不可有泄私愤的行为，如骂人或攻击裁判；

（5）有些赛场允许使用锣鼓、乐器时，要注意与比赛节奏相吻合，鼓掌时也应有一定节奏，因为不合节奏的鼓乐声是一种噪音，会影响运动员水平的正常发挥；

（6）要严格遵守赛场纪律和有关规定，不准向运动员和裁判员投掷有可能伤及身体的物品，不得向赛场扔果皮、易拉罐、汽水瓶等物，一切违禁物品不准夹带入场；

（7）赛场如出现混乱，或见他人有违反法纪行为时，要尽力上前制止，有礼貌地劝阻当事人。

2）观众礼仪

观众在观看体育比赛时，为运动员加油鼓劲时，可以呼喊队员的名字或运动队的名称；对精彩的表演可用热烈的掌声和喝彩声表达自己的情感；运动员下场时，观众应报以热烈的掌声表示敬意；在场上条件许可时，观众可以在场边与运动员握手表示祝贺。在有些体育比赛项目中，例如棋类或牌类比赛中，观众要严格遵守有关纪律，不可大声喧哗，以便运动员能集中精力比赛。图5-6展示了学生观看体育比赛的场景。

图5-6　学生观看体育比赛

在观摩各类体育比赛时，观众要自觉遵守赛场纪律，维护社会公德，维护全体观众的利益。赛场上纪律越好，越能使观众充分享受观摩比赛的乐趣，促进运动员发挥出运动水平。在整个比赛过程中，观众通常应遵守的礼节有：

（1）观摩比赛应提前几分钟入座，不要在比赛开始后才入场，这样做，既不尊重运动员，也会影响其他观众观看比赛；

（2）遇到有贵宾观看比赛时，应热情鼓掌表示欢迎，如果身边有外国朋友在场时，应主动帮助引路，必要时可以让座；

（3）遇到国际比赛，开场前奏国歌时，要肃静起立，此时不能谈笑或者做其他事情，否则会给别人留下没有修养的印象；

（4）比赛进行中，不要随意在看台上来回走动，或者站在别人面前观看比赛，这样做会影响他人观看比赛，也是不礼貌的行为；

（5）比赛进行中，要适时为双方运动员鼓励加油，当客队占优势或取胜时，不要喝倒彩或起哄，更不应说一些不恰当的话；

（6）在比赛过程中，如果遇到场上混乱，要勇于挺身而出，帮助赛场工作人员维持公共秩序，制止不文明行为；

（7）比赛尚未终了，不要提前退场；

（8）比赛结束时，不要争先恐后地退场，应让老人、儿童、妇女先走，避免因为拥挤而发生意外事故。

六 恋爱礼仪

大学生由于处于特定的年龄阶段，伴随着心理和生理的成熟，选择恋爱应该说是一种正常的社会现象。所谓恋爱，是指婚前男女双方培育爱情过程中相互了解、相互爱慕、相互追求的情感和行为。

爱是人类所特有并经后天学习而获得的一种情感体验，爱情被认为是其中最美好、最令人陶醉的一种。两个心灵在某个瞬间碰撞在一起，但这只是漫长历程中动人而又闪光的起点。在生活的激流中经历了种种考验之后，我们才能收获爱情的成熟果实。

（一）恋爱伦理

学会爱的第一步就是学会爱自己。这是一种对自己由衷的喜爱、关怀和尊重。当一个人能够正确认识自己并真正欣赏自己时，他便有了一颗自爱的心。一个自爱的人，必然会得到他人的爱。一个真正学会自爱的人，才会走出爱的第二步——珍爱他人。爱需要推己及人，如果你承认自我，欣赏自己的独特性，那么也应该让别人做到这一点；如果你能重视自我的探索，肯定它的价值，那么也要鼓励别人探索自己；当你体会到你是最好的自己，就要学会接纳别人是他最好的自己；关怀自己，也要懂得关心别人。因此，在恋爱时切忌抱有"改变对方来适应自己"的想法；一定要放弃自己"永远控制对方""占有""操纵""支配""责怪"和"我永远对"的心理。当你决定向某个人付出爱时，同时就应担负起爱的责任。

第一，爱要引导我们及我们所爱的人在人格、自我方面的成长。只有当相爱的双方以共同的力量协助对方走向探索自我的漫漫征途，永远沉浸在不断更新、改变的自我发现之中，他们的爱才能更加充实。如果因为爱而停止学习、停止充实自己，终有一天，你将会因被对方挖掘一空而遭受遗弃。在爱的过程中，如果你一心想控制对方，让其总是按着你自己的意愿行事时，就等于是在扼杀对方的自我，使他或她个人变得黯淡无光、了无生机。

第二，珍爱他人意味着创造快乐。恋爱初期总是快乐居多。恋人们整天把自己打扮得整洁、漂亮，一心想博得对方欣赏的目光，而对方通常也不会吝啬自己的赞美。每天都过得像节日，每一刻都不想被浪费。这是一段快乐、积极和奉献彼此的日子。随着相处时间的变长，开始时的热情逐渐冷却，生活成了一种程式，开始发现对方原来并不完美，相互的不满与指责使日子变得索然无味。其实，大家还是原来的自己，赞赏与否定的差别在于双方的选择。同样的一天，既可能使人不满、生气，也可能令人快乐、上进，就要看你是选择创造快乐还是选择一味地抱怨生气。而有责任地去爱，就是要创造快乐、拒绝生气。

第三，珍爱他人意味着学会沟通。相爱容易相处难，再相爱的人在一起，难免都会有些磕磕碰碰。人可以表现快乐，同时也不必隐藏忧伤。而理性的沟通是消除矛盾与不满的唯一佳径，它可以使恋人之间达成理解或谅解，任性赌气只能使两颗心越来越远。恋爱过程中，女生在沟通方面往往比较感性，喜欢让对方猜测自己的心思，大多数男生则不太注意细节。这样，双方之间就容易产生沟通的障碍。男孩子往往抱怨"我一不小心，她就会生气，常常让人莫名其妙"，女孩子则赌气道"他根本不理解我的意思"。如果这种情景经常出现在你的恋爱过程中，说明你面临一个新的成长任务，即学会爱的交流。成熟的人总是渴望与人交流的。不过，切勿使交流陷入语言的陷阱。一个人说话的重点不在于让人听到，而是使人明白。只要你怀有一颗愿意沟通的真诚之心，交流的结果通常都会使爱延续。

（二）恋爱礼仪

恋爱的男女同学在校园内共同学习、朝夕相处，为了大家相处得更好，双方都应注意恋爱礼仪，主要包括下述几个方面。

1. 以爱情为基础

男女双方的恋爱关系应建立在志同道合的基础上，那种以恋爱为手段、骗取他人感情、以达到某种个人目的的行为，是社会道德所不容许的。当然，选择恋人不能完全不考虑双方的经济条件和家庭背景，但这绝不是建立爱情的前提。金钱买不来爱情，门第和容貌也换不到爱情，爱情只能是双方相互发自内心的真挚情感。附加的因素越多，爱情在双方关系上的比重就越轻。

2. 相互尊重各自选择的自由与权利

爱情是以所爱者的互爱为前提的。男女之间确定恋爱关系，必须是出自双方的共同意愿。在恋爱过程中，其中一方如果感到不合意，提出中断彼此的恋爱关系，重新选择恋爱对象，并非不道德。恋爱双方都有自愿选择和决定恋爱对象的自由与权利。即使自己的爱慕是纯洁的，也不能要求对方违心地接受自己的"爱情"。那种只考虑自己而不尊重别人的意愿，强迫或诱骗对方接受自己的"爱情"，只能是一种虚幻的爱情，不仅是自私的，也是极为不道德的行为。

3. 真诚相待，忠贞专一

男女相爱之前，应相互坦诚说明自己的各方面情况，让对方对自己有一个全面的认识和了解；一旦双方自愿确立了恋爱关系，就应以诚相待，专一地培养和珍惜双方之间的情感，而不应朝秦暮楚、见异思迁，更不应搞三角恋爱。即使双方的爱情关系已不适合于再发展，也应在通过恰当的方式与对方中断恋爱关系之后，再考虑选择新的恋爱对象。忠贞专一是婚姻道德的重要内容，也是爱情的主要特征，它既与封建伦理道德的"从一而终"有着本质区别，又与那种视爱情为儿戏、对恋爱极不严肃的态度根本对立。此外，它与那种夸大爱情排他性、借口"爱情是自私的"而破坏他人婚姻幸福的行为，更是格格不入。

4. 高尚的情趣和健康的交往

爱情离不开共同的事业与理想。男女双方对事业与生活理想的追求和进取，会给爱情不断地注入新的活力，是情感不可缺少的精神力量。有些青年人坠入情网后便不能自拔，陷入彼此卿卿我我的狭小天地里，把时间和精力都用在谈情说爱上，荒废了学业，疏远、冷落了同学和朋友，情趣变得越来越贫乏、庸俗，这是不可取的。同时，在恋爱交往和表达方式上，还要注意以理智控制自己的感情，用道德约束自己的行为举止。不同国家和民族都有自己的婚恋习俗与传统，我们中华民族在爱情的表达方式上，历来有含蓄、深沉和自尊的传统美德。现实生活中，个别人不分时间、地点，在众目睽睽之下随意轻浮放纵，不仅有损于社会公德，而且也是对纯洁爱情的亵渎。

5. 尊重对方人格，信守责任

恋爱双方既要相互尊重彼此的独立人格，又要承担与恋爱、爱情相联系的道德责任和义务。在恋爱过程中，应该是既要尊重对方的人格，也能保持自己的人格。互尊互爱、自尊自爱，是爱情严肃性、高尚性的表现。特别是在婚前的交往中更应相互尊重，用理智驾驭感情，尊重对方的名誉和尊严。

项目二　求　职　礼　仪

一　常见的求职面试方式

（一）结构化面试

1. 结构化面试的含义

所谓结构化面试，就是首先根据对职位的分析，确定面试的测评要素，在每一个测评的维度上预先编制好面试题目并制定相应的评分标准，在面试过程中，评价者遵照一种客观的评价程序，对被试者的表现进行数量化的分析，在此基础上给出总体评价。不同评价者使用相同的评价尺度，以保证判断的公平合理性。

结构化面试能帮助面试官发现应聘者与招聘职位职业行为相关的各种具体表现，在这个过程中，面试官可以获得更多有关候选人职业背景、岗位能力等方面的信息，并且通过这些信息来判断该候选人是否能成功胜任这个职位。因此，进行科学有效的结构化面试，将帮助企业对应聘者进行更为准确的个人能力评估，降低企业招聘成本，提升员工绩效。

2. 结构化面试的特征

结构化面试，是根据所制定的评价指标，运用特定的问题、评价方法和评价标准，严格遵循特定程序，通过测评人员与应聘者面对面的言语交流，对应聘者进行评价的标准化过程。由于吸收了标准化测验的优点，也融合了传统的经验型面试的优点，结构化面试的测验结果比较准确和可靠。

1）根据工作分析的结构设计面试问题

这种面试方法需要进行深入的工作分析，以明确在工作中哪些事例体现了良好的绩效,哪些事例反映了较差的绩效,由测评人员对这些具体事例进行评价,并建立题库。结构化面试测评的要素涉及知识、能力、品质、动机、气质等,尤其是有关职责和技能方面的具体问题,更能够保证筛选的成功率。

2) 向所有的应聘者提出同一类型的问题

问题的内容及其顺序都是事先确定的。结构化面试中常见的有效问题包括两类:第一,以经历为基础的问题,即与工作要求有关且求职者经历过的工作或生活中的行为;第二,以情景为基础的问题,即在假设的情况下,与工作有关的求职者的行为表现。提问的秩序结构通常有如下几种:

(1) 由简易到复杂的提问:逐渐加深问题的难度,使候选人在心理上逐步适应面试环境,以充分地展示自己;

(2) 由一般到专业内容的提问。

3) 采用系统化的评分程序

结构化面试从行为学角度设计出一套系统化的具体标尺,每个问题都有确定的评分标准,针对每一个问题的评分标准,建立系统化的评分程序,能够保证评分一致性,提高结构有效性。结构化面试不同于传统的面试,它更加注重根据工作分析得出的与工作相关的特征,面试人员知道应该提出哪些问题和为什么要提出这些问题,避免了犯主观上的归因错误,每个应聘者都能得到更客观的评价,降低了出现偏见和不公平的可能性,能够在最短的时间内可靠、有效地选聘到真正能够满足工作要求的应聘者。

3. 结构化面试的效能

结构化面试具有如下的效能。

(1) 结构化面试中提出的问题仅与工作的要求有关,客观地收集并评价候选人的信息,能尽量避免产生评价误差,如主观印象、第一印象和随机性等结果产生的偏差。

(2) 结构化面试具有较强的有效性,同时成本也较低。实践证明,结构化面试在判断人的态度和行为方面有比较好的效果,增加了面试的可靠性和准确性。

(3) 结构化面试易于为人们所接受。由于结构化面试让所有的应聘者回答同样的问题,并依据客观的标准对应聘者的工作能力进行比较,在此基础上选择合适的人员,不易造成由于民族或性别而产生的不公平现象,保证了以一种不偏不倚、所有应聘者都可以接受的方式进行筛选。

(4) 结构化面试需要事先进行工作分析、建立题库、设计评分程序等,这是其与传统面试的根本区别,同时也使结构化面试工作显得更有条理、更有准备。

4. 结构化面试的内容

1) 流程和步骤结构化

结构化面试应严格按照程序进行,时间一般为30分钟,具体情况视面试题目的数量而定,同时对每道题目也应限制时间,一般每道题的问答时间约为5分钟。

2) 面试考核要素结构化

结构化面试是根据面试要求,确定面试要素,并对各要素分配相应权重。同时,在每个面试题目后，给出该题的测评要素（或考查要点）和答题要点（或参考答案），供考官参考。

3）面试试题结构化

对于同一个目标岗位的所有应聘者，面试试题的内容、种类，以及如何给应聘者呈现考试内容都是一样的。

4）评分标准结构化

评分标准结构化具体体现在与面试试题相配套的面试评价表上。

5）考官队伍结构化

一般来说，结构化面试的考官为5～9名，依据用人岗位需要，在专业、职务、年龄及性别方面按一定比例进行科学化配置。其中设主考官1名，具体负责向应试者提问，并总体把握面试的进程。

6）选择与布置考场结构化

选择与布置考场的结构化，即面试现场的结构化。面试场地应该比较独立安静、不大受干扰。考场布置涉及一个细节问题——面试的座位方式，其具体做法主要包括以下三种。

第一，圆桌座位，即在位置的安排上，与应聘者保持一定角度，减少应聘者的压力，营造平等、融合的氛围。

第二，半圆座位，考官与考生侧面而坐排列成半圆，像家常会客，是比较亲切的形式，适合于交谈式面试。

第三，方桌座位，即几位考官一字排开，坐在一张长桌后面，主任考官在中间，考生坐在对面。双方面对面而坐，考生背对入口处，是下首；考官面对入口处，是上首。这种形式下，考官居高临下，优越地位很突出，考生处于被动地位。

5. 结构化面试的注意事项

结构化面试不同于传统的面试，由一系列连续向某个职位的求职者提出的与工作相关的问题构成。在安排结构化面试的过程中，需要注意如下事项。

1）筹备工作量大于传统面试

结构化面试前的准备时间比传统面试要长，有许多工作需要筹备，具体包括如下几点。

(1) 考试场地的布置安排。这可以反映企业文化，体现组织的管理水平，给应聘者以企业的初步印象，也会影响到应聘者对企业的接受程度。

(2) 面试前，材料要准备充分。面试时的材料具体包括应聘者的个人资料、结构化问题表、面试评分表和面试程序表等。

(3) 面试时间的合理确定。面试时间的确定要使面试人员既能够充分获取应聘者的真实信息，又不至于过于增加面试成本。一般来讲，每个应试者都会有应对面试的心理准备，而他们的心理警觉期为20～30分钟，如果超过这个时间段，人的心理警惕度会降低，因此，面试时间较长对发现问题比较有利。每人每次的面试时间可安排在连续40分钟以上，如果可能的话，公司可安排几轮面试。

（4）面试人员的协作分工。参与面试的人员包括人力资源部的人员、用人部门的人员，有时还需要顾问专家的加入。人力资源部的人员负责学习、工作经历、薪资、福利要求、求职动机等一般事项的考查；用人部门的人员负责技能、知识、工作经验等专业业务方面的考查；顾问专家则针对特殊项目进行考查。

2）获取有效信息的方式有别于传统面试

在结构化面试过程中，有效信息是通过面试人员适度诱导应聘者提供与工作相关的信息而获取和传递的。

面试人员在提问时，应对求职者的回答采取开明接受的态度，定期地发出信号，点头、微笑等以表明对求职者的谈话很感兴趣。面试人员还应控制面试的进度，确保求职者在合理的时间内回答问题。在有必要了解具体情况时，可让求职者做出详细的描述。面试人员应提供关于组织和工作的恰当信息，包括积极和消极两方面，一般在求职者的必要信息已被全部收集后进行。面试人员应诚实地回答求职者所提及的关于组织和工作的非机密问题，这将有助于选聘过程的双向选择。

3）面试成绩的评定及统计

面试结束后，通过最终评分法或一问一评法对成绩加以评定。可以采用按预定标准将得分简单相加以得出分数，或按反映每个属性的相对重要性（在工作分析中具体规定了每个属性的相对重要性）对得分进行加权求和以得出分数，也可以按照面试人员的权威程度对得分进行加权求和以得出分数。

在按照工作所需要的每一属性来评价求职者时，不仅要比较总体的得分，还应关注属性是否具有可补偿性。也就是说，有时某类属性的高分可以补偿另一种属性上的低分，有时某一方面的熟练精通并不能弥补另一方面的不足，如缺乏与人和谐共处的能力，足以取消候选人的申请资格，而不管其他能力的状况如何。

4）对面试人员进行必要的培训

许多研究者认为，一个称职的面试人员是通过经验的积累而产生的。但是，在有经验的面试人员之间，对面试结果也常常会出现争议，尤其是传统的非结构化面试，突出表现了面试结果的不一致性和主观性，而对面试人员进行培训是减少偏差的有效途径。对面试人员的培训，应通过各种讨论、演示、模拟实践等方式，提升受训人员在提问技巧、组织面试、提供支持、建立和谐的相互关系、倾听技巧、反馈技巧以及掌握相关资料等方面的能力。经过培训后，可以把这些差异限制在最低的程度，从而提高面试的可靠性和有效性。通过鼓励面试人员遵循最优化的程序，可以使偏见和误差出现的可能性降到最小。

5）结构化面试的效果评估及改进

结构化面试结束后，还需对选拔效果进行评估。对所选聘的人进行一段时间的跟踪，以测评面试中的结果与实际的业绩是否具有较高的一致性。通过这种评估，企业可以发现所定的评价指标是不是合适，现存的评价方法是不是可靠和准确，进而改进评价标准，完善评价方法。

6. 结构化面试的测评要素

1) 一般能力

一般能力包括逻辑思维能力和语言表达能力，具体如下：

（1）逻辑思维能力：通过分析与综合、抽象与概括、判断与推理，揭示事物的内在联系、本质特征及变化规律的能力；

（2）语言表达能力：清楚流畅地表达自己的思想、观点，说服、动员别人，以及解释、叙述事情的能力。

2) 领导能力

领导能力主要体现在如下几个方面：

（1）计划能力：对实际工作任务提出实施目标，进行宏观规划，并制定实施方案的能力；

（2）决策能力：对重要问题进行及时有效的分析判断，做出科学决断的能力；

（3）组织协调能力：根据工作任务，对资源进行分配，同时控制、激励和协调群体活动过程，使之相互配合，从而实现组织目标的能力；

（4）人际沟通能力：通过情感、态度、思想、观点的交流，建立良好协作关系的能力；

（5）创新能力：发现新问题、产生新思路、提出新观点和找出新办法的能力；

（6）应变能力：面对意外事件，能迅速地做出反应，寻求合适的方法，使事件得以妥善解决的能力；

（7）选拔职位需要的特殊能力：该能力测评要素根据不同职位要求确定；

（8）个性特征：在面试中表现出来的气质风度、情绪稳定性、自我认知等个性特征。

（二）无领导小组讨论面试

1. 无领导小组讨论的含义

无领导小组讨论（即"leaderless group discussion"，简称"LGD"）是人才评价中经常使用的一种测评技术。无领导小组讨论是采用情景模拟的方式对考生进行集体面试的一种测评方法。这种方法往往是使一定人数的考生（单数居多）以小组为单位，在一定时间内对有关情景进行讨论。考官通过观察考生的座位、姿态、表达等行为，对考生的自信指数、情绪稳定性、反应灵敏度等个性特征和协调能力、表达能力以及说服能力等能力素质进行评估，以鉴定考生之间的差别。

无领导小组讨论就是大家俗称的小组面试，主要考查个人的交际与合作，以及建立在此之上的个人性格与能力。所以，团队合作始终是小组面试取得良好效果的基石。小组面试绝不是为了拼得你死我活，更不是为了树立有别于他人的鲜明的性格特征。小组面试或者小组讨论的实质是一个了解场景、交流想法、分析问题并提出解决方案，相互尊重、相互妥协、达成一致的过程。

组织小组面试的人力资源部门通常绝不单凭发言次数或讨论中个人的话语量以及是否强势来决定谁通过小组面试（甚至恰恰相反），而是看小组讨论中个人所透露的组织协调及与人沟通的能力。人力资源部门是为了给公司的团队招入一个合适的团队成员，太有侵略性的，迫切以强势姿态领导讨论的，不仔细倾听别人意见的，盲目否定别人方案又没有理据的，以教条的专业学术模型试图压服别人的，等等，具有这些特征的应试者通常都会成为人力资源部门第一批从下一轮名单中排除的对象。

2. 无领导小组讨论的特点

1）无领导小组讨论的优点

无领导小组讨论能测试出笔试和单一面试所不能检测出的能力或者素质，能观察到应试者之间的相互作用，能依据应试者的行为特征来对其进行更加全面、合理的评价，能使应试者在相对无意之中暴露自己各个方面的特点。

2）无领导小组讨论的缺点

首先，无领导小组讨论对测试题目的要求较高，对考官的评分技术要求较高，考官应该接受专门的培训；其次，对应试者的评价易受考官各个方面特别是主观意见的影响（如偏见和误解），从而导致考官对应试者评价结果的不一致；再次，应试者存在做戏、表演或者伪装的可能性，应试者的应试经验可能影响其能力的真正表现；最后，指定角色的随意性，可能导致应试者之间地位的不平等。

3）无领导小组讨论的评价标准

在无领导小组讨论中，考官评价的标准主要包括：

（1）受测者有效发言次数的多少；

（2）受测者是否有随时消除紧张气氛、说服别人、调解争议、创造一个使不大开口讲话的人也想发言的气氛的能力，并最终使众人达成一致意见；

（3）受测者是否能提出自己的见解和方案，同时敢于发表不同意见，并支持或肯定别人的意见，在坚持自己正确意见的基础上根据别人的意见发表自己的观点；

（4）受测者能否倾听他人意见，并互相尊重，在别人发言的时候不强行插嘴；

（5）受测者语言表达、分析问题、概括或归纳总结不同方面意见的能力；

（6）受测者反应的灵敏性、概括的准确性、发言的主动性等。

3. 无领导小组讨论试题的形式

无领导小组讨论的一般都是智能性的题目，从形式上可以分为以下五种。

1）开放式问题

所谓开放式问题，其答案的范围可以很广、很宽，主要考查应试者思考问题时是否全面，是否有针对性，思路是否清晰，是否有新的观点和见解。例如：你认为什么样的领导是好领导？关于此问题，应试者可以从很多方面如领导的人格魅力、才能、亲和力、管理取向等来回答，可以列出很多的优良品质。开放式问题对于评价者来说，容易出题，但是不容易对应试者进行评价，因为此类问题不太容易引起应试者之间的争辩，所考查应试者的能力范围较为有限。

2）两难问题

所谓两难问题，是让应试者在两种互有利弊的答案中选择其中的一种，主要考查应试者的分析能力、语言表达能力以及说服能力等。例如：你认为以工作为取向的领导是好领导呢，还是以人为取向的领导是好领导？一方面，此类问题对于应试者而言，不但通俗易懂，而且能够引起充分的辩论；另一方面，对于评价者而言，不但在编制题目方面比较方便，而且在评价应试者方面也比较有效。但是，需要注意的是，此种类型题目的两种备选答案一定要有同等程度的利弊，不能是其中一个答案比另一个答案有很明显的选择性优势。

3）多项选择问题

多项选择问题是让应试者在多种备选答案中选择其中有效的几种或对备选答案的重要性进行排序，主要考查应试者分析问题实质、抓住问题本质方面的能力。此类问题对于评价者来说，比较难于出题目，但对于评价应试者各个方面的能力和人格特点则比较有利。

4）操作性问题

操作性问题，是给应试者一些材料、工具或者道具，让他们利用所给的这些材料，设计出一个或一些由考官指定的物体来，通过观察应试者在某一实际操作任务中所充当的角色，考查应试者的主动性和合作能力。如给应试者一些材料，要求他们相互配合，构建一座铁塔或者一座楼房的模型。此类问题，在考查应试者的操作行为方面要比其他方面多一些，情景模拟的程度要大一些，但考查言语方面的能力则较少。同时，考官必须很好地准备所能用到的一切材料，这类问题对考官和题目的要求都比较高。

5）资源争夺问题

资源争夺问题适用于指定角色的无领导小组讨论，是让处于同等地位的应试者就有限的资源进行分配，从而考查应试者的语言表达能力、分析问题能力、概括或总结能力、发言的积极性和反应的灵敏性等。例如，可以让应试者担当各个分部门的经理并就有限数量的资金进行分配，因为要想获得更多的资源，自己必须有理有据，必须能说服他人，所以此类问题可以引起应试者的充分辩论，也有利于考官对应试者的评价。但是，讨论题本身必须具有角色地位的平等性和准备材料的充分性，要求较高。

4. 无领导小组讨论试题的程序

1）开始阶段

开始阶段包括如下几个方面的程序。

（1）检查准备情况。工作人员应提前 10 分钟进入考场，检查考场的准备情况，主要包括场地是否符合要求，所需材料是否准备齐全等。

（2）应试者入场。应试者入场前，应先由工作人员对其身份进行确认，经确认无误后，在工作人员的引导下入场。应注意，应试者入场后坐在哪个位置，工作人员不应做出具体的指示，而应由应试者自己随意决定。

（3）主考官确认应试者的姓名和位置。应试者坐下后，主考官应对他们的姓名进行核对，从而使考官将应试者与其所坐的位置对上号。

（4）主考官向应试者宣布考试规则和纪律。主考官先向应试者简单介绍应试者在本次面试中所要做的事情,接下来向应试者宣布纪律,主要是要求应试者之间不准相互商议、交头接耳等。

(5) 向应试者发放材料,宣读指导语。向应试者发放的材料,包含该次讨论的题目、草稿纸、笔等。指导语应由主考官宣读。对于参加任一组无领导小组讨论的应试者,其所得到的指导语都是同样的、明确的,这样才能在不同组的应试者之间保持一致性,相互可比。

(6) 让应试者进行5分钟左右的准备。每个应试者拿到讨论的题目后,可以有5分钟左右时间进行独立思考,并列出发言提纲,为自己下一阶段的表现做好准备。

2) 讨论阶段

讨论阶段包括如下几个方面的程序。

(1) 主考官宣布讨论开始,并重申有关事项。应试者进行5分钟左右的准备后,主考官即可宣布讨论开始,同时可以重申讨论的要求、时限和最后达成的目标。应注意,主考官宣布开始后,应试者如何发言、发言的次序等都是应试者们自己的事情,由他们自由进行。考官不参加应试者的讨论或回答应试者的问题,以免给应试者暗示。

(2) 应试者按照要求讨论,考官记录应试者的表现。应试者进行讨论时,可以阐明自己的观点,也可以支持或反对他人的观点,更可以对自己或他人的观点进行总结。考官应对照评分表中所列条目仔细考查应试者在讨论中的表现,并进行记录,从而为应试者的评分打下基础。在有些场合,所有考官可对所有参加讨论的应试者进行观察、记录,但在另外的场合,某个考官可仅对参加讨论的部分应试者进行观察、记录。考官是对全部还是仅对部分参加讨论的应试者(如果是部分,到底是哪几个)进行观察、记录,要根据不同的场合题目,事先确定下来。

(3) 某些特殊的题目,在讨论过程中可以向应试者再提供另外一些材料或信息。如果出现这种情况,需要严格根据题目的要求进行。

3) 总结汇报阶段

总结汇报阶段包括如下几个方面的程序。

(1) 主考官宣布时间到,应试者应停止讨论。当应试者讨论达到预定的时间时,不论应试者的讨论到了哪一个阶段,都应让其停止。

(2) 应试者推荐或自荐一人进行总结汇报,其他人可以进行补充。应试者代表向考官简要汇报整个讨论的过程及讨论所取得的结果,其他应试者可以对代表的汇报进行补充。

(3) 考官对应试者的汇报进行质疑(部分题目有此项要求)。根据题目的具体情况,考官可以或不需对应试者的汇报情况进行质疑,应试者可根据考官的质疑情况进行简单的答辩。

(4) 考官宣布结束,请应试者退场。主考官宣布无领导小组讨论结束后,工作人员引导应试者退场。

4) 整理记录、评议、评分阶段

整理记录、评议、评分阶段包括如下几个方面的程序。

（1）考官对自己的记录进行整理。应试者退场后，所有考官都要对自己的记录进行简单的整理，对每个应试者的评价理出一个思路。

（2）考官间进行评议。在各考官进行最后的评分之前，可以对应试者在讨论过程中的表现进行评议，所有的评议都应有理有据，从而使所有考官对应试者的评分基本达到一致，确实不能达成一致的，可保留自己的意见。

（3）考官在评分表中进行评分。各考官分别在评分表中对每个应试者进行评分，最后签上自己的名字。

（4）工作人员收起考官的评分表，并当场进行加密封存。考官对应试者的评分结束后，就由工作人员将评分表收集起来，以便统一汇总分数。为慎重起见，也可以对考官的评分表进行加密封存。

5）分数整合及最终结果的判定

分数整合及结果判定阶段包括如下几个方面的程序。

（1）对应试者的分数进行整合。一般情况下，评分表上的不同测评要素之间的权重是不一样的。一个考官仅对每个应试者不同的测评要素进行评分，工作人员要根据不同测评要素之间的权重大小对该应试者的分数进行整合。

（2）统计最终的结果。工作人员将不同考官对同一个应试者的分数进行加权平均，从而得出每一个应试者的最后得分。

6）应试者得分的确认与保存

应试者的最后得分统计出来后，需由现场的所有考官、纪检监察人员和公证员进行确认，并在最后的成绩单上签名，然后装入已准备好的信封（写有该应试者的姓名、单位、身份证号码）加密封存，并由主考官、纪检监察人员和公证员在加密条上签名，交由公开选拔办公室负责人保存。

5. 无领导小组讨论的技巧

无领导小组讨论是面试中经常使用的一种测评方式，它通过给一组应试者一个与工作相关的问题，让应试者们进行一段时间的讨论，来检测应试者的组织协调能力、口头表达能力、辩论能力、说服能力、情绪稳定性、处理人际关系的技巧、非言语沟通能力（如面部表情、身体姿势、语调、语速和手势等）等各个方面的能力和素质。一组应试者通常为5~7人，必然要进行角色分担和定位。考生可根据自身知识结构、性格特质给自己进行角色定位。

一般情况下，无领导小组讨论有以下五种角色，考生们可在考前自行选择并做好相应准备。

1）破冰者

破冰者是自由讨论中第一位发言的考生。破冰者需要勇气，往往由性格比较外向的人来担当。破冰者的风险就是自己认为自己可以转变成领导者，甚至有时候会被其他人误认为是领导者，事实上这是两个角色，而且转变不一定都能成功，如果转换失败，会适得其反。因此，大家有必要认真权衡一下，自己是否真的适合做破冰者。

2）时间掌控者

时间掌控者是一个注意时间进展、提醒小组时间的考生。当很多对无领导小组讨论面试完全不了解的人组成一个小组时，在自由讨论阶段很可能会出现大家吵成一团，吵到最后被考官硬生生打断的局面，而没有一个结果，甚至出现总结汇报都没有时间做的情况。因此，在无领导小组讨论中，时间掌控者是必需的角色。

3）引领全局者

引领全局者是引领整个讨论进行、不断进行总结和升华的考生。引领全局者就是不断地推进讨论取得实质性进展的人，他必须拥有非常强大的透过现象看本质的能力，不断地分析他人观点的实质，不断地将大家的观点整合成新的观点，形成完整的有逻辑的体系。引领全局者要随时看清整个讨论的任务，不能让讨论偏离方向，要随时能够判断现在进行到哪一阶段，还有多少任务没有完成，适时地推动讨论前进，控制整个讨论的节奏，并能够弥合分歧、升华观点。

引领全局者听起来风光无限，而且如果做得成功，往往就是分数最高、最抢眼的那个，但这是有风险的，风险体现在对其他考生的控制上。因此，大家注意，做引领全局者不是一厢情愿的，也不是人人都能胜任的，一定是有能力者居之。所以，考生要权衡利弊，以免弄巧成拙。

4）组织协调者

组织协调者是调动团队气氛、调和大家的意见、调配发言权的考生。在无领导小组讨论面试当中，组织协调者这个角色要求考生具有较强的亲和力，能够将整个团队的讨论氛围提上去，充分调动大家的积极性，展开头脑风暴式的讨论。

组织协调者看似和引领全局者很相像，但其实有本质的区别。引领全局者获得管理权是凭借着他的实力和气势，而组织协调者获得管理权往往是凭借自己的亲和力，凭借自己不会让他人产生威胁感。因此，组织协调者应该是一个性情平和，无论是说话风格还是思维都不太有威胁性和刺激性的人，但是必须头脑清醒，始终牢记整个讨论的目的。

5）总结陈词者

总结陈词者是代表小组进行汇报总结的考生。总结陈词者有预汇报人和正式汇报人两种。如果抢不到正式汇报人，就当预汇报人，让正式汇报人成为自己的发言人。

担任总结陈词者，既是一个机遇又是一个挑战，机遇是如果发挥好了可以扭转考官对自己的印象，挑战是总结时间比较短，需要总结陈词者具有较强的归纳概括能力。这不但对总结陈词者的综合素质提出了要求，还对他的个人抗压能力与情感控制能力提出了很高的要求。所以，考生一定要根据自己的自身条件来进行选择。

6. 如何在小组面试中"出彩"

参加无领导小组讨论面试的考生，最想做的事情就是在小组的讨论中引起考官的注意，给考官留下一个深刻的正面印象。考生如何在小组面试中"出彩"，可以参考如下的技巧。

1）发言积极、主动

抢先亮出自己的观点，不仅可以给考官们留下较深的印象，而且有可能引导和左右其他考生的思想和见解，将他们的注意力吸引到自己的思想观点上来，从而争取充当小组中的领导角色。

2）营造良好的人际关系

要努力在小组中建立良好的人际关系基础。我们要尊重队友观点、友善待人，不要恶语相向。为了过分表现自己，无端攻击、横加指责别人的观点会招致整个小组的厌恶。没有一个考官会喜欢一个不重视合作、没有团队意识的人。

3）把握住说服对方的机会

试图说服对方的时候要看好时机，不要在对方情绪激动的时候力图使他改变观点，要找到与对方言语里共同的观点，从而引申出自己的观点，尽量能够说到点子上，这样可以起到一鸣惊人的效果。

4）言辞真诚可信

发言的时候要注意讲话的技巧，言辞要真诚可信。发言的时候能够设身处地地站在对方立场上考虑问题，理解对方的观点，在此基础上，找出彼此的共同点，引导对方接受自己的观点。在整个过程中，态度要诚挚，以对问题更深入的分析、更充分的证据来说服对方。

5）言简意赅

切记，无论什么时候发言，都要抓住问题的实质，言简意赅。任何语言的攻击力和威慑力，归根到底来自语言的真理性和鲜明性。一定要提前做准备，再高明的发言者也难以将自己精彩的发言信手拈来，都需要提前准备和思考。

6）努力充当领导者

在讨论的过程中，要努力充当讨论小组的领导者。最好能找机会成为小组讨论的总结者，以展示自己引导讨论及总结的才能，使自己处于讨论的中心，无形中使自己成了领导者的角色，自然就为自己成功入围增加了筹码。

7）先肯定后转折

采取一定的交谈战术，可以运用先肯定后转折的技巧，拒绝接受对方的提议。当对方提出一种观点，而你不赞成时，可先肯定对方的说法，再转折一下，陈述自己的意见，最后予以否定。这种柔和地表达反对意见的方式，对方较易接受。

8）想办法、摆事实、讲道理

在论辩中，要多想办法、摆事实、讲道理，让自己的发言有效、有说服力，道理一定要讲得生动、深刻，还要有很强的说服力。多接触这方面的讨论题目，多将自己置身于具体的话题里去思考应对的策略，这样日积月累，就能得到丰富的经验。

9）切忌使用外语和方言

发言需顾及谈话对象，切忌使用外语和方言。有时候，外语和方言能展现讲话者的某种能力，营造幽默的谈话氛围。但是假如有人听不懂，那就最好别用，不然就会使他人感到是故意卖弄学问或有意不让他听懂。

10）后发制人

谈话的时候，要广泛吸收别人的语言精华，以求取得胜利。这其实是"后发制人"的策略，在讨论开始后，不急于表述自己的看法，而是仔细倾听别人的发言，从中捕捉某些对于自己有用的信息，通过取人之长来补己之短。

11）照顾发言较少的参与者

谈话的时候，要考虑周到，照顾发言较少的参与者，体现团队精神，让团队所有人员都参与到讨论中。如果有机会，可以请发言较少的人谈谈自己的看法。

12）温文尔雅、心平气和

讨论过程中，不要失礼、失态，忌恼羞成怒、得理不饶人。谈话的时候，要温文尔雅，不要讽刺谩骂，不能高声辩论。如果别人不同意自己的观点，不要恼羞成怒，应心平气和地与之讨论。如果觉得自己发挥良好也不要洋洋自得，应保持谦虚慎重。

13）注意体态

谈话要记得注意自己的体态。谈话时目光应保持平视，仰视显得不够自信，俯视显得目中无人，均应当避免。谈话中应用眼睛轻松柔和地注视对方，以适当的动作加重谈话语气是必要的，但某些不尊重别人的举动不应当出现。

14）注意倾听

注意倾听、全神贯注，切忌打断他人讲话。听别人讲话的时候，不可东张西望或显出不耐烦的表情，应特别注意，不要不停地看自己的手表，既然倾听，就应当表现出对他人谈话内容的兴趣，而不必介意其他无关大局的地方。

（三）半结构化面试

1. 半结构化面试的概念

半结构化面试是介于非结构化面试和结构化面试之间的一种形式。它结合了两者的优点，有效避免了单一方法上的不足。总的说来，半结构化面试的方法有很多优势，面试过程中的主动权主要控制在评价者手中，具有双向沟通性，可以获得更为丰富、完整和深入的信息，并且可以做到内容的结构性和灵活性的结合。所以，半结构化面试越来越得到广泛使用。

2. 半结构化面试的特点

结构化面试是根据对职位的分析，确定面试的测评要素，预先编制好题目并制定评分标准，对面试者进行量化评分。结构化面试包括三方面含义。其一是面试程序的结构化。在面试的起始阶段、核心阶段、收尾阶段，面试官要做些什么、注意些什么、要达到什么目的，事前都会有相应策划。其二是面试试题的结构化。在面试过程中，面试官要考查应聘者哪些方面的素质，围绕这些考查角度主要提哪些问题，在什么时候提出，怎样提出，这些事项在面试前都会有所准备。其三是面试结果评判的结构化。从哪些角度来评判应聘者的面试表现，等级如何区分，甚至如何打分等，在面试前都会有相应规定，并在众考官间统一标准。

相比之下，半结构化面试是在结构化面试的基础上，主考官和其他考官就考生答题中涉及的有关问题或有疑问的问题进一步追问，问题的数量由面试总时间决定。考官的数量有所增加，构成多元化，又因为考官随意性较大，所以对考官的选择与本身的素质提出了更高的要求。

3. 半结构化面试的优点

半结构化面试与结构化面试相比，虽然在名称上仅多了一个"半"字，但在开放性、综合性方面有了本质性的提升，主要有以下优点：

其一，形式更加灵活，有利于考生充分展示真实才能，也有利于比较全面深入地考查考生的素质状况；

其二，由于考官提问题的随意性较大，涉及面更宽，不仅要求考官本身具备很高的素质，也对面试者的受训程度与应变能力提出更高的标准；

其三，考生面试时间由常规的 15 分钟增至 30～40 分钟，一般分为指定提问与自由追问两部分，信息量大，考查面广，对考生的评价也更加全面准确；

其四，半结构化面试要求考前准备更周全，包括岗位分析、确定测评要素、设计评分表、面试题目编制与要求等；

其五，面试时对考官的要求更严格，包括主考官主持面试的准则，考官如何发现考生的破绽并进行发问与追问、如何控制面试进程、如何结束面试，以及考官本人需具备的知识素养等；

其六，对面试者成绩的判断更严谨，包括面试记录的方法和要点、信息的整合、各种线索的利用等。

二 求职礼仪

（一）求职面试前的准备

1. 知己知彼

1）了解应试单位情况

面试之前，应多了解应试单位的情况，把能找到的报道和小册子浏览一遍，搞清楚单位名称的读音和准确写法，明确单位的性质、成立时间的长短、规模大小、声誉、工作条件、总体收入水平等。对应试单位了解越多，就越会明确自己努力的方向，心里越有把握。

2）全面了解自己

去面试前，对自己要有全面、客观的认识，明确自己的长处、兴趣、人生目标等，知道自己的就业方向，即什么样的单位更适合自己的发展。通常，学校都会邀请专家学者辅导学生如何在社会上求职，并分析个人专业及志向，因此，可以充分利用这一渠道，为求职预先做好准备。可以多与家人及有社会经验的亲友沟通并交换意见，听取他们的建议并衡量个人意愿。

自我认识一定要全面、客观、深刻，绝不能回避缺点和短处。"当局者迷，旁观者清"，可以参考家长、同学、朋友、师长、专业咨询机构等的建议，力争对自我有一个真正全面的认识。

（1）了解自身的优势

第一，我学习了什么，即在校期间，我从专业学习中获得了什么知识和技能？社会实践活动提升了自己哪方面的认知和能力？努力学好专业课程是职业发展的重要前提，要主动学习、善于学习，同时要善于归纳、总结，把单纯的知识真正内化为自己的智慧，为自己多储备一些后备能源。

第二，我曾经做过什么，即在校期间担任的学生干部职务、社会实践活动取得的成绩及实习或工作经验的积累等。要提高自己经历的丰富性和突出性，尽量有针对性地选择与职业目标相一致的实习或工作项目，坚持不懈地努力工作，这样才会使自己的经历更具有说服力。

第三，我最成功的是什么，即在做过的事情中最成功的是什么？如何成功？通过分析，可以发现自己的长处，比如个性坚强、反应灵敏、善于发挥创造性等，以此作为个人潜能挖掘的动力之源和魅力闪光点，形成职业发展的有力支撑。

（2）了解自身的弱势

第一，性格的弱点。人无法避免与生俱来的弱点，这就意味着，你在某些方面存在着先天不足，是力不能及的。安下心来，积极地与别人交流，看看别人眼中的自己是什么样子，与预想是否一致，找出其中的偏差并努力弥补，这将有助于自我提高。

第二，经验或经历中所欠缺的方面。欠缺并不可怕，怕的是自己还没有认识到或认识到了而一味地不懂装懂。对待欠缺的正确态度是，认真对待，善于发现，努力克服和提高，在应聘时可以打出"给我时间，我可以做得更好"的旗号。

通过以上自我分析与认识，解决了"我选择干什么"的问题。职业方向直接决定着一个人的职业发展，根据职业方向选择一个对自己有利的职业和得以实现自我价值的组织，是每个人的良好愿望，也是自我实现的基础，但这一步的迈出要相当慎重。

就人生的第一个职业而言，它不仅是一份单纯的工作，更重要的是它会使一个人初步了解职业、认识社会，在一定意义上，它是自己在职业上的启蒙老师。成功人士的秘密在于机会来临时，他已经准备好了。机遇对于任何人来说都是平等的，不要在机遇面前说抱歉。

2. 求职资料充分翔实

求职应聘，应让对方尽可能地了解自己的方方面面。求职资料的内容应包括：本人所受教育；应聘职位；曾经获得的荣誉和奖励；自己的兴趣和爱好；到所应聘单位工作的理由以及所具备的能胜任这项工作的智慧和才能。求职应聘资料应用最简练的语言和最简洁的方式概括自己，根据不同性质的应聘单位，求职应聘材料也可以有明显的个性特征。

1）个人简历

简历的根本作用在于尽可能地吸引招聘单位的注意力，让负责招聘的人对求职者产生兴趣，同意求职者参加面试。因此，简历上所写的东西，必须能让人特别注意，使招聘方对求职者形成良好的初印象，否则就不可能指望有任何与招聘方面谈的机会了。在招聘者的挑选过程中，履历表是求职者唯一能够全权控制的部分，至于写出来的简历质量如何，则与求职者所做的准备功夫成正比。

（1）个人简历的结构

简历的第一部分一般是概括性地介绍自己的情况，主要包括姓名、年龄、毕业学校、所学专业、联系方式、拟竞聘岗位等基本信息。这部分的语言一定要简洁，有概括性。要围绕拟竞聘的岗位有针对性地介绍自己的特长和优势，使考官觉得你自己的个人素质与该职位的素质要求一致。

简历的主体部分主要是对自己竞聘资格和工作能力的陈述。要选择那些对竞聘成功最有说服力的资历和能力加以描述，最好能用具体事实和数据来证明，切忌泛泛而谈。语气要积极、坚定、有力，让人无可置疑。具体的内容包括学历、工作经验、社会活动及其成绩等方面。

简历的最后部分是有关证明材料的简要说明，通常有学历证书、获奖证书、专业技术职务证书、专家或领导的推荐信以及曾发表的论文专著等。

简历中的证明人一般可列举3～5个，作为你的竞聘资格、工作能力和其他个人情况的查询人或保证人。证明人要有权威性，可选择学校、原单位或所参加社团中自己熟悉且知名度较高的人士。简历证明人的联系方式须确切，以便招聘单位查询。证明人对你须有足够的责任心，以免招聘单位在碰了软钉子之后而将火发在你头上。

（2）个人简历的要求

一份美观、得体的个人简历需要达到以下几项要求。

第一，格式恰当，篇幅适宜。个人简历的篇幅以一页为宜，控制在两页以内（小册子式个人简历除外）。编写个人简历时，要根据招聘要求，精心筛选与编排有关素材。凡与应聘目的以及招聘方的要求无关的内容，一律删除；有关的内容也要主次分明、去粗取精；行文时要字斟句酌，使整篇简历的篇幅精简、浓缩到适宜的程度。

第二，措辞表意得体、适度。个人简历作为一种应用文体，措辞表意有习惯要求。行文时不应违背这些要求，而应力求得体、适度。个人简历行文时既不要用第三人称，也不要用第一人称，最好是省略主语，或使主语隐含于句子之中。使用主语隐化的句子可以避免自夸之嫌，使语句显得活泼、轻快。个人简历用词应尽可能精练，不必使用完整的文句，尽可能地运用短语表意，这样可使个人简历短而精，且通俗易懂。个人简历行文要以事实为基础，以客观的态度、具体的事实及准确的数据表述，避免使用抽象、空洞的措辞。要摒弃那些带有强烈色彩的修饰语。总之，写个人简历时要坚持实事求是的原则，既不虚构，也不夸张，务必以诚实之心写出一个真实的自我，不取悦于人，不失信于人，真正做到得体、适度。

第三，字词准确。具体地讲，不要出现错别字，要正确使用标点符号，保证文体格式准确。如果在一份篇幅不长的个人简历中出现多处明显的错误，会让用人单位形成两点不好的印象：其一，你的文化水平不高，甚至有可能达不到该职位最起码的要求；其二，你没把这个职位放在眼里。不论哪一点，都足以使对方把你的名字从候选人当中划掉。

第四,条理清晰。个人简历不需要过分强调"文采",但一定要表述清楚。比如,你担当某一社团职务时做了什么工作,取得了什么样的成绩,后来又做了什么工作,做得怎么样,是否获得过某种奖励,现在为什么要寻找当前岗位,等等。要一步一步地写清楚,层次分明。

第五,文面美观,外表新颖。个人简历需整洁打印,不要有任何明显修改的痕迹。个人简历是给对方留下美好印象的第一个重要机会,所以,应该清楚、整洁、美观,整体呈现要工整,不要留下污垢,不要涂改。从美观和易于阅读的角度看,每一主标题下的用词、造句应慎重安排,而整个简历表所分成的几个主标题之间的空行和每行之间的间隔既不要过大也不要过小。个人简历的排版打印要精心设计,必须留出足够的空白,以显得美观大方。通常情况下,个人简历使用的纸张应选用比较规格化的尺寸,一般为A4纸。纸质要尽可能挺括。纸张颜色以白纸最为理想,精致的浅灰色和浅棕色也可选用,尽量不要用彩色纸,印刷也应选择黑色。白纸黑字,便于阅读。各个项目的名称应使用较粗、较大的字体与字号,以区别于正文。为了提高简历的可视性和打印质量,应使用电脑和高质量的打印机打印出所需要的份数。切忌出现跳字、文字高低不平、用改正液涂改的痕迹。

2) 自荐书

自荐书也叫求职信,这是应试者自我形象的书面展现形式。自荐书是你进入理想单位的第一块敲门砖,从求职的角度讲,自荐书是很重要的,要认真对待。自荐书同个人简历的写作目的一样,都是要引起招聘人的注意,获得好感和认同,争取面试机会。二者在很多方面有共通之处,因此前面关于个人简历的建议大都可供参考,在此不再赘述。相对于简历来说,自荐书更要集中地突出个人的特征与求职意向,打动招聘人的心,是对简历的简要概述与补充。自荐书带有一定私人信件的性质,应有一定的感情色彩,行文要简明流畅、晓之以理、动之以情,既有说服力,又有感染力,使人相信你的资格、能力和人品。

(1) 自荐书的格式

自荐书的写法不必千篇一律,但不管如何布局安排,都要层次分明、简洁明了、突出重点。通常情况下,求职者多采用"开始部分—主体部分—结尾部分"的写作方式。

第一,开始部分。这部分包括标题、姓名、年龄、学历、婚姻状况、健康情况、联系地址、求职目标等。求职目标要结合自己的实际情况去选择,应该考虑的因素有专业特长、兴趣、待遇、能力、学历、年龄、性别、性格、爱好等(其中兴趣与待遇最为重要)。对于特别热门、求职者特别多的职业,选择时要谨慎行事。简历中职业目标的书写要简练、清楚,最好不要超过40个字。

第二,主体部分。这部分是自荐书的重点,要简洁而有针对性地概述自己简历的内容,突出自己的长处和优势,使对方觉得你的各方面情况与招聘条件相一致,与有关职位要求、特点相吻合。有关专家将自荐书主体部分的具体内容概括为以下五个方面。

① 简述你的主要求职资格、工作经验、参加过的有关社会活动、个人的兴趣和爱好。

② 提供你在学业上和工作中取得的重要成绩,来证明你的资格和能力;谈论一下目

标单位的有关情况，表明你对其已有了解，并愿意为之效劳。要以成熟而务实的语气叙述，切勿夸大其词、自吹自擂。

③ 表述你具备的教育资历、工作经验和个人素质。谈谈你为这项目标工作做了哪些教育准备，即你所受的哪些教育与目标工作的任职资格有关；谈谈你过去所受的专业训练和工作经验，以及和目标工作的相关性；以事实证明你具有目标工作所要求的个人素质；举例说明你具有做好目标工作的其他有利条件。

④ 重申你的求职动机，简要说明你对未来的设想。

⑤ 提示说明你在自荐书后的有关附录或附件。

第三，结尾部分。这里多提供证明自己资历、能力以及工作经历的材料，例如学历证明、学术论文、获奖证书、专业技术职业资格证书、专家推荐信等。此外，还可能有一些其他的补充内容，这些可以列在另外的附页上。

(2) 写自荐书的注意事项

手写一封自荐书是目前大学生找工作过程中的常见做法，这便于引起用人单位的注意。但是，如果自荐书写作不当，作用会适得其反。写自荐书时应注意以下几点。

第一，使用恰当准确的称呼。称呼不恰当会显得俗气。有一位毕业生在自荐信中的称呼是"叔叔、阿姨"，还有一位大学生写给某单位人事处工作人员的自荐书的称呼是"大哥、大姐"，这样的称呼是不恰当的，自荐书的称呼应该正式、规范。

第二，避免简写引起歧义。与朋友谈话时，人们习惯简称自己的学校或者所修专业，但在求职中应该避免这样做。用简写词语可能存在的问题包括：一是显得随便、不够庄重，可能会引起读信人的反感；二是一些简称只有在特定的地方、特定的交往范围中才能被准确地理解，超出这一范围人们可能就会不知所言，甚至产生误解。比如"中大"，广东人都会明白它是指中山大学，但是在广东以外的地方，很少有人明白它的意思。"人大""华师""政经"等词都很容易被误解，最好不用。

第三，不要夸大其词。求职是一个自我推销的过程，写自荐书，只能"适度推销"，绝不可夸大其词。在自荐书中应尽量避免使用"一定""肯定""最好""第一""绝对""完全可以""保证"等词，以及类似"有很强的组织能力""有很强的活动能力"之类的语句。然而，有的求职者唯恐对方不用自己而一味地吹嘘、炫耀自己博学多才，甚至贬低别人、抬高自己，似乎不录用他，对方就会遭受不可弥补的损失，这种做法是十分错误的。

（二）求职方式与技巧

1. 信函自荐

信函自荐，即将准备好的求职信和个人简历以信函的方式送达用人单位。求职信的信封、信纸最好选用署有本学校校名的信封、信纸，忌选用带有其他组织名称的信封、信纸。字迹应清晰工整。如果写有一手漂亮的书法，最好手写，因为更多的人相信"字如其人"；如果字写得不好看，就不如用电脑打出来。

2. 电话自荐

现代社会里，电话已经成为人们日常生活中不可缺少的通信工具，在日常的人际交往、商务会谈以及求职择业中，都起着不可忽视的作用。求职者通过电话推荐自己已成为一种常见的求职方式。在求职过程中，怎样充分利用电话接通后那短暂的几分钟，用简洁明了的语言清楚流利地表达自己的意思，充分展示自己的优势，尽可能给对方留下一个深刻、清晰的印象，这就不能不涉及一些电话礼仪和电话自荐的技巧问题。

1）准备工作

首先，要尽量收集、了解用人单位的有关情况，包括单位的全称、性质、隶属关系、主要业务范围、用人计划、人才需求方向、岗位要求等等。只有在此基础上，才能对如何包装自己做到心中有数。其次，要对自己有一个客观、公正的认识，包括自己的专业特长、性格爱好等方面，对于适合的单位、职位有一个初步的选择。再次，根据用人单位的需求情况，结合自身的特点，对自己的谈话内容做一个全面的考虑，最好在打电话之前列出一份简单的提纲。最后，按照拟定的提纲有条理、有重点地突出介绍自己的有关情况，力争给受话者留下深刻的印象。

另外，需要注意的是，要做好自荐前的心理准备工作。对于性格开朗、外向的求职者来说，电话自荐虽不能说驾轻就熟，但也不是难事。但对于一些性格内向、较少与外界打交道的求职者来说，电话自荐过程中就存在一个需要克服紧张、不安、焦躁情绪的问题。所以，需要努力控制自己的一些不良情绪，保持良好的心理状态，保证在介绍情况时不丢三落四，全面完整地表现自己，让受话者能在与你交谈的过程中感受到你的朝气和锐气，以及积极向上、有礼有节的良好品质。

2）注意事项

采用电话自荐方式，应注意如下事项。

(1) 电话自荐的时机。一般来说，电话自荐应在对用人单位较为了解的情况下使用，比如自己曾经实习过的单位、曾经寄过求职信的单位或曾经有过联系的单位。这样的单位，自己比较了解，容易掌握更多的信息尤其是人事部门的信息，也能够找到更多的话题沟通。

(2) 打电话的时间。通话时间一般应选在上午9—10点钟。最好不要选在刚上班的时间就拨打电话，以免打扰对方安排工作。一般情况下，下午4点以后不宜再打电话。

(3) 注意音量、语速的控制。通常来说，打电话的音量比平常略高，以保证对方能够听得清楚；另外，语速也应稍快于平常讲话，但应保持平稳。

(4) 通话时间。为了取得较高的工作效率，人们都希望能够在最短的时间内做最多的事情。因此，电话自荐要注意在通话之前做好充分准备以控制通话时间，尤其要控制自我介绍的时间，力争在不超过两分钟的时间里，把自己的情况介绍清楚，并且能够引起对方的注意。

(5) 尊称和礼貌用语的使用。尊称和礼貌用语的使用要贯穿通话过程的始终。短短几分钟的通话时间，也能够体现出一个人的修养和人际交往水平。一个彬彬有礼的人，更容易获得别人的好感。

3. 考试录用

笔试是常用的考核方法，一些专业技术要求很强、对录用人员素质要求很高的单位常采用这种方式选拔人才，如一些涉外部门或技术要求高的专业公司等。

参加笔试前，应了解笔试的大体内容。一般而言，用人单位的笔试包括以下几个方面的内容：

（1）知识面的考核，包括基础知识和专业知识；

（2）智力测试，主要测试应聘者的记忆力、观察力、分析归纳能力、思维反应能力；

（3）技能检测，主要是对应聘者处理实际问题的速度与质量的测试，检验其对知识和智力运用的程度和能力。

参加笔试须按要求准时到场，不能迟到。卷面要整洁，字迹要工整，给阅卷老师留下良好印象。考试过程中，绝对不能作弊或搞小动作，对于这一点，用人单位是尤其看重的。

4. 网上应聘

对于网上求职来讲，简历的准备相对比较简单，"中华英才网"等人才网站上都提供了标准的简历范本。需要注意的是，学历和工作经历要按时间顺序倒着填，也就是把最近的工作经历和学历写在最前面，以便招聘方更直观地了解你目前的状况。在填写工作经历时，很多求职者只是简单列出工作单位和职位，没有详细描述工作的具体内容，而招聘方恰恰就是要根据你做过什么来评估你的实际工作能力。在准备求职信时还要注意控制篇幅，要让人事经理无须使用屏幕的滚动条就能读完。最好直接在邮件内编辑，排版要工整，要做到既体现个人特点又不过分吹嘘。除非应聘美工职位，否则不要使用花哨的装饰或字体。

在网上填写简历，要严格按照招聘方的要求填写，要求网上填写的就不要寄打印的简历；要求用中文填写的就不要用英文填写；有固定区域填写的就不要另加附件。发送简历是网上求职关键的一步，如果是自己在网上通过 E-mail 发简历，应该以"××应聘××职位"作为邮件标题，把求职信作为邮件的正文，再把简历直接拷贝到邮件正文中，这样既方便对方阅读，又杜绝了附件携带电脑病毒的可能性。如果通过人才网站求职，可以直接把填写好的简历发送给招聘单位。网站的在线招聘管理系统还可以根据求职者的要求，把个人简历以数据库的方式存储起来，供招聘单位检索和筛选。

（三）求职形象设计

美国学者曾对《财富》杂志排名前 300 位富人榜中的 100 名执行总裁进行调查，93％的人相信在初次面试中，应聘者会由于不得体的穿着而被拒绝录用。由此可见，着装水平对于面试的成败几乎起着决定性的作用。一般而言，面试考官评判应试者的服装标准是：协调中显示着人的气质与风度；稳重中表达着人的可信赖程度；独特中表现着人的个性。

1. 面试着装

招聘单位当然注重你有多少本事，但同样也注重你的外表留给人的印象。虽然许多人都知道第一印象很重要,但在第一印象中要有好的表现颇不容易。服饰是构成第一印象的重要决定因素之一。重视自己的着装,一个大方、优雅的外表在面试一开始就能给考官留下良好的印象。

面试是正式场合,穿着应符合这一场合的要求。面试的主要目标是争取得到考官对自己的认可。一般来说,用人单位的考官往往有一定的工作经验,工作时间较长,社会阅历丰富,办事严谨,讲话逻辑性强,对传统的价值观念认同较多。他们往往不愿录用有反传统观念的人,而愿意录用比较符合他们传统观念的人,因此,为"保险"起见,毕业生在穿着方面应选择式样相对正统、符合大众潮流的服装,千万不可穿着式样十分奇特、图案过于零乱、色彩较为艳丽的服装。至于服装到底"传统"到什么程度,毕业生应根据用人单位的实际情况而定,可以通过用人单位工作人员的服饰、个人各方面的具体情况等来决定自己服装的传统程度,毕业生也可以请老师或身边的人提一些参考意见。

1)服装选择

(1)款式

对于男士来说,一套深蓝色或灰色的西服通常是比较理想的选择。习惯上更正式的是三件套——西装、衬衫和西裤,两件套次之。衬衫应该是硬领的,领子要干净、挺括。衣领、袖口都已经洗毛的旧衬衫或一件还从没有下过水的新衬衫都不合适——前者太拮据,后者太露着意修饰的痕迹。因此,你的衣柜里最好常有几件八九成新的长袖衬衫,以白色为主,也可以是浅蓝或浅灰色的。短袖衬衫的穿着不宜出现在正式场合。衬衫下摆要放入裤腰内。

相比之下,女士的服装比较灵活。可供参考的法则是,要以内在素质取胜,先从严肃的服装入手。不管什么情况,剪裁得体的西装套裙、色彩相宜的衬衫和半截裙使人显得稳重和自信。T恤衫、迷你裙、宽松服等,即便在社会上铺天盖地,也不宜作为面试的服装。

图5-7展示了男士和女士的面试着装。

(a)男士着装　　　　　(b)女士着装　　　　　(c)男女着装

图5-7　男女面试着装

（2）色彩

从服装的色彩来看，不同颜色在不同的季节给人以不同的感觉，不同人的穿着也应选择与其性格起互补作用的颜色。冬季服装，应选择暖色，如红、黄、橙等颜色，这可以调和天寒地冻的单一色调；夏季则宜选择给人凉爽感觉的颜色，如青、绿、白、灰、紫等颜色，这可以调节夏日炎热气候所带来的烦闷感。从毕业生的性格来看，性格外向的男生可以穿西装，性格外向的女生可以穿深色衣服，给人以沉着、稳重、大方的感觉；性格内向的男生可以穿夹克、休闲服，性格内向的女生可以穿色彩艳丽一点的服装，给人活泼可爱的感觉。总之，应通过服饰掩盖自己性格的缺陷，尽可能不让考官看出自己的性格弱点。另外，服装和所申请的职位有关。如从事培训工作的女性，若穿着色彩鲜艳、款式新奇的服装，不但易分散学生的注意力，而且还会引起学生的效仿，因此，从事此项工作的女性应穿着简单、色彩素雅，给人以稳重之感。同样，从事文秘、翻译、技术管理职业的人员，其服装要求也各有不同，应针对具体环境、岗位而设计，切不可一成不变，这样不能给人以鲜明的物色之感，达不到预期的效果。

关于色彩的搭配使用，需要注意的是，出现在面试者身上的色彩不要超过三种，也不要运用过于跳跃的色彩搭配。因为不管是怎样的工作，面试方都希望你能够严谨而负责地对待它，一个过于花哨的搭配会给人留下不严肃和天马行空的印象。但这并非意味着你只能活在"黑白灰"中，过于暗淡的颜色也会让你看起来没有生气。在色彩上，可以选择淡蓝色、淡粉色或正红色。如果外套的颜色比较深，则可选择颜色亮一点的衬衣；反之，则要选择深色或白色衬衣进行调整。切记，你需要留给对方的印象是：严谨而不失活泼，青春而不失稳重。

此外，面试时在服饰方面还有几点需格外注意。

第一，切忌穿着过于随便。所有的运动服、拖鞋、背囊之类都不适宜。无论天气有多冷，面试室内都不可戴手套、口罩（疫情防控期间除外）、耳套等；无论天气有多热，西装搭配短裤、背心等等都不适宜。

第二，尚未穿过的新衣服最好别穿。面试是严肃的场合，若穿一身完全不习惯的衣服，不仅会使应考者自己感觉有些别扭，更让考官感觉别扭，影响面试效果。衣服不一定要新、要好，但要整洁、合身、匀称。

第三，凡是不符合大众化审美的衣服最好别穿。尤其是对女生来说，超短裙、低胸上衣、紧身衣裤等服装都不适宜。

2）领带

在面试场合，面试者最好打领带，这样会使你显得更加精神。领结要打得坚实、端正，不要松松散散，耷拉在一边。在配色方面，要记住"和谐就是美"，不要追求标新立异，以免弄巧成拙。在颜色上，深色的西装可以配颜色比较华丽的领带，浅色的西装可以配颜色素雅的领带。在样式上，个子高的人应该选择外观朴素、雅致大方的领带，个子矮的人适合系斜纹细条型领带。

3) 包

女生最好选择颜色稳重、柔和的包,如黑色、白色、米色或暗红色,设计要简约,质地以皮革为佳;男生则可以携带黑色或深棕色的公文包。

男生一般选择手提式的长方形公文包,其面料为牛皮或羊皮,以黑色、棕色为宜。除商标外,公文包在外表上不要带有任何图案、文字。

手袋或包的色彩不可以和着装反差太大。绝对不能用牛仔包或其他任何看起来软绵绵的包。包要足够大,因为确实需要用它来装一些东西。

4) 鞋袜

不要以为鞋子在最底下就不会被注意到,相反,如果你穿了一双不干净或不合适的鞋子,会在第一时间被别人发现。因此,首先要保证你的鞋子是干净的。女生最好穿黑色、棕色或暗红色的带跟皮鞋,高度不要超过 7 厘米,对于男生来说,黑色的皮鞋是比较稳妥的选择。鞋子穿着时务必要舒服,如果你觉得这双鞋子穿着时不舒服,你看起来也会让人觉得不舒服。皮鞋要擦去污痕,然后上鞋油刷亮,鞋带要系牢。

女生面试时,切忌穿黑色或网状图案的长袜,近于肉色的长袜是保险的选择。此外,袜口不可露在裙摆外。对于女性来说,中跟皮鞋使你步履坚定从容,带给你几分职业女性的气质,很适合在求职面试时穿着。相比之下,穿高跟鞋显得步态不稳,穿平跟鞋显得步态拖拉。如穿中、高筒靴子,裙摆下沿应盖住靴口,以保持形体垂直线条的流畅。同样,裙摆应盖过长筒丝袜袜口。

知识链接 5-1

不同职业的面试着装技巧

一、行政族

主基调:端庄大方。

行政族作为办公室中的中坚力量,穿着太随便会给企业文化带来不良的影响,但如果穿得太严谨,又会显得古板,缺乏亲和力。因此,优秀的职业女性应该懂得如何在专业及女性两种气质间取得平衡。一般来说,行政族的着装要领如下:

套装是办公室行政女职员的必选之物,因为它可以使穿着的人显得干净利落、干练坚决。服装的颜色,应以白、黑、褐、海蓝、灰色等基本色为主。而搭配一条丝巾,或在套装内穿一件亮眼的上衣,既可避免色彩单调带来的沉闷感,又会给人留下干练、充满亲和力与感染力的印象。

在不影响工作效率的前提下,职业女性可以通过合身的连衣裙,适当地展现女性的气质与风度。

二、创意族

主基调:简约休闲。

创意族主要指从事新闻、娱乐、广告、平面设计、动画制作、形象造型等工作的职场人,在服装的选择上,他们的局限性相对其他行业要小。以创意族的职业特点及对美丽天生的敏感度,随意转变一下思路,巧妙装扮一下,就能显示出与众不同的感觉。

三、技术族

主基调:含蓄稳重。

实干、沉稳的技术族,在着装上不需要过分准备,只需舒服、干净即可。技术族的人在着装上要体现诚实和稳妥,切忌华而不实。服饰要讲究质地,若受经济能力的局限,则以外观上的大方为原则。应避免怪异、暴露或者过于鲜艳的装扮。

2. 妆容配饰

1) 面部修饰

化妆对于女生来讲是必不可少的,但应该以淡妆为主,淡到与人的肤色相接近方可,过浓则易给人以"妖艳感",眼线、口红都不可深,否则让人看了很不自在。

妆容要淡雅、自然。浓妆会给人不真实的感觉,也会影响别人对你的品位和专业能力的判断。求职妆应以"精神、朝气"为重点,所以,亲切的粉红色、橘色等暖色调,无论使用在腮红、眼影还是唇膏上都相当出色,亲切可人。在化妆品的材质上,注意避免使用过于凸显个人特色的深色系,雾面的粉质最佳,流行的亮粉粉质还是少用为妙。

眼睛是情绪交流的焦点,一双明亮而自信的眼睛必然会给自己的面容增色不少。所以,要注意修饰一下自己的眼睛,但不要露出修饰的痕迹来,切忌在眼睛四周描上黑而深的眼影。合理地修饰嘴唇,可以达到一种效果,即吸引人的视线,而让其忽略自己面部的其他缺陷。年轻的女性不要用大红或橙红的口红,慎用紫色,以防给面试考官留下"血盆大口"的感觉。唇线不要画得太深,这会让你的嘴唇显得突出、虚假。面试前,最好把牙齿在牙科清洗一下,面试考官喜欢看到你明眸皓齿。另外,可适当地注意一下鼻子。女士面部修饰应尽量达到的效果如图5-8所示。

男士在面试前,要彻彻底底修一次面。修面时要小心,不要伤着皮肤。下巴或颈部的伤痕不仅影响面容美观,而且会弄脏衬衫的衣领。如果你是一个"大胡子",那么,一定要将胡子刮干净,胡子拉碴会让

图5-8 女士面部修饰的效果

考官觉得你不礼貌,而且浓密的胡子无意中表示"我需要一点儿孤独,请离我远一些"。如果你是考官,相信你也不会希望有这种感觉。所以,你需要加倍关注你的外观,在公众面前拿出你最英俊、也就是最年轻的脸。但记住,不要在面试候考时掏出你的电动剃须刀,在公共场所整理个人卫生是不合礼仪规范的。

手是人体中活动最多的部位之一，也常常是人们目光的焦点。这并不是说面试前要对手进行化妆，但把你的双手洗得干干净净，指甲修剪得整整齐齐，这是很有必要的。指甲一般与指尖等长，要刷净其中可能的油污。职业女士一般不宜留长指甲，以免影响正常操作办公室设备。

2）发型

面试是很正规的场合，千万不要将你的头发弄得古里古怪的。只要保持你的头发整齐、干净、自然，能够显露出你的整个脸庞就可以了。在面试这样的场合，应以大方自然为原则，也不要弄什么"新潮发型"，发型要符合年轻求职者的身份。

3）配饰

配饰包括手表、首饰等，具体来说，需要注意如下事项。

（1）手表。在你的支付能力范围内，最好选择高质量、和你的衣服相配的品牌。另外，不要戴米老鼠之类的卡通手表。

（2）首饰。对于各种饰物，像耳环、耳坠、项链、戒指、手镯等饰品，女生最好不戴，即使戴也只能取其中一两件。有的男生喜欢在胸前挂上玉坠，也有人喜欢戴一个戒指，应都取下来为好。佩戴手镯或手链时就不要戴手表。佩戴造型过于夸张、会叮当响的饰品，往往给人庸俗、轻浮的印象。

总之，全身的饰物不要超过三件，否则会使人觉得太沉重，珠光宝气压倒了你职场人的气质。对于职业女性来说，不妨想一想，你的耳环是否增加了你耳朵和脸蛋的神韵？项链是否使你显得修长而丰满？戒指是否使你的手指显得修长纤细？如果你的饰物达不到增添光彩的目的，那么就没有必要画蛇添足、适得其反。

4）香水

香水的使用也是一种艺术。好的香水，能给人带来愉快的心情。如果香水使用得当，无形中，面试的气氛、面试考官的情绪就向对你有利的方向发展。

面试是一种公事公办的特定场合，在这种场合，悠悠的、沁人心脾的香味悄然中便打动了面试考官。所以，面试时，可选择米兰型、黄角兰型、玫瑰香型的香水，忌用檀香、茉莉花香、麝香或龙涎香型香水。

面试前，早餐或午餐中不要吃大蒜、洋葱，也不要喝酒。要让自己在面试中的气味像初春的微风一样清新宜人。

（四）求职言行规范

1. 接听通知面试的电话

部分用人单位采用电话的方式告知面试信息，从某种程度上来讲，面试是从接听电话开始的。在接到通知面试的电话时先不要忙着自我陶醉，得体地接听电话是第一战，尤其需要注意以下两点。

1）语气得当

接听电话的语气很重要，清晰友好的声音会给打电话的人留下一个好印象。嘴里含着食物说话,边回答边喝水,甚至是躺在床上接电话,都会给你的声音造成某种不良影响,而且电话系统会把这种影响放大。如果接电话的时候,你的房间里人声嘈杂,那么要请那些人先安静一会儿或者更换到安静的空间内,然后再继续你的电话。

2) 记清要点

得知好消息的时候不要过于激动,需要在电话里问清楚面试的时间和地点,并当场用笔写下来。如果面试的地点从未听说过,要及时询问到达该地点的方法和所需时间。有的面试会有其他的特别要求,同样要仔细听,并记录在纸上,必要的时候向对方确认。如果对方没有提及特别事宜,为了保险起见,可以主动询问是否还有需要特别注意的事项,询问与自己联系的这个人的姓名以及联系方式,这样做在必要的时候可能会帮上忙。在通话的最后,不要忘了向对方致谢。整个通话的时间不能太长。

2. 面试前的礼仪

1) 时间观念

提前 10~15 分钟到达面试地点效果最佳,可熟悉一下环境,稳定一下心神。提前半小时以上到达会被视为没有时间观念,但在面试时迟到或是匆匆忙忙赶往往是致命的。如果面试迟到,那么不管有什么理由,也会被视为缺乏自我管理和约束能力,即缺乏职业能力,给面试者留下非常不好的印象,这是一个尊重他人、也尊重自己的问题。而且大公司的面试往往一次要安排很多人,迟到了几分钟,就很可能永远与这家公司失之交臂了,因为这是面试的第一道题,分值就被扣掉,后面也很可能会因状态不佳而搞砸。

如果路程较远,宁可早到 30 分钟,甚至 1 个小时。城市很大,路上堵车的情形很普遍,对于不熟悉的地方也难免迷路。但早到后不宜提早进入办公室,最好不要提前 10 分钟以上出现在面谈地点,否则招聘人员很可能因为手头的事情没处理完而觉得很不方便。当然,如果事先通知了许多人来面试,早到者可提早面试或是在空闲的会议室等候,那就另当别论。对面试地点比较远、地理位置也比较复杂的情况,不妨先跑一趟,熟悉交通线路、地形,甚至事先搞清楚洗手间的位置,这样就知道面试的具体地点,同时也了解路上所需的时间。

需要指出的是,招聘人员是允许迟到的,这一点一定要清楚,对招聘人员迟到千万不要太介意,也不要太介意面试人员的礼仪、素养。如果他们有不妥之处,应聘者应尽量表现得大度开朗一些,这样往往能使坏事变好事。否则,招聘人员一迟到,不满情绪就溢于言表,面露愠色,招聘人员对求职者的第一印象就大打折扣,甚至导致满盘皆输。这从侧面可以看出应聘者未来对同事缺点的容忍程度。因为面试也是一种人际磨合能力的考查,得体、周到的表现,自然是有百利而无一害的。

2) 初进面试区域

到了办公区,最好径直走到面试单位,而不要四处寻摸,甚至被保安盯上;走进公司之前,口香糖和香烟都要收起来,因为大多数的面试官都无法忍受应聘者边面试边嚼口香糖或吸烟;手机要关机或者调成静音状态,避免面试时造成尴尬局面,同时也分散你的注意力,影响你的面试成绩;一进面试单位,若有前台,则开门见山说明来意,经引导到指定区域落座,若无前台,则找工作人员求助,这时要注意用语文明,开始的

"你好"和被指导后的"谢谢"是必说的,这代表你的教养;一些小企业可能没有等候室,那就在面试办公室的门外等候;当办公室门打开时应有礼貌地说一声"打扰了",然后向室内考官表明自己是来面试的,绝不可贸然闯入;假如有工作人员告诉你面试地点及时间,应当表示感谢。

3) 等待面试

进入公司前台,要把访问的主题、有无约定、访问者的名字和自己的名字报上。到达面试地点后应在等候室保持安静,以正确的坐姿耐心等候。有的单位为使面试能尽可能多地略过单位情况介绍步骤,尽快进入实质性阶段,提前准备了公司的介绍材料,这个时候,你应该仔细阅读以先期了解其情况,也可自带一些试题重温,而不要来回走动显得浮躁不安。不要与别的面试者聊个不停,因为他可能是你未来的同事,甚至是决定你能否称职的人,你的谈话对周围的影响是你难以把握的,这也许会导致你应聘的失败。

更要坚决禁止的是:在接待室恰巧遇到朋友或熟人,就旁若无人地大声说话或笑闹;吃口香糖;抽烟;长时间接打手机。

通常,在面试前有一段时间要等候,如果应试人数较多,而你又是被安排在后面,那么你等待的时间就较长。等候可能使人心情烦躁,无端生些猜测,打乱早已准备好的步骤。遇到此种情况,你便可以把准备好的书或杂志拿出来看,看书可以让人安静镇定。如果主考官迟到了,你手上有书或杂志,正好可以全神贯注地看,显出丝毫没注意的样子。如果主考官有意忽略你,让你久等,以便显示威风,你正好可以借着看书,表示你视若无睹,这样就避免了和主考官的正面冲突。和主考官发生哪怕是细微的不愉快的冲突,对你的录用总是不利的。图5-9展示了求职者等候面试的场景。

图5-9 面试礼仪——等候面试

知识链接 5-2

面试临场前的准备

在面试开始的前15分钟,可以参照下面的方法做准备。

第一,找一个位置坐下,稍做休息。待呼吸舒缓后,可以询问一下工作人员,是否需要签到,面试时间是否有改变以及相关的一些事项。

第二,再次整理仪表。男士可以注意一下领带的松紧(如果系领带的话),女士可以稍微补一下妆,但切勿上浓妆。还需要检查一下鞋子是否需要擦一擦灰尘(记住擦鞋的纸巾一定要扔到该扔的地方),鞋带是否松了,头发是否凌乱,脸上是否有尘土。若略显疲倦,可以去洗手间洗一洗脸,但要擦干面庞之后,再回到休息室。

第三,在心中演练一下面试中的自我介绍和可能出现的问题的解答。如果感到紧张,可以闭目静坐,让呼吸均匀而缓慢,做一个放松训练。总之,要保证自己处于一定的兴奋程度,既不松懈,又不紧张。

第四,要文明礼貌。尽管还未进入面试考场,但请注意,坐姿端正,言语礼貌文雅。

第五,等待时可以与其他应试者交谈。你和其他应试者之间可以用积极的语言相互鼓励,切忌说一些诸如"我很紧张"之类的话,这会给你带来消极的心理暗示。总之,一定要保持积极的心理状态。

第六,不要费尽心思地想从面试考场出来的人问出什么来。当有应试者从考场出来后,有些人一拥而上,问个不停。其实根本就问不出什么,这样反而造成自己的慌张和忙乱,并且给人留下不稳重的印象。

3. 面试过程中的礼仪

1)进门

如果没有人通知,即使前面一个人已经面试结束,也应该在门外耐心等待,不要擅自走进面试房间。自己的名字被喊到,就有力地答一声"好的",然后再敲门进入。敲门时千万不可敲得太用劲,以里面听得见的力度为宜(如图5-10所示)。听到里面说"请进"后再进入房间。开门、关门尽量要轻,进门后轻轻将门关上,回过身来将上半身前倾30°左右,向面试官鞠躬行礼,面带微笑称呼一声"大家好",彬彬有礼而大方得体,不要过分殷勤、拘谨或谦让。

在进门的时候,也可以进行简短的自我介绍,这并不是不必要的重复,而是为了加深印象,给对方以立体的感觉。自我介绍一般要求简洁,可以说:"我叫×××,很高兴能够有机会到贵公司参加面试。"

2)握手

你与面试官初次见面时通常会握手,这种手与手的礼貌接触是建立第一印象的重要开始,不少企业把握手作为考查一个应聘者是否专业、自信的依据。

图 5-10　面试礼仪——敲门

所以,在面试官的手朝你伸过来之后就握住它,要保证你的整个手臂呈 L 形(90°),有力地摇两下,然后把手自然地放下。握手应该坚实有力,有"感染力"。双眼要直视对方,自信地说出你的名字,即使你是一位女士,也要表示出坚定的态度。但不要太使劲,更不要使劲摇晃;在外资企业,不要用两只手,因为用这种方式握手在他们看来不够专业,在内资企业场合也要慎用。

握手时长时间地拖住面试官的手,或只是用力或快速捏一下手掌,这些动作说明你过于紧张,而面试时太紧张显得你无法胜任这项工作;轻触式握手显出你很害怕而且缺乏信心,你在面试官面前应表现出你是一个能干的、善于与人相处的职业者;远距离握手也不得体,在对方还没伸手之前,就伸长手臂去够面试官的手,表示你太紧张和害怕,面试者会认为你不喜欢或者不信任他们;如果面试官没有主动跟你握手,你不要先伸手。

3) 入座

进入面试室后,不要自己主动坐下,要等考官告诉你"请坐"时才可坐下,坐下时应道声"谢谢"。坐姿也有讲究,"站如松,坐如钟",面试时也应该如此,良好的坐姿是给面试官留下好印象的关键要素之一。有两种坐姿不可取:一是紧贴着椅背坐,显得太放松;二是只坐在椅边,显得太紧张。这两种坐法,都不利于面试的进行。要表现出精力和热忱,松懈的姿势会让人感到你疲惫不堪或漫不经心。

很多办公环境将企业经理室、办公室负责人的位置安排在面对门口、背朝窗户的地方。这样的位置安排,容易给拜访者造成一定的心理压力,从某种意义上来讲,求职者从一走进办公室的时候起,就被摆在了一种极为不利的位置上。要想改变这种情况,求职者应当有意识地使自己位于避免直接背对门口的位置。侧一侧身或者把座位稍稍偏离正向位,就可以做到这一点。

在面试中,坐的姿态非常重要。如果你坐着时,双手相握,或者不断揉搓手指,那么,你会使对方感到你缺乏信心,或显得十分紧张;如果你稳稳当当地坐在座位上,将双掌伸开,并自在地轻放在大腿上,你就会给人一种镇定自若、胸有成竹的感觉,如图 5-11 所示。

图 5-11 面试礼仪——坐姿

4）交谈中的礼仪

（1）聆听

当主考官向你提问或介绍情况时，应该注视对方以表示专注聆听，可以通过直视的双眼、赞许的点头，表示你在认真地聆听他所提供的更多的信息。要不时地通过表情、手势、点头等必要的附和，向对方表示你在认真地聆听。如果巧妙地插入一两句话，效果则更好，如"原来如此""您说得对""是的""没错"等。

聆听是捕捉信息、处理信息、反馈信息的过程。一个优秀的聆听者应当善于通过主考官的谈话捕捉信息。求职者聆听时要仔细、认真地品味对方话语中的言外之意、弦外之音、微妙情感，细细咀嚼品味，以便正确判断他的真正意图。

有些人虽然穿着朴素，但言谈举止中仍然能够看出他受过良好的教育，这就是礼仪的魅力。而经验丰富的面试考官更是看重一个人的内在素养，这比服饰更能体现人的本质特性。

（2）非语言交流

加州大学洛杉矶分校的一项研究表明，个人给他人留下的印象，7％取决于用词，38％取决于音质，55％取决于非语言交流。非语言交流的重要性可想而知。在面试中，恰当使用非语言交流的技巧，将为你带来事半功倍的效果。

除了讲话以外，无声语言是重要的交流方式，主要有手势语、目光语、身势语、面部语、服饰语等，通过仪表、姿态、神情、动作来传递信息，它们在交谈中往往起着有声语言无法比拟的效果，是职业形象的更高境界。形体语言对面试成败非常关键，有时一个眼神或者手势都会影响到整体评分。比如面部表情的适当微笑，就显现出一个人的乐观、豁达、自信；服饰的大方得体、不俗不妖，能反映出大学生风华正茂、有知识、有修养、青春活泼、独有魅力，它可以在考官眼中形成一道绚丽的风景，增强你的求职竞争能力。在非语言交流中，应注意如下事项。

第一，手的摆放。很多人都不知道在公共场合自己的手应该放在哪儿。你是否也有过在众人面前不知所措的经历呢？其实，如果你把双手放到了一个舒适的位置，这种紧张感就会减缓。站立时，双手应该在身体两侧自然下垂，贴近裤缝；坐下的时候，应该掌心朝下或双手交叠放在膝盖上。这样的姿势既能让你觉得舒适，在别人看来也是最自然的。除此之外可以随身带一个包，这个包可以为双手找到一个合适的地方来安置它们。当然，拿包的时候注意不要紧紧抓着它，这会让人觉得你很紧张。在落座时，注意不要在胸前抱臂，这是一个典型的防卫姿势。如果面试时有一张桌子，那就可以轻握双手，放在桌面上，身体略向前倾。这个姿势表示你是开放的，愿意聆听对方的提问或介绍。

第二，腿脚姿势。站立时，不要把身体的重心全部放在一条腿上或者斜靠在墙上。坐的时候也尽量不要跷二郎腿，更不能抖动。这些都是礼仪的基本常识。此外，人在紧张时常会有一些无意识的小动作，如两脚互蹭、来回磨地板、轻踢对面的桌椅等。只要我们觉察到了，就应该尽量予以控制。

第三，肩背姿势。肩背的要点是始终保持挺直，这关系到整个人的精神面貌。即使是坐在松软的沙发上，也不要把身体蜷成一团。走路时不要晃动肩膀。

第四，眼神交流。面试一开始就要留心自己的身体语言，特别是自己的眼神，对面试官应全神贯注，目光始终聚焦在面试人员身上，在不言之中展现出自信及对对方的尊重。眼睛是心灵的窗户，恰当的眼神能体现出智慧、自信以及对公司的向往和热情。注意眼神的交流，这不仅是相互尊重的表示，也可以更好地获取一些信息，与面试官的动作达成默契。正确的眼神表达应该是：礼貌地正视对方，注视的部位最好是考官的鼻眼三角区（社交区）；目光平和而有神，专注而不呆板；如果有几个面试官在场，说话的时候要适当用目光扫视一下其他人，以示尊重；回答问题前，可以把视线投在对方背面墙上，约两三秒钟做思考，不宜过长，开口回答问题时，应该把视线收回来。

第五，表情。微笑是自信的第一步，也能为你消除紧张。面试时要面带微笑、亲切和蔼、谦虚虔诚、有问必答。面带微笑会增进与面试官的沟通，在很大程度上提升你的外部形象，改善你与面试官的关系。拥有赏心悦目面部表情的人应聘的成功率，远高于那些目光呆滞、笑不露齿的人。

第六，手势。说话时做些手势，加大对某个问题的形容和力度，是很自然的，但手势太多也会分散人的注意力，需要时适度配合表达即可。不要有太多小动作，这是不成熟的表现，更切忌抓耳挠腮、用手捂嘴说话，这样显得紧张，不够专心。

（3）告别

面试结束，告别时应注意如下事项：

第一，再次强调你对应聘该项工作的热情，并感谢对方抽时间与你进行交谈；

第二，表示与主考官们的交谈使你获益匪浅，并希望今后能有机会再次得到对方进一步的指导，有可能的话，可约定下次见面的时间；

第三，记住了解面试结果的途径和时间。

4．面试结束后的礼仪

1）表示感谢

为了加深招聘人员对你的印象，增加求职成功的可能性，面试后两天内，你最好给招聘人员打个电话或写封信（或电子邮件）表示谢意。感谢电话要简短，最好不要超过5分钟。感谢信要简洁，最好不超过一页。感谢信的开头应提及你的姓名及简单情况。

然后提及面试时间，并对招聘人员表示感谢。感谢信的中间部分要重申你对该公司、该职位的兴趣，增加一些对求职成功有用的事实内容，尽量修正你可能留给招聘人员的不良印象。感谢信的结尾可以表示你对自己的素质能符合公司要求的信心，主动提供更多的材料，或表示希望能有机会为公司的发展壮大做出贡献。

面试后表示感谢是十分重要的，因为这不仅是礼貌之举，也会使主考官在做出决定之时对你有印象。据调查，十个求职者往往有九个人不写感谢信，你如果没有忽略这个环节，则显得"鹤立鸡群"，格外突出，说不定在"命悬一线"时会使对方改变初衷。

2）查询面试结果

一般来说，你如果在面试两周后或在主考官许诺的通知时间到了，还没有收到对方的答复时，就应该写信或打电话给招聘单位或主考官，询问是否已做出了决定。应聘中不可能个个都是成功者，万一你在竞争中失败了，也不要气馁。这一次失败了，还有下一次，就业机会不止一个，关键是必须总结经验教训，找出失败的原因，并针对这些不足重新做准备，"吃一堑，长一智"，谋求"东山再起"。

需要注意的是，不要过早打听面试结果。通常，面试小组在每天面试结束后，都要进行讨论和投票，然后送人事部门汇总，最后确定录用人选，可能要等3～5天。求职者在这段时间内一定要耐心等候消息，不要过早打听面试结果。

面试回来后，你已经完成一次面试，但这只是完成一个阶段。如果你向几家公司求职，则必须收拾心情，全身心投入应对第二家的面试，因为，未有聘书之前，仍未算成功，你不应放弃其他机会。

3）不要忽视被你拒绝的公司

当自己表现出色，被多家用人单位同时录用，并且每家都积极争取你的加入，而此时你已决定接受其中一家用人单位的邀请时，必须发出感谢函邮件给被你拒绝的单位，也许有一天你会换到那家单位工作，这封感谢函邮件将给别人留下良好的印象。

给被你拒绝的单位发送的感谢函邮件，应直接署名给最后决定给你录用机会的人，信中只需要表达你的谢意，以及说明你已接受其他的工作，但不必解释你接受的工作及理由，也不必提及你将要工作的那家单位的名称。

（五）就业礼仪

1. 及时与就业单位沟通

单位通常都会明确要求录用人员于某日某时到人事部门报到，并提供下列证件：录用通知书、学历证明、身份证复印件、个人近期免冠照片等。即将走向工作岗位的毕业生，应在临近毕业时，及时与就业单位联系沟通，以确定接下来工作的时间和工作的具体安排。及时与就业单位沟通也是最好的尊重就业单位的方式。

2. 按时报到

按照大多数单位的要求，毕业生应在获得毕业证书后的一个月内到就业单位报到。按时报到表明自己确定到该单位工作，也会让就业单位再一次体会到你的信用。俗话说：

"好的开始就是成功的一半。"按时报到也许还会影响到对具体工作的安排,所以,毕业时与就业单位及时沟通后,最首要的就是确定自己的报到时间。

3. 签订就业合同

到就业单位报到后,应及时与就业单位签订就业合同并办理相关的手续。就业合同涉及单位和你个人的相关权利与义务,一定要认真阅读相关条款,明确个人应享受的权利和应尽的义务,同意合同中的规定后方可签字。一般就业合同为一式两份,由就业合同签订双方各保存一份。此后双方都应遵守就业合同上的规定。如果由于个人原因要解除合同,个人应按有关规定接受一些惩罚措施;如果由于单位原因要解除合同,个人也要了解自身的权利是否受到侵害,如果受到侵害,个人有权提出补偿要求。

4. 充分的心理准备

对于大多数刚刚走向工作岗位的大学毕业生而言,个人的心理准备往往是不足的。虽然有为数不少的学生在校期间参加过社会实践,但由于所担任的角色不同,工作感受也是不同的。在即将工作之时,适时做好较为充分的心理准备是非常必要的。

对待第一份工作的态度,在很大程度上决定着你是否能够顺利完成从一个在校生到社会人的转变。因此,正确的工作观十分重要。作为一个新人,你如果能够树立负责任的观念,会让主管、同事觉得孺子可教。抱着多做一点、多学一点的心态,你很快就会进入工作状态。

新人初到单位,往往不知道如何利用团队的力量完成工作。现在的企业很讲究团队工作(teamwork),这不但包括依托团队寻求资源,也包括主动帮助别人,以团队为荣。新人由于对自己的人生目标还不确定,常常三心二意,不知道自己将来要做什么。因而,设定目标是首要功课,然后就是坚韧、执着地前行。当然,途中也应该停下来检视一下成果,但变来变去的人,多半将一事无成。

要有所追求,有发展的方向和目标。很多年轻人因为贪图一时的轻松,而放弃未来可能创造前景的挑战。要时时鼓励自己将目标放远一些。新人首先要学会分辨是非,懂得细心观察时势,脚踏实地、一步一个脚印地工作,积累雄厚的实力。切忌说得天花乱坠,却无法一一落实。脚踏实地的人会让别人有安全感,也愿意赋予你更多的责任。

工作压力、人际关系,往往是新人无法承受之重。人生的路很漫长,要有负重的精神,才能安全地抵达终点。你可以像海绵一样吸取别人的经验,但是职场不是补习班,没有人有义务教导你如何完成工作。有感恩图报的心,工作会更愉快。艰巨的任务、新的任务,对于新人是最好的磨炼,若有机会,应勇敢接受挑战,借此积累别人得不到的经验。

工作中的有些流程往往不是一成不变的,新人的优势在于不了解既有的做法,而能提出新的创意与点子。若一味地接受主管交付的工作,只能学到工作方法的皮毛;能思考应变的人,才会学到工作方法的精髓。在工作中应常常这样问自己:如果我是主管,我该怎么办?这将有助于借鉴主管处理事情的方法。在工作上善解人意,会减轻主管、共事者的负担,也会让你更有人缘。

对于第一份工作,不要太计较薪金,要将眼光放远,抱着学习的心态,才会有更光明的未来。重要的是，当你拥有了正确的工作观，继而在职场中发现别人的优点并加以学习，观察别人的缺点并予以警惕，第一份工作会让你受用无穷。

复习思考题

一、判断是非题

1. 未经他人同意，不要随便动用他人物品。（　　）
2. 学生在图书馆阅览室阅览完毕后，应将图书放回原处。（　　）
3. 学生进老师的办公室时，可以直接进入而不用先敲门。（　　）
4. 学生在上课前，可以将手机调成铃声。（　　）
5. 学生上课迟到或进老师办公室时喊"报告"，经允许后方可进入。（　　）
6. 课堂上可以和同学说悄悄话或看其他书报。（　　）
7. 通过一个人的言谈举止，能够看出他是否受过良好的教育，这就是礼仪的魅力。（　　）
8. 除了讲话以外，无声语言也是重要的交流方式。（　　）
9. 女生面试时，切忌穿黑色或网状图案的长袜，近于肉色的长袜是保险的选择。（　　）
10. 求职者到达面试地点后，应在等候室保持安静，以正确的坐姿耐心等候。（　　）

二、问答题

1. 图书馆礼仪规范有哪些？
2. 体育场观赛礼仪规范有哪些？
3. 大学生课堂礼仪规范有哪些？
4. 如何保持良好的师生关系？
5. 求职面试礼仪规范有哪些？
6. 在求职过程中，大学生应该如何选择服饰？

三、综合应用题

（一）结构化面试题

【问题】

1. 如果学生上课玩手机，你作为老师出言提醒，他破口大骂，你怎么处理？
2. 学生上课玩手机，拒不上交，你怎么办？

【答案】

及时处理。第一，制止他的行为，让他到办公室冷静一下，然后接着上课，继续完成教学任务。第二，平时加强对学生的手机管理，要求学生上学时不带手机，从根源上制止。第三，与家长沟通，反映学生的情况，尽量不让学生带手机上学。在事后，注意处理类似事件的技巧,尽量不在课堂上制止,而是通过班会、家长会等方式做好引导。

(二)无领导小组面试题

《郑州市城市公共交通条例(草案)》中规定"乘公交车不让座罚款50元"。公交让座条例在社会上引起了争议。针对这个问题,先进行3分钟的个人陈述,表明个人看法,之后经过讨论达成一致意见,并讨论解决问题的对策。最后推选一个代表做总结陈述。

(三)实践训练

同学间的相处之道

小丽是某高校女生,她和宿舍里的同学关系处得不好。有一天晚上熄灯后,小丽在用台灯看书,一位室友提醒她早点睡,明天还要上课,小丽就熄了灯。第二天早上,这位室友起得很早,洗漱的声音让小丽从睡梦中醒来,小丽认为这是在报复自己,就提醒她动作轻一点,结果两人吵了起来。对于这件事,小丽并不觉得自己有错。最近,小丽有幸入党,却是宿舍里唯一一个入党的,这件事使她完全被大家孤立起来了。宿舍里的矛盾影响到了她的心理健康,她认为自己做人很失败,与人相处都相处不好,更不用说其他的事了。

【问题讨论】

1. 请同学们围绕上面的故事展开讨论。你认为影响室友之间关系的因素有哪些?如果你是小丽,该怎么做才能和大家相处融洽?

2. 请同学们谈一谈在与室友相处时遇到的其他问题及其处理方式。

专题六 现代政务礼仪

 学习目标

1. 了解政务礼仪的发展历史与传承。
2. 了解政务活动中的基本礼仪知识。
3. 重点掌握政务礼仪的特点、原则和作用。
4. 熟悉常用的政务礼仪规范。

案例导入

对淀粉过敏的团长

某一年,瑞典一个高级法官代表团到我国某单位访问。访问之前,我方外事接待部门通过交流,得知其代表团团长有饮食过敏问题,而他的过敏原是淀粉。中方接待单位开始认真研究哪些食材当中含有淀粉。经过仔细研究,他们发现,我们日常餐食中的很多主食、蔬菜、水果里都含有淀粉,而且我们在烹饪菜肴的过程中经常使用淀粉进行勾芡。了解到这些情况后,中方接待单位在后来的餐食安排中就特别注意,不做带有淀粉的菜,或提醒这位客人哪些菜在烹饪中使用了淀粉,从而避免了因食用淀粉而造成的身体过敏问题。

对于外事工作者而言,如果自己有食品过敏问题,也应该主动及时说明,以便对方在安排餐食时注意。另外,当我们做主人时,在饮酒、祝酒过程中,要特别体谅不能饮酒人的难处,饮酒后身体不适往往是由酒精过敏引起的。对于正在口服抗生素等药物的人员不能劝酒,因为此时饮酒可能会引起严重的过敏反应,甚至会有生命危险。

【问题】
在政务接待活动中,我们可以从哪些途径来了解来访者的食物禁忌?

项目一　政务礼仪概述

政务礼仪,又称公务员礼仪,是国家机关公务人员在工作以及公众场合适用的礼仪标准。公务员是国家机关中最活跃、最基本的因素。政务礼仪作为中国传统文化的一部分,从其诞生、发展至今,不断得到丰富和发展。回顾政务礼仪的发展历史,更能让我们坚定文化自信,进一步做到道路自信、理论自信和制度自信。也只有坚定文化自信,才能推动社会主义文化的繁荣兴盛。

一　政务礼仪的发展与历史传承

(一) 政务礼仪的初始阶段

根据马克思的历史唯物主义观点,礼仪是社会历史发展的产物,是人类脱离动物界并形成人类社会以后,在长期的生产生活实践过程中,逐步形成和发展起来的一种文化现象。早在原始社会，人类囿于对自然界自然现象的无知，从而对日月星辰、风雨雷电、山川丘陵、猛兽凶禽等产生崇拜，出现了图腾崇拜、祭祀神人等活动，在活动的过程中诞生了最原始状态的礼仪规范。

随着原始社会的发展，同一氏族成员之间随着聚集、狩猎、饮食等共同生活而形成了一定的行为习惯和规范，一些成员之间的语言、表情、动作被逐步地固化下来，形成了氏族或者部落的礼仪准则和规范。氏族与氏族之间、部落与部落之间的进一步接触交融，更是推动了原始礼仪的兴起和发展，逐步形成被共同认可的语言、动作、表情、行为等等。这一时期可以视作礼仪发展的初始阶段。

随着社会分工的出现和生产力的发展，人们逐渐形成了相对标准的礼仪规范，一些反映等级权威的礼制和协调社会关系的礼俗开始产生。原始的政治礼仪、宗教礼仪、婚姻礼仪都初具雏形并得到发展，尤其是敬神礼仪表现得尤为突出。《礼记·祭统》记载："凡治人之道，莫急于礼；礼有五经，莫重于祭。"虽然这些礼制和礼俗比较粗陋简单，甚至还不具有完全的约束性，谈不上规范化，但是也初具政务礼仪的雏形，直至人类社会进入文明时代。

（二）政务礼仪的发展阶段

政务礼仪的发展阶段大体上涵盖从公元前21世纪到秦始皇统一中国这一漫长的时期，这一时期的政务礼仪经历了从原始社会向奴隶社会转换阶段、奴隶社会阶段、奴隶社会向封建社会转换阶段，更多的是适应调节人际关系的需要而产生和发展的。在初期，政务礼仪大体保持和延续了原始社会的形态，直至夏、商、周朝代的建立，政务礼仪得到了进一步的强化和发展。例如，西周时期已经有了设官分职的详细制度，可以说是最早的有关政务礼仪的规范化制度。我国最早的三部礼仪学专著——《周礼》《仪礼》和《礼记》，也是基于这一时期的礼仪制度而修撰的。到了春秋战国时期，随着儒家在"百家争鸣"中渐成强势，政务礼仪更是在很多具体方面得到了细化和规范。

我国历史上首位礼仪专家孔子把礼作为治国安邦的基础，主张"为国以礼""克己复礼"，倡导"约之以礼"，引领人们都去做"文质彬彬"的君子。亚圣孟子则把仁义礼智作为基本的道德规范，认为"辞让之心""恭敬之心"是礼的发端和核心。荀子则在此基础上更上一层楼，把礼看作做人之根本，视为最高理想，把识礼、循礼作为衡量人们贤愚和高低贵贱的尺度。

（三）政务礼仪的强化阶段

自秦朝建立直至清朝灭亡，这是政务礼仪的强化阶段，可以说横贯整个封建社会的全过程。这一阶段，政务礼仪更多侧重于用来为统治阶级服务，具有很强的阶级性和统治性，也是对后世影响深远的历史阶段。

西汉汉武帝提出"罢黜百家，独尊儒术"的治国理念，董仲舒作为儒家代表人物，更是提出了"三纲五常"，即君为臣纲、父为子纲、夫为妻纲，仁、义、礼、智、信。这种伦理纲常把政务礼仪变成了为汉家王朝服务的工具，通过礼仪固化人们之间的等级制度和行为规范，束缚了人们的自由。到了魏晋南北朝，九品中正制盛行，出现了"上品无寒门，下品无士族"的畸形社会形态。到了隋唐时期，随着科举制度的兴起，政务礼仪更多地向为统治阶级服务转变。明清时期，政务礼仪不仅停留在朝堂之上，开始细分、细化为更多的礼仪科目，逐渐融入家庭，开始涉及上至朝堂、下至庶民的全体规范。比如家庭礼仪名目有"忠、贞、节、烈、孝"，条目更加清晰，导向更加明确，至于君臣之礼、尊卑之礼、交友之礼、祭祀之礼等等，更是得到了明确和加强。在这种封建思想的笼罩之下，人们的个性自由受到严重阻碍，平等交往的权利被彻底剥夺，思想自由更是被禁锢、束缚起来。

（四）政务礼仪的现代阶段

从清王朝灭亡到新中国成立，大体上可以看作政务礼仪的现代阶段。辛亥革命不仅仅是终结了封建专制制度在中国的统治，更是引入了西方民主、自由、平等的思想观念。中华民国政府不仅从法律层面上破除了封建礼制的存在，比如1912年废除跪拜礼，提倡握手、鼓掌、鞠躬、请安等新礼仪，推行普及教育，废除祭孔读经，引导白话文和科学理论发展；而且通过改革或废除陋习，推行剪辫子、禁缠足、提倡西服等便民措施，更是从深度上改变了人们的生活风貌、民俗礼仪，传统的封建家族礼制被逐步破除和抛弃。在政务礼仪方面，南京国民政府于1939年10月颁布《公务员服务法》，用来规范各级官员的行为，提倡男女平等、保障人权等。

（五）政务礼仪的当代阶段

从新中国成立初期到现在，可以看作政务礼仪的当代阶段，这一阶段可以说是政务礼仪繁荣发展的鼎盛时期，是为争取人民的自由、平等、幸福而融合发展的阶段。早在新中国成立前，中国共产党就推出了《陕甘宁边区施政纲领》《三大纪律八项注意》等规范性文件，在革命根据地进行土地革命、婚姻革命等，一些束缚人们的"神权天命""愚忠愚孝"以及妇女"三从四德"等封建礼教被彻底摒弃。等到新中国成立之后，更是消灭了存在几千年的娼妓制度、纳妾制度等，建立了以平等、合作、互助为主要特点的新型人际关系、社会关系。同时，优秀的民族传统、良好的民族品质、良好的礼仪习俗仍然得到了很好的继承和发展。

改革开放之后，随着对外交流和国际合作不断加深，吸收国外先进经验、糅合中外精华的政务礼仪也逐渐被国人认可和推崇，政务礼仪的范畴得到了进一步的发展和延伸，不仅涉及着装、仪容仪表，更是涉及会议礼仪、参观礼仪等公务活动的方方面面。当然，这些礼仪都被赋予了时代的新内涵，比如，已经延续了近百年的握手礼，在新冠疫情防控期间，暂时变回到古代的握拳礼和碰肘礼等，并在全国推广。时代在发展，礼仪也随着时代发展而发生着变化。党的十八大之后，涉及官员的行为规范文件出台近百部，政务礼仪走向了规范化、制度化建设的新阶段。

二 政务礼仪的特点

在现代社会，只要是有人群生存的地方，就必然存在着各种错综复杂的社会关系，在不同场合人们应遵守的礼仪规范各不相同。人正因为知礼、讲礼而有别于其他动物，但政务礼仪不同于其他的礼仪规范，作为一种使用对象和范围与其他礼仪规范显著不同的礼仪，它具有明显的独特之处，广大公职人员只有深刻理解了这些独特之处，才能准确把握政务礼仪。

政务礼仪与商务礼仪、学术礼仪、科技礼仪等一样，同属于社会礼仪，但又有其特定的适用范围，即适用于从事公务活动、执行国家公务的公务员。政务礼仪具有以下特点。

（一）尊重为本

政务礼仪以尊重为本，在体现尊重的基础上，有不同的规范要求。国家公职人员在运用政务礼仪时，要懂得尊重在先，时时、处处、事事尊重所有人。

尊重自己就是要严以律己、自尊自爱。在工作中，要表现出榜样和权威感，在人民群众面前树立良好的形象。对广大国家公职人员而言，只有尊重自己才能时时严格要求自己，以身作则，赢得他人的尊重。

尊重他人则是指对自己的所有交往对象表示应有的尊重。对于国家公职人员来说，尊重上级是一种天职，尊重同事是一种本分，尊重下级是一种美德，尊重群众是一种常识，尊重所有人是一种教养。在我们的社会主义国家里，国家公职人员在和人民群众接触时，绝不能摆出高高在上、爱搭不理的"大老爷"架势，而应该按照政务礼仪规范的要求，做到"来有迎声""问有答声""去有送声"，这样积极、热忱的态度才能让群众真切感受到政府的可亲和勤政为民。

（二）规范性

政务礼仪讲究积极表达。在人际交往中，无论任何人，只有积极地以恰当的形式表达自己的所思所想，才能被对方理解和接受。国家公职人员在行使职责时，就要注意表现出自己应有的积极和热忱。

政务礼仪的内容往往体现在国家公务员的行为规范中，这一行为规范体系既包括由国家各级机关制定的一整套法律法规，又有许多约定俗成的习惯做法。明文规定政务礼仪规范的内容和形式要求，可以为公务员的行为提供方向、模式和标准。

（三）强制性

政务礼仪区别于其他礼仪的独特之处是形式标准。政务礼仪有其正规化、标准化的形式，这就要求广大国家公职人员在实际工作与生活中运用政务礼仪时，要讲规矩。既要了解待人接物的种种规范，又要具体运用到自己的工作中去。这不但反映了广大公职人员自身素质的高低，又真实地体现着其所在具体政府部门的管理是否完善。

政务礼仪的许多内容是以法律、规章、守则、制度、纪律等形式出现的，明确规定了公务员可以做什么、应该做什么、禁止做什么以及不遵守规范所要接受的惩处，要求公务员在执行国家公务时必须严格遵守，从而保证政务礼仪规范的实施。

（四）阶级性

与其他社会礼仪相比，政务礼仪具有鲜明的阶级性。早在春秋战国时期，儒家学派就倡导"礼治"，强调"以礼治国"。政务礼仪作为指导国家公职人员行为的规范体系，必然体现着统治阶级的意志，是为维护阶级统治服务的。

总而言之，广大国家公职人员在处理人际关系方面要坚持尊重为本，不善于表达不行，表达形式不够规范同样也不行。

三 政务礼仪的原则

（一）真心诚意

国家公务员在应用政务礼仪时，应当做到真心诚意、内外一致。礼仪不是仅有外在的形式，更有其思想内核。国家公务员要将内在的思想素养、道德品质、文化底蕴与外在的礼仪表现统一起来，对人以诚相待，不能将礼仪仅当作表面形式甚至是骗人的伪装。

（二）自律自省

政务礼仪的实施尽管有外在强制力的保证，但要使公务员自觉遵循，更重要的是要将政务礼仪外在的要求转化为公务员自身内在的认同，实现从他律向自律的转化。因此，公务员要不断提高对政务礼仪规范的认识水平，不断加强自我要求、自我约束、自我监督和自我反省，提高执行规范的自觉性。

（三）整体意识

国家公务员不论身在何处，都被视为国家机关的代表，都体现着国家机关的整体形象。因此，公务员对礼仪要求的遵守情况，不仅代表着个人素质的高低，还反映了国家公务员队伍整体形象的优劣。

（四）规范适度

国家公务员在应用礼仪时要注意适度原则，做到认真得体、恰到好处。要把握好不同情况下礼仪程度的区别、礼仪方式的选择，把握好与特定事情、特定人群、特定环境相协调的礼仪要求，凡事"过犹不及"，既不能做得过了头，也不能不到位。

四 政务礼仪的作用

政务礼仪的作用具体体现为如下几点。

第一，有助于国家公务员高效率地履行国家赋予的公务职责。推行政务礼仪，明确公务员的行为规范，褒奖优秀、贬惩差劣，能够在公务员集体中形成良好的行为示范和竞争机制。同时，公务员循礼办事，有助于与办事对象形成良好的人际关系，可以大大提高公务工作的效率，更好地完成国家赋予公务员的职责。

第二，有助于国家公务员提高自身素质，优化自身形象。遵守、应用礼仪，是一个人文化素质和内在修养的外在表现，同时也有助于良好素质和修养的形成。从这个意义上说，礼仪即素质、礼仪即教养。国家公务员要真正提高个人素质，塑造良好的个人形象，就必须认真遵守礼仪要求。

第三，有助于维护国家机关的形象。在人民群众的眼里，公务员平时的所作所为，就是整个国家机关形象的真实写照。政务礼仪的核心就是要求公务员自觉地恪守职责、勤于政务、廉洁奉公、忠于国家、忠于人民、严格要求自己，规范自己在公务活动中的行为，维护国家机关的形象。

五 政务礼仪的重要性

政务礼仪是指国家机关及相关事业单位在内部沟通交流、对外服务、与人民群众打交道时的礼仪标准及原则。随着社会的变革与发展，服务型政府的不断完善和进步，政务礼仪的适用人群也拓展至除国家机关外的多数窗口单位，其本质是通过系统的交流原则与技巧，维护机关单位的形象，提高服务的质量与好评度，拉近双方的距离，使工作更加顺利地进行。

2004年，时任国务院总理温家宝同志指出："提高党的执政能力，提高政府为人民服务的水平，关键在于提高党员的素质，提高公务员的素质。"公务员是国家政令的制定者和执行者，是国家机关联系人民群众的纽带和桥梁，是社会形象大使，是人民心声的代言人。公务员队伍素质的高低，将直接影响到国家发展的快慢，影响到国家政令的制定水平和执行效果。

从某种意义上讲，政务礼仪既是推进国家机关精神文明建设的必要形式，也是国家治理能力现代化的重要标志。学习政务礼仪不但有助于全面提高公务员的综合素质，规范公务员的行为，进一步树立和展示公务员在社会公众中的良好形象，赢得社会公众对国家机关工作的理解、信任和支持，而且必将对转变国家机关工作作风、促进机关效能建设、构建和谐社会起到积极的作用。

（一）推进社会主义精神文明建设

社会主义精神文明建设需要一批有着良好职业道德操守和远大理想的公民。礼仪在潜移默化中影响、提升着人的内涵，它是一种正义之气的代表，良好的礼仪修养可以净化心灵、陶冶情操。公务员是联系国家机关与人民群众的桥梁，提高公务员的政务礼仪素养，对于倡导文明风气、讴歌高尚行为有着重要的意义。每个公务员都应该具有良好的职业道德操守，要讲文明、懂礼貌、尊重他人，密切与群众的联系，从而推进社会主义精神文明建设。

（二）推动社会主义核心价值体系建设

行为规范是一种从小就养成的良好的礼仪修养，作为新时代的公民，每个人都应该有一种良好的礼仪修养，做到诚信、友善。这个社会就是一个由人构成的集体，每个人都在不断地与他人交流，要想获得别人的尊重，首先自己要先学会如何尊重别人。

在国际化越来越蓬勃发展的今天，礼貌、礼仪已经成为一种衡量文明程度的重要标准。在社会中，人与人之间的握手、拥抱、行礼，甚至有些外国友人之间的亲吻等，都是一种礼仪文化的展现。公务员是我国的一个非常庞大的社会群体，每天需要接触的人不计其数、形形色色，良好的礼仪修养就体现出了非常重要的作用。

（三）进一步构建良好的人际关系和工作氛围

每个人都有自己的交往方式，然而，要想别人对自己有一个良好的印象，礼仪修养是必不可少的。人们通常都有一种观念，就是"别人如何对待我，我就如何对待别人"，这种观念就体现着一种有来有往的交流。在人与人交往的过程中，礼仪起到了一种很好的润滑作用，在一个团队中，和睦相处、荣辱与共是一种最为理想的状态，这种状态就需要礼貌、礼节去维持和实现。

其实，有的时候人们所要求的并不是很多，只是希望自己在辛苦了一天的时候，有人送给自己一个微笑、一杯水，或是一句话语、一个拥抱，这些都会使人与人之间的关系上升一个档次，生活也会因此而变得更加温馨。一声"对不起""请原谅"，能够减少很多不必要的摩擦，使生活变得更加美好，但是有人就是出言不逊、高傲冷漠，将生活中的乐趣一扫而空，生活变得索然无味。在社会中，礼仪就是一杯美酒，甘香而纯净，它滋润着人们的心灵，沟通着人们的情感，减少许多不必要的摩擦，使人们之间更加尊重对方。

随着改革开放和经济全球化的不断深入，人与人之间的交往在不断加深，国与国之间的交流更加频繁。在社交的过程中，每个人的每一种体态都是礼仪修养的体现，人们所表现出的端庄、友好等特质，在初识时将给彼此留下美好的第一印象。另外，流利的话语、温文尔雅的谈吐等，往往会给人留下很深的印象，从而能够得到对方的信任，达到进一步交流、构建良好的人际关系和工作氛围的目的。国家公务员是经常活跃在社交活动中的一个群体，因此，他们的形象直接代表了国家机关的形象。对公务员进行政务礼仪培训，不仅仅是要求公务员有一种良好的礼仪修养，更重要的是要对得起国家的形象。

（四）帮助公务员树立正确的服务意识

中国有着五千多年的悠久文化，从古到今都一直流传着"以礼待人"的优良作风。今天，在这个文明社会中，学好礼仪、善用礼仪已经成为一种风尚，每个社会成员都应将文明社会作为一种追求、一种向往。

对于公务员来说，作为一名社会公共事务的管理者和服务者，良好的礼仪修养不仅仅反映的是个人的素质，更重要的是直接影响着党政干部队伍的形象。礼仪是一种塑造形象的良好手段，通过个人礼仪的表现，就能观察出个人背后所代表的团体是一种什么样的形象，具有什么样的内涵。通过讲礼仪，帮助公务员树立正确的服务意识，在公众心中树立起良好的社会形象，有利于促进政务工作的顺利进行。

项目二　政务礼仪规范

政务礼仪，是指公务员在公务活动中，按照有关规定，对交往对象表示友好、尊重，用以维护个人形象和公务形象而应遵循的文明规范、准则和惯例。简单地说，就是公务员在公务场合适用的行为规范和交往艺术。它是礼仪在公务活动中的运用和体现，也是岗位的特殊性对公务员自身修养和素质提出的必然要求。

一　公务形象礼仪

（一）表情

表情是个体的第一特征。一个能够巧妙地运用面部表情的人，也是善于塑造自我形象的人。国家公职人员要努力让自己的表情显得自然、轻松、热情、友好。

（二）微笑

微笑的主要事项包括如下几个方面。

（1）微笑的基本方法：不发声、不露齿，肌肉放松，嘴角两端向上略微提起，面含笑意，亲切自然，使人如沐春风。

（2）微笑"四要"：一要口眼鼻肌结合，做到真笑；二要神情结合，显出气质；三要声情并茂，相辅相成；四要与仪表举止的美和谐一致，从外表形成完美统一的效果。

（3）微笑"四不要"：不要缺乏诚意；不要露出笑容随即收起；不要仅为情绪左右而笑；不要把微笑只留给上级、朋友等少数人。

（4）微笑的训练：先放松面部肌肉；然后使嘴角微微向上翘起，让嘴唇略呈弧形；最后，在不牵动鼻子、不发出笑声、不露出牙齿的前提下，轻轻一笑。

（三）眼神

眼神的主要事项包括如下几个方面。

（1）看的时间：占到人与人交流时间的30%～60%。

（2）看的角度：平视、斜视、仰视、俯视。

（3）看的位置：大三角部位（两眼与胸部之间）；上三角部位（前额与双眼之间、严肃注视；下三角部位（双眼与嘴之间、社交注视）。

(4) 用好你的眼神：交谈时正确的目光应当是自始至终地都在注视，瞳孔的焦距要呈散射状态，用目光笼罩对方的面部，同时辅以真挚、热忱的面部表情。当双方沉默不语时，应将目光移开。

(5) 目光运用中的忌讳：盯视、目光游移不定、眼睛转动太快或太慢。

（四）仪态

仪态的主要事项包括如下几个方面。

(1) 站姿要求：自然、轻松、优美，男士站姿要体现阳刚之气，女士站姿要体现阴柔之美。切忌头歪、下垂或上仰、探脖、斜肩、弓背、收胸、含腰、挺腹、撅臀、屈腿，或者叉腰、两手抱胸、手插入衣袋、搓脸、弄头发、身体倚靠物体歪斜站立、身体晃动、脚抖动。

(2) 坐姿要求：上体直挺，头正，两肩平正放松，做到"轻入座、雅落座、慢离座"。

(3) 走姿要求：轻盈、从容、稳健，做到身直、步位直、步幅适度、步态平稳、手动自然。行走迈步时，应脚尖向着正前方，脚跟先落地，脚掌紧跟落地。要收腹挺胸，两臂自然摆动，节奏快慢适当，给人一种矫健、轻快、从容不迫的动态美。

(4) 蹲姿要求：首先以正确的站姿站好，上体保持直立，目视前方，弯下膝盖，膝盖并拢，臀部向下，双手放于双膝之上或自然下垂于体侧。

（五）服饰礼仪

一般来说，公务人员的服装应当合乎身份，做到庄重、朴素、大方。在工作中，公务人员的穿着打扮不宜自行其是，因为公务人员的服饰在一定程度上体现着自身的教养与素质，直接关系到人民群众对其所产生的第一印象的好坏，所以对它不能不有所规范。公务人员在工作场合所选择的服饰，其色彩宜少不宜多，其图案宜简不宜繁。在经费允许的条件下，公务人员的服饰应尽量选用质地精良者。例如，其正装一般应选用纯毛、纯棉或高比例含毛、含棉面料，忌用劣质、低档的面料。在款式方面，公务人员的服饰应以素雅庄重为基本特征。若其款式过于前卫、招摇，则与公务人员自身的身份不符。公务人员的服饰虽不必选择名牌货、高档货，但对其具体做工应予以重视。若其做工欠佳，则可能会有损公务人员的整体形象。

二 公务交际礼仪

公务交际礼仪是指公务人员在日常人际交往中应遵守的礼仪规范。在日常人际交往中，公务人员要应对自如、举止得体。关于交际礼仪，本书专题三"现代交际礼仪"已经进行了详细的介绍，这里仅根据公务人员的工作特征择其要点略谈一二。

（一）语言礼仪

公务人员在选择、使用语言时，要文明当先、用词文雅，以体现出自身良好的文化修养。

1. 讲普通话

《中华人民共和国宪法》明文规定："国家推广全国通用的普通话。"公务人员在这一点上必须身体力行。应当强调的是，公务人员使用普通话进行交际，不但反映着其较高的文明程度，而且也有助于其对外交流。因此，除面对外国友人、少数民族人士或个别不懂普通话的人员之外，公务人员最好都要讲普通话，尽量不讲方言、土语。

2. 用文雅词

在日常交谈中，公务人员要努力做到用词文雅。用词文雅，并非要求公务人员在交谈时咬文嚼字、脱离群众，而是重点要求其自觉回避使用不雅之词，即不允许公务人员在日常交谈尤其是公务交谈中动辄讲脏话、粗话，更不能讲黑话、黄话、怪话。

3. 语气和缓

语气，即人们讲话时的口气。与外人交谈时，特别是在面对人民群众之际，公务人员务必检点自己的语气，令其显得热情、亲切、和蔼、友善、耐心。在任何情况下，语气急躁、生硬、狂妄、嘲讽、轻慢，都绝不允许。

4. 内容合法

公务人员交谈时的内容要符合我国的宪法和其他法律，并且与党和政府的各项方针、政策保持一致。要实实在在地说话，不说官话、假话、闲话、怪话。

（二）电话礼仪

公务人员在拨打电话时，应注意如下事项。

（1）择时通话，时间适宜。8时到18时之间为公务电话时间，尽量在这一时间段内处理好各种公务。通话时间长度要控制在3分钟左右。

（2）内容简练，语言规范，文明礼貌。通话语言要规范，第一句问候，第二句自报家门；要直言主题，简明扼要，打电话前要打好腹稿，做到长话短说，不说废话，没话别说；要秉行尊敬对方的意念；嘴与话筒之间要保持3厘米左右的距离，语音、语调要让对方感觉亲切。

（3）打电话时，如果发生掉线、中断等情况，应由打电话方重新打并道歉。

（4）接电话时，电话铃响在三声之内接起。同时，电话旁边准备好纸笔进行记录，确认记录下时间、地点、对象和事件等重要事项。

（5）若要找的人不在，要先说不在。

（6）挂电话时，地位高者先挂。

（三）介绍礼仪

介绍礼仪的基本原则包括：地位高者有优先知情权；介绍内容包括姓名、单位、职务和来访事项，应提供尽可能多的被介绍人的信息；被介绍人有多位，应先介绍职位高者，后介绍职位低者。

介绍礼仪的注意事项包括如下：

（1）介绍的顺序：将男性、年轻者、职位低者、未婚者介绍给女性、年长者、职位高者、已婚者；

（2）介绍时，多用敬辞、谦辞、尊称；

（3）做介绍时，手势动作应文雅，仪态应端庄，表情应自然；

（4）无论介绍哪一位，应有礼貌地平举右手掌示意，并且眼神要随手势看向被介绍者，向对方点头微笑；

（5）介绍时，除长者、女士外，一般应起立，但在宴会桌、会谈桌上，介绍人和被介绍人视情况，可不必起立，被介绍双方点头微笑致意即可。

（四）握手礼仪

握手，是见面时最常见的礼仪。因为不懂握手的规则而遭遇尴尬的场面，是谁也不愿意遇到的。行握手礼是一个并不复杂却十分微妙的问题。作为一个细节性的礼仪动作，做得好，它好像没有什么显著的积极效果；做得不好，它却能突兀地显示出负面效果。

常见的握手的时机有：

（1）遇到久未谋面的熟人时；

（2）在比较正式的场合与相识之人道别时；

（3）自己作为东道主迎送客人时；

（4）感谢他人的支持、鼓励或帮助时；

（5）向他人或他人向自己表示恭喜、祝贺时；

（6）应邀参与社交活动见东道主时；

（7）对他人表示理解、支持、肯定时；

（8）在他人遭遇挫折或不幸而表示慰问、支持时；

（9）向他人或他人向自己赠送礼品或颁发奖品时。

（五）尊重女性及社会弱势人群

受中世纪骑士之风的影响，西方国家至今在社交场合仍奉行"女士优先"的原则，给女性各种"特权"，以表示对女性的尊重。比如男士陪女士上车，应先开门，并且用手挡在女士头顶与车门顶之间，协助女士登车后自己再上车。上下电梯、楼梯或进房间时，女士先行。进入剧场或电影院，也是女士在先，男士在后。只有当需要男士去排除故障或有利于照顾女士时，男士才走在前面。

公务人员在工作和人际交往中，遇到老人、孩子等社会弱势人群，也应该按照同情、平等、尊重的原则，对这类人群予以关心、帮助。

知识链接 6-1

法官巧断"家务事"，化解矛盾促和谐

2022年10月9日这天，和往常一样，四川省攀枝花市东区法院大渡口法庭法官白永忠正在大渡口法庭诉讼服务大厅接待当事人，一名言辞激烈、神情焦虑的当事人引起了他的注意。白永忠立即上前了解情况，原来这名当事人因与自己的亲外甥产生了纠纷，被外甥一纸诉状告上法院。原告发现已去世母亲名下的 25 万元存款被被告转存到自己名下保管，多次与被告协商要求取回该款无果，遂提起诉讼。而被告认为原告没有对自己的母亲尽到赡养、关爱的义务，在母亲去世以后仍然不理不问，听说有遗产存款后才急忙赶回攀枝花。作为舅舅，被告对原告的行为非常不满，所以未将该笔存款转给原告。

大渡口法庭是家事审判法庭，根据被告的陈述，该案属于侵权类案件，白永忠考虑到原、被告存在亲属关系，双方之间的矛盾关系到社会稳定和优良家风的传承，他认为有必要主持双方进行调解。白永忠耐心向被告释明了《中华人民共和国民法典》有关继承方面的法律规定，让被告认识到原告的继承权受法律保护，同时细致地做被告的思想工作，逐渐平复了被告的情绪，答应当天就把款项转给原告。

看到事情有了转机，白永忠给原告打电话，告知其舅舅的心结和调解过程、结果，希望原告好好与舅舅沟通。在白永忠的努力下，双方进行了心平气和的对话，几个月来的对抗、怨恨、误解得到了化解，被告将 25 万元转给了原告，案件达成和解，两辈人重拾亲情。

10 月 10 日，东区法院大渡口法庭法官白永忠先后收到当事人及当事人律师的致谢微信，平常的问候和真诚的感谢让白永忠感动不已。

【问题】

有人说，在司法等政务活动中讲究的是权威性和规则性，不需要相关公务人员表现出礼仪素养。这种观点对吗？

三 汇报工作礼仪

公务员工作汇报方式一般包括口头汇报、书面汇报和电话汇报。在汇报工作前和汇报工作中都需要遵守基本的礼仪规范。

（一）汇报工作前

汇报者要认真负责地整理汇报材料，以确保交给领导的材料内容是准确无误的。汇报的内容需要充分准备，做到主题专一、客观公正、有备而至、备有提纲。若汇报材料为普通材料，字迹可以朝外；若汇报材料为保密材料，一定要装在文件夹内，然后保持文件夹的口朝上，手托着其下端，以突出材料的重要性。

在汇报前，汇报者需要提前了解领导的时间安排，拿捏准时间。概括来说，在寻找汇报时机时，应注意下列问题：

（1）错开三个时间段：刚上班或快下班半小时内、中午快休息时，都不是汇报工作的最佳时间；

（2）领导不在或正忙时，另找时间进行汇报；

（3）汇报者在进领导办公室前，要轻敲门三下；如果敲门后没有得到回应，可以稍等一下再敲门；如果三次敲门后仍无回应，应另选时间进行汇报，千万不要做出任何窥探行为；如果敲门后得到回应，但进门后发现领导不方便，应立即退出，过几分钟后再进去汇报；

（4）急事一定要急办，如果汇报事件紧急，需立即处理，但领导又不方便时，汇报者可以准备一张便条，告知事情的紧急状况，等待领导的处理。

（二）汇报工作中

汇报者要遵守约定、谦虚谨慎、表现大方、尊重对方。汇报者需双手齐拿材料上端，正面朝向领导进行递交。如果领导不接，可直接将材料置于桌面，并翻到签字处，待领导签完后致谢，并附问一句"领导您还有什么吩咐吗"，若领导回答没有，可说"好，那我先去忙了"。汇报工作一般实行层级式汇报，汇报者要服从领导，不要越级汇报。当然，在一些特殊情况下，如重要提案长期被压等，是可以进行越级汇报的。

四 信访接待礼仪

信访接待礼仪包括如下几个方面。

第一，不能让来访者坐冷板凳。接待人员对来访者，一般应起身握手相迎；对上级、长者、客户来访，应起身上前迎候；对于同事、员工，除第一次见面外，可不起身。如果自己有事暂不能接待来访者，应安排秘书或其他人员接待客人，不能冷落了来访者。

第二，要认真倾听来访者的叙述。公务往来是"无事不登三宝殿"，来访者都是为了谈某些事情而来，因此应尽量让来访者把话说完，并认真倾听。对来访者的意见和观点不要轻率表态，应思考后再答复。对一时不能作答的，要约定一个时间再联系；对能够马上答复或办理的事，应当场答复，迅速办理，不要让来访者无谓地等待或再次来访。正在接待来访者时，有电话打来或有新的来访者，应尽量让秘书或他人接待，以避免中断正在进行的接待。

第三，对来访者的无理要求或错误意见，应有礼貌地拒绝，不要刺激来访者，使其尴尬。如果要结束接待，可以婉言提出借口，如"对不起，我要参加一个会，今天先谈到这儿，好吗？"也可用起身的体态语言告诉对方就此结束谈话。

五 公务慰问礼仪

慰问是人文关怀的一种具体形式。将"慰问"二字拆开，即得"安慰""问候"之意，即对伤病、死亡、遭灾、挫折（如破产、失业、失恋）等陷于危困、痛苦的人或对社会做出贡献、付出辛劳的人，在精神、感情方面表示关怀、同情、抚慰，有时还需要送上慰问品。慰问活动的主题就是对慰问对象表以深切的关怀。

关怀、慰问，需要亲自登门探望，通过问候、交谈、劝解、疏导、陪伴等，给予身处逆境、困厄的人以慰藉。对为社会付出了辛劳、做出了贡献的人，单位负责人乃至国家领导人等前来看望、慰问，肯定其功绩和贡献，体现了社会的文明与进步。

慰问对象不同，慰问品也不一样。救灾、济困，应以满足生存需要为主，一般送上生活必需品，比如食品（米、面、油等）、家纺用品（衣物、棉被等）、其他生活用品、蔬菜、水果、学生用的文具、电器、现金等；慰问付出辛劳、做出贡献的人，可选择鲜花、匾额等；慰问伤病者，在我国崇尚送时令水果、营养品等。可是在西方，医院病房多不允许给病人送食品，以鲜花为常见。鲜花能使人们精神愉悦，显然是合适的慰问品。在西方一些国家，送病人鲜花，讲究花枝应为单数（双数为送逝者），且为单一颜色（如为杂色，被认为同病房者，有人会生，有人会死）。现在，在我国，给病人送鲜花也很时兴，讲究也不少，如不送盆栽花，以弃久病生根之嫌；还有，一般忌讳白、黄、蓝色花。另外，花色太艳，可能会令病者情绪烦躁；香味过浓，可能会引起病人呼吸道不适，易咳嗽，对刚做完手术的病人不利。

一般而言，送兰花、水仙、百合、康乃馨等品种配搭的花束或花篮，比较受欢迎。公务人员在慰问时切忌态度冷漠、过于凝重，或者过于随便，甚至出言调侃。在慰问品的选择上不送有碍宗教信仰的物品，不送带有广告意识的物品，不送有违社会公德的物品，包括珍稀动物或是以宠物为原料制作的物品。出于维护生态环境、保护珍稀动物的考虑，在公务活动中不要赠送此类物品。

六 政务外事礼仪

（一）国际礼宾次序

所谓礼宾次序，是指在重要礼仪场合，参加团体或个体的位次按一定的规则和惯例进行排列的先后次序。礼宾次序体现了主人对宾客应予的礼遇及这种礼遇给予宾客以平等的地位。礼宾次序的基本内容包含两个方面。

1. 位次客体

位次客体即位次本身的大小、上下及前后。一般情况下，以右为大、为长、为尊，以左为小、为次、为偏。二人同行，前者为大，右者为尊；三人并行，中者为尊；三人前、后行，前者为大；二人并坐，右者为尊；三人并坐，中者为大。

乘坐小轿车时，尊者由右边上车，位低者由左边上车；车内二排席，后排中间为尊位，右边次之，左边再次之，前排司机旁位为最次。但当主人亲自驾车时，司机旁位为尊位。

上楼时，前者为尊；下楼时，特别是楼梯陡时，尊者在后。室内就座时，以对门的座位为尊。

值得提醒注意的是，我国一般以左为大、为长、为尊，以右为小、为次、为偏；二人同行，左者为尊；二人并坐，左者为大。而在法国乘坐小轿车，则是后排右位为尊，左位为次,中位最小。诸如此类的特殊情况,应予以了解,并灵活掌握运用。

2. 位次主体

就位次的主体而言,即位次对象的大小先后本身是固定的,但位次的对象随着活动内容的不同而有所变动。要为固定的位次找到适合这一位次的对象同样具有客观的依据和标准(当然仅仅是就每一次特定的公关活动而言的)。在重要的礼仪场合,位次对象的排定通常有以下三种方法。

第一,按身份和职务的高低排列。这是礼宾次序排列的主要依据,就一级组织而言,总经理自然列在副总经理之前。

第二,按字母或笔画顺序排列。多边活动的各方或参加者不便按身份与职务的高低排列的,可采用按字母顺序或笔画顺序排列的方法。这是一种给予各方和个人最平等机会的方法,在公关活动的排次中被广泛运用。

第三,按通知和抵达时间的先后排列。这种排列方法多见于对团体的排次。常有按派遣方通知代表团组成的日期先后排列、按代表团抵达活动地点的时间先后排列、按派遣方决定应邀派遣代表团参加活动的答复时间的先后排列三种排法。

(二)外事礼仪中的禁忌

在外事活动中,我们不仅应做到尊重国际公众、礼貌待人,也应了解国外人们的种种禁忌,以避免与交往国家产生不必要的误解和不愉快。

1. 数字禁忌

西方人认为"13"是不吉利的,应当尽量避开,甚至每个月的13日,有些人也会感到忐忑不安。有人还认为星期五也是不吉利的,尤其是逢到13日又是星期五时,最好不举办任何活动。在日常生活中的编号,如门牌号、旅馆房号、层号、宴会桌编号、汽车编号等,也尽量避开"13"这个数字。

"4"在中文和日文中的发音与"死"相近,所以在日本与朝鲜等东方国家将它视为不吉利的数字,这些国家的医院里没有四号病房和病床。在我国也是如此,如遇到"4",且非说不可时,禁忌的人往往说"两双"或"两个二"来代替;另外,在日语中"9"发音与"苦"相近似,因而也属禁忌之列。

2. 颜色禁忌

日本人认为绿色是不吉利的象征,所以忌用绿色。巴西人以棕黄色为凶丧之色;欧美许多国家以黑色为丧礼的颜色,表示对逝者的悼念和尊敬;埃塞俄比亚人则是以穿淡黄色的服装表示对逝者的深切哀悼;叙利亚人也将黄色视为死亡之色;巴基斯坦忌黄色是因为那是僧侣的专用服色;委内瑞拉却用黄色作医务标志。蓝色在埃及人眼里是恶魔的象征;比利时人也最忌蓝色,如遇有不吉利的事,都穿蓝色衣服。土耳其人认为花色是凶兆,因此在布置房间、客厅时绝对禁用花色,喜用素色。

3. 花卉禁忌

德国人认为郁金香是没有感情的花;日本人认为荷花是不吉祥之物,意味着祭奠;菊花在意大利和南美洲各国被认为是"妖花",只能用于墓地与灵前;在法国,黄色的花被认为是不忠诚的表示；绛紫色的花在巴西一般用于葬礼；在国际交际场合，忌用菊花、杜鹃花、石竹花、黄色的花献给客人，已成为惯例；在欧美，被邀请到朋友家去做客，献花给夫人是一件愉快的事，但在阿拉伯国家，则是违反了礼仪。

4. 食品禁忌

伊斯兰国家和地区的居民不吃猪肉和无鳞鱼；日本人不吃羊肉；东欧一些国家的人不爱吃海味，忌吃各种动物的内脏；叙利亚、埃及、伊拉克、黎巴嫩、约旦、也门、苏丹等国的人，除忌食猪肉外，还不吃海味及各种动物内脏（肝脏除外）；在阿拉伯国家做客，不能要酒喝。

5. 其他禁忌

在使用筷子进食的国家，不可用筷子垂直插在米饭中。在日本，不能穿白色鞋子进房间，这会被认为是不吉利之举。在佛教国家不能随便摸小孩的头，尤其在泰国，认为人的头是神圣不可侵犯的，头部被人触摸是一种极大的侮辱；住宅门口忌悬挂衣物，特别是内衣裤脚被认为是低下的；忌用脚示意东西给人看，或把脚伸到别人跟前，更不能把东西踢给别人，这些均是失礼的行为。在欧洲国家，新娘在婚礼前是不试穿结婚用的礼服的，因为害怕幸福婚姻破裂；还有些西方人将打破镜子视作运气变坏的预兆；在匈牙利，打破玻璃器皿，就会被认为是厄运的预兆。另外，西方人不会随便用手折断柳枝，他们认为这是要承受失恋的痛苦的；中东人不用左手递东西给别人，认为这是不礼貌的；英美两国人认为在大庭广众中节哀是知礼，而印度人则相反，丧礼中如不大哭，就是有悖礼仪。

七 公务员其他工作礼仪

（一）电话礼仪

正确的挂电话的顺序是，让职务高者、地位高者先挂断电话，以示对其的尊重。

（二）位次礼仪

陪同领导出入电梯时，礼仪规范是陪同人员"先入后出"，一是安全考虑，二是为了带路，引导的方位在左前方。

在社交活动中乘坐双排座轿车时，如果是主人亲自驾车接客，副驾驶为上座；在公务接待中，司机后排对角线位置为上座；在接待贵宾中，司机后排座为VIP位置。

与领导同坐主席台时，政务礼仪为前排高于后排，中央高于两侧，左高右低；商务礼仪则为右高左低。"左"和"右"是以当事人为参照的。

（三）领导和来宾的介绍礼仪

先介绍领导（主人），这是国际惯例，原因在于客人有优先知情权。政务礼仪是先宾后主；先女后男；客人的优先知情权应先得以体现。

（四）公务员交谈规范

"六不谈"规范：不非议党和政府；不谈论国家秘密和行业秘密；不非议交往对象的是非；不议论领导、同行、同事；不谈论格调不高的话题；不谈论个人隐私的问题。

"五不问"规范：不问收入；不问年纪；不问婚姻家庭情况；不问身体健康状态；不问职业经历。

复习思考题

一、判断是非题

1. 政务礼仪的萌芽阶段大体上自公元前 21 世纪至秦始皇统一中国，更多的是适应调节人际关系的需要而产生和发展的。（　　）
2. 表达说话者情感的形象化、具体化的手势称为指示手势。（　　）
3. 尊敬、期待的目光语是仰视。（　　）
4. 在我国风俗中，常常避讳"73"和"84"这两个岁数，因为这是两位历史人物去世的年龄，他们是孔子和老子。（　　）
5. 在领导和来宾面前，你作为介绍人，按照国际惯例，应该先介绍来宾。（　　）
6. 根据政务位次礼仪，前排高于后排，中央高于两则，左高右低。（　　）
7. 目光语不属于无声语言。（　　）

二、问答题

1. 简述学习和运用政务礼仪的重要性。
2. 简述中国政务礼仪发展的阶段。
3. 在政务礼仪交谈活动中，什么是"六不谈"与"五不问"规范？

三、综合应用题

根据表 6-1 的要求，模拟下列特定场景下的政务礼仪展示，要求仪容仪表、仪态语言符合礼仪规范，角色扮演自然贴切，与人交往热情友善，符合礼仪规范，使受众获得愉悦、满意的礼仪体验。

表 6-1　特定场景下的政务礼仪展示

序号	角色扮演	时间	地点	礼仪任务
1	某政府办公室主任	上午	机场、车上、单位	到机场接待 3 名年轻的女同志，坐车到单位参加一个重要的会议

续表

序号	角色扮演	时间	地点	礼仪任务
2	政务大厅办证员	上午	政务大厅	很多人前来办理证件,大家都在按号排队,但柜台前一位男士手续不全,赖着不走,影响后面的人办事,大厅工作人员负责解释并化解危机
3	政府部门解说员	晚上	大型推介会	负责向与会的客人推销本地特色农产品,如晚熟柑橘、纸皮核桃、梅花参等名优产品

专题七 涉外礼仪

学习目标

1. 了解涉外活动中的基本礼仪知识。
2. 熟悉外事接待工作的基本流程和礼仪规范。
3. 了解国际礼宾次序的原则。
4. 掌握亚洲主要国家和地区的礼俗礼仪。
5. 熟悉欧洲主要国家和地区的礼俗礼仪。
6. 了解美洲、大洋洲主要国家和地区的礼俗礼仪。

案例导入

入乡要随俗

王先生是国内一家大型外贸公司的总经理，为一批机械设备的出口事宜，携秘书韩小姐一行赴伊朗参加最后的商务洽谈。王先生一行在抵达伊朗的当天下午就到交易方的公司进行拜访，正巧遇上他们祷告的时间。主人示意他们稍做等候再进行会谈，以办事效率高而在业界闻名的王先生对这样的安排表示出不满。

东道主为表示对王先生一行的欢迎，特意举行了欢迎晚会。秘书韩小姐希望以自己简洁、脱俗的服饰向众人展示中国女性的精明、能干、美丽、大方。她上穿白色无袖紧身上衣，下穿蓝色短裙，在众人略显异样的眼光中步入会场。为表示敬意，主人向每一位中国来宾递上饮料，当习惯使用左手的韩小姐很自然地伸出左手接饮料时，主人立即改变了神色，并很不礼貌地将饮料放在了餐桌上。令王先生一行不解的是，在接下来的会谈中，一向很有合作诚意的东道主没有再和他们进行任何实质性的会谈。

【问题】

各个国家（地区）因为文化差异产生了众多不同的礼仪习俗，无论是日常生活还是商务场合都需要入境随俗。谈谈你所了解的某些国家（地区）特有的习俗禁忌。

项目一　外交礼仪

外交礼仪，指的就是适用于官方的正式对外交往活动的国际政务礼仪。与国际礼仪相比，二者的定义范围并不完全相同。一般来说，国际礼仪的范畴要比外交礼仪的范畴涵盖面更为广泛一些。

一　外交礼仪的概念和特征

（一）外交礼仪的概念

外交礼仪是各国政府之间在长期的官方交往中逐渐形成、发展和完善，并在国际上公认的一些规范性做法。它受到各国的普遍重视，并且在各国交往中得到了广泛的应用。

当然,世界各国在具体操作外交礼仪时,通常也会结合本国的具体状况,尤其是要参照本国的传统国家礼制,在遵循国际惯例的同时,力图保持着本国的礼仪传统与自身的民族特色。

(二)外交礼仪的特征

从总体上讲,外交礼仪具有以下三大特征。

1. 规范性

外交礼仪的规范性,在各类礼仪中是最强的。因为一个国家所给予他国来宾的礼遇直接关系到国际关系,因此各国政府大都对此有明文的规定,以免无"法"可依,失礼于外国来宾。

2. 严肃性

外交礼仪的严肃性,是指它往往在形式上显得庄严与崇高,借以维护国家的尊严,并且使人对国家产生敬畏之心。对外交礼仪而言,过度轻松、活泼往往与其整体风格是格格不入的。

3. 礼宾性

外交礼仪的礼宾性,意味着它所关注的重点主要是在各国政府之间官方交往中的外宾的接待方面,如何以礼待客、给予来宾以适当礼遇的问题。

周恩来总理生前在谈到涉外工作时曾说过:"外事无小事,事事是大事,事事要重视。"在学习和应用外交礼仪时,重温这句至理名言,具有非常重要的意义。

二 外交礼仪的适用范围及基本原则

(一)外交礼仪的适用范围

外交礼仪主要适用于各国政府之间所进行的官方交往,特别是那些官方的、正式的礼宾活动。

明白外交礼仪的适用范围是至关重要的。一方面,在它的适用范围之内,就必须依例适用,否则就会怠慢来宾、失礼于人;另一方面,在它的适用范围之外,如一般国际商务交往和国际民间交往中,则不必煞有介事地采用外交礼仪。

(二)外交礼仪的基本原则

虽然在各国采用的外交礼仪中,国际惯例与本国惯例所占的比重各不相同,各国外交礼仪各具特色,但是从本质上来剖析,各国大多遵循如下基本礼仪原则。

1. 主权平等

国家交往必须以主权平等、相互尊重为基础,现代国家关系应当是完整的主权国家之间的关系,国家不论大小强弱,主权应当一律平等。外交礼仪必须突出强调这一点。

主权平等是现代国际关系的基本准则,常常体现在以下几个方面:
(1) 国家的尊严受到尊重:国家元首、国旗、国徽不受侮辱;
(2) 按照国际公约的规定,国家的外交代表享有外交特权和豁免;
(3) 不以任何方式强制他国接受自己的意志;
(4) 不以任何借口干涉别国的内部事务;
(5) 在交往中,实行"对等"和大体上的"平衡"。

2. 不卑不亢

外交礼仪在一定程度上反映着一个国家的文明程度和社会风尚,也体现着一个国家对待其他国家的基本态度。在国际政治交往中,任何国家之间的关系,都应当是平等的和相互尊重的。因此,在外交礼仪上,既不能唯我独尊,盛气凌人,以强欺弱;也不能卑躬屈膝,妄自菲薄,丧失民族气节。

遵守不卑不亢的原则,才能确保在涉外交往中不失礼、不错位。应用这项原则时,最重要的是要与交往对象在国格与人格上保持真正的平等,并努力克服置交往对象或自身于不平等地位的错误态度,避免由此给国家的形象带来损害。唯有不卑不亢,才是自尊自爱、平等待人的正确做法。

3. 礼遇适度

礼遇适度的含义,是指应用外交礼仪时,务必在礼宾的规格、档次、待遇方面采取统一的标准,对不同的交往对象给予适当的合情合"礼"的待遇。

遵守礼遇适度的原则,需要重视以下三点:一是对于涉外活动中的交往对象,原则上均应一视同仁地以礼相待;二是给予不同的交往对象以不同的礼遇时,应有一定的出自本国礼制的依据,切不可意气用事;三是国家有关礼宾方面的规定,应相对地保持稳定,不可变化频繁,让人捉摸不定,一旦有变,应及时公之于世,让交往对象先期有所了解,避免引起误解。

4. 注重实效

现代国际交往活动日益频繁,注重实效、外交礼仪从简成为趋势。在具体的外交活动中,礼仪形式更加多样,具体安排更加灵活。例如,领导人之间的实质性会谈更加受到重视,日程安排更加紧凑合理;举行宴会讲究礼仪但不事铺张,参加宴会的人数有所压缩;动员群众参加的大规模场面很少;互访代表团人数减少。

(三) 我国外交礼仪的原则

我国外交礼仪的原则可以归纳为以下三项:
(1) 对等的原则:即己方出场者与来访者在级别、职务以及待遇、费用等方面,大体上要对等,除非有特殊的安排,外交礼遇不宜随便提高或降低;
(2) 破格的原则:有的来访者身份虽然不高,但有较深背景,或一方对另一方有特殊要求,或为了达到某种目的而给来访者以破格的较高接待礼遇;
(3) 从简的原则:即重精神、重友谊、重实效,不重形式、不讲排场、不事铺张,从简不等于冷落,生活照顾要尽量做到热情、周到。

我国的外交礼遇规格是在长期的外交实践中逐渐形成的。它中西结合，以中为主，具有鲜明的中国特色。我国的做法，一是国家不论大小一律平等，尊重各国的风俗习惯，不强加于人，不卑不亢，落落大方，反对低三下四的庸俗作风；二是礼宾安排要与我国的对外政策相一致，要有针对性，重礼仪、重实效，生活上要尽量热情、周到；三是提倡勤俭办外事，反对讲排场、摆阔气。

三　国际礼宾次序

（一）国际礼宾次序的概念

国际礼宾次序就是国际交往中，出席活动的国家、团体和个人的位次按某些规则和惯例进行排列的先后次序。它体现了东道国对各国来宾的礼貌和尊重，在国际性集会上它体现着各国主权平等的理念。礼宾次序如果安排不当或不符合国际惯例，会引起争执和误解，甚至会影响两国关系。

（二）礼宾次序的原则要求

1. 以右为尊

国际交往中涉及位次排列时，约定俗成地讲究以右为大、为长、为尊，以左为小、为次、为偏。大到悬挂国旗的安排、会见会谈的座位安排、国宴的席位安排，小至坐车、行走均是以右为尊、以右为贵。在涉外交往中，都应遵循"以右为尊"的原则，把右侧让给尊者，以示礼遇。

2. 身份对等

这也是外交礼仪中应用甚多的一条规则。东道主在外交活动中接待来宾时，给予来宾的礼遇，一定要与对方的实际身份相称；与此同时，还应考虑到我方人员前往对方所在国进行访问时所受到的礼遇，以及我方给予其他国家来访的、与来宾身份相似者的礼遇。在特殊情况下，为了两国的外交关系或政治需要，可打破常规，给予较高的礼遇，但要避免产生不必要的误会，以免造成厚此薄彼的印象。

根据这项原则，主方迎送或会晤来宾的主要人员，在职务、地位、人数上都应与对方大致相当；主方为来宾安排膳宿与活动时，亦须使之在档次上与来宾尤其是主宾的身份相符。

（三）礼宾次序的排列方法

按国际惯例，常见的礼宾次序有以下几种排列方法。

1. 按照来宾的身份与职务的高低排列

在官方活动中，通常采用这种方法安排礼宾次序。通常按国家元首、副元首，政府总理（首相）、副总理（副首相），部长、副部长等顺序排列。如果双方或多方的身份相当，则按其声望来排位。

2. 按参加国国名的字母顺序排列

举行国际会议或大型国际体育赛事时,通常按英文字母顺序进行排列。但为了避免某些国家总是排在前列,往往在会议举行前采取抽签的形式,确定当年排列顺序的第一个字母。

3. 按照告知或派遣日期顺序排列

按照来访国告知东道主该国组成代表团,或是决定派遣代表团的日期的先后顺序进行排列。在多边涉外交往中,尤其是在各方的身份、规格不相上下时,可采用这种排列方法。

4. 按照正式抵达活动地点的顺序进行排列

按照有关各方在正式抵达活动地点的具体时间的先后顺序进行排列。该排列方法,即人们所常说的"先来后到"。在一般性的涉外活动中,均可采用此种排列方法。目前,驻各个国家的各国大使的位次,即采用此法排定。

5. 不进行明显的尊卑顺序的排列

在难以排列礼宾序列时,索性不进行排列,也是一种行之有效的方法。国际上通行的"圆桌会议",所借鉴的实际上就是这种方法。在大规模的外交活动中,依照约定俗成的礼宾次序办事,既公平省事,又不易招致非议。

知识链接 7-1

哥本哈根首脑会议礼宾次序排列

1995年3月,联合国社会发展世界首脑会议在丹麦哥本哈根召开,出席会议的有近百位国家元首和政府首脑。3月11日,与会的各国元首与政府首脑合影。按照常规,应该按礼宾次序名单安排好每位国家元首、政府首脑所站的位置。首先,这个名单怎么排,究竟根据什么原则排列?哪位国家元首、政府首脑排在最前?哪位国家元首、政府首脑排在最后?这项工作实际上很难做。丹麦和联合国的礼宾官员只好把丹麦首脑(东道国主人)、联合国秘书长、法国总统以及中国、德国总理等安排在第一排,而对其他国家领导人,就任其自便了。好事者事后向联合国礼宾官员"请教",答曰:"这是丹麦礼宾官员安排的。"向丹麦礼宾官员核对,回答说:"根据丹麦、联合国双方协议,该项活动由联合国礼宾官员负责。"

由此可见,国际交际中的礼宾次序非常重要,在国际礼仪活动中,如安排不当,或不符合国际惯例,就会招致非议,甚至会引起争议和交涉,影响国与国之间的关系。在礼宾次序安排时,既要做到大体上平等,又要考虑到国家关系,同时也要考虑到活动的性质、内容,参加活动人员的威望、资历、年龄,甚至其宗教信仰、所从事的职业以及当地风俗等。但礼宾次序不是教条,不能生搬硬套,要灵活运用、见机行事。有时由于时间紧迫,无法从容安排,只能照顾到重要人员。本例就是灵活应用礼宾次序的典型案例。

（四）我国的常规礼宾仪式

庄严而规范的外交礼仪，是通过一系列具体的可操作的常规做法来体现的，并且主要适用于各类正式的礼宾活动之中。

由于各国国情有所不同，因此，尽管在礼宾活动中各国所采用的外交礼仪在步骤与程序上大体相仿，但是它们各自的常规做法是各有特色的。

下面是目前我国在接待重要国宾时，所采用的外交礼仪的一些常规做法。

1. 欢迎礼仪

所谓国宾，一般是指在任的、正式前来我国进行访问的国家元首或政府首脑。迎送国宾时，首先要确定迎送的规格。我国现行的做法，主要是根据国宾来访的性质、目的、两国关系的现状以及主宾的身份来加以确定。一般而言，迎送国宾的主要人员应与对方的身份相称。遇到特殊情况时，也可由职位相当者或是对口部门的副职出面。例如，在我国首都举行欢迎某国政府首脑的正式仪式时，应由我国国务院总理出席。当外国政府首脑前往外地参观访问时，应由当地的省长、市长，或者是代表省长、市长的副省长、副市长出面接待，同时还应由担任我国政府陪同团团长的某位部长或副部长陪同始终。

依照我国礼宾惯例，当正式来访的外国国家元首或政府首脑抵达我国首都北京时，要为之举行专门的欢迎仪式，并邀请该国驻我国使节到场。其他各国驻华使节，则一般不会受到邀请。

当重要国宾抵达首都机场时，通常将受到我国政府陪同团团长的欢迎。陪同团团长通常由我国政府的一位现任的部长或者是一位副部长担任。随后，我国政府陪同团团长陪同贵宾一同乘坐专车，前往钓鱼台国宾馆下榻。在国宾乘坐的车辆行驶过程中，由专门的礼宾摩托车队为其护卫开道。

在国宾抵达北京后的当日或次日，我国政府将正式在人民大会堂东门外广场，或人民大会堂内的东大厅，为其举行隆重的欢迎仪式。欢迎仪式通常由我国国家元首、政府首脑，或作为其代表的副职亲自主持。现场一般均铺设红色地毯，并悬挂两国国旗。

国宾抵达现场后，我国国家元首或政府首脑在我方礼宾人员的陪同下，上前与主宾握手，并互致问候，然后主宾伉俪将接受我国少年儿童或女青年向他们敬献鲜花。接着我国元首或政府首脑将陪同主宾同前来迎接的我方其他人员见面。其后，主宾将同我国元首或政府首脑与其随行人员见面。

欢迎国宾的正式仪式，主要包括三项内容：奏国歌、鸣礼炮和检阅仪仗队。

（1）首先，我国元首或政府首脑陪同主宾登上检阅台立正站立。接着，军乐团依照先宾后主的顺序，演奏两国国歌。

（2）在演奏两国国歌的同时，应鸣放礼炮，而且必须做到国歌声起，礼炮声鸣；国歌声止，礼炮声停。一丝不差，同步行动。按国际惯例，鸣放礼炮响数的多少，应根据受礼人身份的高低而定。欢迎国家元首时，通常鸣礼炮 21 响；欢迎政府首脑时，则鸣礼炮 19 响；欢迎其他身份者，鸣礼炮的响数一般都要根据其具体身份依次递减。在我国，一般只为外国元首或政府首脑鸣放礼炮。

（3）当国歌与礼炮声止后，由我军陆、海、空三军战士组成的仪仗队开始受阅。受外国元首或政府首脑检阅的我国三军仪仗队，目前一般由151~178人组成。

检阅仪仗队的程序是：国歌与礼炮声止后，仪仗队队长向前一步，向左，并下达"向右看——举枪"的口令；随后，他将以正步行至检阅台前，向主宾敬礼，并报告"××阁下，中国人民解放军仪仗队列队完毕，请您检阅"；接着，他将向左跨一步，待我国元首或政府首脑陪同主宾走下检阅台后，在其右后侧一米左右之处随行检阅。

检阅完毕之后，仪仗队队长将下达"枪放下"的口令，我国元首或政府首脑将陪同主宾重新登上检阅台，检阅我军仪仗队列队通过检阅台受阅的分列式。

一般情况下，我军仪仗队只用以欢迎来访的外国元首、政府首脑或外军方的高级将领。

在国外，举行欢迎外国贵宾的正式仪式时，往往还会安排双方领导人发表讲话，或是沿国宾行经的路线组织夹道欢迎。这两项内容，在我国现行的欢迎国宾的仪式上均不安排。

外国元首或政府首脑途经我国时，我国政府均会派遣中央政府或地方政府的高级官员前往贵宾过境的机场进行迎送，但不举行正式仪式。

知识链接 7-2

我国历史上阵容最大的仪仗队

1972年2月，在国际交往中一桩具有重大历史意义的事件发生了！21日11时27分，美国总统理查德·米尔豪斯·尼克松乘坐"1976年精神号"徐徐降落在北京首都机场。尼克松的眼前，是由士兵组成的两队长龙。中美两国当时没有建立外交关系，机场上没有红地毯，也没有欢迎群众。于是，由371人组成的仪仗队，更显得引人注目。

尼克松走下飞机，首先伸出手来，与周恩来总理热情紧握，足有1分钟。周恩来感慨地说："总统先生，你把手伸过了世界最辽阔的海洋和我握手，25年没有交往了啊！"

尼克松在呼啸的寒风中与周恩来走上检阅台。在《星条旗永不落》和《义勇军进行曲》中，尼克松踏着节奏鲜明的步伐走过。371名中国士兵黑亮的眼睛目光灼灼地注视着他，这目光里透着尊严，透着友好，透着不卑不亢。这眼神，这表情，永恒地铭记在这位总统的脑海中。尼克松在卸任总统之后写的回忆录里这样记述到："中国仪仗队是我看到的最出色的一个。他们个子高大，健壮，穿得笔挺，当我沿着长长的队列走去的时候，每个士兵在我经过时慢慢地转动他的头，在密集的行列中产生一种几乎使人认为行动受催眠影响的感觉。"

为了这次历史性的外交活动，周恩来总理向全体外事工作人员下达了"以礼相待，不卑不亢，不冷不热，理直气壮，不强加于人"的指示。尼克松访华前夕，周总理专门派人来仪仗队传达他的指示："以礼相待，就是要在机场悬挂两国国旗，党政要人到机场迎接，在机场检阅三军仪仗队，军乐队奏两国国歌。

不卑不亢就是要求所有接待人员既要表现出中华民族特有的尊严，不自卑，又要热情，不失礼节，充分显示我们从来就是仪礼之邦。不冷不热，就是不组织群众欢迎，但要加大仪仗队阵容。"371人的仪仗队也就成为迄今为止最大阵容、最高规格的编队。

2. 会见礼仪

会见，国际上一般称接见或拜会。凡身份高的人士会见身份低的，或是主人会见客人，这种会见，一般称为接见或召见。凡身份低的人士会见身份高的，或是客人会见主人，这种会见，一般称为拜会或拜见。拜见君主，又称谒见、觐见。我国不做上述区分，一律统称会见。接见和拜会后的回访，称回拜。

依照国际惯例与我国的习惯做法，重要国宾抵达北京后的当日或次日，应正式拜会我国领导人。拜会的对象，首先应当是与之身份对等或出面接待对方的人士。例如，外国元首应拜会我国元首，外国政府首脑则应当拜会我国政府首脑。然后，东道主还会安排上一级的领导人与之会面。比方说，外国政府首脑拜会我国政府首脑后，我国元首还将会见对方。

高层领导人之间的会见，通常安排在重要建筑物宽敞的会客厅（室）内进行，亦有在宾客下榻的宾馆的会客室进行。桌上常放置两国国旗，现场设置中、外文座位卡，卡片的字体应工整、清晰，以便与会者对号入座。场地正门口，还要安排人员迎送客人。会见的座位安排有多种形式，有宾主各坐一方的，有宾主穿插坐在一起的。我国通常这样安排：主宾、主人席安排在面对正门位置，客人座位在主人右侧，其他客人按礼宾顺序在主宾一侧就座，主方陪见人在主人一侧按身份高低就座。译员、记录员通常安排在主人和主宾后面。

我国领导人与国宾的会见，通常均安排在人民大会堂、中南海或钓鱼台的会客厅内举行。为了便于摄影、摄像，在会见时，主人与主宾均正面而坐。主人居左，主宾居右。双方的其他人员，均依照职务高低为序，分别在左右两侧就座。

在会见前，通常会安排双方一起合影留念。在合影时，双方人员均须站立。主人居中，主宾居于其右侧，其他的双方人员皆间隔排列。若人数较多，可以排成数行。

3. 会谈礼仪

会谈是指双方或多方就某些重大的政治、经济、文化、军事问题，以及其他共同关心的问题交换意见。

双边会谈通常用长方形、椭圆形或圆形桌子，宾主相对而坐，以正门为准，主人占背门一侧，客人面向正门。主谈人居中。我国习惯把译员安排在主谈人右侧，但有的国家亦让译员坐在后面，一般应尊重主人的安排。其他人按礼宾顺序左右排列。记录员可安排在后面，如参加会谈人数少，也可安排在会谈桌就座。

小范围的会谈，也可以不用长桌，只设沙发，双方座位按会见座位安排。

领导人之间的会谈，除陪见人和必要的译员、记录员外，其他工作人员安排就绪后均应退出。如允许记者采访，也只是在正式谈话开始前采访几分钟，然后统统离开。谈话过程中，旁人不要随意进出。

4. 宴请礼仪

为了欢迎外国元首或政府首脑，我国通常会在对方抵达北京的当晚或次日晚上，在人民大会堂宴会厅里，举行由与国宾身份相对等的我国领导人为之主持的国宴。

我国在举行国宴时，均会提前发出请柬，并认真排定桌次、位次与菜单。在请柬、座位卡与菜单上，均加印我国国徽。宴会厅内，正面还应当悬挂两国国旗。

宴会开始，两国领导人即位后，我国军乐队演奏两国国歌。接着，我国领导人与外国贵宾先后致辞，致辞结束再开始用餐。在宴会进行中，宾主应频频祝酒，乐队演奏席间乐。

举行国宴，重在热烈、隆重，而不宜追求人数与菜肴的众多。目前，我国的国宴也已经呈现出小型化、简单化的特点。我国现在一般只为国宾举行欢迎宴会，而不举行欢送宴会。

我国为非国家元首或政府首脑的外国来宾举行的欢迎宴会不称国宴，而叫作正式宴会。正式宴会除不悬挂国旗、不演奏国歌之外，其他方面的安排均与国宴略同。

5. 其他活动

外国领导人在我国访问期间，经双方协商，我方可以为之安排一定的参观游览活动。安排此类活动时，应照顾对方的兴趣与意愿，并使之具有一定的针对性，同时我国政府陪同团团长应一起陪同前往。若国宾前往外地进行参观游览时，当地最高行政首长亦应出面作陪。

当来访的外国元首或政府首脑结束访问，离开我国首都北京时，我国的例行做法是：在对方离开北京之前，我方与对方身份对等的领导人，将前往钓鱼台国宾馆与之话别，并在那里为其送行，一般不为其举行正式的欢送仪式。随后，由我国政府陪同团团长陪同对方一起乘车前往首都机场，并在那里送别对方。若对方还将前往我国其他城市进行参观访问的话，我国政府陪同团团长也将陪同对方一起前往。

6. 外交使节递交国书

按照国际惯例，被称为特命全权大使的各国驻我国的最高代表，是由一个国家的元首向另一个国家的元首直接派出的。所以，当新任驻我国大使抵达我国和递交国书时，我方均应给予其一定的礼遇。这也是外交礼仪的常规做法。

各国驻华大使抵达北京后，即可开始外交活动，但其到任的日期，则以递交国书之日为准。在许多国家，到任日期的先后，是排定外国大使的礼宾序列的一项依据，一般而言，先到任的大使应排列于后到任的大使之前。因此，各国新任大使都会争取尽早递交国书。

当外国新任驻华大使抵达北京后，我外交部礼宾司司长或副司长将前往机场迎接。我外交部礼宾司司长与部长，将先后会见对方，并为对方开始工作、递交国书提供一切方便。

我国现行的接受外国大使递交国书的仪式大致包括如下方面的内容。

(1) 我外交部礼宾司司长或副司长，先乘坐礼车前往对方所在的外国大使馆，迎接并和对方一同乘车前往人民大会堂递交国书。在大门入口处，两侧专设的礼兵须向大使行举手礼致敬。大使及大使馆的其他参礼人员，应由礼宾司司长或副司长领入大厅。

(2) 我国国家主席或副主席，在我外交部部长或副部长的陪同下，正式接受新任驻华大使递交的国书。随后，双方人员将依礼握手，一同合影，并进行礼仪性交谈。

(3) 我礼宾司司长或副司长，陪同已正式到任的大使乘坐礼车返回使馆。在大使抵达人民大会堂时，奏派遣国国歌。在大使离去时，则奏接受国国歌。

项目二　涉外习俗与禁忌

一　涉外语言习俗

人们的言语不仅是个人修养和才能的反映，而且是一个国家和民族的文化与特有的风格的反映。由于各国文化背景及民族习俗等方面存在差异，语言习惯各不相同。涉外交往中，如果语言沟通不畅或不能沟通，可能导致交际受挫或失败，产生误解，甚至造成关系恶化。因此，在涉外交往时，必须了解不同国家、不同民族语言方面的礼仪常识。

（一）称呼礼仪

1. 一般称呼

在涉外交往中，一般对男子称"先生"，对女子称"夫人""女士"或"小姐"。已婚女子称"夫人"，未婚女子统称"小姐"，不了解其婚姻情况的女子可称为"小姐"，对戴结婚戒指的年纪稍大的女子可称为"夫人"。这些称呼均可以冠上姓名、职称、衔称等，如"史密斯先生""玛丽小姐""议员先生""上校先生""秘书小姐""护士小姐"等。在日本，对妇女一般称"女士""小姐"，对身份高的女性，如女议员、女医生、女律师、女教授、女演员、女记者等，也可称"先生"。

2. 对官员的称呼

在政务交往中，对地位高的官方人士，例如一般部长级以上的高级官员，按国家情况以"阁下""先生"或职衔相称，如"部长阁下""总统阁下""总理阁下""总理先生阁下""大使先生阁下"等。但在美国、墨西哥、德国等国家没有称呼"阁下"的习惯，称呼"先生"即可。对有地位的女士可称为"夫人"；对有高级官衔的妇女，也可称其为"阁下"。

3. 对君主制国家贵族成员的称呼

在君主制国家，依照习惯称国王、皇后为"陛下"，称王子、公主、亲王等为"殿下"。对有封号、爵位者，应以其封号、爵位相称，例如"爵士""勋爵""公爵""大公"等等。可在国王、皇后、王子、公主、亲王等头衔之前加上姓名相称，如"西哈努克亲王""莫尼列公主""拉那烈王子"等等。对有公、侯、伯、子、男等爵位的人士既可称爵位，也可称"阁下"，一般也称"先生"。

4. 对医生、教授、法官、律师以及有博士等学位的人士的称呼

以上均可分别单独称为"医生""教授""法官""律师""博士"等，同时可加上姓氏，也可加"先生"，如"彼得教授""查理医生""法官先生""律师先生""博士先生""吉姆先生"等。

5. 对军人的称呼

对军界人士，可以使用其军衔相称，或军衔加"先生"，知道姓名的可冠以姓与名。如"上校先生""卡特少校""维尔斯中尉先生"等。有的国家对将军、元帅等高级军官称"阁下"。

6. 对服务人员的称呼

对服务人员，一般可直称"服务员"，如知道姓名的可直呼其名。但现在很多国家越来越多地称服务员为"先生""夫人""小姐"等。

7. 对教会中神职人员的称呼

对宗教界人士，一般可称呼其神职。称呼神职时，具体做法有三种：第一种是仅称神职，如"牧师"；第二种是称呼姓名加神职，如"亚当神父"；第三种是称呼神职加"先生"，如"传教士先生"。有时，主教以上的神职人员也称"阁下"。不同宗教的内部称呼也不一样。

8. 对阿拉伯人的称呼

对阿拉伯人，一般用"先生""女士"作常用称呼，有时敬称老人为"阿蒙"（大叔）。当主客彼此熟识后，他们会以"艾民"（我的眼珠）来彼此称呼，以示亲切。

（二）语言表达习惯

1. 礼貌用语

经常使用的礼貌用语，根据表达的内容又分为致谢与致歉式、赞美式、问候与祝愿式、关心式等。

1）致谢与致歉式

致谢与致歉式礼貌用语即为了表达谢意和歉意的用语，最常用的如"Thank you""I'm sorry"等。

2）赞美式

西方人认为被友人称赞是很愉快的，假如称赞得恰如其分，他们会应声"谢谢"后非常自然地接受下来。而中国人将谦虚视为人的美德加以称颂，往往听到称赞后会谦虚一番。外国人对此不很理解。比如，一个外国人告诉一个中国姑娘，"You are quite pretty",而如果这位中国姑娘要表示谦虚,说自己其实一点也不漂亮之类的话,就会使那位外国人感到尴尬。因为这无异于在说他判断失误,这是非常失礼的。

3) 问候与祝愿式

问候与祝愿式礼貌用语是期望对方平安无事、一切都好的一种问候与良好祝愿。

4) 关心式

关心式礼貌用语是关心者对被关心者的身体、生活、工作或学习等方面表示关怀的用语。这类用语包括"How are you?""How is everything?"(一切都好吧?)等。

 2. 语言表达

1) 注重实话直说

在日常生活中,中国人往往出于礼貌,说一些"言不由衷"的客气话。比如在别人家做客,主人请你多吃一点,你却说"吃饱了",待主人一请再请,你才继续用餐。而在英美人家,主人请你吃点心,如果你确感饥饿却要说"不饿,不渴",那么主人是不会多次请你的,因为他们会将此话当真。另外,中国人往往说一些"有空请到我家喝茶"之类的客套"虚话",英美人听后却以为这是实实在在的邀请。为了避免误会,与英美人交谈应注意"实话"直说,"虚话"不说。

2) 注意表达顺序

中国人往往先说明请求的原因,然后才提出正题。这与西方人的习惯恰恰相反,由于这个差异,中国人的请求在西方人看来往往啰唆、不着边际。比如英美人接电话,先自报家门:"这里是××公司,我们能帮你什么忙?"待对方说明要与谁对话时才问:"我可以知道你姓名吗?"中国人接电话往往先问:"喂,哪里?"接下来可能会问:"你是谁?"或许会问:"你要找谁?"与英美人电话交谈时切忌这种开场白,否则英美人会觉得你不礼貌而挂断电话。

3) 注意表述委婉

英语十分讲究表达方式。一种意思,如选用不同的表达方式,产生的语言效果往往也不相同。比如问别人姓名或地址时,如果你选择了命令式的祈使句表达方式"Tell me your name/address",对方很可能会有一种受到侵犯的感觉而坚决拒绝告知。但如果你选择委婉询问的礼貌表达方式"Might I have your name/address?"对方通常会很乐意告知自己的姓名和地址,假如因某种原因不想告知,他也不至于生气。再如,当别人提出一个建议而你不同意时,你最好用较婉转的语句。如果采用直截了当的语句,会让人产生一种被挑衅的感觉而伤了自尊,是很不礼貌的。再如,打电话时如听不清对方的声音,可以说"I'm sorry, I can't hear you clearly" (对不起,我没听清你的声音),或"Would you speak more loudly, please?"这类带礼貌性的请求语句。

(三)谈话话题

和外国人交谈,如何选择适宜的话题至关重要,因为稍有疏忽,便可能无意中冒犯对方。因此,在与外国人交谈时,最好选择外国人喜闻乐道的话题,诸如体育比赛、文艺演出、电影电视、风景名胜、旅游度假、烹饪小吃等方面的话题，这类话题使人轻松愉快，普遍受到欢迎。此外，还可选择双方熟悉的话题，与外国人接触或交往，如能找到双方都熟悉的话题，就等于找到了共同的语言，有助于彼此间的理解和沟通。如果外国人主动谈起我们不熟悉的话题，我们应该洗耳恭听、认真请教，千万不要不懂装懂，更不要主动同外国人谈论自己一知半解的话题，否则，不但不能给自己带来任何好处，反而还会损害自己的形象。

英语国家的大众话题之一是工作。谈工作可以涉及谈话人的职业、任职时间、职业兴趣以及与工作有关的某些事情。但是谈话时切莫涉及人们的工资收入，因为它属于个人隐私。

住所是英语国家人们感兴趣的另一个话题。与人交谈时可以询问对方住在何处，住什么样的房子，住房是否宽敞、舒适、方便之类的问题，但切记不要询问房子的价钱，因为这也是个人隐私。如果做客，主人更喜欢客人恭维他们的住室宽敞、明亮和整洁。

英语国家人们的第三大话题是个人爱好，个人爱好涉及的范围十分广泛，如运动、阅读、集邮、服饰、旅游等等，几乎无所不包。

当然，西方国家的人们在社交中，如果交往有特殊的目的，交谈的内容便根据目的而定。如果拜访是为了叙旧，主客双方少不了谈一些目前各自情况的话题，如生活、工作、家庭之类；如果拜访是为了商讨某种事情，双方在寒暄之后就会言归正传。一般认为，下列话题应尽量避免。

1. 关于个人隐私

西方社会是以高度重视个人利益为特征的社会，因为每个人都希望自己的权利得到他人的承认，所以也尊重别人的权利。西方人，尤其是讲英语的民族不喜欢别人问他们的私事，他们认为自己的私事与他人无关，尤其是个人收入、个人经历等。

2. 关于年龄

一般要避免问外宾的年龄，否则，他认为这不礼貌，是对他的不尊重。西方人也不喜欢别人问自己的身体状况，尤其是正在生病的人。有关健康的话题出现在不太熟悉的人之间往往会引起不安和尴尬。

3. 关于婚姻

在涉外交往中，如果问及交往对象"结婚与否""是否生儿育女""夫妻关系怎么样"等类似一些与恋爱、婚姻、家庭直接相关的问题，不仅会令人不愉快，甚至会使人很难堪。外国人认为，随意向外人打探此类家庭问题，极有可能触动对方的伤心之处，伤害其自尊、自信之心，令对方感到不自在。在有些国家，向异性打探这类问题不仅会被对方视为无聊至极，而且还有可能会被对方控告为"性骚扰"，甚至因此而吃上官司。

（四）手势语言

手势是一种无声的语言，在世界各国应用非常普遍。但是，同一种手势或动作在不同的国家和地区很可能代表不同的意义。在某一国家或地区内，一种手势很可能十分普遍，并且有清楚的解释，而在另一国家或地区内，这种手势可能毫无意义。如中国人将拇指和食指分开表示"8",但这种手势在西方却表示"2",因为他们表示数字是从拇指开始依次相加的;中国人用一只手的手指表达6—10等数字,西方国家却没有这种表达法;等等。对不同文化中的相同手势的误解很可能会造成不良后果,因此,在对一个人的手势做出结论之前,应首先慎重地考虑到对方的文化背景,切不可等同对待。下面介绍一些常见的手势语。

1. 向上伸出大拇指

在中国表示夸奖和赞许;在日本表示男人、您的父亲、最高;在韩国表示首领、父亲、部长和队长;在英国、美国、澳大利亚、新西兰、法国、印度等国家,是当作搭车的手势;在一些国家,表示数字,如意大利人从一数到五时,他们用拇指表示"1",食指就成了"2",大多数澳大利亚人、英国人和美国人则用食指当"1",中指当"2",这样,大拇指就代表"5";如果将大拇指急剧向上跷起,在美国是指责对方"胡扯",而在希腊,意思是要对方"滚开"。

2. 向上伸食指

在中国表示数的概念;在日本、韩国、菲律宾、印度尼西亚、斯里兰卡、沙特阿拉伯、墨西哥等国家,表示"只有一次(个)"的意思;在美国,表示让对方稍等;在澳大利亚表示"请来一杯啤酒";在法国,学生请求回答问题时用这一手势。用食指对人摇动,在英美等国表示不满、反对或者警告的意思。

3. 向上伸中指

在中国有些地方表示"胡扯",四川等许多地方用这一手势来表示对对方的侮辱;在菲律宾,表示愤怒和极度不快;在墨西哥表示不同意。

4. 向上伸小指

在中国表示小、微不足道、拙劣、最差的等级或名次,还可表示轻蔑;在日本表示女人、女孩子、恋人;在韩国,表示妻子、女朋友,或是打赌;在菲律宾表示小个子、年轻,或指对方是小人物;在泰国或沙特阿拉伯表示朋友、交朋友;在缅甸和印度表示想去厕所;在美国,表示懦弱的男人或打赌。

5. 大拇指向下

在中国表示向下、下面;在英国、美国、菲律宾等表示不同意、不能结束,或是对方输了;在法国、墨西哥表示运气坏、死了、无用;在澳大利亚表示讥笑。

6. 伸出弯曲的食指

在中国表示数字"9";在日本表示小偷;在泰国、菲律宾表示钥匙、上锁;在韩国表示有错误、度量小;在泰国、新加坡、马来西亚表示死亡;在缅甸表示数字"5";英美人用这一手势来招呼某人到他那里去。

7. 伸出食指和中指

在中国表示数字"2",若手臂放平,则表示剪刀;在英国,若做此种手势而手心向外时,表示胜利;如果手心向内,在英国、澳大利亚、新西兰等国则成了侮辱人的信号。将伸出的中指压在伸出的食指上,在中国内地表示数字"10",在中国香港表示关系密切；在美国、法国、墨西哥、新加坡、马来西亚、菲律宾等国表示祈祷幸运；在澳大利亚表示期待；在斯里兰卡、荷兰表示发誓，或指对方扯谎。

8. 伸直中指、无名指和小指，将大拇指和食指合成一个圈

在中国表示数字"0"或"3"；在日本、朝鲜、缅甸表示金钱；在泰国表示没问题；在印度尼西亚表示什么也干不了，什么也没有以及不成功；在英美等国，一般用来征求对方意见或回答对方征求意见的回话，表示同意、了不起、顺利，一般相当于英语中的"OK"；在荷兰表示正在顺利进行；在巴西则认为是对女性的引诱或对男性的侮辱。

9. 叫人

在美国呼唤服务员时，手掌向上伸开，伸屈手指数次。而在亚洲一些国家，这种手势对服务员不可用，因为人们常常以此来叫一条狗或别的动物或幼童；在日本，招呼服务员时把手臂向上伸，手指向下并摆动手指，对方就领会了；在非洲餐厅吃饭时，叫服务员通常是轻轻敲打餐桌；而在中东各国，叫人时轻轻拍拍手，对方即会意而来。

10. 同意

一般而言，双方谈事情成功时，除了说"同意""赞成"外，还要满面笑容地点头示意；而在巴基斯坦、保加利亚、阿尔巴尼亚、尼泊尔、泰国等国，点头表示"不是（或不好）"，摇头表示"是（或好）"；印度人则以摇头或歪头表示同意；非洲人往往情不自禁地展开手臂向上举起并用另一只手握拳击掌心，以表示自己十分满意；阿拉伯人则会把双手握成拳，食指向外，缓缓挥动，表示赞成。

11. 蔑视

阿拉伯人对人不满以至深恶痛绝时，常坐在那里，把鞋底对着对方，以发泄愤怒和表示蔑视。因此，在同阿拉伯人交往的过程中，不可有抬二郎腿的习惯动作。阿拉伯人如有不懂的问题时，会在你面前摇手，这也是蔑视的表示，与阿拉伯人接触时，不要摇动手脚。

12. 告别

在许多国家，人们告别时都是举起右手臂挥手表示再见。而一些东方国家，如印度、缅甸、巴基斯坦、马来西亚及中国部分地区，人们告别时，常常举手向上伸开并向自己一侧摇动，这往往容易同一般招呼人的手势相混淆；在意大利，习惯伸出右手，掌心向上，不停地一张一合，表示告别。

13. 忧愁

在一些亚洲国家，人们遇到伤脑筋或不顺心的事时习惯举起右手抓自己的头皮；在日本，这种手势表示愤怒和不满；在西方大多数国家，人们则常用挠头表示不懂或不理解。

此外，欧洲人习惯用手与人打招呼，方式是伸出胳膊，手心向内，上下摆动手指；美国人则摆动整只手，然而，摆动整只手的动作对欧洲人来说表示"不"或"没有"的意思；对希腊人和尼日利亚人来说，向前摆动整只手是对人的极大侮辱。在美国，同性尤其是男人之间手拉手走路，通常被看作同性恋者。

二 涉外交往习俗

了解交往国的风俗习惯、文化背景和宗教信仰的差异导致的各种习惯和禁忌是国际交往中非常重要的。中文有"入境问俗"之说，英文有"Do as the Romans do"之辞，可见，了解、尊重不同国家的风俗习惯是国际交往中的必备条件。

（一）见面习俗

1. 握手

握手是大多数国家的人们相互见面和离别时最常见的礼节，握手的礼节详见本书专题三中"见面礼仪"项目的有关内容。

2. 拥抱

拥抱是欧美、中东及南美洲国家常见的熟人和朋友间的一种亲密礼节，有时与接吻礼同时进行。拥抱的方法是右手扶住对方左后肩，左手扶在对方右后腰，以"左—右—左"交替的方式进行。一般礼节性的拥抱多用于同性别之间。

3. 鞠躬礼

鞠躬礼一般通行于日本、朝鲜、韩国等东方国家，欧美国家较少采用。行鞠躬礼时需脱帽，呈立正姿势，两眼注视对方，上身前倾15°，而后恢复原状并致问候。

4. 合十礼

合十礼盛行于信奉佛教的南亚、东南亚国家。行礼时，两只手掌在胸前对合并微微上举，同时头微向前俯下。在对外交往中，当对方以这种礼节致礼时，我们也应以合十还礼，但要注意合十的同时不要点头。

知识链接 7-3

西哈努克亲王行合十礼

1970年夏天，西哈努克亲王和他的民族团结政府被安排在北戴河工作。他没有想到，在这里与他日陪夜伴的，是三军仪仗队。北戴河187号驻地已经好久没有人居住，当西哈努克一家来到这里的时候，仪仗战士们已将一切安排得井井有条：墙壁重新粉刷了，疯长的乱草锄净了，下水道的垃圾清理得干干净净，果树园子里摆放了条椅，一切又恢复了昔日的恬静和舒适。

一天晚上，西哈努克亲王走出客厅，与正在执勤的七班班长惠明科攀谈起来。"亲王万寿无疆！"小惠标准的敬礼和热情的问候使亲王十分高兴。亲王双手合十，高举过头。谁都知道，在号称礼仪之邦的柬埔寨，平辈相见时双手合十放于胸前；见父母和长辈，则双手合十举至下颚；百姓见到高僧，双手合十举至眉宇；只有臣民叩见国王时，才双手合十高举过头。

这位平易近人的国王，给一位普通的仪仗战士以一个民族最高的礼节！

5. 其他见面礼节

纷繁复杂的大千世界，形成了诸多具有浓厚地域及民族风格的见面礼俗：有西方国家通行的"脱帽礼"，有流行于波兰和法国上流社会的"吻手礼"，还有非洲国家的"吻脚礼""蛇环礼"及太平洋岛国的"碰鼻礼"等。

（二）交往习俗

1. 服饰得体

在涉外社交场合，服装大致分为便装与礼服。在正式、隆重、严肃的场合，原则上多着深色礼服，一般场合则可着便装。西方各国人士参加隆重的典礼仪式，一般要穿礼服或深色西装。许多国家规定，在本国的重大节日要穿礼服，其他正式场合穿西装。

亚洲国家民族众多，服装千变万化。但从总体上说，作为民族服装的礼服都以灰色、蓝色为主，式样也较简单，任何过于紧身和挑逗性的服装都不适合于在正式场合中出现。伊斯兰教国家的妇女常戴面纱，在北非、西亚的有些国家，绝对禁止妇女穿西裤、无袖衣服和无袖衬衫。

任何服装均应注意干净、整齐、笔挺。衣服应熨平整，裤子熨出裤线。衣领袖口要干净，皮鞋要上油擦亮。参加各种活动，进入室内场所均应摘帽、脱掉大衣、风衣、套鞋等，并送存衣处。男子在室内的任何时候不得戴帽子、手套。西方妇女的纱手套、纱面罩、披肩、短外套等，作为服装的一部分则允许在室内穿戴。室内一般不戴黑色眼镜，室外遇到隆重仪式或迎送等礼节性场合，也不应戴黑色眼镜。

在家中或酒店房间内接待临时来访的外国客人，如来不及更衣，应请客人稍坐，立即换上服装，穿上鞋袜。不得赤脚或只穿内衣、睡衣、短裤接待客人。

2. 遵守时间

西方人把时间看得很重。遵守时间，既要求其在具体的交往时间上有约在先，更要求其根据既定的时间如约而行。参加正式会议、会见或其他类型的社交聚会时，一定要养成正点抵达现场的良好习惯。太早会使主人因准备未毕而难堪；迟到则让主人和其他客人等候太久而失礼。因故迟到，要向主人和其他客人表示歉意，失约是很失礼的行为。在涉外交往中，还须谨记"适可而止"四个字，也就是说在双方交往之时，不要拖延时间，而应当适时结束。对于一些并未事先约定交往时间长短的活动如私人拜访、出席家宴、接打电话等等，也要讲究宜短不宜长。宁可"提前告退"，也不应当无节制地拖延时间。

3. 女士优先，尊重老人

"女士优先"，是国际社会公认的一条重要的礼仪原则，很多国家将尊重老人和妇女作为一种美德。在西方国家，男士们唯有奉行"女士优先"，才会被人们看作有教养的绅士，反之，在人们眼里则会成为莽夫粗汉。男士在上下楼梯、上下车辆、进出电梯时，要让老人、妇女先行，并主动给予照顾；对同行的老人、妇女，男士要帮助提拿较重物品；进出大门时主动帮助老人、妇女开门、关门并帮助他们穿脱大衣外套；同桌用餐，两旁若是老人或妇女，男士应主动照顾，帮助他们入离座位等。宴会上，主人把女客人引进屋时，客厅里的男士多半要站起来对她表示尊敬。

知识链接 7-4

"女士优先"原则不可忘

在一个秋高气爽的日子里,迎宾员小贺着一身剪裁得体的新制服,第一次独立地走上了迎宾员的岗位。一辆白色高级轿车向饭店驶来,司机熟练而准确地将车停靠在饭店豪华大转门的雨棚下。小贺看到后排坐着两位男士,前排副驾驶座上坐着一位身材较高的外国女宾。小贺一步上前,以优雅姿态和职业性动作,先为后排客人打开车门,做好护顶姿势,并目视客人礼貌、亲切地问候,动作麻利而规范,一气呵成。

关好车门后,小贺迅速走向前门,准备以同样的礼仪迎接那位女宾下车,但那位女宾满脸不悦,使小贺茫然不知所措。

那么问题来了,通常后排座为上座,一般凡有身份者皆此就座。优先为重要客人提供服务是饭店服务程序的常规,这位女宾为什么不悦?小贺错在哪里?

展开来说,尊重妇女是一种社会公德。在西方国家流行着这样一句俗语:"女士优先。"在社交场合或公共场所,男子应经常为女士着想,照顾、帮助女士。诸如,人们在上车时,总要让妇女先行;下车时,则要为妇女先打开车门;进出大门时,主动帮助她们开门、关门等。西方人有一种形象的说法:"除女士的小手提包外,男士可帮助女士做任何事情。"因此,迎宾员小贺未能按照国际上通行的做法先打开女宾的车门,致使那位外国女宾不悦。

4. 拜访

拜访应选择合宜的时间。私人拜访,一般以不影响对方休息为原则,尽量避免在吃饭、午休或者晚间的 10 点钟以后登门。拜访前一定要事先和对方约定,以免扑空或扰乱主人的计划。电话预约时要向对方告知事由、时间。冒昧登门是十分不礼貌的。

拜访时要准时赴约,如果不得已迟到,必须与对方联系并表示歉意。拜访的时间长短应根据拜访目的和主人意愿而定,通常宜短不宜长。到达被访人所在地时,一定要用手轻轻敲门,进屋后等主人安排后坐下。

不少国家在待客问题上十分讲究。在瑞典,客人不可先向主人告别,而必须由主人开口方可离开。日本人不轻易请人做客,到日本人家中做客,首先要将鞋换下,并将鞋头摆向人来的方向;其次,在未经主人许可的情况下,不要擅自出入,尤其是厨房,日本人十分忌讳男人进厨房;再次,天热时未经主人许可,不可随便脱衣;另外,需要注意,日本人敬茶不敬烟;最后,结束拜访告别主人后,客人一定不要忘记给主人打电话报告你已安全抵达,并在遇主人后再次表示你对主人待客的衷心感谢。欧美人在招待客人时十分实在,有客人来访,问你是否想喝饮料,若得到肯定的答复,则给你饮料,若你不要,他们绝不再让;请人吃饭,主人也以饭菜全都吃完而高兴;在美国人家中做客,未经主人同意不可摆弄室内的任何东西,尤其是钢琴,如到女主人家拜访,若女主人没请你脱大衣,你最好就穿着。

5. 赠送礼品

在涉外友好交往中，为表示对别人的祝贺、慰问和感谢，有时要赠送一些礼品。选择礼品时，往往是挑选一些物美价廉，具有一定纪念意义、民族特色，或具有某些艺术价值，或为受礼人所喜爱的小艺术品、小纪念品、食品、花束、书籍、画册、一般日用品等。选择礼品时还应在条件允许的情况下考虑受礼人的爱好。

赠送礼品要考虑具体情况和场合。一般应邀赴私人家宴，应为女主人带一些小礼品，如土特产、小艺术品、纪念品、食品、水果以及花束等，有小孩的，还可送糖果、玩具等；应邀参加婚礼，除艺术品外，还可赠送花束以及实用物品等；探视病人，可根据具体情况，送一些对病人有益或为病人喜爱的食品、花束；在圣诞节或元旦，一般送日历、酒、茶、烟、糖果、巧克力等；出席官方或民间组织的酒会、招待会、较大的宴会等，可不必送礼，必要时只是送花篮、花束等。送礼时讲究包装精美完整、无价格标贴，不少西方人接到礼品后会立即打开，并说感谢的话，以示对送礼人的尊重。

一些国家的人们喜欢别人送他们这样的礼品：日本人喜欢名牌货，特别注重包装，礼品要用彩色纸包好，再系上一条好看的彩色绸带或纸绳作装饰，在包装上写上"粗品"二字以示客气；英国人认为送过于贵重的礼品不合适，较喜欢送巧克力、名酒、鲜花；德国人喜欢价格适中、风雅别致的礼品；阿拉伯国家的人喜欢送带有知识性、艺术性的礼品；鲜花、美酒在澳大利亚、新加坡等地都是最好的礼品；一些外国人喜欢中国的景泰蓝、玉佩、刺绣工艺品等。

6. 尊重各国风俗习惯

不同国家、民族由于不同的历史、宗教等因素，各有特殊的风俗习惯和礼节，均应予以尊重，以避免不必要的误会。例如，伊斯兰教教众不吃猪肉，也忌谈猪，在斋月里日出之后、日落之前不能吃喝。天主教徒忌讳"13"这个数字，尤其是"13日＋星期五"，遇上这种日子，一般不举行宴请活动。在使用筷子进食的东方国家，用餐时不可用一双筷子来回传递，也不能把筷子插在饭碗中间。在欧洲，即便是首脑会晤，一条腿搭在另一条腿上坐着交谈也被视作正常；而在泰国，这被看成是一种冒犯别人的放肆无礼。美国人见面，不论年龄、社会地位，往往直呼其名以表亲切；德国人则一定要称呼他们的职务，直呼其名是一种极大失礼。在亚洲，汽车上的后座是上座，主人请客人上车，总是让客人和主人一起坐在汽车后座上，一般人员坐在司机旁；而在美国，客人往往被请坐在司机旁边的位置上，他们认为那才是上座，有利于一路观赏风光。世界上许多国家的交通规则都规定所有车辆靠右行驶，而在日本、英国、巴基斯坦等国，却规定靠左行驶。坦桑尼亚北部的马萨伊族，女人光头而男人留发。意大利的格瑟诺人如遇见朋友，要把帽子拉低表示尊敬；而在墨西哥的有些地区，进屋摘帽被认为是不友好的举动，只有遇到仇人才这样做。如此等等，不一而足，都是我们在涉外交往时，应事先了解和慎重对待的。

三 有关禁忌

不同国家、民族除了具有不同的语言习俗和交往习俗之外，还具有各自忌讳的内容。尊重和了解这些忌讳的内容，是国际交往成功的关键之一。在本书专题六讲解政务外事礼仪时已经初步提及这一话题，下面就不同方面分类详细介绍一些国外主要的禁忌内容。

（一）饮食

印度有80%左右的人信奉印度教，而且印度教徒把母牛视为"圣牛"，不吃牛肉。另外，印度人习惯于分餐，忌讳多人从同一盘中夹菜舀汤，且不喝酒。

伊斯兰教绝对禁食猪肉，伊斯兰教徒不喝酒，在斋月里日出之后和日落之前不能吃喝。

在东南亚的佛教国家里，僧侣不吃荤，其他佛教徒也受不杀生的影响，很少食肉。有很多僧侣还遵守"过午不进食"规则，并且不喝酒。

基督教对食物没有太多、太严格的规定，只是在基督教的膳食法令中有一条内容，罗马天主教徒只在星期五吃肉。

朝鲜人不吃羊肉，柬埔寨人不吃肥肉和猪的内脏，法国人和澳大利亚人不喜欢吃辣的食物，美国人不吃墨鱼、不喜欢吃鸡脚，但喜欢吃鸡胸脯肉。

日本人用筷有八忌：半途筷（夹住菜肴又放下，再夹另一种）；游动筷（在菜盘里挑挑拣拣、犹豫不决）；碎筷（用嘴撕拉、弄碎筷头上的菜）；刺筷（以筷代叉，挑刺起菜肴往嘴里送）；签筷（以筷代牙签，挑捅牙缝）；泪筷（筷头上的卤汁在夹菜归途中像流泪般滴个不止）；窥筷（手握筷子，目光在餐桌上瞄来瞄去）。

（二）花卉

法国、意大利和拉美一些国家把菊花看作不吉利的花，只有人死了才在灵前摆一束菊花，所以不能把菊花送人或作为装饰花。法国人除讨厌菊花外，还忌用核桃花做商标，并且不喜欢杜鹃花、纸塑花和黄花，最喜欢的是百合花，最名贵的礼品用花是兰花和玫瑰。英国人则忌送百合花。巴西人忌送绛紫色的花，他们认为这种花意味着死亡，只是在葬礼和扫墓时才用。西班牙人忌菊花和大丽花。罗马尼亚人送花时，只能送双，不能送单。

日本人把菊花用作祭祀，从不送人，且忌使用荷花作为装潢。印度人崇尚送花环，客人自远方来，主人热情地献上花环，并戴在客人的脖子上，对一般客人，花环普通大小即可；而对贵客，花环过膝方可显敬重。

（三）图案

美国人认为蝙蝠是凶神的象征；法国人认为仙鹤是蠢汉的象征，并忌用黑桃图案；英国人认为孔雀是灾祸的象征，并忌用大象、人像等图案；捷克人忌用红三角图像；日本人忌用荷花图案；信奉伊斯兰教的埃及人认为熊猫形状像猪，也很忌讳。

（四）颜色

在中国香港地区，黑、白色是不受欢迎的，流行金色；日本人忌绿色和粉红色，认为前者不祥，后者轻浮；印度人爱红、蓝、绿、黄色，认为黑、白色不吉利；在巴基斯坦，绿色最盛行，但忌用黄色，因为婆罗门教的僧侣们穿的长袍是黄色的，所以黄色会引起宗教界一部分人的嫌恶；叙利亚人认为黄色象征死亡，平时忌用；泰国在人死后用红笔将名字写在棺材上，所以忌用红笔签名。

法国人厌恶墨绿色，这种颜色使人容易联想到纳粹的军服；德国人因为政治原因，对某些色彩是忌讳的，如不能穿茶色、黑色、深蓝色衬衫，不能系红色和红黑相间的色彩；意大利人喜欢浅淡色调的高级礼品包装纸，把紫色看成消极颜色；比利时人忌蓝色，以蓝色为不吉利的标志；欧美许多国家把黑色作为丧祭之色。

埃及人认为绿色代表国家色，讨厌蓝色，视蓝色为邪恶。埃及人还对黄色存在恐惧感，因为人们办丧事时都穿黄衣服。

巴西人认为紫色表示悲伤，黄色表示绝望，这两种颜色配在一起，则成为一种恶兆，并认为暗茶色表示将要遭到不幸，棕色为凶丧之色，因为落叶是棕黄色，人死了仿佛树叶落下，所以最忌棕黄色；乌拉圭人忌青色，认为青色意味着黑暗的前夕。

（五）数字

西方海军有一种迷信，视双数为不吉利的数字，所以国际上有关欢迎国宾的礼炮数有严格的规定：欢迎国家元首鸣放 21 响，欢迎政府首脑鸣 19 响，欢迎副总理级官员，鸣放 17 响，以此类推，均为单数。

很多国家在举行国庆大典时也鸣放礼炮，响数根据各国具体情况而定。如英国君主诞辰，鸣炮 620 响；议会开幕和闭幕，鸣炮 41 响。美国国庆时，全国各驻军营地鸣炮 50 响，50 所代表的是美国的州数。我国举行开国大典时设礼炮 54 门，鸣 28 响，这是因为参加中国人民政治协商会议第一届全体会议的代表来自 54 个方面；而开国大典之日，我们党已经走过 28 年的光辉历程。

西方人，特别是天主教徒最忌讳"13"这个数字。他们举办宴会不设 13 个桌次，不安排 13 个人同坐一桌，不上 13 道茶，大楼不设 13 层，病房、病床也不设 13 号床。其他各种编号也不用"13"这个数字。

日本人送礼时从不送带"9"的礼品，因为日语中"9"的发音同"苦"相似；同时忌讳"4"，因为"4"同"死"发音相似，所以日本医院中一般无四楼和四号病区，有的影剧院也无第四排和第四号。除日本外，新加坡、马来西亚、韩国、中国香港等地也忌讳"4"。

拉美和非洲一些国家，对数字也各有自己的喜忌。如危地马拉人和委内瑞拉人认为"13""14"都表示厄运，圭亚那人和尼加拉瓜人视"7"为吉利，"13"为不吉利；而在哥伦比亚，"3""5""7"代表吉利，"13"代表不吉利，而偶数是吉利的；在贝宁，"3"和"7"代表巫术；在加纳，"1""7""13"和"17"被认为是吉祥之兆；在肯尼亚，"7"和以"7"结尾的任何数都是不吉利的；在摩洛哥，"13"是消极数字，而"3""7""40"却常有积极含义；在埃及，"3""5""7""9"是吉利的，"13"则不吉利。

项目三　主要国家交往习俗与交往禁忌

世界不同国家因为文化背景的差异，礼节习俗大不相同。我国正式加入WTO后，与世界各国在政治、经济、社会文化等方面的交往日益频繁。因此，在与不同文化背景的国家和地区交往的过程中，我们必须了解世界主要国家和地区的基本礼貌礼节、节庆习俗、生活习惯、禁忌等，以便于我们更好地开展各种政治、经济、社会文化等活动。

一　亚洲主要国家和地区的礼俗礼仪

（一）日本

日本是亚洲大陆东缘、太平洋西北部的一个岛国，领土由北海道、本州、四国和九州等四个大岛及其附近3 900多个岛屿组成，通称日本列岛，国土面积37.7万平方公里。99%的日本人为大和民族，大多信奉神道教和佛教，少数日本人信奉基督教或天主教。

1. 礼貌礼节

日本人总的特点是勤劳、守信、遵守时间、工作和生活节奏快，他们重礼貌，集体荣誉感强。在日常交往中，日本人大多彬彬有礼，见面时，互相致意问候，常用"拜托您了""请多关照"等礼貌语。初次见面时，互相鞠躬，交换名片，一般不握手，没有名片就进行自我介绍。如果是老朋友或较熟悉的人，就主动握手或深鞠躬。妇女则以深深一鞠躬表示敬意。男士和女士交往时，只有女士主动先伸手时才握手，时间不太长，也不过分用力。在室外一般不进行长时间谈话，只限于互致问候。

日本人常用的行礼方式是"屈体礼"，又可分为"站礼"和"坐礼"。行"站礼"时，双手自然下垂，手指自然并拢，随着腰部的弯曲，身体自然向前倾。行最高站礼时，腰弯到脸面几乎与膝盖相平的程度。接受晚辈行礼时，背和脖颈要挺直；平辈之间，腰要稍弯，背要直，头不宜向下耷拉，腰弯曲，上身向前倾伸。"坐礼"一般在日本式房间的"榻榻米"上进行。现在最常见的坐礼有如下三种：

（1）"指尖礼"：行此礼时，首先要端正地跪在"榻榻米"上，双手垂直在双膝的两侧，指尖着席地，身体向前倾5°，多用于接受晚辈施礼和向对方问问题时使用；

（2）"屈手礼"：行这种礼时，要双手掌着地，身体向前倾45°，脸面基本向下，礼节高于"指尖礼"，多用于同辈之间以及向对方请教问题时使用；

（3）"双手礼"：行这种礼时，双手掌向前合拢着席地，脊椎向脖颈挺直，整个身子向前倾伏，甚至几乎达到面额着席地的程度，这是日本的最高行礼方式之一，多用于下对上或对尊贵客人使用。

在以椅子作座席时，也有三种不同的施礼方式：

（1）在上对下行礼时，可坐在椅子上稍将身子向前弯倾一下即可；

（2）在同辈之间行礼时，应从椅子上站起，行与站礼几乎相同的礼节；

（3）在对尊贵客人或上级行礼时，应到对方座前去施礼，等对方就座后再回到自己的座位坐下。

日本人不给他人敬烟，与人交谈时自己若想吸烟，通常在征得对方同意后才吸。当以酒待客时，他们认为让客人自己斟酒是失礼的，应由主人或侍者斟酒，在斟酒时壶嘴不能碰到杯口。客人须以右手持杯，左手托杯底接受斟酒为礼。一般情况下，客人要接受第一杯酒，而第二杯酒可以谢绝。当一人不喝酒时，不可将酒杯向下扣放，应等众人喝完后才可一起扣放，否则就是失礼的行为。

日本人拜访他人时一般要避开清晨、深夜及用餐等时间。拜访要预先约定，突然访问是失礼的。在进日本式房屋时，要先脱鞋，脱下的鞋要整齐放好，鞋尖向着你进来走过的门的方向，这在日本是尤其重要的。日本人在拜访他人时时常带一些礼物，过去多为酒和鱼干之类，现在送一些土特产和工艺品更受欢迎。礼品一般送奇数，因为日本也习惯用奇数表示"阳""吉"，用偶数表示"阴""凶"。礼品颜色也有讲究，吉事礼品应为黄白色或红白色，不幸事送礼应为黑、白色或灰色。

日本人注意穿着，平时衣着大方整洁。若在天气炎热时去拜访他人，主人未请客人宽衣，不能随便脱衣。如需宽衣，应先征得主人的同意。在一般场合，光穿背心或赤脚是失礼的。

2. 饮食习惯

日本人在早餐时喜欢喝热牛奶，吃面包、稀饭等，晚餐时一般吃米饭，副食以蔬菜和鱼类为主。餐前、餐后喜欢喝茶，特别喜喝绿茶。日本人爱吃鱼，鱼的吃法很多，但都要把鱼刺去掉，还有吃生鱼片的习惯。日本人还爱吃面酱、酱菜、紫菜、酸梅等，爱喝我国的"绍兴酒"（热的）。他们吃冷菜时，喜欢在凉菜上撒少许芝麻、紫苏末、生姜丝等起调味、点缀作用，同时也作为这盘菜没有动过的标志。

3. 节庆习俗

日本有九万多个神社，这是一种专事祭祀礼仪、表现民族信仰的宗教组织，信仰者占日本人口的84％。日本的"祭"和"节"之多，堪称世界第一。主要的祭祀节有5月15日的"葵节"、7月17日的"祇园祭"和10月22日的"时代节"。

日本的重要节日有新年（1月1日），庆祝方式与中国的春节差不多；成人节（1月15日），是满20岁青年的节日，女子过成人节时都穿民族服装"和服"，从此烟酒也开始解禁；儿童节中有男孩节（5月5日）和女孩节（3月3日）之分，男孩节旧称"端午节"，过法与我国端午节相似，门上挂菖蒲叶，屋内挂钟馗驱鬼图，家家户户吃糕团或粽子，各家屋顶悬挂布制的大鲤鱼（称"鲤帜"），女孩节又称"雏祭"，旧称"女儿节"，凡有女孩子的家庭要陈设穿着民族服装的玩具女娃娃，亲朋好友之间也互赠一些玩具娃娃之类的礼物，以示祝贺。日本的国花是樱花，因此还有樱花节（3月15日至4月15日），这时日本各地樱花盛开，无论男女老幼都纷纷参加游园赏花活动，并饮酒、跳舞，迎接春天的到来。此外还有春分（3月20日左右）、天皇诞辰日（4月29日）、七夕（7月7日）、敬老节（9月15日）、体育节（10月10日）、文化节（11月3日）等节日。

4. 忌讳

菊花是日本皇族的标志，尤其是黄色的十六瓣的菊花，被认为是日本皇族的徽号，一般不能用来送礼。荷花，在日本人心目中象征宇宙精髓，有佛教的神圣含义，所以不可用作商标。日本人忌讳绿色，认为是不祥的颜色。在日本，忌"4""9"等数字，商人忌2月和8月，因为这两个月是营业淡季；但不同场合有关数字的习俗也有不同，如送日本人婚礼礼金时要避免偶数，因为他们认为，偶数是2的倍数，容易导致夫妻分裂。日本人还忌邮票倒贴，因为这表示绝交。信封要竖写，忌横写，折叠信封时严忌将收信人的名字头朝下，因为这意味着倒霉之事临头。日本人讨厌金银眼的猫，认为看了要倒霉。他们还忌三人并排合影，因为中间的人有受制于人之嫌，是不幸的预兆。探望病人忌送带根的花，因为日语中"根"和"睡"字同音，带根的花有卧床不起的恶兆。严忌以梳子为礼品，因为日语中"梳子"和"苦死"谐音。日本人用筷时有八忌，称为"忌八筷"。

（二）泰国

泰国位于中南半岛中部，面积51.3万平方公里。佛教为泰国的国教，上至王公，下至士民均信佛教。男子成年后必须经过三个月至一年的僧侣生活，僧人穿黄衣，故有"黄衣之国""千佛之国""黄袍之国"的美称。泰国产象，尤以白象为吉祥的象征，敬之如神，故泰国又有"白象国"之称或称"大象之邦"。

1. 礼貌礼节

泰国人热情友好，总是以微笑迎客，故享有"微笑土地"的雅号。泰国人在待人接物中有许多约定俗成的礼节。泰国人常用的礼节是合十礼，双手举的高度不同，其意义也不同，双手举得越高表示越尊敬对方。晚辈见长辈，要双手合十举过前额，长辈还礼时手部可不过胸；朋友相见，一般合十于鼻尖处，稍稍低头。泰国人也行跪拜礼，但要在特定场合，如平民、贵官直至总理拜见国王及其近亲时跪拜；泰国人乃至国王拜见高僧也须下跪；儿子出家做僧人，父母也要跪拜于地；握手礼只在政府官员、学者和知识分子中盛行，男女之间不行握手礼。

泰国人进庙烧香、拜佛参观时，必须衣冠整洁，进入寺庙要摘帽脱鞋，以表示对神佛的尊敬。如有穿背心、短裤或赤胸露背者进入，被视为玷污圣堂，是严格禁止的。从坐者的面前走过时，要略微躬身，表示礼貌。

在泰国，如有长辈在座，晚辈只能坐在地上，或者蹲跪，以免高于长辈的头部，否则就是对长辈极大的不尊。别人坐着时，也切忌将物品越过头顶。因为泰国人非常重视头部，认为这是智慧之所在，是神圣不可侵犯的。所以头部是不可触摸的，也不可随便触摸小孩儿的头部。

泰国人认为右手是拿洁净东西的，而左手是拿一些不太清洁东西的，因此，与其握手、接、递东西时都要使用右手。如不得已用左手时，要说一声："请原谅，左手。"

2. 饮食习惯

泰国人的主食为稻米，副食主要是鱼和蔬菜。早餐多吃西餐，午餐和晚餐爱吃中餐。他们爱吃中国的广东菜和四川菜，喜欢吃辣味食品，而且越辣越好；还喜食鱼露、味精，不爱吃牛肉及红烧食物；食物中不习惯放糖。泰国人爱喝啤酒、苏打水和白兰地，喝咖啡和红茶时，爱配以小蛋糕和干点心，饭后有吃苹果、鸭梨等习惯，但不吃香蕉。

3. 节庆习俗

泰国的主要节日有元旦，又称佛历元旦，庆祝非常隆重；宋干节在每年4月13—15日举行，是傣历的新年，"宋干"在泰语中是"求雨"之意，每年4月气候干燥炎热、土地干旱、急需雨露滋润之时，就举行"宋干"活动，因宋干节与缅甸的泼水节大同小异，故也称泼水节；水灯节，又称"佛光节"，于每年泰历十二月十五日（公历11月间）举行，它不仅是喜庆丰收、感谢河神的节日，也是青年男女追求爱情和祈求神佑的欢乐日子；农耕节，在泰历五月（公历6月）间由占卜师选择一良辰吉日举行，祈求丰收和好运，由泰王亲自主持。

4. 忌讳

泰国人最忌触摸别人的头部，忌讳拿着东西越过别人的头顶，还禁忌睡觉时头朝西，因日落西方象征死亡。不能用红笔签名，因人死后，通常用红笔将其姓名写在棺木上。泰国人认为脚部是卑贱的，只能用来走路，不能干其他事情，严禁将脚伸到别人面前，忌用脚把东西踢给别人，也忌用脚踢门。就座时，不能跷起脚和把脚底对着别人；妇女落座，要求更为严格，双腿必须并拢，否则会被认为是不文明，缺乏教养。当着泰国人的面，不要踩门槛，因为他们认为门槛下住着善神。夜间不能开窗户，否则恶神会闯入屋内。购佛饰时，严忌说"购买"，必须说"求租"或"尊请"，以防亵渎神灵。

（三）新加坡

新加坡是位于马六甲海峡的一个城市小国，面积618平方公里。"新加"一词来自梵文，在梵文中意为"狮子"，故新加坡又称"狮子城"。由于新加坡面积很小，华侨又称其为"星洲""星岛"，意为国土小如星斗。

1. 礼貌礼节

新加坡人十分讲究礼貌礼节。新加坡多华人，在语言、文化、风俗习惯等方面都保留着中国的气息，如两人见面时要相互作揖等。通常的见面礼节是轻轻鞠躬或握手。不少来华旅游者中，华语程度很高，使用华语礼貌用语十分娴熟。印度血统的人因多数信奉印度教，故仍保留印度的礼节和礼俗；马来血统、巴基斯坦血统的人则按伊斯兰教的礼节待人接物。但因受英国影响，新加坡在很大程度上已西化，带有一些西方待人接物的特点。新加坡人以讲礼貌、讲卫生为其行为准则。

2. 饮食习惯

新加坡人主食为米饭、包子，不吃馒头，副食主要为鱼虾，不信佛教的人爱吃咖喱牛肉，爱吃桃子、荔枝、梨等水果。新加坡人多爱吃广东菜，下午喜欢吃点心。

3. 节庆习俗

新加坡华人过春节相当隆重,也过元宵节、端午节、中秋节等。8月9日是新加坡的国庆日(National Day),这是为了纪念1965年新加坡获得国家独立的日子。这一天,全国人民聚集在一起,用声势浩大、壮观的游行、集体舞蹈和大型烟花表演来庆祝这一日子。卫塞节在农历四月十五日,是佛祖释迦牟尼的诞辰、成道及涅槃纪念日。新加坡佛教总会在节日的前几天就开始举行一连串的庆祝会,各佛教团体及寺庙张灯结彩、大放光明,象征佛陀的光辉世世代代照耀人间。信奉印度教的人过"屠妖节"。开斋节是马来族人最重要的节日。

4. 忌讳

新加坡人忌说"恭喜发财",他们素将"发财"理解为"不义之财",他们认为"恭喜发财"有教唆发横财之嫌。与新加坡人谈话,一般忌谈宗教与政治方面的话题。新加坡人把紫色、黑色视为不吉利,黑、白、黄色为禁忌色彩。在商业上反对使用如来佛的形态和侧面像。在标志上,禁止使用宗教词句和象征性标志。喜欢红双喜、大象、蝙蝠图案。数字禁忌包括"4、7、8、13、37、69"。不喜欢"7",认为"7"是一个消极数字。忌讳乌龟,认为它是一种不祥动物,给人以色情和侮辱的印象。大年初一,扫帚必须都收起来,绝不许扫地,这天扫地被认为会把好运气扫走。新加坡人非常讨厌男子留长发,对蓄胡子者也不喜欢。在一些公共场所,常常竖有一个标语牌"长发男子不受欢迎"。新加坡对嬉皮型留长发的男性管制相当严格,留着长发、穿着牛仔装、脚穿拖鞋的男士,可能会被禁止入境。

(四)印度

印度是南亚次大陆的大国,其人口长期居世界第二位。印度各族人民自称"婆罗多"。"婆罗多"一词梵文的意思是月亮,是北印度的一个民族,它是美好事物的通称。印度居民大多信印度教,但其他多种宗教也同时并存,如伊斯兰教、基督教、锡克教和佛教等。印地语为国语,英语为官方语言,其余还有10多种语言同时在使用,印度的社会构成十分复杂。

1. 礼貌礼节

由于印度宗教及其他社会构成十分复杂,其国内各地的礼节与习俗也各不相同。在印度,男人相见或分别时,有时握手,有时也用传统的佛教礼节——双手合十。男人不能和女人握手,在行双手合十礼或鞠躬礼时,男人不能碰女人。如果男女两人关系很一般,男人和女人不能单独谈话。

到印度人的庙寺或住宅,进门要脱鞋。晚辈对长辈行礼是弯腰摸长者的脚,妻子送丈夫出门,最高的礼节是摸脚跟和吻脚。迎接贵宾时,主人献上花环,套在客人的颈上,花环的大小视客人的身份而异。

印度人在交谈时,用摇头或歪头表示"是",点头表示"不是"。

此外,印度人特别讲究卫生,每日洗澡而且只洗淋浴,因为他们认为在浴缸中洗澡不洁。富裕而有教养的家庭,主妇在做饭前也要洗澡并换上干净的衣服,因为他们认为厨房是神圣的地方，未经沐浴的家人和外人都不能进去，也不吃剩下的食物，饭前一定要洗手。许多印度妇女额头上有"吉祥点"，印度人称之为"贡姆贡姆"，在印度教里"吉祥点"表示女子的婚嫁状况，现在已成了印度妇女美容化妆的组成部分，其颜色以红色居多，但亦有黄、绿、紫等色，视衣着和肤色而定。

2. 饮食习惯

印度人以米饭为主食，也有一些人以"馕"（一种由多种原料制作的烤饼）和称为"恰派提"的食品为主食。印度人中素食者很多，荤食喜吃羊肉和家禽类。印度南部人一般喜欢味重，以辛辣性食物作调料，印度北部人的口味相比则淡得多。印度人爱吃咖喱和油爆、烤、炸的食物，对中国川菜中的干烧和有鱼香口味的菜比较喜欢，不喜欢喝中、西式菜汤，不吃笋、木耳、蘑菇、面筋之类的食物。印度人一般不喝酒，甚至对酒相当反感，因为他们认为这是违反宗教教义的。印度人喜欢饮茶，其饮茶方式别具一格，一般把茶倒入盘中，用舌头舔饮。

3. 节庆习俗

印度对全年20多个节日的庆祝甚为重视。如国庆节（1月26日）、独立节（8月15日）、恒河神节、黑天神诞辰节、酒红节（3—4月）、十胜节（9—11月）、灯节（10—11月）等，尤以"屠妖节"为最，它是印度教徒的新年，在印历八月见不到月亮后的第十五天举行（大约在公历10月下旬和11月上旬）。

4. 忌讳

印度人把牛作为神圣之物，故不仅忌食牛肉，而且忌用牛皮做的东西；蛇也被看作神圣的，故视杀蛇为触犯神。印度人忌白色，认为白色象征着内心的悲哀，所以人们习惯于用百合花作悼念品，黑色亦被认为是不祥的颜色。忌讳弯月的图案。把"1""3""7"都视为不吉利的数字。忌用澡盆给孩子洗澡，认为盆中之水是"死水"，用澡盆给孩子洗澡是不人道的行为。印度人不喜欢别人拿他们的照片，除非他们自愿。印度教徒忌讳众人在同一盘中进食，也不吃别人接触过的食物。在公开场所，印度男女之间，严忌握手、拥抱、接吻。忌用左手握手和递、取东西。不要在上了年纪的印度人面前吸烟。此外，信奉各种宗教的印度人还奉守本宗教的禁忌。

二 欧洲主要国家和地区的礼俗礼仪

（一）英国

英国全称为大不列颠及北爱尔兰联合王国，位于欧洲西部，由大不列颠、爱尔兰岛东北部及附近岛屿组成。国土面积24.4万平方公里。人口主要由英格兰人、苏格兰人和威尔士人三部分组成，大多数居民信奉基督教，只有部分北爱尔兰地区居民信奉天主教。

1. 礼貌礼节

英国人比较矜持庄重，不少人追求绅士和淑女风度，重视礼节和自我修养，衣着比较讲究。英国人很少在公共场合表露自己的感情，庄重、含蓄、自谦、富于幽默感，视夸夸其谈为缺乏教养。与英国人谈话不能指手画脚，否则是不礼貌的举动，同时微笑是必需的。

对英国人要避免说"英格兰人"，而要说"不列颠人"，因为他可能是爱尔兰人或苏格兰人。英国人遵守纪律，时间观念很强，赴约也十分准时，若请英国人吃饭，必须提前通知，不可临时匆匆邀请。英国人若请你到家里赴宴，你可以晚去一会儿，但不可早到，否则是失礼的。

英国人，特别是年长的英国人，喜欢别人称他们的世袭头衔或荣誉头衔，至少要用"先生""夫人""阁下"等称呼。见面时对初次相识的人行握手礼，一般不像东欧人那样常常拥抱。男女在公共场合一般不手拉手。

"女士优先"在英国比其他国家都明显，如走路要让妇女在前，乘电梯要让妇女先进，倒酒要给女宾或女主人先倒。

与英国人谈话时不要将政治倾向或宗教作为话题，绝不要将皇家事情作为谈笑的资料。他们不喜欢谈私事，如职业、收入、婚姻等。英国人在下班后不谈公事，特别讨厌就餐时谈公事，也不喜欢邀请有公事交往的人来自己家中吃饭。英联邦人说话委婉，他们从不直接说"上厕所"，而是说"请原谅几分钟"或"我想洗洗手"等。至于"请""对不起""谢谢"等礼貌用语，更是习以为常，即使在家庭成员之间也是如此。

2. 饮食习惯

英国人每天四餐，即早餐、午餐、午后茶点和晚餐。英国人口味喜清淡、酥香、鲜嫩，不爱吃带黏汁和辣味的菜，爱吃牛羊肉、鸡、鸭、野味等。调味品放在餐桌上，任进餐者选用。英国人吃东西比较节制，狼吞虎咽或打饱嗝等，都被认为是失礼的行为。他们讲究座次排列，就餐时对服饰、用餐方式等都有规定。他们每餐都吃水果，爱喝葡萄酒、香槟酒、冰过的威士忌苏打水等，晚餐还喜欢喝咖啡。夏季爱吃各种果冻和冰激凌，冬天则爱吃蒸的布丁。

英国人爱喝茶，一般有固定的时间，多半是大清早、每顿饭后、午茶时分和临睡前。英国人爱喝红茶，倒茶前，要先往杯子里倒入冷牛奶、加点糖，而不是先倒茶后倒奶。

在斋戒日和星期五，英国人正餐吃炸鱼，不食肉，因为耶稣受难日是复活节前的那个星期五。

3. 节庆习俗

英国除了宗教节日外还有不少全国性和地方性的节日，在全国性的节日中，国庆和圣诞节是最热闹的。英国的圣诞节是最重要的家庭节日。在圣诞节这天，家庭成员聚会并吃传统的圣诞午餐或晚餐，人们还要交换礼物。因为是宗教节日，教堂都有特殊的活动，每个人无论如何都要去教堂。英国的国庆日期并不固定，而是按历史惯例定在英王生日那一天。

新年（1月1日）也是公共节日。在新年前夜，人们通常会熬到深夜，迎接新年的到来。在苏格兰，新年前夜被看作大年夜，甚至是比圣诞节更有节日气氛的时候。

4. 忌讳

英国人除西方人普遍忌讳的数字"13"外，还忌"3"，特别忌用打火机或同一根火柴同时为三个人点烟,他们认为厄运一定会降临到抽第三支香烟的人身上。

英国人忌用人像作商品装潢,还忌用大象图案,认为大象是蠢笨的象征。英国人把孔雀看作淫鸟、祸鸟,连孔雀开屏也被视为是自我吹嘘。给英国女士送鲜花时,宜送单数,不要送双数和13枝,忌送英国人认为象征死亡的菊花和百合花。

英国人最忌讳打喷嚏,他们一向将流感视为一种大病。忌随便闯入别人的家。

(二)法国

法国位于欧洲大陆的最西端,国土面积55万平方公里,是世界闻名的"奶酪之国",首都巴黎享有世界"花都"之美誉。"法国"在日耳曼话中意为"自由"。法国居民大多数信奉天主教,少部分信奉基督教和伊斯兰教。

1. 礼节礼貌

法国人性格比较乐观、热情,谈问题不拐弯抹角,喜欢滔滔不绝地讲话,说话时爱用手势加重语气。法国人爱自由,纪律性较差。传统的法国公司职员习惯别人称呼其姓而不是名。法国人打招呼的习惯是握手,不论什么时候都要握手,握手时间不长,不能使劲晃动;如是亲朋好友相遇,则以亲吻礼和拥抱礼代替之。法国人很尊重妇女,在公共场所,大多数男子都注意有礼貌地对待每一位相识或不相识的妇女。女子走进房间时,男士要起立;男女一起看节目,女子坐中间,男子坐两边。不赠送或接受有明显广告标记的礼品,喜欢有文化价值和美学价值的礼品。不喜欢听蹩脚的法语。

2. 饮食习惯

法国的烹调技术和菜肴居欧洲之首,享有"食在法国"之美誉。法国烹调用料讲究,制作精细,品种繁多。法国人讲究吃,口味喜欢肥嫩、鲜美、浓郁,不喜辣味,注重色、形的应用。喜食猪肉、牛肉、羊肉、香肠、家禽、蛋类、鱼虾、蜗牛、牡蛎和新鲜蔬菜,喜欢水果和酥食点心。肉类不能烧得太熟,菜肴的配料爱用大蒜、丁香、芹菜、胡萝卜和洋葱。

法国的干鲜奶酪世界闻名,它们是法国人午、晚餐必不可少的食品。法国家家餐桌上都有葡萄酒,各人自选饮料,无劝酒的习惯。

3. 节庆习俗

法国人过年,家中的酒瓶中不能剩酒,否则被认为来年就要交厄运;他们还认为元旦这天的天气可以预兆新的一年的光景。法国人过其他节日也大量喝酒,如每年7月4日的国庆节(攻克巴士底狱纪念日);万灵节(11月1日),也称诸圣节,是法国人祭奠先人及为国捐躯者的节日;体育节(每年3月中旬的第一个星期日);鸡鸣节,在北部城市土哥英举行,这个节日的民族气息很浓。

4. 忌讳

在法国,忌黄色的花,认为是不忠诚的象征;忌黑桃图案,认为不吉利;忌仙鹤图案,认为仙鹤是蠢汉和淫妇的象征;忌墨绿色,因为墨绿色是纳粹的军服色;忌送香水给法国女人,因为在法国这就意味着求爱。此外,法国人也有一般西方人的数字和礼节禁忌。

（三）德国

德国位于欧洲的中部，名称是指"日尔曼人居住的地方"。全国总面积约35.7万平方公里。居民中基督教徒约占一半，另有约46%的人信奉天主教。

1. 礼貌礼节

德国人的特点是勤勉、矜持、守纪律、爱清洁、喜音乐。德国人在交往中，时间观念十分强，赴约必须准时。对亲朋好友、熟人见面，一般行握手礼，情侣和夫妻见面时则行拥抱、亲吻礼。称呼时，千万不要直呼其名，除非他本人允许，称呼前最好加头衔。德国人重视交往，也爱独处。被德国人邀请到家中做客，尽管通常是简便的自助餐形式，但这被视为一种特殊的礼遇。被邀者可送一束鲜花给主人，鲜花中可附一张表示谢意的便条。与德国人交谈，可谈有关德国及个人业余爱好和足球之类的体育运动，不要谈打篮球、垒球和美式橄榄球等运动。德国人非常讲究清洁，注重衣冠整洁。在居住条件上，讲究设备豪华，且绝对清洁，无论是客厅，还是厨房、厕所，同样都一尘不染。

2. 饮食习惯

德国人饮食上注重食物的含热量、维生素等营养成分。一日三餐中，早餐比较简单，一般只吃面包，喝咖啡。午餐是他们的主餐，主食一般是面包、蛋糕，也吃面条和米饭，喜欢吃瘦猪肉、牛肉、鸡蛋、土豆、鸡、鸭、野味，不喜欢吃鱼虾等海味，也不爱吃油腻、过辣的菜肴，口味喜清淡、酸甜。晚餐喜欢吃冷餐，并喜欢关掉电灯，只点几根小蜡烛，在幽淡的烛光里，人们边谈边饮酒。德国人特别爱啤酒，有"啤酒之国"的美誉。啤酒杯一般很大，一般情况下不碰杯，一旦碰杯，则需一口气将杯中酒喝光。他们也爱吃水果及各种甜点。

3. 节庆习俗

除传统的宗教节日外，啤酒节是德国巴伐利亚州首府慕尼黑的民间传统节日，每年从9月最后一周持续到10月第一周，前后达半月，热闹非凡。据报道，仅慕尼黑一地，每届啤酒节要喝掉100万千克的啤酒。狂欢节，是德意志民族自古已有的传统节日，每年11月11日11时11分开始，要持续到来年复活节前40天为止，但它的高潮是在最后一周。过完复活节前一周的星期四是妇女节，妇女们这一天不但可以坐市长的椅子，还可以拿着剪刀在大街上公然剪下男子的领带。元旦，也是德国人的重大节日。除夕之夜，男子按传统习俗聚在屋里，喝酒就意味着"跳迎"新年，接着就扔棍子，表示辞岁。

4. 忌讳

除西方人一般的禁忌外，德国人在颜色方面的禁忌较多，忌茶色、红色或深蓝色，忌吃核桃。

（四）意大利

意大利是南欧地中海沿岸的国家，意大利主要人口是意大利人，少数民族有法兰西人、拉丁人、罗马人。90%以上居民信奉天主教。意大利语为官方语言，个别地区讲法语和德语。

意大利有8 600公里长的海岸线，多平缓细柔的沙滩与平静的海湾。内地青山绿水、密林平湖、文化古迹比比皆是。文艺复兴时代的绘画和雕塑、比萨斜塔、庞贝古城等等，让人目不暇接。北部的阿尔卑斯山区，夏季是避暑的好去处，冬季又是世界第一流的滑雪场。

1. 礼貌礼节

意大利人性格开朗，热情友好。亲友之间经常互相跳舞联欢，待人接物也颇多艺术情调。意大利人见面时行握手礼或用手示意。意大利学者喜欢别人称他们毕业后的头衔。有些意大利人不太注意约会时的准时。与意大利人谈话的话题可以是家庭、工作、新闻和足球等，但不要谈论美国的橄榄球和政治。意大利人喜爱动物，偏爱狗和猫。

2. 饮食习惯

意大利人普遍喜欢吃通心粉、馄饨、葱卷等面食。意大利菜的特点是味浓、香、烂，以原汁原味闻名。他们也喜欢吃海鲜，喜欢吃生的海牡蛎及蜗牛。餐后要吃水果，如葡萄、苹果、橄榄等。吃饭时爱喝饮料和酒，连喝咖啡时也喜欢兑一些酒，午餐为正餐。

3. 节庆习俗

意大利的狂欢节于每年2月中旬举行，它与法国的尼斯并列为欧洲狂欢节活动的两个中心。每逢节日，意大利各地和各大洲的游客纷至沓来，热闹非凡。建城节（4月21日）与罗马城"母狼哺婴"的传说有关。其他节日还有国庆日（6月2日）、情人节（2月14日）。

4. 忌讳

意大利人忌菊花，因为菊花盛开的季节是他们扫墓的时候。送花时，花枝、花朵要是单数。在相赠纪念物时，意大利人严忌送手帕，他们认为，手帕象征着情人的离别。按传统习俗，手帕是亲人离别时擦泪用的不祥之物。

知识链接 7-5

送礼人怪？

国内某家专门接待外国游客的旅行社，有一次准备在接待来华的意大利游客时送每人一件小礼品。于是，该旅行社订购制作了一批纯丝手帕，是杭州制作的，还是名厂名产，每个手帕上绣着花草图案，十分美观大方。手帕装在特制的纸盒内，盒上又有旅行社社徽，显得是很像样的小礼品。中国丝织品闻名于世，料想会受到客人的喜欢。

旅游接待人员带着盒装的纯丝手帕，到机场迎接来自意大利的游客。欢迎词致得热情、得体。在车上，他代表旅行社赠送给每位游客两盒包装甚好的手帕，作为礼品。

没想到车上一片哗然，议论纷纷，游客显出很不高兴的样子。特别是一位夫人，大声叫喊，表现极为气愤，还有些伤感。旅游接待人员心慌了，好心好意送人家礼物，不但得不到感谢，还出现这般景象。中国人总以为送礼人不怪，这些外国人为什么怪起来了？

原来，在意大利和西方一些国家有这样的习俗：亲朋好友相聚一段时间告别时才送手帕，取意为"擦掉惜别的眼泪"。在本案例中，意大利游客兴冲冲地刚刚踏上盼望已久的中国大地，准备开始愉快的旅行，你就让人家"擦掉离别的眼泪"，人家当然不高兴，就要议论纷纷。那位大声叫喊而又气愤的夫人，是因为她所得到的手帕上面还绣着菊花图案。菊花在中国是高雅的花卉，在意大利则是祭奠亡灵的。人家怎不愤怒呢？本案例告诉我们：在旅游接待或涉外交际场合，一定要了解并尊重外国人的风俗习惯，这样做才能既表示尊重，也不失礼节。

（五）俄罗斯

俄罗斯位于欧亚大陆的北部，全称为俄罗斯联邦，全国总面积1 707.54万平方公里。俄罗斯联邦是一个多民族的国家，其中俄罗斯族人约占80%，多数人信奉东正教。

1. 礼貌礼节

俄罗斯人性格开朗豪放，喜欢谈笑，但其组织纪律性很强，喜欢统一行动。他们重视礼貌，见面总要相互问好、致意。熟人相见若不问好，不仅不礼貌，还表示双方友谊已不存在。俄罗斯人称"您"或"你"有严格界线，习惯于以"你"相称的朋友间若改称"您"，即意味着友谊的破裂。人们相见时一般是握手，朋友间则拥抱和吻面颊。俄罗斯人很守时，爱整洁，不随便在公共场所扔东西，就是像电影票那样的小纸片也不乱扔。俄罗斯民族认为，他们给客人吃面包和盐是最殷情的表示。在社交场合，也处处表现出对女性的尊重。

2. 饮食习惯

俄罗斯人以面包为主食，爱吃带酸味的食品、菜汤、黑面包、牛奶，口味一般较咸，油腻较大。喜食牛、羊肉，不大爱吃猪肉。喜欢焖、煮、烩的菜，也吃烤、炸的菜，爱吃肉饼、牛排、红烧牛肉、烤羊肉串、油炸大排、鱼肉丸子、红烩鸡、鱼、烤鸭等，爱吃许多中国菜肴，尤爱吃北京烤鸭。不爱吃海参、海蜇、木耳。凉菜小吃中，俄罗斯人喜欢吃生西红柿、生洋葱、酸黄瓜、酸白菜、酸奶渣、酸奶油拌沙拉、猪头肉冻等。

俄罗斯人的早餐比较简单，午餐和晚餐比较讲究。午餐和晚餐不可无汤，汤汁要浓，如肉丸汤、鱼片汤、鸡汁汤等。俄罗斯人爱喝酒，特别喜欢苏联时期的名酒伏特加，往往豪饮，也喝啤酒以佐餐，对中国烈性酒也很感兴趣，酒量一般很大，不喝葡萄酒。爱喝红茶并加糖和柠檬，不爱喝绿茶。

3. 节庆习俗

俄罗斯人除根据信仰过宗教节日，如俄罗斯人的圣诞节、洗礼节、谢肉节、清明节、旧历年等，还把圣诞节的传统习俗与过新年结合起来，如圣诞老人叫冬老人，代表旧岁；雪姑娘代表新年，冬老人和雪姑娘是迎新晚会的贵客，并负责分发礼物。大多数俄罗斯人喜欢在家过年，男人们通宵饮伏特加。当电视广播里传出克里姆林宫的钟响过十二下后，男女老少互祝新年快乐。女主人则往往按照俄罗斯人的习惯，要大家说一个新年的心愿。

4. 忌讳

与俄罗斯人交谈，要坦诚以待，不要说俄罗斯人小气，不要问初次结识的俄罗斯人私事，不要问妇女的年龄和个人问题。不要打碎镜子，打碎镜子意味着灵魂的毁灭，个人生活中将出现不幸。而打碎杯子和碗特别是盘子和碟子，则意味着宝贵和幸福。

三 美洲、大洋洲主要国家和地区的礼俗礼仪

（一）美国

美国位于北美洲大陆南部，全国面积 936.3 万平方公里。居民中，约 2/3 是白人，居民主要信奉基督教新教和天主教，此外还有犹太教徒、东正教徒、穆斯林和佛教徒等。

1. 礼貌礼节

美国人生活比较随便，性格开朗，乐于与人交际，不太拘于礼节。同别人见面，常常直呼对方的名字，一般握手，有时也不握手，只是笑着说一声"Hi"或"Hello"；他们分手时也是挥挥手，说声"明天见"或"再见"。在美国人看来，这种不拘礼节的打招呼，跟其他地区的握手礼意义相同。如果别人向他们行礼，他们也用相应的礼节还礼，如握手、点头、注目礼、吻手礼等。他们常常将"请""对不起""谢谢"之类的词汇挂在嘴边。美国人也崇尚"女士优先"。

2. 节庆习俗

圣诞节是大部分美国人重视的节日。感恩节，又叫火鸡节，是北美独有的节日，在每年 11 月的第四个星期四举行，感恩节是家人团聚、朋友相聚的全民性节日。此外，还有国庆日（7 月 4 日）、母亲节（每年 5 月的第二个星期天）、父亲节（每年 6 月的第三个星期日）、植树节（4 月 22 日）、情人节（2 月 14 日）等。

习惯上，美国人衣着一般比较随便，年轻人一件 T 恤衫、一条牛仔裤、一双旅游鞋就可以周游世界。美国人有晚睡晚起的习惯，但他们与人交往时，时间观念强，很少迟到。美国人一般不送名片给别人，只是在想保持联系时才送。当美国人的面抽烟，要先征得对方的同意，不可旁若无人。

3. 饮食习惯

一般情况下，美国人的三餐既随便又简单。早餐一般是果汁、鸡蛋、牛奶、面包之类，午餐可以是三明治、水果、咖啡等。往往是进餐时，人们从自带的小纸袋里取出几片三明治、一只香蕉，再冲上一杯咖啡，匆忙而吃；晚餐相对丰盛一些，但也不过一二道菜，加些水果、点心而已，最常吃的是牛排和猪排。

美国人不喜欢吃奇形怪状的东西，如鸡爪、猪蹄、海参等，不爱吃动物内脏，不爱吃肥肉、红烧和蒸的食物，口味上咸中带甜，比较喜欢清淡。烹调以煎、炸、炒、烤为主，菜的特点是生、冷、淡，就是热汤也不烫。他们喜欢把佐料放在餐桌上任进餐者选用，而不是在烹调时放入。在素菜方面，他们喜欢吃青豆、菜心豆苗、刀豆和蘑菇之类。他们比较喜欢吃中国的广东菜，还有我国北方的甜面酱，南方的蚝油、海鲜酱等。他们对所有带骨的肉类都要尽量剔去骨头，如鸡鸭要去骨、虾要剥壳、蟹要去壳等。他们喜爱的肉食有糖醋鱼、咕噜肉、炸牛肉、炸牛排、羊肉、炸猪排、烤鸡、炸仔鸡等。

快餐是典型的美国饮食文化。近几十年来，备受欢迎的快餐店遍及整个美国。快餐店所经营的食品，主要有馅饼、热狗、汉堡包和炸面圈，其次是甜点、凉菜、通心粉、冰激凌以及各种无酒精的饮料。

美国人一般不爱喝茶，爱喝冰水和矿泉水、可口可乐、啤酒等。他们把威士忌、白兰地等酒类当茶喝。喝饮料时喜欢放冰块。餐前一般饮番茄汁、橙汁，吃饭时饮啤酒、葡萄酒和汽水，饭后喝咖啡，一般不喝烈性酒。

4. 忌讳

美国人忌"13""星期五"等；忌用蝙蝠作图案的商品、包装品，因为他们认为这是凶神的象征；忌讳"老"；忌讳不带礼物就去亲友家赴宴，一般情况下送礼忌送厚礼，忌对妇女送香水、化妆品或衣物（可送头巾）；忌讳只穿睡衣出门或会客；忌养黑猫。

（二）加拿大

加拿大位于北美洲北部，面积997.06万平方公里，有"枫叶之国"的美称。居民中英裔约占40.2%，法裔约占26.7%，以魁北克省最为集中；土著人（印第安人、因纽特人、米提人）占5%，多分布在北部地区。英语和法语均为官方语言。居民主要信奉天主教和基督教。

1. 礼节礼貌

加拿大人不像美国人那样随便，人们相互见面，通常会握手。由于欧洲移民占多数，故其礼貌礼节大多与英、法两国相似。

2. 饮食习惯

大多数加拿大人口味与英、美、法相似。早晨吃西餐，如牛奶、素片粥、玉米片粥、烤面包等，喜欢喝各种果汁及可口可乐、啤酒等。口味偏重甜酸，喜欢清淡的食品。菜肴中很少用调料，而把调味品放在餐桌上自行添加。爱吃炸鱼虾、煎牛排和羊排、鸡、鸭、糖醋鱼、咕噜肉等。就餐时喜爱喝各种果汁、可口可乐、啤酒、金酒、威士忌苏打、葡萄酒、蜜酒、白兰地等饮料和酒水。

3. 节庆习俗

主要节日有：国庆日（7月1日）；元旦，人们将瑞雪作为吉祥的征兆，哈德逊湾的居民在新年期间，不但不铲平阻塞交通的积雪，还将雪堆放在住宅四周，筑成雪岭，他们认为，这样就可以防止妖魔鬼怪的侵入；枫糖节，加拿大盛产枫树，其中以东南部的魁北克和安大略两省枫叶最多最美，每年三、四月间，一年一度的枫糖节就开始了，几千个生产枫糖的农场装饰一新,披上节日的盛装,吸引了无数的旅游者;冬季狂欢节,在加拿大东南部港口城市魁北克,每年从2月份的第一个周末起,都举行为期10天的冬季狂欢节,狂欢节规模盛大,活动内容丰富多彩。

4. 忌讳

"13"和"星期五"是忌讳的数字。黑色和紫色是被忌讳的颜色。忌食各种动物内脏。鲜花是最普遍的礼物,但不要送百合花,因为那只在葬礼上使用。

(三)墨西哥

墨西哥合众国简称墨西哥,它位于北美洲的南部,东临墨西哥湾和加勒比海,西、南濒太平洋,北邻美国,南接危地马拉和伯利兹。"墨西哥"一名源于印第安语的"墨西特里"(亦译"墨西特耳")一词。"墨西特里"是当地印第安人最大的一个部落——阿兹特克族战神的别名。"墨西特里"一词去掉"特里",加上词尾"哥",意为"战神指定的地方"。

墨西哥全国面积197.25万平方公里。主要为印欧混血人种(占全国总人口的90%以上),其余为印第安人等。墨西哥全国划分为31个州和墨西哥城联邦区,首都位于墨西哥城。货币为比索,官方语言是西班牙语。

墨西哥土地肥沃,物产丰富,尤其是仙人掌几乎遍地生长,境内生长着600多种仙人掌(世界上仙人掌科品种共1 000余种),又被称为"仙人掌之国"。居民绝大多数信奉天主教,少数人信奉基督教新教和犹太教,风俗礼仪既保持着印第安人的特征,又深受欧洲移民的影响。

1. 礼貌礼节

墨西哥是一个非常重视礼节的国家,墨西哥人讲究礼仪,注重礼貌,待人坦诚,热情好客。墨西哥人在社交场合最常用的礼节是微笑和施握手礼。墨西哥人与熟人、亲戚朋友或情人之间相见,一般都惯以亲吻和拥抱为礼节。墨西哥人向亲友告别时,往往赠送一张弓、一支箭和几张象征神灵的剪纸,以表敬意与祝福。他们认为,弓箭象征着征服大自然的力量,象征着食物与房子,象征着生活的保障;剪纸象征着上帝的保佑。

2. 饮食习惯

墨西哥人喜欢邀请朋友到家中做客,用民族膳食招待。在墨西哥人家进餐,宾主围坐在一张长方形桌子周围,主人坐在桌子正座一头,主要客人坐在对着主人的长桌另一端,其他人按主人的安排在桌子两侧就座。进餐过程中,手臂不能放在餐桌上,身体活动幅度不宜太大,坐姿要端正。吃东西时不可狼吞虎咽,不要发出"叭叭"的响声,嘴里嚼食物时不要说话,也不要坐着发愣,以免主人难堪。汤或饮料如果太热,待凉后再用,不可用口吹气降温。盘中的菜最好吃净,剩有一星半点可以留在盘子里,不可用手抓或用面包片擦。面包要掰成小块放入嘴里,不可整个咬食。水果要用刀切成小块吃,果皮、果核不可扔在桌子上或地上,应放在盘子里。吃完饭,主人先离座,客人再起身离座,并向主人道谢。

墨西哥是玉米之乡,许多人喜欢喝玉米面粥,吃玉米面饼,无论是穷人还是富翁,都视之为美味。他们款待外国宾客时，往往要上一道独具特色的家乡美味仙人掌佳肴，令客人赞叹不已。墨西哥盛产辣椒，他们也特别能吃辣椒，如与我国四川人吃辣相比的话，他们是毫不逊色的。有些人甚至在吃水果时，都乐于撒上点辣椒面儿吃。墨西哥的土著阿兹特克人视青蛙、蝌蚪、龙舌兰虫、虾、蚂蚁、蟋蟀、水蝇、蝇卵等都为美味食品，有些还被认为是上乘的佳肴。他们惯于吃西餐，对中餐也倍加喜爱。

3. 节庆习俗

墨西哥人热爱仙人掌，每年的仙人掌展览会总是盛况空前。另外，每年11月1日至2日，是墨西哥达拉斯戈尼族的亡人节。该族人认为，祭奠先人是一种极其欢乐的活动。节日第一天的夜晚，人们在屋内外、道路边、田野上、坟墓旁插黄色的"亡灵之花"，并在路上撒满此花的花瓣。深夜，男女青年身穿鲜艳服装，头戴古印第安人的假面具，在墓地欢歌狂舞，午夜后，还举行"踏青""守灵"活动，直至次日黎明时，人们才陆续归去。在墨西哥伊达尔戈州的一些农村，青年男女订婚之后，必须举办舞会。在舞会上，新娘一边跳舞，一边把由新郎注满清水的三只杯子分别顶在头上，托在两只手上，以示新婚生活美满幸福。

4. 忌讳

墨西哥人绝大多数信奉天主教，另有少部分新教徒。墨西哥人忌讳"13""星期五"，认为这些都是不吉利和令人可怕的数字和日期。他们虽说常用亲吻方式施礼，但忌讳相互不熟悉的男子之间亲吻或吻手，他们认为只有没教养的人才会这样做。在公共场所，如果出现"男子穿短裙，女子穿长裤"的现象，则为有失体面，他们认为"男子穿西服，女子穿长裙"才合情理。他们忌讳有人送给他们黄色的花和红色的花，他们认为黄色意味着死亡，红色花会给人带来晦气。他们忌讳紫色，认为紫色是一种不祥之色，因为只有棺材才涂这种颜色。他们忌讳蝙蝠及其图案和艺术造型，因为他们认为蝙蝠是一种吸血鬼，给人以凶恶、残暴的印象。墨西哥人忌讳用中国人惯用的手势来比画小孩的身高，因为将手心朝下、与地面平行比画在小孩头部的位置，在他们来说，这一手势只可用来表示动物的高度，他们会认为你在侮辱人。他们在饮食上不喜欢油腻的菜品和用牛油烹调的菜肴，也不愿意吃用鸡油做的点心。

（四）澳大利亚

"澳大利亚"一名来源于拉丁文，意为"南方的"。95%的居民是英国及其他欧洲国家的移民后裔。98%的居民信奉基督教。

1. 礼貌礼节

澳大利亚人的习惯近似美国人，办事爽快，说话直截了当。见面时喜欢热烈握手，以名相称。喜欢与人交往，待人接物较随便，乐于与陌生人主动聊天。他们时间观念强，准时守约。女性略保守，接触时要谨慎。做客时可送葡萄酒和鲜花。

2. 饮食习惯

澳大利亚人的饮食习惯与英国较相似，但喜吃中餐。同时，由于澳大利亚居民主要是来自世界各地的移民，因此饮食也多元化，印度菜、中国菜、日本菜、德国菜、意大利菜等均有。悉尼岩牡蛎、澳大利亚牛排等都是当地有名的风味食品。澳大利亚人口味喜清淡，不喜欢辣味，喜欢吃煎蛋、炒蛋、火腿、鱼、虾、牛肉等。菜肴中的脆皮鸡、炸大虾、油爆虾、糖醋鱼、奶油烤鱼、烧西红柿等，澳大利亚人都经常吃。无论中西餐，他们都喜欢用很多调味品。澳大利亚人喜欢喝啤酒、葡萄酒，也喜欢茶和咖啡，喝茶也可和喝咖啡一样加牛奶和糖。

3. 节庆习俗

澳大利亚的主要节日有国庆日（1月26日）、圣诞节、艺术节等。圣诞节时，当欧美各国一派冰雪时，澳大利亚却是盛夏，因此，商店橱窗里特意装扮的冰雪及圣诞老人和满街的夏装形成鲜明的对照，成为澳大利亚圣诞节的特色。圣诞节夜晚，人们带着饮料在森林里举行野餐，吃饱喝足后，就跳起"迪斯科"或"袋鼠舞"直到深夜，然后在森林中露宿，迎接圣诞老人的到来。南太平洋艺术节每隔四年举行一次，是具有浓厚地方色彩的节日。演出的节目，大都是表现各岛人民生活、劳动、爱情及神话的传统歌舞，服装丰富多彩，富有民族特色，音乐悦耳动听，舞姿热情奔放，充分体现了南太平洋各岛各族人民的艺术风格。

4. 忌讳

澳大利亚和西方国家的一些共同忌讳相似。他们喜欢为自己独特的民族风格而自豪，因此，谈话中拿他们与英、美国比较是不明智的。

（五）新西兰

新西兰，像一颗明珠镶嵌在南太平洋之上，被当地毛利人称之为"阿提若阿"的白云缭绕之乡。那里的群山湖泊、森林绿野、灿烂阳光、清新空气、纯净水源让她成为人间天堂。

新西兰人口仅512万（2021年数据），是一个安全、和平、友善、人少地广之所，属亚热带气候。新西兰的城市现代化程度很高，经济和科技发达。新西兰人来自许多不同的文化背景，他们主张自由、平等，文化具有多元性。

1. 礼貌礼节

新西兰人崇尚平等思想，在他们看来，无论是官员、工人、商人、农民还是其他行业的人，彼此之间都是平等关系，绝不应有高低贵贱之分，人们去见总理、部长或市长都是极容易之事。新西兰人通行的见面礼节是鞠躬昂首礼。行此礼时，双方一边鞠躬，一边抬头来，忌讳低头，以示尊敬。

2. 饮食习惯

新西兰人以喝茶作为生活的享受之一。一般而言，他们每日需喝茶七次，即早茶、早餐茶、午餐茶、午后茶、下午茶、晚餐茶和晚茶。每次喝茶，人们总是像三餐那样郑重其事。很多机关、学校、工矿企业都规定有喝茶专用时间。

3. 节庆习俗

新西兰毛利部族的各部落，常在各自的俗称"马雷"的地方举行各种集会。所谓

"马雷",即"对着会堂(常指部落首领的住宅)的大庭院"。每遇喜庆节日、欢迎贵宾或战争凯旋,人们总要欢聚于"马雷",举行隆重的庆典仪式。

4. 忌讳

新西兰人多忌讳建造或居住密集型的住宅。在公共场合,忌讳男女混合活动。新西兰的毛利族人,忌讳让老年人或病重垂危的人住院。因为他们认为,只有罪人或奴隶才死于家外。

四 非洲地区主要国家和地区的礼俗礼仪

(一)埃及

埃及是非洲和阿拉伯国家中历史悠久、人口众多、经济较为发达的一个国家。阿拉伯文化和伊斯兰教是其社会生活中的重要特色。从苏丹和埃及沿地中海沿岸向西直至摩洛哥的6个国家,包括大西洋中的马德拉和亚速尔两群岛称为北非地区,其自古以来就与西亚和南欧有着密切的联系,人们常把本区和西亚合称为中东。

埃及居民主要是阿拉伯人,约占87%,科普科人约占11.8%,其余为贝都因人和努比亚人。阿拉伯人信奉伊斯兰教,科普特人信奉基督教。

1. 礼貌礼节

埃及人普遍心理内向、敏感,往往以幽默的心情来应付现实生活。他们正直、爽朗、热情好客。星期五、星期天是伊斯兰教的休息日,进入清真寺时,要脱鞋。接送东西时要用双手或右手,千万不能用左手。避免谈论中东政治,可谈及埃及领导人威望及埃及古老文明。

问候的礼节在男女老幼中广泛存在,随时使用的问候是"依库姆塞拉姆"(祝您平安),回答则是"而来赛拉姆而依库姆"(也祝您平安,或是享受真主的慈悲和吉祥)。埃及有很多亲吻礼,各种吻法含义不同。

2. 饮食习惯

普通埃及人的饮食比较简单,主要是大饼、生菜叶、生青椒和茄子等,有的加上一些牛肉。埃及人喜欢吃甜食。伊斯兰教徒不吃猪肉、忌饮酒。埃及人对虾、蟹和除肝以外的动物内脏及形状奇怪的食物也不食用。他们爱喝红茶和咖啡。

3. 节庆习俗

1)惠风节

惠风节是埃及的传统节日之一,一般在埃及科普特历8月中旬举行(相当于公历4月下旬)。古埃及人以农为本,人们都十分重视这个节日。这一天总要吃鸡蛋、生菜和腌鱼,鸡蛋被看作生命的象征和起源,生菜象征春天的葱绿,鱼类则是古埃及人崇拜的对象。

2）斋月和开斋节

斋月是伊斯兰教的传统祭礼日，在每年伊斯兰教历九月实行斋戒，守斋月是每个穆斯林的自觉行动，如无特殊原因，在守斋期间吃喝，要罚斋，犯1天补60天，但病人和哺乳妇女可在以后补斋。斋月一般为30天，但第30天时如已见新月出现，则守斋29天，次日为开斋节。节日一般放假三天，是穆斯林的盛大节日，节日的第一天清晨，人们都穿戴得整整齐齐，去清真寺做礼拜，家家户户白天都开着门，欢迎亲朋、邻居来访，男女青年也爱选择这一天为婚礼的举行日。

3）古尔邦节

古尔邦节，又称宰牲节，是伊斯兰教的又一个盛大节日，于每年伊斯兰教十二月十日举行。"古尔邦"在阿拉伯语中有"牺牲""献身"之意，节日里，人们根据经济能力宰牛、驼，发给贫民，或接待宾客、馈赠亲友。

4）尼罗娶妇节

尼罗河是埃及的母亲之河，和埃及人民有着密切的联系，每年6月17日或18日，是埃及人为尼罗河河伯娶媳妇的日子。过去这个日子曾是埃及少女的灾难日，现在不同了，这一节日既表达了埃及人的善良愿望，又充满节日的热闹气氛。

4. 忌讳

埃及人忌黄色和蓝色，因为他们认为蓝色如同恶魔，黄色代表不幸，是丧服色。忌谈熊猫，因为他们认为熊猫看起来像猪。

知识链接 7-6

左手接物犯忌讳

张女士是一位商务工作者，由于业务成绩出色，随团到中东地区某国考察。抵达目的地后，受到东道主的热情接待。在宴会席间，为表示敬意，主人向每位客人一一递上一杯当地特产饮料。轮到张女士接饮料时，一向习惯于"左撇"的张女士不假思索，便伸出左手去接，主人见此情景脸色骤变，不但没有将饮料递到张女士的手中，而且非常生气地将饮料重重地放在餐桌上，并不再理睬张女士，这是为什么？

《礼记·曲礼上》云："入境而问禁，入国而问俗，入门而问讳。"作为从事多年商务工作的张女士，理应对中东地区的忌讳习俗有一个基本的了解，但她忽略了这一点。中东地区是伊斯兰教徒最为集中的地区，不少国家还把该教定为国教。按伊斯兰教教规习俗，左手是拿不干净东西的，故在人际交往中，忌用左手递接物品。当东道主用右手递送饮料时，张女士应用右手接取，但她仍然按国内养成的习惯用左手去接，这是犯了中东地区不用左手的忌讳，而且是对主人的极大侮辱，难怪东道主满脸怒容，不再理睬她了。

（二）南非

南非共和国位于非洲大陆的最南端，北与纳米比亚、博兹瓦那共和国和津巴布韦接壤，东北部与莫桑比克和斯威士王国相邻。南非共和国被誉为"彩虹之国"，人口组成复杂，主要为布须曼人后裔，大量英国、荷兰、法国、葡萄牙、意大利人后裔或移民也定居在这个美丽而富饶的国度。

提起非洲，人们可能首先想到的是"炎热""贫穷""疾病""灾荒"和"动荡不安的战争"，然而，当你在踏上这个国度的那一刻起，一切都是在你想象之外的清洁和美丽。丰富而原始的野生动物保护区、绮丽优良的港口、四通八达的高速公路、纯美憩静的葡萄酒乡以及遍及全国和三千公里海岸线的自然保护区，每年都吸引着大批海外游客。南非举世闻名的旅游风景区有桌山——南非母亲山、克鲁格国家公园——野生动物自然保护区、好望角、太阳城赌城、花园大道、维多利亚港、伊丽莎白港、罗宾岛等，不胜枚举。

上帝似乎特别恩赐这块土地，南非的黄金储量及年出口量长期居世界第一，丰富多样的矿产资源得天独厚，南非钻石更是闻名遐迩。

1. 礼貌礼节

南非由于白人统治时间长，这里至今仍是世界上贫富差距最大的国家之一。白人的生活水平与西方发达国家不相上下，人民安居乐业、热情友好、乐于助人，到过这个国度的华人公认这里拥有世界上最友好的人民。大部分远离繁华的黑人部落民风相当淳朴，而且热情好客，至今仍保持着许多传统的风俗习惯。在社交场合，南非人所采用的普遍见面礼节是握手礼，他们对交往对象的称呼则主要是"先生""小姐"或"夫人"。在黑人部族中，尤其是广大农村，南非黑人往往会表现出与社会主流不同的风格。比如，他们习惯以鸵鸟毛或孔雀毛赠予贵宾，客人此刻得体的做法是将这些珍贵的羽毛插在自己的帽子上或头发上。

2. 饮食习惯

南非当地白人平日以吃西餐为主，经常吃牛肉、鸡肉、鸡蛋和面包，爱喝咖啡与红茶。黑人喜欢吃牛肉、羊肉，主食是玉米、薯类、豆类。不喜生食，爱吃熟食。南非著名的饮料是如宝茶。在南非黑人家做客，主人一般送上刚挤出的牛奶或羊奶，有时是自制的啤酒。客人一定要多喝，最好一饮而尽。

3. 节庆习俗

5月31日，是南非的共和国日，是纪念南非政府结束种族隔离政策的日子。南非的其他节日还有1月1日的新年、4月5—8日的复活节、4月27日的团圆节、12月25—26日的圣诞节等。大多数部落依然会举行成人的仪式，并且为年轻人举行割礼。

4. 忌讳

南非黑人非常敬仰自己的祖先，他们特别忌讳外人对自己的祖先言行失敬。因此，与南非人交谈，有四个话题不宜涉及：不要为白人评功摆好；不要评论不同黑人部族或派别之间的关系及矛盾；不要非议黑人的古老习惯；不要为对方生了男孩表示祝贺。

另外，南非的科萨族女子，忌进牲畜圈；已婚的女子忌返回娘家，若回娘家，则是丈夫的奇耻大辱；忌公爹的名字，不准说出含有公爹名字第一个音节的任何词语。

（三）坦桑尼亚

坦桑尼亚是东部非洲的国家，是以黑人为主要人群的国家。全国约有130个部族，约95%属班图语系。居民多信奉原始宗教、拜物教，也有的信奉基督教或伊斯兰教。坦桑尼亚各族人民的信仰各不相同。

1. 礼貌礼节

坦桑尼亚人能歌善舞，喜爱音乐，野牛舞、哈族舞等在坦桑尼亚舞蹈中都久负盛名。坦桑尼亚人的名字没有严格的命名规则，随便什么器物及时令名词都可以用作人名。他们待人热情诚恳，注重礼貌。

2. 饮食习惯

坦桑尼亚人饮食较简单，但一般食量较大。各部族的主要食品也不相同，有的主食牛羊肉，有的主食鱼虾，有的主食香蕉等，但普遍喜欢吃羊肉大米饭、烤羊肉等，亦爱咖喱肉类。他们不吃猪肉、海鲜及奇形怪状的食物。

3. 节庆习俗

坦桑尼亚的主要节日有国庆日（4月26日，即联合日）、中秋节。中秋节又称月圆节，过节时，月亮未升起前，人们围成圆圈默坐等待，待月亮升起才能开口说话，举行娱乐活动。

马萨伊族人的风俗很奇特，那里女子一律剃光头，而男子留小辫子，从小把辫子用牛血染成红色，男女都要穿耳孔、戴耳环。女子颈上有许多珠环，珠环的圈数表示年龄。他们规定，通婚只限于本族内，与外族通婚要受严厉惩罚，有指腹为婚的习惯。男子向女子求爱的方式是杀死一头狮子类猛兽，不然，姑娘是不会垂青的。

4. 忌讳

接待坦桑尼亚等南部非洲国家客人时，要注意不要称他们为"黑人"而应称"非洲人"，最好不要谈有关他们国家的政治问题。

复习思考题

一、判断是非题

1. 外交礼仪，指的就是适用于官方的正式对外交往活动的国际政务礼仪。（　）
2. 国家交往必须以主权平等、相互尊重为基础。（　）
3. 外交礼仪在一定程度上反映着一个国家的文明程度和社会风尚。（　）
4. 德国人讲究礼仪，注重礼貌，待人坦诚，热情好客。（　）
5. 西方社会是以高度重视个人利益为特征的社会，注重个人隐私。（　）

二、问答题

1. 什么是涉外礼仪?
2. 中外礼仪文化的发展经历了哪些不同阶段?
3. 举例说明中外礼仪文化的差异。
4. 欧洲主要国家的礼仪习俗和交往禁忌有哪些?
5. 非洲主要国家的礼仪习俗和交往禁忌有哪些?
6. 大洋洲主要国家的礼仪习俗和交往禁忌有哪些?

三、综合应用题

聊天话题不当导致冷场

参加工作不久的杨小姐被派到外地出差。在卧铺车厢里,她碰到一位来华旅游的美国姑娘。美国姑娘热情地向杨小姐打招呼,杨小姐觉得不与人家寒暄几句实在显得不够友善,便操着一口流利的英语,大大方方地与对方聊了起来。

交谈中,杨小姐有点没话找话地询问对方:"你今年多大岁数呢?"美国姑娘答非所问地说:"你猜猜看。"杨小姐自觉没趣,又问道:"你这个岁数,一定结婚了吧?"更令杨小姐吃惊的是,对方居然转过头去,再也不理她了。一直到分手,两个人再也没说一句话。

【问题讨论】

这位美国姑娘是不是表现得没礼貌?

参考文献 | REFERENCES

[1] 甘露，郭晓丽，杨国荣．商务礼仪［M］．北京：北京理工大学出版社，2010．
[2] 韩爱群．商务礼仪实务［M］．北京：北京理工大学出版社，2015．
[3] 贺立萍．实用礼仪教程［M］．北京：北京邮电大学出版社，2012．
[4] 李巧玲，陈英．现代礼仪实训教程［M］．南京：东南大学出版社，2018．
[5] 卢志鹏，康青．大学生实用礼仪教程［M］．北京：北京理工大学出版社，2014．
[6] 路银芝，吕志梅．现代礼仪［M］．北京：中国人民大学出版社，2018．
[7] 彭蝶飞，李蓉．酒店服务礼仪［M］．上海：上海交通大学出版社，2011．
[8] 王玉霞，佟怡．实用职业礼仪［M］．北京：清华大学出版社，2011．
[9] 文泉．国际商务礼仪［M］．桂林：广西师范大学出版社，2019．
[10] 徐美萍．现代礼仪［M］．上海：上海大学出版社，2010．
[11] 周丽．酒店服务礼仪［M］．桂林：广西师范大学出版社，2014．
[12] 周思敏．你的礼仪价值百万［M］．北京：中国纺织出版社，2009．

与本书配套的二维码资源使用说明

　　本书部分课程及与纸质教材配套数字资源以二维码链接的形式呈现。利用手机微信扫码成功后提示微信登录,授权后进入注册页面,填写注册信息。按照提示输入手机号码,点击获取手机验证码,稍等片刻收到 4 位数的验证码短信,在提示位置输入验证码成功,再设置密码,选择相应专业,点击"立即注册",注册成功(若手机已经注册,则在"注册"页面底部选择"已有账号立即注册",进入"账号绑定"页面,直接输入手机号和密码登录),即可查看二维码数字资源。手机第一次登录查看资源成功以后,再次使用二维码资源时,只需在微信端扫码即可登录进入查看。